Rolf Gössner
Widerstand gegen die Staatsgewalt
Handbuch zur Verteidigung der Bürgerrechte

Rolf Gössner

Widerstand gegen die Staatsgewalt

Handbuch zur Verteidigung der Bürgerrechte

Mit Beiträgen von:

Roland Appel

Rolf Gössner

Dieter Hummel

Andrea Lederer

Dieter Schöffmann

Michael Schubert

Jürgen Seifert

Hans Christian Ströbele

Oliver Tolmein

Konkret Literatur Verlag

© 1988 Konkret Literatur Verlag, Hamburg
Lektorat: Gabriele Schönig
Umschlaggestaltung: Annette Simpson
Satz: Fotosatz Knab, Lintach
Druck: Fuldaer Verlagsanstalt, Fulda
ISBN 3-922144-78-0

Inhalt

Vorwort

»Widerstand gegen die Staatsgewalt« — wer denkt dabei nicht an den einschlägigen Abschnitt des Strafgesetzbuches, in dem diverse Handlungen insbesondere gegen Amtspersonen mit Freiheitsstrafe bis zu fünf Jahren bedroht werden? Der Titel dieses Buches könnte somit als eine Art öffentlicher Aufforderung zu solchen Straftaten (miß-)verstanden werden — was einem heutzutage schnell passieren kann.

Doch wer das annimmt, denkt zu kurz und zu eng. Dieses Buch will mehr: Es will öffentlich aufstacheln zum kollektiven Widerstand gegen eine verhängnisvolle Entwicklung der Politik der Inneren Sicherheit, auffordern zur politischen Opposition, zum zivilen Ungehorsam gegen die sogenannten Sicherheits- und Anti-Terror-Gesetze. Es will aber gleichzeitig verhindern helfen, daß Menschen, die von staatlicher Gewalt, von Geheimdiensten, Polizei oder Politischer Justiz potentiell oder bereits akut bedroht sind, ins offene Messer der Repression laufen und sich in die Isolation treiben lassen.

Deshalb lautet der erklärende Untertitel des vorliegenden Buches: *Handbuch zur Verteidigung der Bürgerrechte.* In einer Zeit, in der paketweise immer neue Gesetzesverschärfungen zugunsten der Staatssicherheit und zu Lasten der Menschen- und Bürgerrechte geplant und durchgesetzt werden, in einer Zeit, in der zunehmende staatliche Überwachung und Kriminalisierung allmählich Verunsicherung, Angst und Resignation in den kritischen Teilen der Bevölkerung verbreiten, in einer solchen Zeit müssen verstärkte Anstrengungen unternommen werden, die Opposition gegen diesen Gesetzes- und Sicherheitsextremismus zu forcieren, zu organisieren, mit anderen Widerstandsbewegungen zu verknüpfen.

Unsere Zukunft, ja unsere politischen Überlebenschancen hängen nämlich entscheidend davon ab, wie wir künftig noch wirksame außerparlamentarische Politik gegen immer bedrohlicher werdende machtpolitische, existenzgefährdende Entscheidungen der herrschenden Kräfte in diesem Land betreiben können. Denn der Widerstand gegen jene Rest-Risiko-Politik, der Kampf gegen Atomenergieanlagen, gegen Aufrüstung und Umweltzerstörung, der Kampf gegen Ausbeutung und Massenarbeitslosigkeit kann letztlich nur dann erfolgreich geführt werden, wenn gleichzeitig der Kampf gegen die fortschreitende Zerstörung der Freiheitsrechte, aber auch der Kampf um demokratische Strukturen endlich mit Sachverstand, Ausdauer und politischer Phantasie aufgenommen wird.

Die bürgerlichen Freiheitsrechte oder kurz: die Bürgerrechte, sollen hier also nicht etwa idealistisch als abstrakte, allein um ihrer selbst willen schützenswerte Grundrechte und -werte im Rechtshimmel verstanden werden, sondern zum einen durchaus in ihrem klassischen Sinn als (in Deutschland fatalerweise leider nicht) geschichtlich hart erkämpfte, nur sehr rudimentär verwirklichte, aber ausbaufähige Abwehrrechte der BürgerInnen gegen Eingriffe des Staates in die prinzipiell geschützte Individualsphäre; zum anderen sollen sie aber auch verstanden werden in einem überindividuellen, politisch aktiven und systemtranszendierenden Sinne: nämlich Bürgerrechte als wesentliche Bestandteile politisch-sozialer Demokratievorstellung sowie als nicht hoch genug einzuschätzende Elemente jener Bedingungen, unter denen Opposition und Widerstand gegen unsoziale Zu- und Mißstände, gegen freiheitszerstörende Herrschaftsstrukturen in diesem Land (noch oder wieder) möglich ist. Bürgerliche Freiheitsrechte haben also eine wichtige Schutzfunktion, sie waren und sind zugleich Waffen im politischen Kampf. Sie kampflos kassieren oder auch nur in ihrer Substanz antasten zu lassen, käme einer politischen Entwaffnung und Selbstaufgabe gleich.

Im ersten Teil des vorliegenden Buches wird nun der Versuch unternommen, die Notwendigkeit und Dringlichkeit einer starken Bürgerrechts- und Anti-Repressionsbewegung plausibel zu machen. Es geht darum, die Gefährlichkeit einer Politik der Inneren Sicherheit bloßzulegen, die gesundheits- und lebensbedrohende, letztlich unbeherrschbare Projekte mit (Staats-) Gewalt durchsetzt und nicht etwa diese Projekte, sondern die hiervon betroffenen Menschen als potentielle oder konkrete Sicherheitsrisiken einstuft, die den technologischen »Fortschritt« stören — sprich: die Profitgrundlagen und möglicherweise gar die Herrschaftsverhältnisse gefährden könnten. Anhand von Szenarien, Fall-Dossiers, Dokumenten und Analysen soll veranschaulicht werden, wie uns die zunächst recht abstrakt anmutende Staatssicherheit in unterschiedlichen Lebensbereichen betreffen und gefährden kann, wie schwer durchschaubare Strukturentwicklungen im Staatssicherheitssystem geradezu verheerende Konsequenzen für den sozialen

Alltag und die politische Kultur in diesem Land zeitigen: der entwickelte »Präventionsstaat in der Risikogesellschaft« (Thomas Blanke) macht's möglich.

Im zweiten Teil des Buches geht es um Geschichte und Perspektiven bundesdeutscher Opposition in Sachen Bürgerrechte. Es ist der von verschiedenen Mitautoren unternommene Versuch, den Kampf um Bürgerrechte geschichtlich zu fundieren, verschüttete Traditionen auszugraben und kritisch zu beleuchten: Was lehrt uns die politische Opposition gegen die Kommunistenverfolgung und Notstandsgesetzgebung der fünfziger und sechziger Jahre, was die Opposition gegen »Anti-Terror«-Maßnahmen und Berufsverbote der sozialliberalen siebziger Jahre und gegen Volkszählung und »Sicherheitsgesetze« in den achtziger Jahren? Gibt es positive Ansätze, wie beispielsweise die außerparlamentarische Bündnispolitik gegen die Notstandsgesetze (die allerdings letztlich weitgehend gescheitert ist) oder das Internationale Russell-Tribunal zur Situation der Menschenrechte in der Bundesrepublik im Jahre 1978 oder aber jüngst die breite Boykott-Bewegung gegen die Volkszählung, an die es anzuknüpfen gilt? Wo ist Kritik angebracht an mangelnder Solidarität und (selbst-)isolierter Opposition — etwa gegen die Verfolgung von politischen und sozialen Minderheiten, gegen Kommunistenverfolgung und Sympathisantenhetze —, an Distanzierungs- und Unterwerfungsritualen von Teilen der Linken gegenüber dem Staat im »Deutschen Herbst« 1977 oder zehn Jahre danach?

Welche Konsequenzen lassen sich aus diesen historischen Erfahrungen ziehen, welche Perspektiven eröffnen sich für eine künftige effizientere Opposition und Anti-Repressions- bzw. Anti-Präventionspolitik? Wie ist ihr Verhältnis zu den Alternativbewegungen, etwa der Anti-AKW- und der Friedensbewegung, zu bestimmen, die ja eine Kultur außerparlamentarischer Opposition entwickelt haben und verkörpern — trotz oder ungeachtet der massiven inneren Aufrüstung und Kriminalisierungsversuche? Was ist von einer grün-alternativen Bürgerrechtspolitik zu erwarten, und kann man die Gewerkschaften bzw. ihre Basis im Kampf um die Menschenrechte einfach rechts liegen lassen? Reicht ein reiner Verteidigungskampf um den durchaus recht kritikwürdigen »Status quo«, reicht die Notbremser-Funktion des »rette, was zu retten ist«, des bloß »negativen« Protests, oder muß eine ernstzunehmende Bürgerrechtsbewegung nicht auch verstärkt den positiven Kampf um demokratische Strukturen führen, um grundsätzliche Veränderungen zu erreichen, um den präventiven Sicherheitsstaat Stück für Stück strukturell abzubauen? Wir stehen noch am Anfang dieser Diskussion um Strategien der Gegenwehr, um Entstaatlichung und um die Entwicklung demokratischer Utopien. Hier können letztlich nur einige wenige Grundlagen und Ansätze für die weitere Auseinandersetzung geliefert werden, die etwa im Herbst 1988 mit einem bundesweiten Kongreß unter dem Motto »Freiheit stirbt mit ›Sicherheit‹« fortgeführt werden wird.

Das Buch schließt ab mit praktischen Ratschlägen zur Gegenwehr für einzelne sowie für Gruppen, die sich der Bürgerrechtsarbeit widmen wollen. Hier werden die Schwierigkeiten bei der Zurückeroberung politischer Handlungsfähigkeit erörtert, die Probleme der »Betroffenheit«, der Aufklärung und Veranschaulichung komplexer und abstrakter Sachverhalte. Neben Kurzporträts bereits existierender Bürgerrechtsgruppen — wie »Humanistische Union«, »Komitee für Grundrechte und Demokratie«, »Bürger kontrollieren die Polizei« — und einem Katalog von möglichen Bürgerrechtsaktionen finden sich hier auch detaillierte Rechts- und Verhaltenstips für den täglichen Umgang mit den Staatsgewalten — zur Abwehr staatlicher Ein- und Übergriffe.

All denjenigen, die beim Zustandekommen dieses Buches geholfen haben, sei an dieser Stelle herzlich gedankt, insbesondere den MitautorInnen: Roland Appel (Bonn), Dieter Hummel (Reutlingen), Andrea Lederer (Nürnberg), Hans Günter Meyer-Thompson (Hamburg), Oliver Tolmein (Bonn), Dieter Schöffmann (Bremen), RA Michael Schubert (Freiburg), Prof. Dr. Jürgen Seifert (Hannover) und RA Hans-Christian Ströbele (Berlin); des weiteren für Unterstützung und Mitarbeit: Hamburger Institut für Sozialforschung, cilip/»bürgerrechte & polizei« (Berlin), Die Grünen im Deutschen Bundestag (Bonn), RAin Heide Schneider-Sonnemann (Bremen) und den VerlagsmitarbeiterInnen.

Bremen, Juli/August 1988   Rolf Gössner

I: »Was blüht (uns) denn da?«
Das Staatsgeschäft mit der »Inneren Sicherheit«

Sicherheitsextremismus
Neue und geplante Staatsschutzgesetze im Überblick

Wir befinden uns gegenwärtig in der prekären Phase einer umfassenden rechtlichen Absicherung staatlicher Befugnis- und Machterweiterung. Mit einer Vielzahl neuer — vielfach ineinanderverfugter — Gesetze und Gesetzesvorhaben versucht die »rechtsliberale« Bundesregierung, die in den vergangenen zwanzig Jahren häufig im rechtsfreien Raum, ja in der Illegalität entwickelte Praxis der Inneren Sicherheit zu legalisieren und damit den präventiven Sicherheitsstaat festzuschreiben.

Der folgende knappe Überblick über die neuen bereits realisierten sowie noch geplanten Gesetzesprojekte, jeweils mit Kurz-Charakterisierung, soll wenigstens einen ersten Eindruck von diesem Gesetzes- und Sicherheitsextremismus vermitteln. Die einzelnen Staatsschutzgesetze sowie die Auswirkungen ihres »Zusammenspiels« werden in den weiteren Texten dieses ersten Kapitels eingehender behandelt und veranschaulicht. Dabei soll in erster Linie verdeutlicht werden, wie uns diese abstrakte, jedoch allgegenwärtige »Staatssicherheit« in unterschiedlichen Lebensbereichen ganz konkret betrifft und gefährden kann.

I. Was ist nun seit 1985 bereits an entsprechenden Gesetzesänderungen und -verschärfungen über die Bühne gegangen?

1. Die gesetzliche Einschränkung der Demonstrationsfreiheit (1985), wodurch es u. a. gelungen ist, friedfertige DemonstrantInnen ohne jegliche Tathandlung zu »Landfriedensbrechern« zu befördern;

2. die Legalisierung der »Schleppnetzfahndung« (1987) zur informationellen Rationalisierung der polizeilichen Massenkontrolle;

3. die Einführung des maschinenlesbaren Personalausweises

(1987) und Passes (1988) als »erste technische Massenkontrollmittel der Neuzeit« (Steinmüller);

4. die Legalisierung des Direktzugriffs der Polizei auf die 23 Millionen Datensätze des »Zentralen Verkehrsinformationssystems« ZEVIS (1987);

5. die Verschärfung (zum Verbrechen) und Ausweitung der sogenannten »Anti-Terror-Gesetze« auf Widerstandsbewegungen (1987);

6. in diesem Zusammenhang: die Zentralisierung der Ermittlungskompetenzen auf höchster Ebene sowie die Ausweitung der Sondergerichtsbarkeit mit der Konsequenz einer gesteigerten staatlichen Machtkonzentration;

7. die Einführung des neu-alten Gesinnungs- und Zensurparagraphen 130a Strafgesetzbuch (»Anleitung zu Straftaten«; 1987) mit Strafandrohung bis zu drei Jahren Freiheitsentzug;

8. der Erlaß von Sicherheitsrichtlinien (1988) zur personellen Sicherheitsüberprüfung von Beschäftigten im öffentlichen Dienst und analog in »sicherheitsempfindlichen« Privatbetrieben. Diese Richtlinien entsprechen noch nicht mal in formeller Hinsicht dem vom Bundesverfassungsgericht aufgestellten Erfordernis, Dateneingriffe in das »informationelle Selbstbestimmungsrecht« der BürgerInnen gesetzlich zu normieren. Aber auch inhaltlich sind sie mehr als bedenklich: Die vorgesehene geheimdienstliche Überwachung von Millionen von Arbeitern, Angestellten und Beamten wird mit diesen Richtlinien nun auch offiziell ausgedehnt auf deren Ehegatten, Verlobte oder andere Personen, mit denen diese in einer eheähnlichen Gemeinschaft leben. Die dabei gewonnenen, teilweise höchst intimen Daten können vom »Verfassungsschutz« für beliebige andere Zwecke weiterverwendet werden.

II. Welche Gesetzesvorhaben befinden sich in der konkreten Planung? (Stand: 1988; vom Bundeskabinett und vom Bundesrat bereits beschlossen)

1. Die Novellierung des Bundesverfassungsschutzgesetzes mit der Regelung weitreichender Datenerfassungs-, -verarbeitungs- und -übermittlungsbefugnisse sowie mit einer Normierung geheim- bzw. nachrichtendienstlicher Mittel.

2. Ein neues Verfassungsschutz-Mitteilungsgesetz, das den berüchtigten Entwurf des »Zusammenarbeitsgesetzes« (ZAG)

ablöst. Es enthält nun die generalklauselartige Ermächtigung zum nahezu ungehemmten Daten-Austausch zwischen den Staatssicherheitsorganen der Polizei und der Geheimdienste »Verfassungsschutz«, Bundesnachrichtendienst (BND) und Militärischer Abschirmdienst (MAD). Mit dieser Legalisierung würde die in der Praxis bereits schwer angeschlagene verfassungskräftige Trennung zwischen Polizei und Geheimdiensten auf dem elektronischen Datenwege vollends aufgehoben werden. Dieses Trennungsgebot findet in den Gesetzesentwürfen folgerichtig auch nicht mal mehr eine angemessene Erwähnung.

3. Gesetzentwurf zur Regelung von Fahndungsmaßnahmen u. a. mit Ermächtigungsgrundlagen zur bisher ungesetzlichen Rasterfahndung, die auch Personen miteinbeziehit, die unverdächtig sind und als Täter nicht in Frage kommen; mit Ermächtigungen zur planmäßigen Observation (auch mit technischen Mitteln wie Richtmikrophonen und Video) und zur »beobachtenden Fahndung«, womit Persönlichkeitsprofile und Bewegungsbilder über Einzelpersonen und Personengruppen hergestellt werden können; mit erweiterten Möglichkeiten zur Öffentlichkeitsfahndung (etwa Steckbrief auch ohne Haftbefehl, Presse-, Rundfunk- und Fernsehfahndung à la »XY-ungelöst«, nicht nur nach Tatverdächtigen, sondern auch nach Zeugen).

4. Novellierung des Bundesdatenschutzgesetzes mit der generellen Zulassung von on-line-(Daten-Direktabruf-)Verfahren im inneren Sicherheitsbereich. Abschottung des gesamten Sicherheitsbereichs gegenüber den Auskunftsansprüchen der Betroffenen; die Kontrollbefugnisse des Bundesdatenschutzbeauftragten sollen, neben geringfügigen Erweiterungen, in wesentlichen Punkten beschränkt werden.

5. Nach dem Vorbild des Musterentwurfs für einheitliche Polizeigesetze sollen der Polizei gesetzlich neue Aufgaben zugewiesen werden: nämlich die »vorbeugende Verbrechensbekämpfung« und »Gefahrenvorsorge«, die ihr prinzipiell Eingriffe ohne konkreten Tatverdacht und ohne Vorliegen konkreter Gefahren erlauben. Geheimpolizeiliche Mittel und Methoden sollen legalisiert werden: d. h. verdeckter Einsatz von technischen (= nachrichtendienstlichen) Mitteln (wie z. B. Wanzen); Einsatz von verdeckten Polizeivollzugsbeamten unter einer Legende (= Untergrundagenten) und längerfristiger, planvoller Einsatz von V-Personen. Damit würde die in

der Praxis bereits weitgehend abgeschlossene Transformation der Polizei in eine neue verfassungswidrige Geheim-Polizei ihre rechtliche Grundlage erhalten.

6. Die bereits seit 1978 gesetzlich zugelassene Einrichtung von polizeilichen Kontrollstellen mit Massen-Kontrollbefugnissen gegenüber »jedermann« soll erleichtert werden und damit auch die Anordnung der »Schleppnetzfahndung«.

7. Zusätzlich zum bereits verabschiedeten Zensurparagraphen 130a soll auch noch der 1981 wegen Ineffizienz abgeschaffte § 88a StGB — »Öffentliche Befürwortung von Straftaten« — modifiziert und erweitert als § 130b StGB wiedereingeführt werden (vom Bundesrat nicht beschlossen).

8. Die umstrittene »Kronzeugenregelung für terroristische Straftäter« soll nun (befristet) durchgesetzt werden: Wer als TäterIn einer »terroristischen« Straftat Wissen offenbart, das der Aufklärung der Tat, der Ergreifung der TäterInnen oder der Verhinderung weiterer Straftaten dient, kann von der Strafverfolgung befreit werden, oder das Gericht kann die Strafe erlassen oder mildern. Für Verräter, denen Mord vorgeworfen wird, soll es zwar keine Straffreiheit, dafür aber weitgehende Strafmilderung geben. Diese Möglichkeiten würden der Denunziation vollends Tür und Tor öffnen, gibt es doch bereits bisher mehr als genug dubiose InformantInnen der Anklage.

9. Haft wegen »Wiederholungsgefahr« — eine Nazi-Errungenschaft des Jahres 1935 — soll nun auch bei (schwerem) »Landfriedensbruch« möglich werden, was einer Vorbeuge- bzw. Sicherungshaft gleichkommt.

Bayern plant darüber hinaus, die Vorbeugehaft (in den Polizeigesetzen als »Unterbringungsgewahrsam« bezeichnet) generell von 48 Stunden auf 14 Tage zu verlängern, um etwa WAA-GegnerInnen an der »unmittelbar bevorstehenden Begehung oder Fortsetzung einer Straftat oder einer Ordnungswidrigkeit von erheblicher Bedeutung für die Allgemeinheit« zu hindern (»lex Wackersdorf«; s. *Spiegel* Nr. 31/1988, S. 20f.; *taz* 30. 7. 1988, S. 3).

10. Einführung eines strafbewehrten Verbots der Vermummung, der sogenannten Schutzbewaffnung (soll auch für Zufahrtswege zu Versammlungen gelten), und des öffentlichen Aufrufs zu einer verbotenen Versammlung, was u. a. auch Haftbefehle und Festnahmen ermöglicht. Es droht Freiheitsstrafe bis zu einem Jahr oder Geldstrafe.

11. Bußgeldbewehrte Pflicht zur Kooperation der Veranstal-

ter einer Demonstration mit der Polizei (Bußgeldandrohung bis zu 5000 DM).

12. Strafbarkeit von Sitz- und anderen Blockaden mit spezieller Strafnorm unabhängig vom Nötigungstatbestand.

13. Einführung von Spezialeinheiten der Polizei zum Einsatz bei Demonstrationen nach dem Vorbild der »Antiterror«-Einheit »GSG 9« sowie Einführung von Polizei-Distanz- bzw. Mehrzweckwaffen.

1 Der unheimliche Aufstieg des präventiven Sicherheitsstaates
Einführende Kurz-Geschichte einer blühenden Karriere

Was verbirgt sich eigentlich hinter jenen trockenen und abstrakten »Sicherheitsgesetzen«, die uns seit geraumer Zeit in immer dichterer Abfolge serviert werden? Können sie unsere unmittelbaren Lebensverhältnisse überhaupt tangieren und negativ beeinflussen, oder sind sie so harmlos, wie ihre offizielle Bezeichnung es nahelegt? Welche gesellschaftlichen Gründe und Anlässe gibt es für diese Legalisierungswelle? Und welcher Begriff von »Sicherheit«, welche Sicherheitskonzeption und -entwicklung soll damit in Gesetzesform gegossen und abgesichert werden?

Zum besseren Verständnis und zur besseren Einordnung der in den folgenden Kapiteln dargestellten und anhand von Fällen und Szenarien veranschaulichten sicherheitspolitischen Auswirkungen in unterschiedlichen Lebensbereichen soll zunächst der Versuch unternommen werden, die eingangs gestellten Fragen wenigstens ansatzweise im Rahmen eines geschichtlichen Abrisses zu beantworten. Denn die »Sicherheitsgesetze« liefern zunächst lediglich die unübersichtlichen Stichworte für eine bestimmte Phase der Politik der Inneren Sicherheit. Um das dahinter verborgene Gefährdungspotential ausfindig und plausibel zu machen, bedarf es der Anstrengung, den historischen und strukturellen Hintergrund, auf dem dieser Verrechtlichungsprozeß sich abspielt, die herrschenden Sicherheitskonzepte und die Entwicklung des Sicherheitssystems, auf denen er aufbaut, auszuleuchten und aufzuarbeiten.

Zumal von diesem Befund auch mögliche Oppositionsansätze und Widerstandsstrategien abhängen können.

Die Last mit der deutschen Vergangenheit

Die Grundlagen der heute erlebten Hochsicherheitspolitik sind bereits früher, nämlich in der Nachkriegsära, dann Ende der sechziger Jahre und insbesondere in den sozialliberalen siebziger Jahren gelegt worden. Die sicherheitspolitische Wende beginnt eben nicht erst mit Friedrich Zimmermann und der rechtsliberalen Bundesregierung, auch wenn dies manchmal so scheinen mag.

Es begann bekanntlich zur ominösen »Stunde Null« mit der prompten Entnazifizierung von Staat und Gesellschaft — und endete im glatten Gegenteil. Dem Nürnberger Prozeß gegen die Hauptkriegsverbrecher des Nazi-Regimes folgte die nachsichtige Behandlung von NS-Massenmördern und NS-Blutrichtern — eine Behandlung, die ihre konsequente Entsprechung in der mangelnden Entschädigung von NS-Opfern fand. Und die politische Verharmlosung des Neo-Faschismus findet fortan ihre Ergänzung in der politischen Verfolgung links-oppositioneller Kräfte und Gruppen — der »kommunistischen Feinde« im Innern. Auf die Entmilitarisierung der Bundesrepublik folgte die konsequente Aufrüstung, erst die kapitalistische Restauration, dann die militärische — als Bollwerk gegen die »kommunistische Bedrohung« von außen. Ein militanter Antikommunismus einer »wehrhaften« Demokratie ohne Demokraten, ohne demokratische Kultur, eine formale politische Demokratie in einer undemokratischen kapitalistischen, auf ökonomischer Ungleichheit basierenden Gesellschaft mit strategischer Bedeutung im weltweiten Ost-West-Konflikt eines eiskalten Krieges — das waren die politischen Grundbedingungen der neuen bundesrepublikanischen »Demokratie«. Ein schlechtes Omen also: Der deutsche Faschismus, seine sozio-ökonomischen Ursachen und seine Folgen wurden in der Bundesrepublik also mitnichten überwunden. Eine historisch angemessene Auseinandersetzung mit dem Staatsterrorismus hat nicht stattgefunden, entsprechende Konsequenzen wurden letztlich nicht gezogen.

Insbesondere in den Bereichen der sogenannten Inneren Sicherheit — also Polizei, Geheimdienste und Politische Justiz — mußte sich dieses Manko, diese Fehlentwicklung schon frühzeitig und mit Langzeitfolgen auf geradezu fatale Weise auswirken. An dieser Hypothek haben wir heute noch schwer zu tragen. Inzwischen blicken wir — um nur einige Beispiele der weiteren Entwicklung vorab zu nennen — in der Sicherheitsgesetzgebung auf ein in den fünfziger Jahren aufgebautes politisches Strafrecht mit weit vorverlegtem Staatsschutz, auf eine Notstandsgesetzgebung in den sechziger Jahren, auf strukturverändernde »Anti-Terrorismus-Gesetze« in den siebziger und nun in den achtziger Jahren auf explosive Sicherheitspakete, deren Wirkungen im einzelnen noch nicht abzusehen sind. Wir blicken im Bereich der Politischen Justiz auf eine zwanzigjährige Kommunistenverfolgung mit Ermittlungsverfahren gegen weit über 120 000 Personen, die zumeist bereits in der NS-Zeit zu den Verfolgten gehört hatten, und mit weiteren 250 000 mittelbar Betroffenen; wir blicken auf 16 Jahre institutionalisierte Berufsverbotepolitik mit millionenfachen Anfragen an den »Verfassungsschutz«, etwa zehntausend Berufsverbotsverfahren und weit über tausend Berufsverbotsmaßnahmen sowie auf eine sechzehnjährige Geschichte der sogenannten Terrorismusverfahren mit ihren weitreichenden Auswirkungen.

Vom Ausnahmezustand zum alltäglichen Notstand

In den fünfziger Jahren diente die Wiedereinführung und mehrmalige Verschärfung des politischen Strafrechts zu weiten Teilen der Absicherung der Westintegration (NATO-Beitritt der Bundesrepublik) und der Wiederaufrüstung. Es wurde vorwiegend eingesetzt gegen KommunistInnen und OstermarschiererInnen, also GegnerInnen der Remilitarisierung und atomaren Bewaffnung. Mit dem Aufbau des Bundesgrenzschutzes zum paramilitärischen Instrument des »Kalten Krieges« sowie der Bereitschaftspolizei als kasernierte Truppenpolizei wurde ein auf Bürgerkriegssituationen bezogener Gewaltapparat geschaffen. Mit der Aufstellung der Bundeswehr ab 1956 stand das klassische exekutivische Notstandsinstrumentarium zur Verfügung.

Die Notstandsgesetzgebung Mitte und Ende der sechziger Jahre, also ein Jahrzehnt später, bezieht sich auf diesen Stand der Entwicklung der Sicherheitskräfte und auf eine Sicherheitskonzeption, die jedoch — aus heutiger Sicht — bei der Verabschiedung der Notstandsverfassung im Jahre 1968 bereits weitgehend überholt war. Warum? Die Notstandsgesetze beziehen sich auf einen zu erklärenden Ausnahmezustand, den

»Verteidigungs-«, »Spannungs-« oder »Notstandsfall« im Innern als Voraussetzung für weitgehende Grundrechtseinschränkungen, für die Aussetzung der politischen Demokratie und für den möglichen Einsatz der Bundeswehr im Innern des Landes. Eine Reihe von »Notverordnungen« sowie von »Schutz- und Sicherstellungsgesetzen«, die die Heranziehung der BürgerInnen zu Dienst- und Überlassungspflichten regeln, gelten ebenfalls nur für den erklärten »Notstandsfall«. Sie waren jedenfalls — übrigens mit Ausnahme der damals im »G-10-Gesetz« legalisierten Telefon- und Postüberwachung — nicht für den alltäglichen Repressionsgebrauch bestimmt. Die Notstandsgesetze sind — und das läßt sie auch heute noch latent gefährlich sein — sozusagen letzte Anwendungsstufe, wenn alle Mittel und Wege zur Krisenbereinigung und Herrschaftssicherung unterhalb der Notstandsschwelle versagen. Szenarien, wie sie beispielsweise in den siebziger Jahren durchaus Realität waren — man denke nur an die sogenannte Ölkrise, also: »Die Araber drehen uns den Ölhahn zu«, und gleichzeitig proben bewaffnete Gruppen, wie die RAF, den Aufstand im Innern; oder man denke etwa an den »Deutschen Herbst« 1977 als faktischem Ausnahmezustand bzw. »übergesetzlichem Notstand« mit parlamentarisch unkontrollierten »Krisenstäben« und Nachrichtensperre —, solche Szenarien zeigen zwar, daß der »Notstandsfall« doch relativ rasch eintreten kann; der tatsächliche Umgang mit diesen Ereignissen zeigt jedoch andererseits, daß es inzwischen offenbar andere, differenziertere Mittel der »Krisenbewältigung« gibt, die (wenn auch zeitweise recht knapp) unterhalb der erklärten Notstandsschwelle angesiedelt sind und gleichwohl diktatorische Elemente aufweisen.

Daß also die den Notstandsgesetzen eigene Art von Ausnahmerecht, was die zugrundeliegende Sicherheitskonzeption anbelangt, letztlich bereits damals, Ende der sechziger Jahre, eigentlich nicht mehr zeitgemäß war, läßt sich an einem Beispiel verdeutlichen: Im Zeichen des »Kalten Krieges« der fünfziger und sechziger Jahre, der Kommunistenverfolgung und der Wiederaufrüstung stand die verbandsmäßige Bekämpfung von »kommunistisch gesteuerten Aufständischen« und »Banden aus der Arbeiterklasse« (Originalzitate aus Polizei-Manöver-Dokumenten) durch geschlossene Polizeiverbände im Mittelpunkt der sogenannten Aufstandsbekämpfung. Großangelegte Manöver, mit denen der Polizeieinsatz bei Arbeitskämpfen geprobt wurde, dienten der Vorbereitung auf allzeit befürchtete soziale, »kommunistisch« bzw. SBZ/»DDR«- gesteuerte Auseinandersetzungen entlang der Klassenlinie. Noch ganz nach dem skizzierten militärisch orientierten Kampfmuster versuchte die Polizei auch die Studentenunruhen der späten sechziger Jahre zu »bewältigen«. Doch sie scheiterte an ihrer eigenen Antiquiertheit: Die sichtbar gewordenen Legitimationsverluste infolge dieser starren und daher auch als überzogen, unverhältnismäßig wahrgenommenen Vorgehensweise gegenüber den neuen Demonstrationserscheinungen und Formen begrenzter Regelverletzungen erforderten ein sicherheitspolitisches Umdenken, eine vollkommen neue Sicherheitskonzeption.

Vom Krisenmanagement zur Krisenvorsorge

Es hatte sich in jener Zeit überhaupt einiges verändert im gesamten gesellschaftlich-ökonomischen Gefüge, auf das der Staatsapparat auf allen Ebenen nicht so recht vorbereitet war: Im wirtschaftlichen Bereich hatte die Bundesrepublik ihr erstes überraschendes Schlüsselerlebnis: nämlich die große ökonomische Krise von 1966/67, die die wirtschaftliche und soziale Stabilität erschütterte und in deren Gefolge es zu verstärktem außerparlamentarischen Widerstand gegen die Verschlechterung der Lebensbedingungen kam, zu spontanen Streiks und Massenstreiks. Außerdem gehörten massive Proteste gegen die Notstandsgesetze, gegen den Vietnam-Krieg, anhaltende Studentenunruhen und das Aufkeimen diverser Initiativen zum Bild jener unruhigen Zeiten des Umbruchs. Die Zeiten des »Wirtschaftswunders«, der Stabilität und der relativen Ruhe und Ordnung schienen jedenfalls vorbei. Und der Staat, die verbeamtete Politik und die »formierte Gesellschaft« waren überrascht, unvorbereitet, fixiert auf alte innere und äußere Feinde und veraltete Reaktionsmuster.

In jenen Jahren war dann die »innovativ-unverbrauchte«, zur »Volkspartei« geläuterte Sozialdemokratische Partei (SPD) gefragt, mit der CDU/CSU eine große Regierungskoalition, besser: ein großes Krisenmanagement zu bilden, um die Misere zu meistern. Und in der Tat, umstrittene Vorhaben, wie etwa die Notstandsgesetze, konnten daraufhin ohne nennenswerte parlamentarische Opposition, wenn auch abgeschwächt, durchgesetzt werden. Doch abgesehen von diesem Endpunkt einer bestimmten Sicherheitsentwicklung, die in Ausnahme- und Notstandskategorien verharrte, waren ganz andere Entscheidungen von grundsätzlicher, nämlich zukunftsweisender Bedeutung, die die neue Sicherheitsentwicklung wesentlich beeinflußten:

— Außenpolitisch: der Übergang von der Politik des »Kalten Krieges« zur Politik der »Entspannung« und friedlichen Koexistenz (»Neue Ostpolitik«) mit Auswirkungen auf das äußere und innere Feindbild.

— Innenpolitisch: die Schaffung eines modernen Staatsinterventionismus sowie die Entwicklung eines modernen »Sicherheitsstaates« (Joachim Hirsch) — oder genauer: eines präventiven Sicherheitsstaates.

Man hatte erkannt, daß der Staat im Gefolge schwerer ökonomischer Krisen, bei denen die Selbstheilungskräfte des Kapitalismus versagen, effiziente Instrumente eines Krisenmanagements entwickeln sowie in verstärktem Maße wirtschaftsplanerische Funktionen übernehmen muß, um das Wirtschaftssystem langfristig zu sichern: Die »Konzertierte Aktion«, bestehend aus Regierungs-, Arbeitgeber- und Gewerkschaftsvertretern, sowie insbesondere das Stabilitätsgesetz von 1967 (BGBl. I S. 582), die Regelungen zur Diskont- und Mindestreservepolitik, zu Konjunkturabgaben und Investitionssteuer sind Beispiele für die gewachsene ökonomische Planungs- und Interventionskraft der Staatsgewalt.

Die Herausbildung des »Präventiven Sicherheitsstaates«

Auch im Staatssicherheitsbereich lernte man nach Kräften dazu: Angesichts der Erfahrungen im Umgang mit den expandierenden sozialen und politischen Krisenerscheinungen (auch mit dem Anwachsen der Kriminalität) schickte man sich an, vorausschauend zu denken, zu planen und flexibel zu handeln, statt verspätet überzogen zu reagieren — nicht mehr orientiert am Ausnahmezustand, sondern am krisengeschüttelten Alltag: »Präventive Herrschaftssicherung« oder »präventive Konterrevolution«, so könnte man diesen sicherheitspolitischen Trend bezeichnen, eine Entwicklung weg vom erklärten Notstand, hin zur alltäglichen präventiven Notstandsvorsorge bzw. Notstandsverhinderung. Parallel zu Akten der Integration — Einstellung der offenen Kommunistenverfolgung, Wiederzulassung einer kommunistischen Partei (DKP), Amnestierung von Demonstrationsstraftätern der Studentenunruhen — wurden neue Mittel und Formen staatlicher »Krisenbewältigung« gesucht, getestet und schließlich im rechtsfreien Raum praktiziert. Bereits ab 1969 wurden unter der sozialliberalen Koalition langfristige Schwerpunkt- und Sofortprogramme für die »Innere Sicherheit« und zur »Modernisierung und Intensivierung der Verbrechensbekämpfung« verabschiedet und realisiert sowie wenig später der berüchtigte Berufsverbotebeschluß der Ministerpräsidenten unter SPD-Federführung verkündet (1972). Seit Ende der sechziger Jahre befindet sich der Bereich der Inneren Sicherheit, quantitativ und qualitativ, in einem vehementen Veränderungs- und Modernisierungsprozeß. Diese Veränderungen manifestierten sich einerseits in einem recht drastischen personellen, finanziellen und technologischen Ausbau aller Sicherheitsorgane, andererseits in einem tiefgreifenden, bis heute fortgeführten Strukturwandel des gesamten Sicherheitssystems: Fortschreitende Zentralisierung der Entscheidungsstrukturen, Spezialisierung der Polizeifunktionen mit einer Spannbreite etwa von der »Anti-Terror«-Spezialeinheit »GSG 9« bis zu Kontaktbereichsbeamten und Jugendpolizisten, Entmilitarisierung der Polizei und damit Flexibilisierung der Einsatzkräfte bei gleichzeitiger Ausdehnung der Polizeibefugnisse, des weiteren Verwissenschaftlichung der Polizeiarbeit und immer wieder Prävention und Vorverlagerung des Staatsschutzes weit hinein in die Gesellschaft — das sind zentrale Stichworte zur Kennzeichnung dieses strukturellen Wandels, der zu einem enormen, ganz alltäglichen staatlichen Machtzuwachs geführt hat, voll zu Lasten bürgerlicher Freiheitsrechte. Zur klassisch repressiven Polizeiaufgabe der Strafverfolgung und zur konkreten Gefahrenabwehr gesellte sich in der Praxis ein neues, fast uferloses polizeiliches Aufgabenfeld: die »vorbeugende Verbrechensbekämpfung« und die »Gefahrenvorsorge«.

Methoden einer neuen Geheim-Polizei

Eine ganz entscheidende Voraussetzung für diesen neuen »Präventionsstaat« (Erhard Denninger) konnte in jener Zeit geschaffen werden: Die neuen Strategien der Prävention, der Verdachtsschöpfung und Verdachtsverdichtung, bedürfen nämlich technologischer Grundlagen zur Bewältigung der hierfür benötigten umfangreichen Informationen. Erst mit der Einführung der elektronischen Datenverarbeitung, wie sie in den sozialliberalen siebziger Jahren mit Nachdruck im Sicherheitsbereich entwickelt worden war, waren diese Möglichkeiten eröffnet.

Die Einrichtung zentraler, dezentraler und spezialisierter Informationssysteme und -dateien, die zu Datenverbundnetzen der Polizei und der Geheimdienste zusammengefaßt wurden, dient unter anderem der massenhaften Speicherung von Ergebnissen intensivierter Aufklärungs- und Vorfeldarbeit mit dem Ziel, frühzeitig Informationen über Protestpotentiale und ausgewählte verdächtige, »kriminogene Problemgruppen« — wie etwa Ausländer, Jugendliche, Homosexuelle, Prostituierte und sonstige soziale und insbesondere auch politische Minderheiten — verarbeiten zu können.

Um das gewachsene, enorme Informationsbedürfnis der Apparate auch befriedigen zu können, wurden die Mittel und Methoden der Informationsbeschaffung und -verarbeitung entsprechend ausgebaut, weit im Vorfeld strafbarer Handlungen eingesetzt und jeweils mit Zeitverzögerung verrechtlicht (bzw. stehen nun mit den neuen »Sicherheitsgesetzen« zur Legalisierung an): Polizeiliche Massenkontrollen an Kontrollstellen und »gefährlichen Orten« mit Eingriffsbefugnissen gegenüber »jedermann«, auch prinzipiell Unverdächtigen; Rationalisierung solcher Massenkontrollen mit Hilfe von Schleppnetzfahndung, Rasterfahndung und maschinenlesbarem Personalausweis; Großrazzien; umfangreiche polizeiliche Observationen und Lauschangriffe mit nachrichtendienstlichen Mitteln; systematischer Einsatz von V-Leuten, agents provocateurs, getarnten Polizeiagenten mit falschen Legenden, unter Verwendung von Tarnnamen und Tarnpapieren, konspirativen Wohnungen und Scheinfirmen . . .

Das Prinzip dieser neuen polizeilichen Herangehensweisen manifestiert sich zum einen in der Vorverlagerung der »Sicherungslinie« weit hinein in die Gesellschaft, mit der Möglichkeit, tendenziell und prinzipiell alle BürgerInnen in die Kontrollmaßnahmen einzubeziehen, und mit der Fähigkeit, diese Massenkontrollen rationalisiert abzuwickeln und automatisiert (per Datenabgleich/Rasterfahndung etc.) zu Persönlichkeits- und Risikoprofilen sowie zu Bewegungsbildern zu verarbeiten; zum anderen gilt nun für den polizeilichen Eingriff: nicht mehr abwarten, bis Strafanzeigen auf den Tisch des Polizeihauses flattern, sondern aktiv in die sozial und politisch verdächtigten Szenen eintauchen, sie konspirativ durchdringen, mitmischen, unter gewissen Umständen provozieren, um Informationen zu beschaffen bzw. solche erst zu produzieren.

Präventive Herrschaftssicherung

Die Polizei soll mit diesen neuen Methoden in die Lage versetzt werden, über ihre traditionellen Funktionen hinaus auch mit präventiven und operativen Mitteln schon frühzeitig potentielle Gefahrenherde für die Sicherheit des Staates und der Gesellschaft auskundschaften, überwachen und kontrollieren zu können sowie entsprechend flexibel und mobil, je nach Bedarf, präventiv oder klassisch repressiv zu agieren, bevor es überhaupt zu einer Gefährdung, Störung oder Straftat kommen kann.

Insbesondere zwei elementare Eckpfeiler der Begrenzung staatlicher Allmacht und Willkür werden mit dieser Praxis und ihrer teils erfolgten, teils bevorstehenden Verrechtlichung aus den Angeln gehoben:

— zum einen die Bindung staatlicher Eingriffe in die Grundrechte der BürgerInnen an das Vorliegen eines konkreten Verdachts oder einer konkreten Gefahr — statt unbestimmter »Gefahrenvorsorge«;

— zum anderen die verfassungsgemäße Trennung von Polizei und Geheimdiensten, eine Konsequenz aus den mörderischen Erfahrungen mit der Gestapo im Nationalsozialismus; sie wird durch die Bildung einer neuen Geheim-Polizei über den Haufen geworfen.

Und diese gesamte Entwicklung, die praktisch zwangsläufig zu einer alltäglichen Erosion der Grundrechte führt, wird von interessierter Seite immer wieder mit dem sogenannten Terrorismus der siebziger Jahre in Verbindung gebracht, der gegenüber der Bevölkerung auch als Legitimierung für diese innere Auf- und Umrüstung präsentiert werden konnte. Doch die Pläne und ersten Realisierungsansätze dieser Neuerungsbewegung stammen, wie wir gesehen haben, aus einer Zeit, als in der Bundesrepublik von »Terrorismus« noch überhaupt nicht die Rede sein konnte. Die Ursachen liegen also woanders; die Art und Weise der Durchsetzung und manche Sonderermächtigung wurde durch dieses Phänomen allerdings, wir erinnern uns, durchaus begünstigt (u. a. »Anti-Terror«-Gesetzgebung).

Restrisiko Mensch

Andere Phänomene und Prozesse waren für die Entwicklung der neuen Sicherheitskonzeption von erheblicherer Bedeutung:

Die gesellschaftlich-ökonomische Produktion von globalen

Risiken, Gefahren und (Beinahe-)Katastrophen als Folge der Großtechnologie einer auf Wachstum fixierten privat-kapitalistischen Wirtschaft, die für Folgen und Kosten nicht aufkommt. Beispiel: Atomenergie, die just von der sozialliberalen Koalition in den siebziger Jahren stark forciert wurde. Mit der zunehmenden, immer weniger beherrschbaren Freisetzung von Destruktivkräften, mit der Folge von gravierenden Umweltzerstörungen, ist dem Staat ein konsequenzenreiches Aufgabengebiet überantwortet worden: die Abwehr von wachsenden technologischen Gefahren der »Risikogesellschaft« (Ulrich Beck). Mit der Risikogesellschaft wächst das »Sicherheitsbedürfnis«. »Sicherheit« wird zum heißbegehrten Gut, zu einem die drohenden oder bereits realisierten Gefahren vermeintlich bannenden Zaubermittel, dem notfalls auch Freiheitsrechte geopfert werden. Das Staatsgeschäft mit der Sicherheit floriert und besitzt eine neue populäre Legitimationsgrundlage (zusätzlich zur »terroristischen Gefahr«), die gleichzeitig für Staatsschutz und Herrschaftssicherung nutzbar gemacht werden kann.

Seit 1982 existiert beispielsweise ein Amtshilfeabkommen zwischen dem Verteidigungsministerium und den Innenministern des Bundes und der Länder über »Unterstützungsleistungen« der Bundeswehr, die etwa bei Großdemonstrationen insbesondere gegen Atomkraftwerke erbracht werden bzw. bereits erbracht worden sind: Danach soll die Bundeswehr der Polizei auf Anforderung Militärhilfe leisten können zur »Aufklärung« und »logistischen Unterstützung«. Hierauf basieren Befehle und Dienstanweisungen, wonach Sanitätspanzer einschließlich soldatischem Personal bei Demonstrationen gegen die Wiederaufbereitungsanlage (WAA) Wackersdorf zu Verfügung gestellt sowie Bundeswehrhubschrauber für »Transport und Aufklärung« angefordert werden können (s. *taz* 2. 8. 88, S. 1; *FR* 3. 8. 88, S. 4). Solche Einsätze der Bundeswehr in innenpolitischen Konflikten sind jedoch durch das Grundgesetz grundsätzlich ausgeschlossen (außer im Falle eines förmlich zu erklärenden Notstands, bei Naturkatastrophen oder besonders schweren Unglücksfällen).

Im Jahr 1988 hat die Bundesregierung das Konzept einer »Interministeriellen Koordinierungsgruppe« beschlossen, die sich im Falle großer Katastrophen (Reaktor- oder Chemie-Unfälle) aus Vertretern aller zur Krisenbewältigung benötigten Bundes- und Landesministerien zusammensetzt und über das ständige

Lagezentrum des Bundesinnenministeriums koordiniert wird. Zu ihren Aufgaben zählt unter anderem »die Formulierung einer harmonisierten Informationspolitik, um der Sensationsmache bestimmter Medien bei Großkatastrophen oder Gefährdungslagen besser begegnen zu können«. *(Frankfurter Rundschau* vom 24. 6. 1988).

Alle sicherheitsbezogenen Teil-Staatsvisionen und -realitäten, also etwa der »Atomstaat«, der »Aids-Staat«, der »Computer- und Überwachungsstaat«, lösen sich letztlich begrifflich auf im »präventiven Sicherheitsstaat« der (Rest-)»Risikogesellschaft«. In dieser Konstellation droht der Ausnahmezustand zum Normalzustand, zum täglichen Ernstfall zu werden und die BürgerInnen zu potentiellen Sicherheitsrisiken, deren präventive Überwachung und Kontrolle zur Gefahrenabwehr bzw. -vorsorge angezeigt ist. Oder mit den Worten des Soziologen Ulrich Beck: »Die Risikogesellschaft enthält eine Tendenz zu einem ›legitimen‹ Totalitarismus der Gefahrenabwehr, der mit dem Recht, das Schlimmste zu verhindern, in nur allzubekannter Manier das andere Noch-Schlimmere schafft.« (S. 106). Es geht um die Gefährlichkeit einer (»Rest«-)Risiko-Politik, die gesundheits- und lebensbedrohende, letztlich unbeherrschbare Projekte mit (Staats-)Gewalt durchsetzt, diese Projekte zu »sicherheitsempfindlichen« Bereichen erklärt und die dort Beschäftigten, die von den Gefahren Betroffenen und die sich dagegen zur Wehr setzenden Menschen als potentielle oder konkrete Sicherheitsrisiken einstuft — und eben nicht die Betreiber und Profiteure jener Wahnsinnsprojekte. Diese herrschende Politik bedingt zwangsläufig eine gefährliche Aufrüstung und Umstrukturierung des gesamten Staatssicherheitssystems, verbunden mit einer fast uferlosen Ausweitung staatlicher Eingriffsbefugnisse, die die individuellen und kollektiven Grundrechte in ihrer Substanz angreifen.

Der Polizei-Einsatz als Politik-Ersatz

Im Verlauf dieser Entwicklung, verbunden mit anderen Tendenzen, kommt es zu einer zunehmenden »Durchstaatlichung« der Gesellschaft (J. Hirsch), zu einer »Verpolizeilichung« des sozialen und politischen Alltags und entsprechend immer häufiger zur flexiblen polizeilichen »Lösung« politisch-sozialer Konflikte. Kurz: Die Konfliktlinien verschieben sich, der vorbeugende sowie bewaffnete Polizei-Einsatz wird zum Politik-Ersatz. Statt substantieller Sicherheitspolitik, nämlich an den

Bedürfnissen der Mehrheit der Bevölkerung orientierter Sozial-, Umwelt- und Friedenspolitik, wird Innere Sicherheits- und Ordnungspolitik betrieben. Je weniger das eine, desto größer der Drang bzw. Zwang zum anderen. Und das eben umso mehr, als Regierung, Bürokratie und Parteien immer weniger willens oder überhaupt in der Lage sind, sich verschärfende (systembedingte) Krisen, sich ausbreitende soziale Miseren, Massenarbeitslosigkeit, neue Armut, fortschreitende Umweltzerstörung, Gefahren der Atomenergie und -bewaffnung sowie der Computer- und Gen-Technologie usw. angemessen im Sinne der betroffenen Bevölkerung mit politischen Mitteln in den Griff zu bekommen und zu bewältigen. Dies sind Problembereiche, die in den siebziger und achtziger Jahren Anlaß und Grund zu massenhaften Protesten und Demonstrationen gaben und zur Gründung problembezogener Bürgerinitiativen führten, die außerhalb des herrschenden politisch-demokratischen Spektrums agieren (und auch deshalb als Bedrohung empfunden und bekämpft werden).

Die vielfältiger gewordenen Formen des Widerstands haben sich angesichts verschärfter internationaler und innerstaatlicher Probleme ebenfalls verschärft, aber auch verbreitert. Eine wachsende Heterogenität in der Zusammensetzung der Protestpotentiale ließ das polizeiliche Feindbild vom »potentiellen Störer« allmählich immer unschärfer werden. Die »Störer« waren nicht mehr klar zu definieren und auszumachen; sie reichten bis hinein ins gutbürgerliche Lager. Das brachte Polizei und Sicherheitspolitiker fast um den Verstand, was sie jedoch rasch mit erweiterten Polizeiaufgaben, -befugnissen und -waffenarsenalen, mit ausdifferenzierten Mitteln und Methoden der Überwachung und Vorfeld-Kontrolle, mit Kriminalisierungs-, Ausgrenzungs- und Spaltungsstrategien sowie umfangreichen Verrechtlichungs-Orgien zu kompensieren versuchten. Zu einem großen Teil allerdings ohne nennenswerten (Primär-)Erfolg: Offenbar konnte der Staat auch mit seinen zweifellos gewachsenen präventiven Diagnose-, Planungs-, Kontroll- und Aktionsfähigkeiten beispielsweise die nicht hierarchisch strukturierten, ideologisch wenig festgefügten Initiativen, Szenen und Bewegungen im großen und ganzen nicht in den Griff bekommen, auch wenn pausenlos Anstrengungen unternommen werden. Insofern ist die Entwicklung von der zentralistischen, hierarchisch-autoritär, dafür übersichtlich gegliederten Arbeiter- bzw. Kommunistischen Partei hin zu dezentralen, basisdemokratischen, aber »chaotischen« Bürgerinitiativen und Bewegungen nicht zu unterschätzen (genausowenig übrigens wie die parallele, allerdings später einsetzende Entwicklung von der militärisch straff-gegliederten »Rote-Armee-Fraktion« RAF zu den nicht-hierarchischen, nur lose organisierten »Feierabend-Terroristen« der »Revolutionären Zellen«).

Die Protest- und Widerstandskultur ist jedenfalls vom staatlichen Sicherheitsextremismus bisher nur wenig angeschlagen (von einzelnen Regionen und Szenen abgesehen), was einerseits auf politische Stärken der Widerstandsbewegungen, auf Solidarisierungs-, Politisierungs- und Radikalisierungseffekte verweist, andererseits auf mögliche Brüche und Widersprüche in der Sicherheitsstrategie, die sich »vor Ort« mitunter als »kontraproduktiv« erweist und unfreiwillig zur Thematisierung ihrer Praktiken sowie zur Stärkung, teilweise gar zur Ausweitung von Protestbewegungen beiträgt. Wobei von Seiten der Protestbewegungen der politische Wille und die Fähigkeit entscheidend sein dürften, allen staatlichen Spaltungsversuchen zu widerstehen, Öffentlichkeit herzustellen, Solidarität zu organisieren und die gewachsenen alternativen Kommunikations- und Infrastrukturen zu erhalten, zu verteidigen und möglichst weiter auszubauen, um die Oppositionsbedingungen zu optimieren.

Das Gesamtsystem der »Inneren Sicherheit« im Blickfeld

Sicher: Die möglicherweise tiefgreifenden Rückwirkungen der skizzierten Sicherheitsentwicklung auf das soziale und politische Verhalten der Individuen und ganzer Personengruppen sind heute in ihren komplexen Abläufen noch nicht absehbar, jedoch längst erahnbar, in Ansätzen bereits manifest. Angst, Verunsicherung, Einschüchterung und letztlich Rückzug aus politischen Zusammenhängen ins Private können die Folgen sein. Und solche einschneidenden Folgen sind auch den staatlichen Organen sehr wohl bewußt, wie sich aktuell etwa aus der amtlichen Begründung zum Entwurf eines jener erwähnten Sicherheitsgesetze ergibt. Dort heißt es beispielsweise zur Methode der »beobachtenden Fahndung«, daß damit durchaus Persönlichkeitsbilder des langfristig Beobachteten und seiner nicht verdächtigen Begleitpersonen gewonnen werden können; die »intensive Überwachungsmaßnahme« könne letztlich, so heißt es in aller Deutlichkeit, »zu erheblichen Veränderungen im Lebensstil, insbesondere im Umgang mit anderen, führen«. Auch die ebenfalls im Legalisierungsprozeß befindliche »Rasterfahndung« könne »zu erheblichen Veränderungen im Kommunikationsverhalten des Bürgers führen«.

Wie hieß es noch im »Volkszählungsurteil« des Bundesverfassungsgerichts von 1983? »Wer damit rechnet, daß etwa die Teilnahme an einer Versammlung oder einer Bürgerinitiative behördlich registriert wird und daß ihm dadurch Risiken entstehen können, wird möglicherweise auf eine Ausübung seiner entsprechenden Grundrechte verzichten. Dies würde nicht nur die individuellen Entfaltungschancen des einzelnen beeinträchtigen, sondern auch das Gemeinwohl.« Es geht — das müssen wir zusammenfassend feststellen — um mehr als nur darum, das Drohende, also die »Sicherheitsgesetze«, die sich als »Notstandsgesetze für den alltäglichen Gebrauch« entpuppen, zu verhindern. Es geht um mehr, als nur Einzelmaßnahmen anzugreifen. Denn wir haben es mit langfristig angelegten Strukturveränderungen im inneren Sicherheitsgefüge zu tun sowie mit einer Sicherheitskonzeption, die die staatliche Sicherheit zum Supergrundrecht (U. K. Preuß) erklärt, das alle anderen, die eigentlichen Grund- und Bürgerrechte in den Schatten stellt.

2 Sicherheitsrisiko Mensch
Von der personellen Sicherheitsüberprüfung zum Berufsverbot

Stellen Sie sich vor . . .

Sie bewerben sich bei einem Unternehmen oder einer Behörde um eine freie Stelle. Sie sind qualifiziert und haben gute Ausbildungs- und Arbeitszeugnisse. Der potentielle Arbeitgeber zeigt sich interessiert und lädt Sie zu einem Vorstellungsgespräch ein, das Ihrer Ansicht nach positiv verläuft. Doch dann kommt wider Erwarten eine Absage, ohne jede Begründung oder mit einer allgemeinen Floskel (»überqualifiziert«, »zu wenig qualifiziert«, »Stelle schon vergeben« . . .). Und Sie fragen sich mit Recht, was in Wirklichkeit zu dieser negativen Entscheidung geführt haben mag.

Sie geben jedoch nicht auf und bewerben sich noch bei anderen Unternehmen — fünfzigmal und mehr. Doch immer wieder müssen Sie nahezu den gleichen Ablauf erleben: starkes Interesse, positives Vorstellungsgespräch, begründungslose Absage. Woran mag das liegen? Vieles spricht dafür, daß Sie Opfer neuzeitlichen Sicherheitswahns geworden sind, der auch vor der Arbeitswelt nicht haltmacht. Sind Sie vielleicht zu einem »Sicherheitsrisiko« geworden, mit nur noch geringen Chancen auf dem Arbeitsmarkt?

Um dieser, Ihnen womöglich eher skurril erscheinenden Frage nachgehen zu können, müssen wir das weitgehend im Verborgenen blühende, ausufernde System der betrieblichen »Sicherheitsüberprüfung« näher untersuchen. Abgelehnte StellenbewerberInnen oder (etwa wg. »Arbeitsmangel« bzw. aus »betrieblichen Gründen«) gekündigte oder zwangsversetzte MitarbeiterInnen können hieraus möglicherweise Anhaltspunkte für die wahren Gründe ihrer Behandlung erfahren. Über deren unmittelbare Betroffenheit hinaus geht diese Problematik jedoch prinzipiell alle abhängig Beschäftigten an, ob sie nun in der Privatwirtschaft oder im öffentlichen Dienst tätig sind.

Schwerwiegende Nachteile durch Sicherheitsüberprüfungen

Nicht nur im Falle von aktiver politisch-oppositioneller Betätigung macht sich der fortgeschrittene präventive Sicherheitsstaat massiv bemerkbar, sondern auch, und immer mehr, im Bereich der Arbeit, im betrieblichen Alltag.[1] Und es sind keineswegs nur die Beschäftigten der Rüstungs- und Atomindustrie, Mitarbeiter der Bonner Ministerien oder Offiziere der Bundeswehr, die hiervon betroffen sind, indem sie umfassenden Sicherheitsüberprüfungen durch den »Verfassungsschutz« unterworfen werden, sondern ebenfalls (Aushilfs-)BriefträgerInnen und FernmeldehandwerkerInnen, Bundesbahn-Bedienstete und Flughafenpersonal, EDV-Fachleute und NachrichtentechnikerInnen, MitarbeiterInnen von Einrichtungen der Gesundheitsversorgung, von Elektrizitäts-, Gas- und Wasserwerken, SekretärInnen und SachbearbeiterInnen, AktenbotInnen und FahrerInnen, Bauarbeiter und Reinigungspersonal, Wehrpflichtige und Reservisten usw. Immer mehr Privatbetriebe und Arbeitsbereiche werden nämlich »zum Schutz von lebens- und verteidigungswichtigen Einrichtungen«[2] vor Sabotage und Geheimnisverrat zu »sicherheitsempfindlichen« Bereichen erklärt; in immer mehr Betrieben werden entsprechend dieser dehnungsfähigen »Schutzgüter« — auf Anordnung des Wirtschaftsministeriums oder auf Veranlassung der Unternehmen[3] — personelle Sicherheitsüberprüfungen durchgeführt, die zu erheblichen beruflichen Nachteilen führen können sowie die persönlichen Freiheitsrechte und die kollektiven Grundrechte der Arbeitnehmer und ihrer Vertretungen drastisch beschränken. Nur zwei Fall-Beispiele aus jüngerer Zeit:

— Im Jahre 1987 sind umfangreiche Sicherheitsüberprüfungen bei Siemens bekannt geworden:[4] über 8000 Mitarbeiter (einschließlich Sekretärinnen) des Unternehmensbereichs Nachrichten- und Sicherheitstechnik werden bei Neueinstellung oder Versetzung vom »Verfassungsschutz« per Regelanfrage überprüft. Dies geschieht auf Bitten bzw. Anordnung der Deutschen Bundespost,[5] für deren komplexe und letztlich anfällige Computer-Kommunikationsnetze (von Telefon bis ISDN) Siemens fernmeldetechnische Einrichtungen liefert — neben anderen Elektronik-Firmen (wie SEL, Bosch, AEG usw.), die konsequenterweise ebenfalls Sicherheitsüberprüfungen durchführen lassen.

— Im Jahre 1988 ist bekanntgeworden, daß auch nahezu alle Firmen des Mannesmann-Konzerns Stellenbewerber ohne Wissen der Betroffenen vom »Verfassungsschutz« überprüfen lassen.[6]

Doch nicht nur bei Großfirmen der genannten Art werden Sicherheitsüberprüfungen zum Zwecke des »vorbeugenden personellen Sabotageschutzes« durchgeführt, übrigens häufig auch dann, wenn es sich nicht um »sicherheitsempfindliche« Bereiche handelt.[7] In Bayern etwa sind es weit über tausend Betriebe unterschiedlicher Branchen, in Hamburg dagegen, neben Rüstungsfirmen und Werften, insbesondere die Versorgungs- und Verkehrsbetriebe.[8] Bereits heute werden Millionen von Beschäftigten in bundesdeutschen Unternehmen sicherheitsüberprüft und politisch selektiert. In dem Maße, wie sogenannte sicherheitsempfindliche Arbeitsbereiche in Zukunft immer weiter ausgedehnt werden, wird sich über kurz oder lang die Mehrzahl der abhängig Beschäftigten, Arbeiter, Angestellten und Beamten, in der Überprüfungsmühle wiederfinden und als potentielles »Sicherheitsrisiko« einer eingehenden Gesinnungskontrolle unterzogen.

Bei der Ausweitung dieses gutgehenden Sicherheitsgeschäftes wäscht eine (öffentliche) Hand die (private) andere: Für die staatlichen Sicherheitsorgane stellen die Überprüfungen wichtige »Erkenntnis«-Quellen dar, aus denen wertvolle Daten sprudeln; für die privaten Arbeitgeber eröffnet sich die Chance, solche BewerberInnen besser ausfindig zu machen, die möglicherweise den »Betriebsfrieden« durch linke Gesinnung und gewerkschaftliche, überhaupt oppositionelle Aktivitäten stören könnten.

Neue Sicherheitsrichtlinien

Am 1. Mai 1988 sind nun neue »Sicherheitsrichtlinien« (SiR) in Kraft getreten,[9] die für Personen gelten, die »sicherheitsempfindliche« Tätigkeiten bei Bundesbehörden, bundesunmittelbaren Körperschaften, Anstalten und Stiftungen des öffentlichen Rechts ausüben (sollen)[10]; diese Richtlinien, die keine Gesetzesqualität besitzen, obwohl mit ihnen schwerwiegende Eingriffe in die Persönlichkeitssphäre der Betroffenen geregelt werden,[11] bilden auch den Rahmen für Regelungen im militärischen Bereich, beim Bundesnachrichtendienst und insbesondere in der Privatwirtschaft (§ 22 SiR). Potentiell betroffen sind also neben den 1,16 Millionen beim Bund Beschäftigten auch ein großer Teil der Wehrpflichtigen und schätzungsweise zehn und mehr Prozent aller abhängig Beschäftigten in der Privatwirtschaft.[12] Doch damit nicht genug: Diese millionenfachen Überwachungen werden mit den neuen Richtlinien nun auch offiziell ausgedehnt auf Ehegatten, Verlobte oder andere Personen, mit denen die zu Überprüfenden in einer eheähnlichen Gemeinschaft leben (§§ 4 Abs. 2, 10 Abs. 3 SiR).

Die Überprüfungen all dieser Betroffenen werden von den »Geheimschutzbeauftragten«[13] der jeweiligen Betriebe durchgeführt, wobei das Bundesamt für Verfassungsschutz, Abteilung V, eigenverantwortlich mitwirkt (§ 3 Abs. 2 Bundesverfassungsschutzgesetz) und zu einer »engen« Zusammenarbeit verpflichtet wird (§ 7 SiR). Die einzelne Sicherheitsüberprüfung erfolgt alle fünf Jahre u. a. auf der Grundlage eines Fragebogens (eigene Angaben etwa zum Werdegang, Auflistung der »Wohnsitze der letzten 10 Jahre«, Nennung von Referenzpersonen usw.), von Auskünften des Bundeszentralregisters, der »Verfassungsschutz«-Behörden, des Bundesnachrichtendienstes, des Militärischen Abschirmdienstes und des Bundeskriminalamtes (»Karteiüberprüfung«). Das bedeutet, daß zusätzlich zur Selbstauskunft praktisch sämtliche in Frage kommenden Dateien der polizeilichen und geheimdienstlichen Informationssysteme INPOL und NADIS für diese Zwecke abgefragt und diese »Erkenntnisse« zusammengeführt werden, wodurch die verfassungsmäßige Trennung von Polizei und Geheimdiensten in diesem Bereich praktisch aufgehoben wird — immerhin eine historische Konsequenz aus den Erfahrungen mit der allmächtigen Gestapo im Nationalsozialismus.

Sollten die auf diesen Wegen gewonnenen Informationen für eine Beurteilung der zu überprüfenden Personen noch nicht ausreichen, so werden darüber hinaus zusätzliche »Sicherheitsermittlungen« angestellt: Diese betreffen insbesondere auch persönliche Kontakte, also eine Menge Unbeteiligte, letztlich auch das ganze private, soziale und politische Umfeld, wobei selbst nachrichtendienstliche Mittel und Methoden Anwendung finden,[14] mit deren Hilfe selbst der innerste Persönlichkeitsbereich bis hin zu Erscheinungsmerkmalen, Verhaltensweisen, sexuellen Gewohnheiten und Veranlagungen ausspioniert werden kann. Damit geraten weite Bereiche des »normalen« Alltagsverhaltens unter den Informationszugriff der staatlichen Sicherheitsorgane. Neue Datenquellen werden eröffnet, und die präventive Sicherungslinie wird im Zuge dieser »Gefahrenvorsorge« immer weiter in die Gesellschaft hinein vorverlegt.[15]

Sicherheitsrisiken ...

Was macht nun aber die sicherheitsüberprüfte Person zum »Sicherheitsrisiko«? Prinzipiell reicht es nach den neuen Sicherheitsrichtlinien aus, wenn die Überprüfer »Zweifel« haben an der »gebotenen Zuverlässigkeit« der betreffenden Person oder aber an deren Bekenntnis zur »freiheitlich demokratischen Grundordnung« und ihrer Bereitschaft, »jederzeit für deren Erhaltung einzutreten«. Dabei können bereits Unterschriften unter politische Aufrufe oder Verdächtigungen aus eingestellten Ermittlungsverfahren ausreichen; des weiteren gilt »eine besondere Gefährdung durch Anbahnungs-/Werbungsversuche fremder Nachrichtendienste, insbesondere die Besorgnis einer Erpreßbarkeit« als «Sicherheitsrisiko« (§ 4 SiR). Die personalverwaltende Stelle der betreffenden Behörde bzw. des Unternehmens, so ist in § 18 Absatz 1 SiR zu lesen, »teilt dem Geheimschutzbeauftragten unverzüglich alle Informationen über die persönlichen und dienstlichen Verhältnisse von Personen in sicherheitsempfindlicher Tätigkeit mit«, und zwar ausdrücklich u. a. Änderungen des Familienstandes, »auch das Getrenntleben vom Ehegatten«, »Anhaltspunkte für geistige oder seelische Störungen sowie für Alkohol- oder Drogenprobleme, Anhaltspunkte für Überschuldung, insbesondere Pfändungs- und Überweisungsbeschlüsse, Strafsachen, Disziplinarfälle (auch Vorermittlungen)« sowie »alle sonstigen Umstände, . . . die für die sicherheitsmäßige Beurteilung erheblich sein können«. Diese Bestimmungen werden unweigerlich zu einer verschärften Arbeits- und Verhaltensüberwachung führen, die mit Hilfe von Personalinformationssystemen,[16] computerlesbaren Werksausweisen, der Einführung von Sozialversicherungsausweisen (maschinenlesbarer Plastikausweis mit Personenkennzeichen)[17] für Arbeitnehmer bis hin zu Genomanalysen (Genscreening) perfektioniert und rationalisiert werden (können).

Sicherheitsrisiken, so heißt es in § 4 Absatz 2 SiR, »können auch durch den Ehegatten, Verlobten oder andere Personen des näheren Lebensumfeldes bedingt sein« — was zu einer Art Sippenhaftung und Kontaktschuld führt. Doch damit nicht genug: Selbst dann, »wenn Umstände vorliegen, die bei einer betroffenen Person . . . keine ausreichende Überprüfung ermöglichen«, sprich: »unbeschriebene Blätter«, deren Leben und Umfeld nicht genügend ausgeforscht werden können, sind »Sicherheitsrisiken« gegeben. Nichteinstellung, zwangsweise Versetzung oder Kündigung können in all den genannten Fällen die schwerwiegenden, existentiellen Folgen eines solchen »Urteils« sein, wobei eine vorherige Anhörung des Betroffenen über die negativen Ergebnisse der »Sicherheitsüberprüfung« unterbleibt, »wenn sie einen erheblichen Nachteil für die Sicherheit des Bundes oder eines Landes zur Folge hätte« (§ 15 Abs. 3 SiR)[18]; aus denselben Gründen kann auch eine schriftliche Begründung der Ablehnung verweigert werden. Die »personalverwaltende oder sonst zuständige Stelle«, also etwa auch der Betriebsrat, wird nur dann unterrichtet, wenn dies »erforderlich und sicherheitsmäßig unbedenklich ist«.

. . . und die Folgen

Abgelehnte BewerberInnen oder gekündigte MitarbeiterInnen, die einmal zum »Sicherheitsrisiko« gestempelt wurden, werden es fortan schwer haben, noch eine adäquate Stelle zu finden, in welchem Bundesland, bei welchem Betrieb, bei welcher Behörde auch immer. Die »Verfassungsschutz-Erkenntnisse«, ob zutreffende oder fehlerhafte, werden sie immer wieder einholen. Jahrelange Arbeitslosigkeit oder gar faktisches Berufsverbot rücken bedrohlich nahe. Insofern ergänzt, ja überflügelt inzwischen die Praxis der Sicherheitsüberprüfung in Wirtschaft und Staat im großen Stil die Berufsverbotspraxis gegen BewerberInnen für den öffentlichen Dienst, eine Praxis, die seit dem berüchtigten »Extremistenbeschluß« von 1972 zu trauriger, internationaler Berühmtheit gelangte. Jene Überprüfungen der »Verfassungstreue« haben zu millionenfachen Anfragen an den »Verfassungsschutz« und zu weit über tausend Berufsverbotsmaßnahmen geführt.[19]

Die nun im Laufe der »Sicherheitsüberprüfungen« gesammelten Informationen und »Erkenntnisse« werden in Form von Gutachten und numerisch verschlüsselten und bewerteten Merkmalen in das nachrichtendienstliche Informationssystem NADIS eingespeichert (Sonderdatei »Sicherheitsüberprüfungen«),[20] dem alle Verfassungsschutzämter, der Bundesnachrichtendienst und der Militärische Abschirmdienst angeschlossen sind und auf das auch das Bundeskriminalamt über seine Staatsschutzdatei unmittelbaren Zugriff hat. Die so gewonnenen und zusammengeführten, höchst intimen Daten können nun zu regelrechten Persönlichkeitsprofilen verdichtet werden, die vom »Verfassungsschutz«, so lassen es die neuen Richtlinien zu, auch für beliebige andere Zwecke weiterverwendet werden können (für »Zwecke des Verfassungsschutzes«, etwa im Bereich »Extremismusüberwachung«, aber auch u. a. für »Zwecke der straf- oder disziplinarrechtlichen Verfolgung sowie erforderliche dienst- oder arbeitsrechtliche Maßnahmen«).[21] Gegen die Möglichkeit zur Erstellung von Persönlichkeitsprofilen hat der Bundesdatenschutzbeauftragte (BfD) »grundsätzlich Bedenken« angemeldet, wobei er sich auf die Rechtsprechung des Bundesverfassungsgerichts beruft, »nach der dem Staat der innerste Kern der persönlichen Lebensgestaltung verschlossen bleiben muß«.[22] Der BfD, der in seinem Bericht darüber hinaus mehrere konkrete Mängel beanstandet, im übrigen aus »Geheimhaltungsgründen« Einzelheiten nicht offenbaren kann, berichtet von einer steigenden Zahl von Eingaben Betroffener. Es ist in der Tat all jenen zu raten, die einen Verdacht auf nachteilige Datenspeicherungen hegen, Auskunft beim »Verfassungsschutz« zu verlangen und im übrigen den BfD damit zu befassen.[23] Dabei ist jedoch zu berücksichtigen, daß die Sicherheitsorgane letztlich allein über die erforderlichen Informationen verfügen, sie als Geheimsache behandeln und dementsprechend die Chancen der Betroffenen, etwa gegen negative Voten des »Verfassungsschutzes« (sogenannte Sicherheitsbedenken) vorgehen zu können, recht gering sind. Eine öffentliche Kontrolle der Sicherheitsüberprüfungspraxis ist weitgehend ausgeschlossen. »Die Gefahr des Mißbrauchs wächst ...im Quadrat der Heimlichkeit« (Alexander Roßnagel).

Sollte es allerdings doch mal zu gerichtlichen Auseinandersetzungen um die Sicherheitsüberprüfung und ihre Auswirkungen kommen, so ist wenigstens bisher davon auszugehen, daß die Gerichte sich weitgehend der Logik der Inneren Sicherheit gebeugt haben, also im Zweifel den Sicherheitsinteressen gegenüber den Grundrechten des einzelnen den Vorrang einräumen; sie überprüfen im wesentlichen nur noch, ob eine angeordnete Sicherheitsmaßnahme willkürlich ist.[24]

Sicherheitsüberprüfungen von Beschäftigten in Atomanlagen

Spätestens die Katastrophe von Tschernobyl hat die Welt nochmals eindringlich belehrt: Kein Stacheldraht, keine Mauern, keine Grenzen, kein Militär, keine Geheimdienste und keine Polizei können letztlich die Bevölkerung vor den verheerenden Auswirkungen der Radioaktivität schützen. Solche Einrichtungen vermögen, angesichts globaler Risiken, allenfalls den trügerischen Schein von »Sicherheit« zu verbreiten, deren Alibifunktion hinter bombastischen Sicherheitsanstrengungen kaschiert wird.

Die Entstehung »sicherheitsempfindlicher« Zonen

Und diese Anstrengungen beginnen bereits im Vorfeld mit der »richtigen« Standort-Wahl für großtechnische Anlagen, wie sie etwa Atomkraftwerke, Wiederaufbereitungs- oder Kernforschungsanlagen darstellen. Da wird zunächst die Akzeptanz innerhalb der unmittelbar betroffenen Bevölkerung präventiv ergründet und per Arbeitsplatzargument, Propaganda, Geldversprechungen u. ä. entsprechend verstärkt. Die soziologischen Erkenntnisse der seit Jahren favorisierten Polizeidisziplin »Kriminalgeographie«, deren Ergebnisse zu sogenannten »Kriminalitätsatlanten« verdichtet werden, können hierbei, früher oder später, gute Dienste leisten. Doch trotz entsprechender sorgfältiger Auswahl von Standorten in zumeist strukturschwachen, ländlichen Regionen — mit hoher Arbeitslosigkeit, einer »industriefreundlichen« Bevölkerung und mit geringem Protestpotential — ging die Rechnung der Sicherheitspolitiker und Großtechnologie-Betreiber bisher in den seltensten Fällen auf[25]: Der Widerstand verbreitete sich regelmäßig, ob Whyl, ob Brokdorf, Wendland oder Oberpfalz, und machte den Betreibern das Leben schwer. Bereits die Durchsetzung der umstrittenen Großprojekte erfordert also den Einsatz teils offener, teils klammheimlicher (etwa geheimdienstlicher) Mittel und Methoden der sozialen Kontrolle und staatlicher (Polizei-)Gewalt, die prinzipiell all jene treffen können, die zumindest in einer räumlichen Beziehung zu den Projekten stehen: Der Atomstaat läßt grüßen mit brutalen Polizeieinsätzen, Waffengewalt und Kampfgas, Massenkontrollen, Durchsuchungen, Beschattungen, Denunziationen.[26] Ganze Regionen werden auf diese Weise zu »sicherheitsempfindlichen« Zonen, in denen der Ausnahmezustand zum Normalzustand wird, in denen die Bewohner zu potentiellen oder konkreten Sicherheitsrisiken werden und Besucher zu reisenden »Chaoten« und »Terroristen«.[27]

Das »Innentäter-Modell«

Sind die umstrittenen Anlagen endlich gegen den Widerstand der betroffenen Bevölkerung gebaut und in Betrieb genommen, richtet sich prompt dieser Generalverdacht auch gegen die dort Beschäftigten — und nicht etwa gegen militärische Tieflieger, die ihre gefährlichen Kreise ausgerechnet über Atomkraftwerken zu ziehen pflegen.

Zum »Schutz gegen Sabotage und sonstige kriminelle Handlungen« wurden 1987 von den Aufsichtsbehörden im Länderausschuß für Atomenergie neue »Richtlinien für die Sicherheitsüberprüfung von Personal in kerntechnischen Anlagen u. a.«[28] erlassen, die bundeseinheitlich gelten. Danach müssen sich sämtliche Beschäftigte,[29] ob Kernphysiker oder Reinigungspersonal, in Abständen von fünf Jahren der Sicherheitsüberprüfung unterziehen (»Erkenntnisse« aufgrund »Karteiüberprüfung« anhand geheimdienstlicher und polizeilicher Dateien; s. o.), damit frühzeitig Veränderungen in Einstellung und Verhalten erkannt werden können. Die Resultate der Sicherheitsüberprüfung werden sodann der zuständigen atomrechtlichen Behörde mitgeteilt, die auf dieser Grundlage über eine Neueinstellung, über Versetzung, Rausschmiß oder andere Maßnahmen zusammen mit dem kerntechnischen Betrieb entscheidet. Wer sich dabei für die Kontrolleure als »Sicherheitsrisiko« entpuppen sollte, der wird dieses Stigma nicht mehr so schnell los, auch in anderen Arbeitsbereichen nicht. Als Sicherheitsrisiken in der Person des/der Überprüften gelten dabei insbesondere: »ernste geistige oder seelische Störungen, abnorme Veranlagung auf sexuellem Gebiet, Trunk- und Rauschgiftsucht, Verschwendungssucht, Spiel- und Wettleidenschaft, Hang zur Bestechlichkeit, Neigung zu Geschwätzigkeit, Angeberei und Unwahrhaftigkeit, Überschuldung und Straftaten«.[30] Der Katalog möglicher »Sicherheitsrisiken« ist keinesfalls abschließend geregelt, der Phantasie sind dabei nur verschwommene Grenzen gesetzt: Neigung zu Aggressionen, Ehe- und Partnerschaftsprobleme, radikale politische Neigungen, Zugehörigkeit zu einer entsprechenden Organisation usw. können ebenfalls darunter fallen. In diesem Zusammenhang dürfte die neuere Entwicklung von Sicherheitsüberprüfungen in den USA von besonderem Interesse sein, schwappt doch in dieser Hinsicht, mit der entsprechenden Zeitverzögerung, so manches von dort herüber. Seit 1986 ist dort jeder in atomtechnischen Anlagen Beschäftigter verpflichtet, sich Fingerabdrücke abnehmen zu lassen, die dann mit der beim FBI gespeicherten Sammlung verglichen werden; mitunter werden Urinproben verlangt. Regierungsbeamte müssen sich Lügendetektor-Tests unterziehen; Beschäftigte und Vertragspartner des US-Verteidigungsministeriums gelten seit 1987 etwa dann als Sicherheitsrisiken, wenn sie mit »sexuellem Fehlverhalten« wie Homosexualität, Ehebruch, Partnertausch, Sexorgien und Sodomie in Verbindung gebracht werden.[31] Nach Auffassung des Rechtswissenschaftlers Roßnagel ist mit ähnlichen Verschärfungen auch in der Bundesrepublik zu rechnen.

Das bedeutet: Um solche Eigenschaften und »Fehlverhaltensweisen« ausfindig machen oder aber ausschließen zu können, ist es erforderlich, tief in die Persönlichkeit der Betroffenen, aber auch tief in ihr privates, soziales und politisches Umfeld einzudringen, was zur Totalüberwachung ganzer Regionen führen kann.

Wobei noch zu berücksichtigen ist, daß die Mitarbeiter innerhalb der kerntechnischen Betriebe bereits einem umfassenden, permanenten freiheitssuspendierenden elektronischen und personellen Kontrollsystem ausgeliefert werden: ständige Arbeitsüberwachung, mehrfach gestaffelte Ein- und Ausgangs-kontrollen, Leibesvisitationen, weitgehende Einschränkungen der Mitbestimmungsrechte des Betriebsrates, bewaffneter Werkschutz usw. So werden etwa Daten über Betriebsstörun-gen per Betriebscomputer mit den Daten über die Beschäftig-ten, ihren Zugang zu Betriebseinheiten, ihre Arbeitszeit und dergleichen abgeglichen, um auf diese Weise Verdachtsmomen-te über Betriebssabotage zu erhalten oder zu erhärten. Ver-schärfte Arbeits- und kontinuierliche Verhaltenskontrollen sind die zwangsläufigen Folgen.

Bei dieser Art von Sicherheitsprüfungen wird ganz offen-sichtlich vom sogenannten Innentäter-Modell ausgegangen, al-so von der Grundannahme, daß alle in kerntechnischen Anla-gen tätigen Mitarbeiter potentielle Saboteure und Kriminelle seien und daß die Anlagen durch deren präventive Überprü-fung geschützt werden könnten. Diese Grundannahme, das wurde bereits 1983 in einem Gutachten des Düsseldorfer »In-stituts für angewandte Sozialpsychologie« festgestellt,[32] ver-letzt das Selbstwertgefühl der Mitarbeiter, verunsichert die Be-schäftigten und vergiftet das Betriebsklima in erheblichem Ma-ße, was sich letztlich, so mutmaßen Betriebsräte und Gewerk-schaften, katastrophal auf die wirkliche Sicherheit der Anlagen auswirken muß. Der Einschüchterung und dem Denunzian-tentum würden Tür und Tor geöffnet.

Opposition und Auswege

Aus diesen Gründen haben sich im September 1987 bundes-weit Betriebsräte aus kerntechnischen Anlagen sowie Vertreter der Gewerkschaften ÖTV und DAG in einer Resolution ener-gisch gegen die neuen Richtlinien und die Praxis der Sicher-heitsüberprüfung ausgesprochen.[33] Darin schlagen sie betroffe-nen Betriebsräten u. a. vor, »keiner Kündigung oder Ände-rungskündigung zuzustimmen, die aufgrund von behördli-chen Sicherheitsbedenken erfolgen sollen, sowie eine Isolie-rung der Betroffenen zu verhindern«; in einer ÖTV-Mitteilung heißt es zu diesem Problem warnend: »Wer (wie in der Richtlinie vorgesehen; R. G.) freiwillig seine Einwilligung zur Überwachung gibt, verzichtet in diesem Zusammenhang freiwillig auf Kündigungsschutz! Auch wer den Arbeitsplatz durch falsche ›Erkenntnisse‹ verliert, bekommt ihn durch kei-nen gewonnenen Prozeß wieder. Er würde dadurch zum Sicherheitsrisiko auch anderswo.« Die Gewerkschaften werden von den Betriebsräten u. a. aufgefordert, »ein öffentliches Bewußtsein dafür zu schaffen, daß der Zweck dieser Überprüfungen nicht die Sicherheit der Anlagen, sondern die Disziplinierung der Arbeitnehmer ist«. Der Rechtswissenschaftler Alexander Roßnagel, der sich seit Jahren mit den Auswirkungen der Atomwirtschaft auf die Situation der Bürgerrechte beschäftigt, kommt zu dem Schluß: »Die Nutzung und Sicherung der Atomtechnik setzt Menschen voraus, die zuverlässiger funktionieren als Maschinen. Eine Technik aber, die nur unter dieser Voraussetzung katastrophenfrei genutzt werden kann, ist nicht menschengerecht. Sie wird daher auch nie ausreichend sicher sein, um tatsächlich eine Katastrophe ›praktisch ausschließen‹ zu können. Die Hoffnung, durch mehr Sicherheit die unfriedliche Nutzung der Atomenergie ausschließen zu können, wird sich als Trugbild erweisen ... Dieser Sicherheitszwang macht aber die Atomenergienutzung zunehmend sozial- und verfassungsunverträglich.«[34]

Diesem Verdikt schlossen sich im Jahre 1988 auch die »Richter und Staatsanwälte für den Frieden« an, die in ihrer »Schwandorfer Erklärung« feststellen: »Hemmungsloser Einsatz großtechnischer Einrichtungen schafft Unfrieden in allen Lebens- und Gesellschaftsbereichen ... Der Betrieb von Atomkraftwerken und Wiederaufbereitungsanlagen ... erfordert ein ausgedehntes Überwachungssystem ... Der Sicherungszwang, den der Weg in die Plutoniumwirtschaft mit sich bringt, führt deshalb zwangsläufig zu einem Grundrechtsschwund, ohne daß das Grundgesetz geändert würde ... Den Grundrechten droht ein radioaktiver Zerfall! ... Es gibt nur einen vertretbaren Weg, den Weg aus der Atomwirtschaft.«[35]

Weitere Bereiche, in denen Sicherheitsüberprüfungen durchgeführt werden (Kleine Auswahl)

(per Fragebogen und unter Einschaltung des VS)
— MitarbeiterInnen der Abgeordneten des Bundestages und der Landtage sowie Fraktionsangestellte
— Neben hauptamtlichen auch ehrenamtliche Mitarbeiter, Psychologen und Therapeuten in (z. B. niedersächsischen und Berliner) Gefängnissen (s. *taz* vom 21. 4. 84; *taz* vom 20. 2. 88) sowie Laienrichter

— Sporadische Sicherheitsüberprüfungen ganzer Belegschaften bei »sicherheitsrelevanten« Ereignissen, wie z. B. anläßlich der Fußball-Europameisterschaft 1988: Überprüfung des Personals von Hotelbetrieben, in denen Fußballmannschaften einquartiert werden sollten, sowie präventive Speicherung personenbezogener Daten im Polizeicomputer (s. u. a. *Frankfurter Rundschau* vom 3. 6. 1988, S. 12).

— Chilenische Flüchtlinge bzw. Asylbewerber (Überprüfung anhand von »Quellen«, »Erkenntnissen« und »Beweisführungen« der Sicherheitsbehörden der chilenischen Diktatur; s. *taz* vom 11. 8. 87)

3 Risikoprofile
Die »Verkartung« des »inneren Feindes«

Die immer häufiger in immer mehr Arbeitsbereichen durchgeführten personellen Sicherheitsüberprüfungen sind für den »Verfassungsschutz« und die anderen Geheimdienste nicht versiegende Datenquellen. Aber auch aus anderen, teilweise recht trüben Quellen wissen die Staatsschützer bekanntlich reichlich zu schöpfen. Was nun in politischen Zusammenhängen in ihrem »Nachrichtendienstlichen Informationssystem« (NADIS) so alles gespeichert ist und wird und vor allem nach welchen Plänen dies geschieht, davon handelt dieses Kapitel. Zunächst sollen zwei Beispiele aus einer Reihe dubioser Datenerfassungen der letzten Zeit ins Gedächtnis zurückgerufen werden:

— In einer mit »VS (= Verschlußsache)-Vertraulich/amtlich geheimgehalten« gekennzeichneten »Information des Niedersächsischen Verfassungsschutzes« vom 27. Januar 1987, die uns vorliegt, geht es laut Überschrift um »Extremistische Agitation und Aktivitäten gegen die Volkszählung 1987«. In diesem eindeutigen Zusammenhang werden in dem Geheimpapier folgende Gruppen, »die sich . . . gegen die Volkszählung ausgesprochen haben«, aufgelistet: die Grünen, die Alternative Liste Berlin, die GAL Hamburg, das Volkszählungsboykott-Plenum Hannover, »VoBo«-Gruppen in Göttingen, die Anti-Repressions-Arbeitsgruppe in Hannover (»vom KB beeinflußt«), die Bundesverbände der Jungdemokraten und der Humanistischen Union, der Republikanische Anwaltsverein, »Bürger beobachten die Polizei Bremen«, DKP, MSB Spartakus sowie Gruppen der undogmatischen »Neuen Linken« u. a. Darüber hinaus wurden personenbezogene Daten über VolkszählungsgegnerInnen und -boykotteurInnen bundesweit in die Staatsschutz- und »Terrorismus«-Datei APIS des polizeilichen Informationssystems INPOL eingespeichert. Rechtfertigung des baden-württembergischen Innenministeriums: »Auch Terroristen haben mit Kleinigkeiten angefangen«. (s. dazu die Tätigkeitsberichte 1988 der Datenschutzbeauftragten des Bundes und der Länder sowie Appel/Hummel in: *vorgänge* 1/1988, S. 21ff).

— Der bayerische »Verfassungsschutz« besorgte sich über längeren Zeitraum gezielt Informationen und persönliche Daten über AtomkraftgegnerInnen aus den Melde- und Paßregistern verschiedener Gemeinden, wobei auch Paßbilder mit Sofortbildkameras abfotografiert wurden. Dabei ging es angeblich um die »Beobachtung extremistischer Tätigkeiten« und um die Identifizierung von Personen, deren »Bestrebungen gegen die freiheitlich demokratische Grundordnung« gerichtet seien. (s. *Frankfurter Rundschau* 26. 5. 88, *taz* 27. 5. 88, 31. 5. 88, 11. 7. 88).

Sind diese Fälle nun verfassungswidrige Einzelfälle besonderer staatlicher Willkür oder aber steckt dahinter eine Systematik? Auch zur Beantwortung solcher Fragen sind mitunter Geheimberichte und -dokumente, so man sie mal zu Gesicht bekommt, äußerst hilfreich, um wenigstens ein wenig Licht ins Dunkel geheimdienstlicher Gepflogenheiten zu bringen. So deuten auf planvolles Handeln etwa die unzähligen Fälle hin, die ein geheimer, »amtlich geheimgehaltener« Prüfbericht des Bundesdatenschutzbeauftragten über die Datenpraxis der Abteilung III »Linksextremismus« des »Verfassungsschutzes« enthält. Dieser ca. 180 Seiten umfassende, detaillierte Bericht wurde im Jahre 1985 den für die »Kontrolle« der Geheimdienste zuständigen Mitgliedern des Innenausschusses des Deutschen Bundestages nur unter ganz besonders strengen Geheimhaltungsbedingungen zur Kenntnis gebracht. Notizen durften sie sich keine machen. Trotzdem war es uns vergönnt, auf anderen Wegen Einsicht in dieses Dokument, das so viel vor der Öffentlichkeit zu verbergen hat, zu erlangen. Wir beziehen uns im folgenden auf beispielhafte Fundstellen aus einem eigens angefertigten Gedächtnisprotokoll. Es handelt sich dabei um

»fragwürdige« Speicherungen von personenbezogenen Daten, die teilweise mit nachrichtendienstlichen Mitteln erfaßt worden sind, und zwar über:

— Demonstrationsanmelder (z. B. Demo gegen ein AKW)
— Demonstrations- und Veranstaltungsteilnehmer (z. B. des Chile-Komitees)
— Redner auf öffentlichen Veranstaltungen (z. B. wurde in Mainz ein Rechtsprofessor, der zu den Verfassern eines Alternativ-Kommentars gehört, wegen einer Veranstaltung »Polizei 1984« gespeichert; Veranstaltungen des Komitees für Grundrechte und Demokratie und des BBU; Bundeskongreß der Jusos und Bundesversammlung der Grünen von V-Leuten ausgespäht)
— Teilnehmer von Gerichtsverhandlungen
— Vereinsgründer (z. B. »Info-Stelle El Salvador«)
— Info-Stand-Betreiber (gegen Chile, Anti-Strauß)
— Unterstützer von Appellen und Aufrufen (z. B. von Verteidigern, die auf dem Deutschen Juristentag gegen die Einschränkung demokratischer Rechte gewarnt und einen entsprechenden Aufruf unterstützt haben)
— Flugblattverteiler (z. B. »Weg mit den Berufsverboten«)
— Leserbriefschreiber und *Kursbuch*-Autoren
— Abonnenten bestimmter Zeitungen (z. B. der *Roten Fahne)*
— Personen, die im Zusammenhang mit wissenschaftlichen Diskussionen stehen (z. B. »Kritische Psychologie«, Kongresse)
— SPD-Mitglieder, die gegen den Ausschluß eines SPD-Mitglieds aus der Partei protestierten
— die Grünen (z. B. wegen der Pressekonferenz zur »Nuklearen Lagekarte«)
— Mitglieder von Anti-AKW-Bürgerinitiativen, des Bundesverbandes Bürgerinitiativen Umweltschutz (BBU) (z. B. wegen Steuerboykott) und der Friedensbewegung
— Mitglieder des Bundesvorstandes des Deutschen Gewerkschaftsbundes; Unterzeichner des »Krefelder Appells« in den Gewerkschaften sowie Gewerkschaftsausschlüsse
— Studenten, die kurz vor der Marburger Stadtratswahl ihren ersten Wohnsitz nach Marburg verlegt hatten; Speicherung erfolgte in der Annahme, daß gerade diese zum Wahlerfolg der DKP beigetragen hätten. Die Daten wurden im Rahmen von Sicherheitsüberprüfungen auch an den MAD weitergegeben (»Student X hat Wohnsitz verlegt und wahr-

scheinlich DKP bei der Wahl 1981 unterstützt«)
— Mitglieder von Organisationen und Angestellte von Firmen, die als »kommunistisch beeinflußt« gelten
und so weiter und so fort...

Uns interessierte nun brennend, nach welchen Plänen, nach
welcher Systematik eigentlich solche Datenerfassungen und
-speicherungen im NADIS-System der Geheimdienste erfolgen?

Geheime »Verkartungspläne«

Und siehe da: Endlich kann mal wieder der Bruchteil eines
Staatsgeheimnisses gelüftet werden. Eine Enthüllung ist zu
präsentieren, die — wie so oft — geeignet ist, unsere bisher
schon gehegten Vermutungen und bösartigen Unterstellungen
voll zu bestätigen. Nach Lektüre werden wir also summa sum-
marum nicht übermäßig erstaunt sein, aber dennoch verblüfft,
mit welchen bürokratischen Details, mit welchen staatsschüt-
zerischen Formulierungen, mit welchen weitgefaßten Ermächtigungen unserem Vor-Urteil zum Urteil verholfen wird.

Es geht um zwei Geheimdokumente diesmal direkt aus dem
Hause des Kölner Bundesamtes für »Verfassungsschutz« (BfV),
die detailliert die »Verkartung von Personen« regeln, »die
Bündnisse mit Extremisten befürworten«. Diese bundesweit
geltenden VS-Richtlinien, unterzeichnet von einem »Dr. B.«,
liefern das bisher strikt geheimgehaltene Hintergrundmaterial
u. a. für eine Geheimdienst-Affäre, die Ende 1987 von der *taz*
(30. 11. 87 ff.) ans Licht der Öffentlichkeit befördert werden
konnte: Schon seit Jahren wird die drittstärkste Partei im Ab-
geordnetenhaus Westberlins, die Alternative Liste (AL), vom
Berliner »Verfassungsschutz« (VS) systematisch und flächendeckend — unter Einsatz nachrichtendienstlicher Mittel und
Methoden — ausgespäht — bis hinein in die Bezirksgruppen
und Vollversammlungen. Wie die *taz* berichtete, enthalten die
unter der Ordnungsnummer 84/130025 zusammengefaßten
AL-»Objekt-Akten« die umfangreichen Ergebnisse jener
Dauer-Bespitzelung: neben personenbezogenen Daten, Namen, Adressen usw., über Mitglieder, KandidatInnen und sonstige Einzelpersonen auch »Hintergrunderkenntnisse« über
die »Bündnispolitik« der AL, sprich: über »Kollaboration« mit
linken Gruppen und »Kommunisten«. Auch die Berliner SPD
blieb von der Ausspähung nicht verschont, geschweige denn
andere oppositionelle Gruppen und Kräfte.

Handelt es sich bei dieser Ausspionierung von Berliner Parteiorganisationen um einen eklatanten Einzelfall mit Skandalcharakter, oder hat der Skandal etwa System? Die erwähnten Geheimpapiere können darüber Aufschluß geben. Zunächst jedoch einige grundsätzliche Anmerkungen zum System der geheimdienstlichen Informationsbeschaffung und -speicherung. Über das Mitte der siebziger Jahre eingeführte nachrichtendienstliche Informationssystem NADIS ist — im Gegensatz zum polizeilichen Pendant INPOL — bisher nur wenig bekannt geworden. Und das Wenige veranlaßte Kritiker bereits zu der Einschätzung, mit NADIS sei das »Skelett einer Maschinerie perfekt, die technisch geeignet wäre zur politischen Vollkontrolle eines Volkes«: »Alles Abweichende ließe sich, einerseits, speichern; jeder Bürger könne, andererseits, beliebig häufig daraufhin durchleuchtet werden, ob er abweicht von der jeweils politisch erwünschten Norm.«[1]

In NADIS sind, so viel ist jedenfalls gesichert, Namen und andere Identifizierungsmerkmale von solchen Personen und Gruppen gespeichert, von denen der »Verfassungsschutz« (VS) annimmt, daß sie »Träger« von Bestrebungen gegen die »freiheitlichdemokratische Grundordnung« seien.[2] NADIS wird gemeinsam vom Bundesamt (BfV) sowie von den Landesämtern für »Verfassungsschutz« (LfV), desweiteren vom Bundesnachrichtendienst (BND), vom Militärischen Abschirmdienst (MAD) und der BKA-Staatsschutzabteilung (BKA-St) genutzt. Doch schon über die Anzahl der NADIS-Speicherungen lassen sich keine exakten Angaben mehr machen; es gibt unterschiedliche Schätzungen, die meistbietende geht davon aus, daß personenbezogene Daten über 8 bis 9 Millionen BundesbürgerInnen gespeichert seien.[3]

Weitere Anhaltspunkte, die das minimale Grundwissen über NADIS wenigstens ein wenig anzureichern vermögen, lassen sich am ehesten noch aus den jährlichen Tätigkeitsberichten des Bundesbeauftragten für den Datenschutz (BfD) herausfiltern. Doch viel mehr ist nicht drin. Denn regelmäßig muß auch der BfD passen, wenn es um die Mitteilung seiner Prüfungsergebnisse bezüglich NADIS geht: »Aus Gründen der Geheimhaltung« heißt die Standardbegründung für die amtliche Einsilbigkeit. Der 9. Tätigkeitsbericht vom 1. Januar 1987 enthält gar überhaupt keine Ausführungen mehr über das BfV und NADIS. Der BfD resignierend: »Die vom Bundesminister des Innern und vom Bundesamt für Verfassungsschutz gegen die von mir beabsichtigten Ausführungen erhobenen Geheimhaltungsbedenken waren so umfangreich, daß bei ihrer Berücksichtigung für den Leser keine brauchbare Information mehr vermittelt worden wäre.« (S. 62)

Nur selten gelingt es, diese staatsschützende und bürgerrechtsfeindliche Informationssperre im Zuge von eigenen Recherchen zu durchbrechen und etwa an Originaldokumente zu gelangen, die wenigstens teilweise Aufschluß über die Arbeitsweise des VS und die NADIS-Speicherinhalte geben können: So ging uns beispielsweise im Jahre 1984 während unserer Recherchen zu dem Buchprojekt »Im Schatten des Rechts — Methoden einer neuen Geheim-Polizei« (Köln 1984) ein 64 Seiten umfassender geheimer Prüfbericht (»VS-Verschlußsache — Nur für den Dienstgebrauch«) des BfD (adressiert an den Bundesinnenminister) zu[4]: Neben der Auflistung einer Vielzahl von anschaulichen Fallbeispielen illegaler und zwielichtiger Speicherungen politisch mißliebiger Personen geht daraus eindeutig hervor, daß die polizeiliche BKA-Staatsschutzdatei mit über 200 000 Datensätzen system- und verfassungswidrig im geheimdienstlichen NADIS-System gespeichert ist. Dieser Teilverbund, der gegen das verfassungskräftige Gebot der Trennung von Polizei und Geheimdiensten/VS verstößt, besteht auch im Jahre 1988 noch fort.[5]

Ende 1987 sind wir nun auf zwei weitere neue und zusammengehörige Geheimdokumente gestoßen. Es handelt sich um den »Verkartungsplan der Abteilung III« (»Beobachtung extremistischer Bestrebungen«), in der es insbesondere um die karteimäßige Erfassung von Personen in NADIS geht, »die Bündnisse mit Extremisten befürworten«. Die Dokumente mit der Geheimhaltungsstufe »VS-Nur für den Dienstgebrauch« datieren vom März 1982. Nach unseren Informationen hat ihr Inhalt im wesentlichen auch heute noch Bedeutung. Zwar legte der Bundesinnenminister inzwischen — nach Aufforderung durch den BfD und den Innenausschuß des Deutschen Bundestages — die »Konzeption für die Neuregelung des Verkartungsplanes der Abteilung III« (Entwurf) vor, doch dürfte bis heute eine abgesicherte Neuregelung noch ausstehen. In seinem 8. Tätigkeitsbericht vom 1. Januar 1986 kritisierte der BfD den Entwurf noch in wesentlichen Punkten, insbesondere wegen solcher Passagen, die nur wenig oder überhaupt nicht von der bisherigen Fassung abweichen. Die Kritik des BfD konnte allerdings wiedermal — »wegen des vertraulichen Charakters des

Verkartungsplanes« (S. 48) — nicht detailliert und somit nicht informativ und nachvollziehbar ausfallen.

Dem können wir nun ein wenig abhelfen, indem wir die zugrundeliegende Information im folgenden vertrauensvoll nachliefern, damit sich alle Interessierten und (potentiell) Betroffenen ein Bild davon machen können, wie der »Verfassungsschutz« die Verfassung schützt — oder besser (analog zum »Rostschutz«), wie er uns vor der Verfassung schützt. Zur Einführung und besseren Einschätzung möchten wir noch einige wesentliche Erläuterungen geben, denn die Dokumente sind nicht gänzlich aus sich heraus verständlich, noch lassen sich mit ihnen ihr Stellenwert und die Dimension ihrer Auswirkungen voll erfassen.

So ist daraus beispielsweise nicht ersichtlich, auf welchen Wegen Informationen etwa über »Personen, die Bündnisse mit Extremisten befürworten« an den VS gelangen, um anschließend in NADIS »verkartet« zu werden. Die Informationen stammen sowohl aus offenen Quellen wie Büchern, Zeitschriften, Zeitungen und Flugblättern, den Rapporten über Besuche öffentlicher Veranstaltungen durch »Verfassungsschützer«, als auch aus Observationen und Abhöraktionen, verdeckter Beobachtung durch V-Leute und VS-Agenten sowie aus Mitteilungen von anderen staatlichen Stellen, vor allem der Polizei. So berichtet der ehemalige BfD, Hans Peter Bull: »Bei datenschutzrechtlichen Prüfungen ist immer wieder festgestellt worden, daß der Verfassungsschutz von Maßnahmen der Polizei und alle Nachrichtendienste von der Arbeit der Grenzschutzstellen profitieren. So ist wiederholt herausgekommen, daß Materialien, die von der Polizei bei Hausdurchsuchungen beschlagnahmt worden waren (insbesondere Karteien, Adressenmaterial usw.), an den Verfassungsschutz übermittelt wurden. Damit partizipiert dieser Dienst, der selbst keine Hausdurchsuchungen durchführen darf, an polizeilichen Aktionen, die nur zu Zwecken der Strafverfolgung nach der Strafprozeßordnung zulässig sind. Es ist früher auch vorgekommen, daß das Bundeskriminalamt oder andere Polizeibehörden an den Verfassungsschutz Informationen übermittelt haben, die durch polizeiliche Telefonüberwachungsmaßnahmen (mit richterlicher Erlaubnis) erlangt worden waren.«[6]

Die eingehenden Daten, die auf offenen oder geheimen Wegen zum VS gelangen, werden entsprechend dem »Verkartungsplan der Abteilung III (»Linksextremismus«) in unterschiedliche Dateien und Sonderdateien eingespeichert und dort in der Regel 15 Jahre lang aufbewahrt: Folgende Dateien, von denen uns Nr. 1) und Nr. 3) näher beschäftigen, werden im Bereich »Linksextremismus« geführt:

1) Personenzentraldatei PZD
2) Ortsdatei P 1 (Erfassung von Anschriften, Telefonnummern, Kfz-Kennzeichen, Konto- und Schließfachnummern)
3) Merkmaldatei P 2
4) Zentrales Objektverzeichnis ZOV (u. a. Namen von Organisationen, Firmen, Personengruppen, Dienststellen, Titel von Publikationen, soweit sie dem »Linksextremismus zuzuordnen oder Ziel linksextremistischer Beeinflussungsversuche« sind.)
5) Methodikdatei O1 (»Nachrichten über Strukturen, Methoden und Texte linksextremistischer Gruppen und Personen«, u. a. »Zitate, also Äußerungen von Trägern linksextremistischer Bestrebungen zu politischen, ideologischen und methodischen Fragen, die grundsätzliche Bedeutung haben oder als Beweismittel gesammelt werden müssen«; »politisch motivierte Straftaten, Störaktionen«, Reisen von DDR-/SEW-/DKP-Funktionären und -delegationen, Veranstaltungen — auch Ankündigungen — der »Marxistischen Gruppen«, Aktivitäten der Komitees gegen »Berufsverbote« etc.)
6) Sachindizes
7) Informationen über »Persönlichkeiten des öffentlichen Lebens« (z. B. Abgeordnete, kirchliche Würdenträger, Nobelpreisträger) und »zeitgeschichtlich bedeutsame Personen, von denen eine prägende Wirkung auf das Beobachtungsfeld ausgegangen ist und deren Wirken für die Beurteilung des Beobachtungsfeldes von Bedeutung ist.«

Die Personenzentraldatei (PZD)

In ihr werden neben Funktionären der DKP/SEW und ihrer Nebenorganisationen, der Gruppen der »Neuen Linken«, von »linksextremistisch beeinflußten« Organisationen und Bündnissen (»Aktionseinheiten«) auch einfache Mitglieder und bloße »Anhänger aller Ebenen« eingespeichert, wenn sie tätig sind
— im öffentlichen Dienst (einschließlich Bewerber)
— als Funktionäre demokratischer Organisationen (z. B. Gewerkschaften)

— als Rechtsanwälte
— als Mitarbeiter »linksextremistischer« Firmen und Verlage
— als Journalisten oder sonstige Multiplikatoren.

Mitglieder und Anhänger von Gruppen der »Neuen Linken« werden zudem registriert, wenn sie bekannt wurden
— als presserechtlich Verantwortliche
— als Anmelder von Demonstrationen
— als Veranstaltungsleiter oder als Redner.

»Befürworter« von Bündnissen mit »Linksextremisten« werden gespeichert, wenn sie Multiplikatoren sind. Zur näheren Erläuterung dieses Punktes des »Verkartungsplanes« wird auf das Dokument 2 »Betr.: Verkartung von Personen, die Bündnisse mit Extremisten befürworten« verwiesen: Da heißt es dann, »für die Frage einer Verkartung« müsse es ausreichen, »daß der äußere Anschein der Kenntnis und Billigung der extremistischen Implikationen vorliegt«. Bei »Aktionen im Rahmen kommunistischer Bündnispolitik« komme es für eine Erfassung nicht auf die »nach außen bekundete Zielsetzung« solcher Bündnispolitik an, die vom VS als »kommunistisch« deklariert wird (z. B. »Weg mit den Berufsverboten« oder »Gegen Atomraketen in der BRD«), sondern auf die »mehr oder minder maßgebliche Beteiligung extremistischer Gruppierungen«. Denn, so die »Begründung«: »Die Zusammenarbeit mit Kommunisten verbessert deren Wirkungschancen, wertet sie zu Partnern im politischen Meinungskampf auf, baut dadurch Hemmschwellen vor dem Kommunismus ab und fördert dadurch objektiv die Ziele der Kommunisten.« Für eine »Erstverkartung« sei über die »Billigung der kommunistischen Nahziele hinaus nicht auch die Übereinstimmung mit den ideologisch-revolutionären Zielen der Extremisten zu fordern«.

Im Falle von »demokratisch-extremistisch stark gemischten« (Groß-)Veranstaltungen und Bewegungen (z. B. »Krefelder Appell«), »die von Extremisten (mit-)inszeniert sind, an denen aber nicht nur vereinzelt Demokraten und demokratische Organisationen beteiligt sind«, wird differenziert in »einmalige Akte der Solidarisierung« (»z. B. Unterschrift, Teilnahme, Rede«) — was in der Regel zu keiner (»Erst-)Erfassung« führt — und in »herausragende Aktivitäten«, die dann auch bei solchen Personen zu Eintragungen führen, die einer »demokratischen Organisation« angehören. Darüber hinaus sind auch »befürwortende Äußerungen zu gemeinsamen Aktionen mit Extremisten (...) zu verkarten, wenn sie von leitenden Repräsentanten demokratischer Organisationen herrühren und daher diesen zuzurechnen sind«.

In der PZD werden weiterhin erfaßt (u. a.): »Personen, die an Gewaltakten mit linksextremistischem Hintergrund beteiligt waren, — die konspirativ in linksextremistischen Vereinigungen arbeiten oder die zu linksextremistischen Personen oder Gruppen im Ausland Beziehungen unterhalten, die gegen die Bundesrepublik Deutschland gerichtet sind...«; »ausländische Linksextremisten mit Wohnsitz im Ausland, die politische Beziehungen zu Personen im Bundesgebiet unterhalten...«; »Hausbesetzer und gewalttätige Demonstranten im Zusammenhang mit Hausbesetzungen.«

Zu welchen verfassungswidrigen Resultaten die auf dieser Grundlage erfolgenden systematischen Ausspähungen und umfangreichen Erfassungen von mißliebigen Personen und Gruppen führen, demonstriert der bereits erwähnte Fall der Alternativen Liste in Berlin.

Erst wenige Monate zuvor wurde die skandalöse Überwachung von Mitarbeitern der Initiative »Sportler und Sportlerinnen für den Frieden — gegen Atomraketen« bekannt *(Frankfurter Rundschau* 12/13. 5. 87). Ganz besonders anschauliches Material liefert mal wieder jener bereits eingangs erwähnte geheime Prüfbericht des BfD über die Datenpraxis des VS. Dieser wurde den Mitgliedern des Innenausschusses des Deutschen Bundestages im Jahre 1985 nur unter ganz besonders strengen Geheimhaltungsbedingungen zur Kenntnis gebracht.[7] Was sie dort zu lesen bekamen, übertraf selbst die schlimmsten Erwartungen und Erfahrungen: Gesammelt wurde so ziemlich alles, was sich links von der »Mitte« — in der Bundesrepublik bekanntlich weit rechts beginnend — (noch) bewegt. Es werden, so stellte sich heraus, im VS-Computer NADIS bereits BürgerInnen gespeichert, die etwa einen Aufruf zur militärischen Abrüstung unterzeichneten, bei Veranstaltungen linker Organisationen auftraten oder sich als Demonstrationsteilnehmer, Atomkraftgegner, Umweltschützer, Mitglieder des »Verbandes deutscher Schriftsteller«, Kriegsdienstverweigerer, Jusos oder Grüne betätigten. Frauen, die für ihre Rechte kämpfen, Rechtsanwälte, die »Kommunisten« oder »Terroristen« verteidigen und Journalisten, die hierüber berichten, finden ebenfalls einschlägige Erwähnung im unersättlichen NADIS-System bzw. in den zugrundeliegenden Akten. Diese umfangreichen Einspeicherungen geschehen auf der Grundlage des erwähnten »Verkartungsplanes«.

So geriet beispielsweise ein DGB-Kreisvorsitzender aus München unter der Nummer 19096009 in die Akten und die Datei, weil er eine Gewerkschaftsdemonstration zum Antikriegstag angekündigt hatte. Oder Personen, die sich an »Stoppt-Strauß-Aktionen« beteiligt haben, stehen mit Namen und teilweise mit Kfz-Nummern in der Datei. Auch im weiteren Umkreis von linkspolitischen Veranstaltungen werden Kfz-Nummern notiert und gespeichert.

Ein Beispiel aus dem Prüfbericht:

»Am 6. 12. 1973 fand eine Veranstaltung mit dem Thema: ›Solidarität mit dem chilenischen Volk‹ statt. Hierüber erstattete die Nachrichten-Nebenstelle Uelzen einen Bericht. Der Bericht enthielt auch Kfz-Kennzeichen, sowie die Namen der Kfz-Halter. Beispielsweise ist über (es folgen eine Personennummer und das Geburtsdatum einer männlichen Person — R. G.) gemeldet, daß er Halter eines Fahrzeuges sei, das vor dem Versammlungslokal gesehen worden ist. In dem Bericht wird davon ausgegangen, daß die beiden Söhne des Fahrzeughalters an der Veranstaltung teilgenommen haben, nicht aber er selbst. Gespeichert wurden aber alle drei.«

Die bösen Folgen für die Betroffenen können sehr vielseitig sein; zu ihnen gehören auch Berufsverbote, die sich regelmäßig auf die »Erkenntnisse« des VS stützen. Aber auch das bloße Engagement gegen Berufsverbote kann rasch zu einer Eintragung führen:

»Die (Personennummern) sind gespeichert, weil beide laut Presseveröffentlichungen (. . .) ihre Unterschrift unter einen Aufruf zur ›Verteidigung der verfassungsmäßigen Rechte‹ gesetzt hatten. Es handelt sich dabei um einen Aufruf im Zusammenhang mit den sogenannten Berufsverboten, der nach Einschätzung des BfV orthodox kommunistisch gesteuert war. Eine der beiden Personen hatte in ihrer Eigenschaft als SPD-Stadtverordneter der Stadt Frankfurt unterzeichnet, die andere Person als Gewerkschaftssekretär der Gewerkschaft Textil in Frankfurt.«

Auch in anderen Zusammenhängen lagern in VS-Dateien etwa 1800 Namen von Gewerkschaftern, die angeblich der DKP nahestehen. Diese Tatsache deutet darauf hin, daß der gesamte Gewerkschaftsbund und sämtliche Untergliederungen regelmäßig überwacht werden, denn nur dann kann eine solche Liste überhaupt auf dem jeweils aktuellen Stand gehalten werden.

Insbesondere Gewerkschaftsjugend, IG Druck und Papier, der Verband deutscher Schriftsteller sowie Funktionäre der IG Metall und der Lehrergewerkschaft GEW stehen als besonders »extremismusverdächtig« unter Dauerbeobachtung.

Angesichts der »Speicherung von Personen wegen Verhaltensweisen, die sich als Ausübung von Grundrechten darstellen, etwa die Teilnahme an genehmigten Demonstrationen oder die Äußerung kritischer Meinungen«,[8] fühlt man sich an einen besonders hehren Passus des »Volkszählungsurteils« von 1983 erinnert:

»Mit dem Recht auf informationelle Selbstbestimmung wären eine Gesellschaftsordnung und eine diese ermöglichende Rechtsordnung nicht vereinbar, in der Bürger nicht mehr wissen können, wer was wann und bei welcher Gelegenheit über sie weiß. Wer unsicher ist, ob abweichende Verhaltensweisen jederzeit notiert und als Information dauerhaft gespeichert, verwendet oder weitergegeben werden, wird versuchen, nicht durch solche Verhaltensweisen aufzufallen. Wer damit rechnet, daß etwa die Teilnahme an einer Versammlung oder einer Bürgerinitiative behördlich registriert wird und daß ihm dadurch Risiken entstehen können, wird möglicherweise auf eine Ausübung seiner entsprechenden Grundrechte (Art. 8, 9 GG) verzichten. Dies würde nicht nur die individuellen Entfaltungschancen des einzelnen beeinträchtigen, sondern auch das Gemeinwohl . . .«

Die Sonderdatei »P 2« ißt zuviel (H 40)

In der Merkmaldatei P 2 werden erfaßt: Funktionäre und nicht gewählte Mitglieder »bei Parteivorständen, Redaktionen und ähnlichen Einrichtungen sowie Mandatsträger/Kandidaten der DKP, der SDAJ, des MSB und der JP ab Bezirks-/Landesebene«; Funktionäre etc. des KBW, der KPD, des KB, AB, KABD, der KDS, des BWK, der »Gruppe Z«, der GIM, des BSA und der TLD; des weiteren Mitglieder und bloße »Anhänger« der genannten Organisationen, die tätig sind
— im öffentlichen Dienst (einschließlich Bewerber)
— als Funktionäre in demokratischen Organisationen (z. B. Gewerkschaften)
— als Rechtsanwälte
— als Mitarbeiter »linksextremistischer« Firmen und Verlage

— als Journalisten und sonstige Multiplikatoren
— als presserechtlich Verantwortliche
— als Anmelder von Demonstrationen
— als Veranstaltungsleiter oder als Redner,
und solche, die an »Gewaltakten mit linksextremistischem Hintergrund« beteiligt waren, die »konspirativ in linksextremistischen Vereinigungen« arbeiten etc.; darüber hinaus »Linksextremisten« in Betriebs- und Personalräten und in den Gewerkschaften.

Diese Spezialdatei P 2 dient auch zur Identifizierung unbekannter Personen sowie von Personen, die konspirativ tätig oder dessen verdächtig sind. Dazu gehören auch alle Mitglieder der Organisationen der »Neuen Linken« (K-Gruppen/GIM). Diese Datei enthielt 1984 mehr als 16 000 Namen mit weiteren Daten über persönliche und private Eigenschaften. Dabei werden unterschiedlichste Persönlichkeitsmerkmale verschlüsselt festgehalten und zugeordnet (mehrere Hundert): So steht beispielsweise H 10 für »gepflegt«, H 11 für »ungepflegt«, H 12 für »modisch«, H 13 für »auffällig gekleidet«, H 24 für »arrogant«, H 35 für »erzählt Witze«. Auch Trinkgewohnheiten — trinkt stark/nicht, Bier/Wein — sind gespeichert. H 40 verrät eine andere »Schwäche«: »starker Esser/nascht«, H 70 ff. hält sexuelle Gewohnheiten und Veranlagungen fest: »triebhaft« (H 70), »homosexuell« (H 71), »bisexuell« (H 72) und »lesbisch« (H 73). Weitere Merkmale: Schachspieler, Musik-Liebhaber, Literatur-Kenner ... Angeblich wurde die Abspeicherung besonders »intimer Daten« inzwischen reduziert.[9] Doch auch mit dem verbleibenden Katalog von Merkmalen ist weiterhin die Möglichkeit eröffnet, automatisiert Persönlichkeitsbilder herzustellen.

Mit Hilfe der bislang entwickelten Möglichkeiten dieser und anderer geheimdienstlicher, aber auch polizeilicher Dateien und Datensysteme lassen sich über solche Persönlichkeitsprofile hinaus auch ganze Gruppen- und Bewegungsbilder erstellen, die — zu sozialen und politischen Risikoprofilen verdichtet — bereits heute die Ausgrenzbarkeit legaler, aber als riskant oder gefährlich definierter Lebens- und Arbeitsweisen sowie Zielsetzungen ermöglichen. Dies ist das Fundament, auf dem eines Tages, in politisch noch härteren Zeiten, Oppositionelle und sonstige »Abweichler« beliebig kriminalisiert und ausgeschaltet werden könnten.

Angesichts dieser Entwicklung und Perspektiven gibt es

prinzipiell keine Alternative zur kurzfristigen Forderung nach umfassender öffentlicher Kontrolle von Geheimdiensten und Polizei sowie zu der mittelfristigen Forderung nach Abschaffung des »Verfassungsschutzes« und der anderen Geheimdienste in der Bundesrepublik.

4 Im Schleppnetz des Sicherheitsstaates
Die Rationalisierung der Massenkontrolle

Dargestellt am Zusammenspiel von
— computerlesbarem Personalausweis (seit 1. 4. 1987 ff)
— erweiterten polizeilichen Kontrollbefugnissen (seit 1978 ff: Razziengesetz/Straßenkontrollstellen)
— Schleppnetzfahndung und ZEVIS-Direktabfrage (seit 1986/87 in Kraft)
— verschärftem Demonstrationsrecht (seit 1985)
— neuen flexiblen Polizeistrategien
— beschleunigten Justizverfahren
— und dem geplanten »Verfassungsschutz-Mitteilungsgesetz«.

Wir sehen uns gegenwärtig konfrontiert mit einer nie erlebten modernen Ausdifferenzierung staatlicher Mittel und Methoden der Kontrolle und Überwachung. Wir sehen uns konfrontiert mit einer zunehmenden Ausweitung staatlicher Eingriffsbefugnisse und einer fortschreitenden Automatisierung und Rationalisierung des Verwaltungshandelns. Wir sehen uns konfrontiert mit einer wachsenden Vernetzung von Informationen, die von verschiedenen staatlichen Stellen — offen oder verdeckt — über die einzelnen BürgerInnen und gesellschaftlichen Gruppen erhoben und gespeichert werden. Das angstvolle Starren auf jede einzelne der vielfältigen Repressions- und Präventionsmaßnahmen verstellt uns gelegentlich den Blick fürs geplante Ganze, für die Zusammenhänge zwischen den einzelnen Maßnahmen und Vorhaben. Denn ihr Ineinandergreifen, ihr Zusammenspiel vermögen letztlich erst Aufschluß zu geben über die angestrebte Qualität und Dimension staatlicher Überwachungskunst und Massenkontrollfähigkeit.

Zur besseren Veranschaulichung des komplexen Zusammenwirkens neuartiger sicherheitsstaatlicher Mittel und Methoden wollen wir eine Entführung ins Jahr 199X wagen, in dem der neue, von der Bevölkerung angeblich heißbegehrte maschinenlesbare Personalausweis allgemein eingeführt sein wird. Stellen wir uns das folgende Szenario vor:

Bundesrepublik, 19. September 199X: Polizeiliche Großaktion im gesamten Bundesgebiet — Fahndung nicht etwa nach »hochkarätigen Terroristen« der RAF anläßlich eines Mordanschlags auf einen Industriellen oder Politiker, sondern: nach mutmaßlichen militanten AtomkraftgegnerInnen, die nach der Tschernobyl-Katastrophe, nach mehreren AKW-Störfällen, Atom-Transportskandalen und Abstürzen von Tieffliegern in unmittelbarer Nähe von Atomanlagen nicht mehr tatenlos dieser herrschenden Rest-Risiko-Politik zusehen können — einer Politik, die uns zwangsläufig früher oder später in die Katastrophe führt.

Sie haben sich nämlich — nach jahrelangen Protesten — beispielsweise auf das Umkippen von Atom-Strommasten als Widerstandsaktion verlegt, um nicht bloß gegen das riskante und menschenverachtende Atomenergieprogramm der Bundesregierung zu protestieren, sondern dieses Programm auch tatkräftig mit Hilfe einfacher Sachbeschädigung per Säge und Maulschlüssel zu sabotieren und so die Abschaltung der Atomkraftwerke zu erzwingen.

Nach ihnen, die sich »revolutionäre Heimwerker« oder »Sägefische« nennen, wird nun, anläßlich mehrerer geknickter Masten, im gesamten Bundesgebiet mit großem Aufwand gefahndet. Denn seit 1987 avancierten unter anderen diese Akteure von einfachen Sachbeschädigern zu »Terroristen«, Gruppen und Bürgerinitiativen, in denen sie tätig sind, zu »terroristischen Vereinigungen« nach § 129a Strafgesetzbuch.

Dieser Paragraph — ursprünglich (1976) als maßgeschneiderte Antwort auf den sogenannten Terrorismus der bewaffneten Gruppen in der Bundesrepublik eingeführt — erfuhr am 1. 1. 1987 eine Ausweitung auf den militanten Widerstand u. a. der Anti-AKW- und Friedensbewegung.

Der Verdacht, daß Straftaten nach diesem § 129a StGB begangen worden (oder aber auch erst geplant) sind, dient nun den Polizeibehörden in unserem Fall als Anlaß, im gesamten Bundesgebiet, auf Autobahnen, Bundes- und Landstraßen sowie öffentlichen Plätzen sogenannte *Kontrollstellen* einzurichten, um die (potentiellen) TäterInnen zu ergreifen bzw. Straftaten zu verhindern.

Bereits im Jahre 1977 erprobten die bundesdeutschen Polizeibehörden diese neue Art von flächendeckenden Total-Kontrollen mit einem bis dahin beispiellosen Großeinsatz: Im Zusammenhang mit der Großdemonstration gegen das Atomkraftwerk vom Typ eines Schnellen Brüters bei Kalkar hatte die Polizei mit 12 444 eingesetzten Beamten im gesamten Bundesgebiet einschließlich Westberlin auf Straßen sowie Bahnhöfen Kontrollstellen eingerichtet, um alle zur Demonstration Reisenden kontrollieren, durchsuchen und registrieren zu können. Insgesamt wurden auf diese Art und Weise an einem einzigen Tag nahezu 75 000 Fahrzeuge und über 150 000 Personen überprüft — Tausende übrigens, die mit der Demonstration nicht das Geringste zu tun hatten.

Diese polizeilichen Kontrollmaßnahmen gegen »jedermann« erfolgten damals noch ohne jegliche Rechtsgrundlage. Sie konnten jedoch illegalerweise bereits erprobt und durchgeführt werden, weil seit Anfang der siebziger Jahre die technologischen Grundlagen in den Sicherheitsapparaten entwickelt worden waren: die elektronische, automatische Datenverarbeitung. Denn ohne diese neue Technologie wäre schon der Versuch von Massenkontrollen jenseits konkreter Verdachtsmomente an den Grenzen manueller Datenerhebung, -übertragung, -speicherung und -zusammenführung kläglich gescheitert. Allein der Gedanke, die Kontrolle von 150 000 Menschen am Tag manuell zu bewerkstelligen, scheint absurd: 150 000 Anrufe bei den Landeskriminalämtern bzw. beim Bundeskriminalamt, dort 150 000 Griffe in Karteikästen auf der Suche nach 150 000 Namen, dann das Ablesen und Aufnehmen der oftmals handschriftlich verfaßten Karteiinhalte und fernmündliche Weitergabe der »Erkenntnisse« . . .

Erst mit der neuen technologischen Entwicklung und im Windschatten des »Terrorismus« erfolgte eine Umkehrung traditioneller, rechtsstaatlicher Methoden: Verdächtig ist von nun an prinzipiell jede/r — ein potentielles Sicherheitsrisiko, dem staatliche Aufmerksamkeit zuteil wird.

Kurze Zeit nach diesem Probelauf wurden im Zuge der sogenannten Anti-Terror-Gesetzgebung die bislang fehlenden Ermächtigungsgrundlagen zur tausendfachen innerdeutschen Grenzziehung nachgeschoben (seit 1978 ff) — und zwar sowohl in den neuen Polizeigesetzen (zur »Gefahrenabwehr« bzw. »vorbeugenden Verbrechensbekämpfung«) als auch im sogenannten Razziengesetz der Strafprozeßordnung (zur Strafverfolgung).

Danach kann die Polizei bestimmte Örtlichkeiten zu »gefährdeten Orten« oder zu »Kriminalitätsschwerpunkten« erklären, an denen dann alle Angetroffenen kontrolliert werden dürfen. Nach § 111 StPO ist die Polizei auf richterliche Anordnung oder aber auf Anordnung der Staatsanwaltschaft und ihrer Hilfsbeamten (das sind die Beamten der Polizei selbst) bei »Gefahr im Verzuge« befugt, zur Verfolgung einer Straftat u. a. nach § 129a StGB »auf öffentlichen Straßen und Plätzen und an anderen öffentlich zugänglichen Orten Kontrollstellen« einzurichten und alle Passierenden zu überprüfen.

Diese Regelungen brachen mit dem herkömmlichen Polizei- und Strafprozeßrecht: Der Polizei wird damit nämlich die rechtliche Möglichkeit eröffnet, in Grund- und Freiheitsrechte der einzelnen BürgerInnen einzugreifen, ohne daß gegen sie — wie bisher erforderlich — der Verdacht einer konkreten Straftat oder der Verdacht einer konkreten Gefährdung der »öffentlichen Sicherheit und Ordnung« vorliegen und ausgesprochen werden müßte.

Auf dieser Grundlage erweiterter Kontrollbefugnisse hat die Polizei an solchen Kontrollstellen also ein Eingriffsrecht gegenüber »jedermann«: Alle Passierenden, auch vollkommen Unverdächtige, sind verpflichtet, ihre Identität feststellen und sich sowie mitgeführte Sachen, auch Fahrzeuge, durchsuchen zu lassen.

Seit dieser Legalisierung von Massenkontrollen ist die Anzahl der jeweils Betroffenen in Größenbereiche gewachsen, die kaum noch mit herkömmlichen Mitteln der Kontrolle, quasi von Hand per manueller Dateneingabe und -abfrage, zu bewältigen waren.

Zurück zu den Kontrollstellen unseres Szenarios: Sie sind nun — im Jahre 199X — anders als Ende der siebziger und Anfang der achtziger Jahre, mit *mobilen Lesegeräten für computerlesbare Personalausweise* versehen.[1] Diese neuen, seit 1. 4. 1987 eingeführten Plastik-Ausweis-Karten, mit denen (oder mit dem seit 1988 ebenfalls computerlesbaren Paß) sich jede/r Bundesdeutsche über 16 Jahre ausweisen muß, werden nun in ein Lesegerät gesteckt und elektronisch abgelesen. In Sekundenschnelle werden die Daten der Lesezone per Funk oder Draht weitergegeben an die einschlägigen Dateien der Polizei und sofort abgeglichen mit dem dort vorhandenen (Fahndungs-) Datenbestand bzw. mit dem eventuell bereits bestehenden persönlichen Daten-Konto der kontrollierten Person.

Und spätestens hier zeigt sich, daß dieser scheckkartenähnliche Ausweis nicht so harmlos ist, wie er aussieht. Im Gegensatz zur Bankscheckkarte, mit deren Hilfe man am elektronischen »Bankomat« nicht selten erfährt, daß sich leider mal wieder keine müde Mark auf dem Konto befindet, verhält es sich beim maschinenlesbaren Ausweis ganz anders: Da stellt sich häufig heraus, daß man mehr auf dem Konto hat, als man je zu träumen gewagt hätte — aber man weiß in der Regel nichts davon. Im Gegensatz zum kontrollierenden Beamten, der augenblicklich die verschlüsselte Antwort auf seinem Datensichtgerät erhält: »Festnehmen«, oder: »Unauffällig kontrollieren und Daten durchgeben«, oder: »Passieren lassen«.

Hängen bleiben also zunächst und ganz körperlich die elektronisch sortierten Kandidaten für die bereits seit Jahren (z. B. im Zusammenhang mit Demonstrationen) praktizierte Vorbeugehaft sowie die einer Straftat Verdächtigen, die sogleich festgenommen werden. Aber auch Nichtverdächtige können vorläufig festgenommen, bis zu zwölf Stunden festgehalten und erkennungsdienstlich behandelt werden (Fotos, Fingerabdrücke, Datenerfassung), »wenn und soweit dies zur Aufklärung einer Straftat geboten ist« (§ 163b Abs. 2 StPO) — wohlgemerkt: irgendeiner Straftat, die mit der konkreten Fahndung absolut nichts zu tun zu haben braucht —, oder aber, nach Polizeirecht, »zur Feststellung der Identität«, wenn sie »auf andere Weise nicht oder nur unter unverhältnismäßigen Schwierigkeiten festgestellt werden kann«.

Doch damit noch nicht genug der staatlichen Möglichkeiten: Zeitgleich mit der Einführung des maschinenlesbaren Personalausweises trat am 1. 4. 1987 eine Vorschrift in Kraft, die die *Schleppnetzfahndung* legalisiert (§ 163d StPO): Es handelt sich dabei um eine Fahndungsmethode, mit der die Polizei, u. a. im Zusammenhang mit Personenkontrollen an den erwähnten Kontrollstellen, Daten einer Vielzahl von Menschen erheben, speichern und auswerten darf, um bestimmte Straftaten (u. a. nach § 129a StGB, aber auch noch weitere ca. achtzig Delikte vom Hochverrat bis zur Beihilfe zur Fahnenflucht) aufzuklären oder Straftäter zu ergreifen.

Nehmen wir nun an, in unserem Szenario wurde auch diese Schleppnetzfahndung angeordnet.[2] In einem solchen Fall sind der Polizei folgende Möglichkeiten eröffnet: Sie ist ermächtigt, sämtliche bei der Kontrolle anfallenden personen- und sachbezogenen Daten in einer eigens einzurichtenden Spezialdatei zu speichern — also nicht allein die Daten über die Identität der zu kontrollierenden Personen, die über den maschinenlesbaren Personalausweis per Lesegerät in Sekundenschnelle erfaßt und mit den bereits im Polizeidatenbestand vorhandenen Daten kombiniert werden —, sondern auch alle Umstände, »die für die Aufklärung der Straftat oder für die Ergreifung des Täters von Bedeutung sein können« (§ 163d Abs. 1 StPO). Im Klartext: Ort und Zeit der Kontrolle werden automatisch gespeichert; Art und Zustand des Fahrzeugs, begleitende Fahrzeuge, Verhalten der Insassen, mitgeführte Sachen, wie beispielsweise in unserem Fall Werkzeuge, oder etwa Benzinkanister werden in Beziehung zu den betreffenden Personen als mögliche Indizien/Beweismittel mitgespeichert, ebenso abgefragte Erklärungen der Betroffenen über Herkunft, Ziel und Grund der Reise usw. — also praktisch auch Verhörergebnisse.[3]

Auch ohne jeden konkreten Anfangsverdacht, der letztlich allein Anlaß für Strafverfolgungsmaßnahmen sein darf (so wenigstens die herkömmliche Rechtsauffassung), erlaubt § 163d StPO, personenbezogene Daten in Verbindung mit Daten der Kontrollumstände völlig unverdächtiger BürgerInnen zu erheben und dann bis zu neun Monate (gesetzliche Höchstfrist) zu speichern. Während dieser Zeit dürfen die erfaßten Daten verarbeitet und mit anderen Datenbeständen abgeglichen werden.[4]

Auch sogenannte *Zufallsfunde* dürfen verwertet werden (§ 163d Abs. 4 S. 5 StPO): Auf der Suche nach z. B. sägenden und schraubenden »Terroristen« stößt die Polizei bei der Auswertung der Daten aller an den Kontrollstellen angehaltenen BürgerInnen zufällig auch auf mutmaßliche Ladendiebe oder Zechpreller oder Schwarzfahrer ... Auch solche »kleinen Fische«, denen Bagatellstraftaten der allgemeinen Kriminalität zur Last gelegt werden, für die das Schleppnetz jedoch gar nicht ausgelegt werden darf, bleiben in ihm hängen. Die »Schleppnetzfahndung« entpuppt sich damit als Instrument der Verdachtsgewinnung und Verdachtsverdichtung.

Wird das Schleppnetz, wie die gesetzliche Regelung es zuläßt, drei oder gar sechs Monate lang, gegebenenfalls im fliegenden Wechsel an verschiedenen Orten ausgelegt, so wird es möglich, von den kontrollierten Personen elektronisch erstellte Bewegungsbilder und Verhaltensprofile herzustellen: Wann und mit wem hat sich wer in welcher Gegend bzw. an welchem

Ort, mit welchem Fahrzeug oder zu Fuß, wie gekleidet, mit welchen mitgeführten Sachen, mit welcher Zielsetzung und Begründung usw. aufgehalten? Das bedeutet: Nicht nur Bewegungsbilder von verdächtigen Einzelpersonen, sondern auch von ganzen Gruppen und möglichen Protest- bzw. Widerstandspotentialen in bestimmten »heißen« Gegenden können also mit dieser Kombination aus erweiterten polizeilichen Kontroll-, Datenerfassungs- und -verarbeitungsbefugnissen mit Hilfe des computerlesbaren Personalausweises und der elektronischen Datenverarbeitung erstellt werden, ohne daß die Betroffenen hiervon Kenntnis haben. Ergänzt werden diese innerstaatlichen Bewegungsbilder durch die automatisierte Erhebung bei Grenzkontrollen.

Die für die Zukunft angestrebte elektronische Erfassung von Autokennzeichen während der Fahrt wird künftig im Zusammenhang mit dem 1987 legalisierten Direktzugriff (on-line) der Polizei auf die über 20 Millionen Datensätze des *»Zentralen Verkehrsinformationssystems« ZEVIS*[5] dazu führen, daß die Kontrollierten noch nicht mal mehr die Tatsache der Kontrolle bemerken: Die einzelnen Kennzeichen der vorbeifahrenden Fahrzeuge werden elektronisch gelesen und deren Halter direkt und automatisch bei ZEVIS abgefragt; ihre personenbezogenen Daten finden sodann, mitsamt den Umständen (Ort, Zeit, Insassenanzahl, Bewegungsrichtung, Geschwindigkeit, Auffälligkeiten usw.) automatisch Eingang in die eigens angelegte Datei, die dann mehrdimensional durchforstet und mit anderen Dateien abgeglichen werden kann.

Auch diese Methoden hatten bereits Jahre vor ihrer Legalisierung ihren illegalen Probelauf: In Rheinland-Pfalz beispielsweise speicherte die Polizei im Zusammenhang mit den Demonstrationen gegen die Raketen-Nachrüstung während einer »Aktion Gitternetz« im Herbst 1983 an 23 Kontrollstellen die Daten von 75 000 ahnungslosen Autofahrern in einer eigens angelegten Datei. Die über die Kennzeichen der vorüberfahrenden Kraftfahrzeuge und anschließende ZEVIS-Abfragen erlangten personen- und sachbezogenen Daten wurden später abgeglichen mit dem polizeilichen Fahndungsdatenbestand (vgl. u. a. *Frankfurter Rundschau* 11. 1. 1984; *taz* 12. 1. 1984).

Die Massenkontrollen und ihre elektronische Bewältigung und Auswertung können für die Betroffenen, für die herausgefilterten, elektronisch Verdächtigten gravierende Folgen haben: von Observationen, Telefon-Abhöraktionen über Hausdurchsuchungen und Beschlagnahmen bis hin zu Festnahmen und Untersuchungshaft; am Ende können auch Berufsverbote und Diskriminierungen aller Art herauskommen. Das bedeutet, vereinfacht dargestellt: Die mit dem großen Schleppnetz in Dateien Eingefangenen werden per Datenabgleich durch ein polizeilich für den jeweiligen (Fahndungs-)Zweck definiertes Sieb oder Raster geschüttelt; der Bodensatz, der im Raster hängenbleibt, wird dann »von Hand verlesen« und polizeilich bzw. geheimdienstlich »betreut«.[6]

Die mit den rationalisierten Methoden erlangten Mobilitätsprofile, insbesondere ganzer Personengruppen, können auch für die Lösung von polizeilichen Großlagen, etwa im Zusammenhang mit Demonstrationen,[7] oder zur Überwachung von »kriminogenen« Örtlichkeiten (z. B. in der Gegend von Strommasten) oder unliebsamer politischer Veranstaltungen nutzbar gemacht werden.

Wie im Zusammenhang mit Demonstrationen oder ähnlichen Ereignissen Polizeieinsatzstrategien, verschärftes Demonstrationsrecht, computerlesbarer Personalausweis und beschleunigte Justizverfahren ineinandergreifen und zusammenwirken, soll das folgende Szenario verdeutlichen:[8]

Bremen, 6. März 199X: Demonstration und Kundgebung von 6000 Menschen auf dem Marktplatz. Es kommt zu Auseinandersetzungen mit der Polizei. Einige Steine fliegen — mitgeworfen vielleicht von einem agent provocateur des Staatsschutzes, wie etwa in Krefeld am 25. Juni 1983. Aufgrund leidvoller Erfahrungen mit Polizeiknüppeln tragen viele DemonstrantInnen Schutzhelme, mehrere auch Mundtücher, manche, um sich vor möglichen Tränengaseinsätzen, andere, um sich vor der permanenten Video- und Fotoüberwachung durch die Polizei zu schützen. Nach wenigen Minuten erfolgt per Lautsprecherdurchsage die polizeiliche Aufforderung, den Platz umgehend zu verlassen, ansonsten könnten sich die Zurückbleibenden möglicherweise des Landfriedensbruchs schuldig machen.

Denn nach der von der CDU/CSU-FDP-Bundesregierung gezimmerten und 1985 verabschiedeten und in Kraft getretenen Verschärfung des Demonstrationsstrafrechts machen sich auch diejenigen wegen Landfriedensbruchs strafbar, die sich in einer Menschenmenge befinden, aus der heraus Gewalttätigkeiten oder Bedrohungen begangen werden, sofern sie — nach Aufforderung durch die Polizei — sogenannte Schutzwaffen

(»passive Bewaffnung« wie Helme) oder Vermummungen (wie z. B. Mundtücher) nicht ablegen oder sich nicht entfernen. Dabei spielt es keine Rolle, ob die Betreffenden selbst Gewalt angewandt haben oder nicht; auch vollkommen friedliche DemonstrantInnen können auf diese Weise also zu Landfriedensbrechern befördert werden. In Zukunft, so die Planung der Bundesregierung, sollen »Vermummung« und »Schutzbewaffnung« sogar mit Freiheitsstrafe bis zu einem Jahr bedroht werden.

Kurze Zeit nach der Aufforderung beginnt die Polizei nun — der sogenannten Einkesselungsstrategie folgend — den Platz mit ausgerolltem NATO-Stacheldraht abzuriegeln — ähnlich wie bereits in Westberlin am 11. Juni 1982 auf dem Nollendorfplatz an 2000 DemonstrationsteilnehmerInnen erprobt. Oder in Form des »Hamburger Kessels« von 1986. Nur noch zwei Abgänge werden offengehalten. Wer sich nicht frühzeitig entfernt, ist also wie in einem großen Freiluftgefängnis eingepfercht. Panik bricht aus. Es kommt zu dramatischen Szenen, als die Polizei beginnt, die Eingeschlossenen unter Knüppeleinsatz, später auch mit Wasserwerfern zu den beiden Durchgängen zu drängen. Dort sind Polizeibeamte mit Maschinenpistolen postiert und je ein mobiles Lesegerät für computerlesbare Personalausweise aufgestellt. Wer nun die gespenstische Szenerie verläßt, muß seine neue Plastik-Ausweis-Karte in das Gerät stecken. In Sekundenschnelle werden seine Daten, samt der Tatsache der Demonstrationsbeteiligung, in den Meldedienst für Landfriedensbruch (1982 eingerichtet) und damit in die Fahndungsdatei des Bundeskriminalamtes gespeichert und sofort abgeglichen mit dem eventuell bereits bestehenden persönlichen Daten-Konto im Polizeidatenbestand.

In wievielen Dateien die personenbezogenen Daten einer Person im Zusammenhang mit der Teilnahme an einer »gewalttätigen« Demonstration gespeichert sein können, hat der Bundesdatenschutzbeauftragte in seinem 7. Tätigkeitsbericht vom 1. 1. 1985 aufgelistet: »bei der sachbearbeitenden Dienststelle und beim LKA in den von Land zu Land in verschiedenem Umfang bestehenden Dateien; beim BKA in aller Regel im überregionalen KAN (»Kriminalaktennachweis«; R. G.) sowie in den Dateien Erkennungsdienst und Daktyloskopie (Fingerabdruckdatei« R. G.); seitens der Abteilung Staatsschutz des BKA darüber hinaus zur Zeit (noch) in NADIS (des »Verfassungsschutzes«; R.G.) (künftig in APIS) und in der Datei Landfriedensbruch. Schließlich ist nicht ausgeschlossen, daß eine weitere Speicherung in PIOS (Personen, Institutionen, Objekte, Sachen; R. G.) unter dem jeweils einschlägigen Aspekt vorgenommen wird. Sofern eine spezielle Spurendokumentationsdatei . . . eingerichtet ist, sind die Daten auch dort registriert. Daneben wird aufgrund der verschiedenen Meldedienste zwischen Polizei und Nachrichtendiensten . . . eine Speicherung sowohl durch das zuständige Landesamt als auch das Bundesamt für Verfassungsschutz erfolgen. Sofern die Demonstration im Zusammenhang mit militärischen Angelegenheiten steht (z. B. Friedensdemos, Munitionszug-Blockaden; R. G.), ist auch von verschiedenen Speicherungen beim MAD (Militärischer Abschirmdienst; R. G.) auszugehen; unter besonderen Umständen kann auch eine zusätzliche Speicherung beim BND (Bundesnachrichtendienst; R. G.) stattfinden.«

Wer nun nach dem Polizeifahndungsbestand gesucht wird, dem werden Einwegplastikfesseln angelegt; auch wer keinen Ausweis vorzeigen kann, wird zur Identitätsfeststellung abgeführt. Diejenigen, die passieren dürfen, tun dies mit der Gewißheit, als Teilnehmer an einer »unfriedlichen« Demonstration und damit als mögliche Landfriedensbrecher registriert zu sein und möglicherweise sowohl einem entsprechenden Straf- sowie Ordnungswidrigkeitsverfahren (nach dem ebenfalls 1985 verschärften Versammlungsgesetz) als auch einem Verwaltungsverfahren hinsichtlich der Polizeieinsatzkosten sowie einem Zivilverfahren hinsichtlich möglicher Demonstrationsschäden ausgesetzt zu werden.

Mit dem neuen computerlesbaren Personalausweis erhalten also die in den vergangenen Jahren ausgeweiteten Staatsbefugnisse und flexiblen Einsatzmethoden erst das technische Mittel zu ihrer eigentlichen Nutzanwendung: nämlich zur Massenbewältigung. Wir sprechen in diesem Zusammenhang von der Rationalisierung der staatlichen Kontrolle bzw. des Überwachungsstaates. Nehmen wir gerade die sich zunehmender Beliebtheit erfreuende Einkesselung ganzer Demonstrationen etwa des Jahres 1986:

— *Hamburger Kessel* (8. 6. 1986): Über 800 Menschen werden auf dem Heiligengeistfeld von etwa 1200 Polizeibeamten eingeschlossen und unter entwürdigenden Umständen bis zu 13 Stunden dicht gedrängt zusammengepfercht. Begründung: »Zu erwartende Gewalttätigkeiten«. Einzeln werden die Betroffenen in stundenlangen Prozeduren körperlich durchsucht, zu Polizeiwachen gebracht und dort datenmäßig erfaßt. »Erstaunlicherweise« wurden lediglich 15 Ermittlungsverfahren eingeleitet.[9] Was im SPD-regierten Hamburg erprobt wurde, wird wenige Monate später im CDU-regierten Rheinland-Pfalz ebenfalls praktiziert:

— *Mainzer Kessel* (16. 9. 1986): Etwa 70 meist jugendliche DemonstrantInnen werden von ca. 150 Polizeibeamten eingekesselt; ihre Personalien werden erfaßt.[10]

— *Schwandorfer Kessel* (17. 10. 1986): Zum Abschluß der Blokkade-Aktionen werden etwa 300 Leute eingeschlossen, Personalien festgestellt und überprüft.

— *München* (4. 11. 1986): Ca. 120 Teilnehmer bzw. vermutete Teilnehmer einer Veranstaltung über politische Gefangene in der Bundesrepublik werden festgehalten und polizeilich überprüft.

— *Göttinger Kessel* (1. 12. 1986): Etwa 400 Personen werden im Jugendzentrum eingeschlossen und der erkennungsdienstlichen Behandlung unterzogen; Erfassung aller Daten im SPUDOK-(Spurendokumentations)System,[11] u. s. w.

Im Zusammenhang mit dem Hamburger Kessel, der im nachhinein gerichtlich für rechtswidrig erklärt wurde, haben die politisch Verantwortlichen beklagt — es war ihre einzige «Kritik» an der Aktion —, daß es zu »Fehlleistungen« und unerträglichen Verzögerungen bei der Abfertigung der über 800 DemonstrationsteilnehmerInnen kam: »Bei zukünftigen Ansammlungen muß dies durch verbesserte Planung und Ausführung unter allen Umständen vermieden werden,« heißt es in einer Stellungnahme des Hamburger SPD-Senats zu den Vorgängen auf dem Heiligengeistfeld in Hamburg am 8. Juni 1986.

Und in der Tat, es mutet doch eigentlich recht »archaisch« an, wenn Hunderte von festgehaltenen Personen, unter Einsatz von über tausend Beamten und in stundenlangen Prozeduren, einzeln und von Hand durchsucht und zur Identifizierung bzw. Erfassung und zum Datenabgleich auf verschiedene Polizeiwachen verteilt werden müssen. In Zukunft wird der computerlesbare Personalausweis, den laut Gesetz jede/r bei sich führen muß,[12] für die rationelle Abfertigung der Eingekesselten sorgen.

Der Rest: Die gerichtliche Bewältigung der anstehenden Massenverfahren. Die Nürnberger Massenverhaftung von 1981 war ein erster Versuch, die Justiz auf solche Massenprozesse einzustimmen. Die damals praktizierte Rationalisierung mit Hilfe von hektografierten Haftbefehlen war allerdings noch reichlich stümperhaft; inzwischen sorgen Computer, Text-Bausteine, Bildschirm und Ausdrucker für die maschinelle Massenbewältigung, wie beispielsweise die gerichtlichen Entscheidungen bei Volkszählungsanträgen und -klagen deutlich zeigen. Ansätze zur Rationalisierung des Strafverfahrens per Strafprozeßordnung wurden bereits in der sozialliberalen Ära geschaffen, etwa durch verschiedene Einschränkungen der Verteidigungsmöglichkeiten des Bürgers vor Gericht (insbesondere im Zusammenhang mit der »Anti-Terror-Gesetzgebung«, die sich in vielen politischen Verfahren auswirkt).

Fazit:

Massenkontrollen können also mit Hilfe dieser Kombination aus erweiterten Polizeibefugnissen, neuen Polizeistrategien und Straftatbeständen sowie computerlesbarem Personalausweis ohne großen Aufwand an jeder geeigneten Stelle und zu jeder Zeit durchgeführt werden. Die neue Qualität des an den beiden vorgestellten Szenarien verdeutlichten Zusammenspiels unterschiedlicher, bereits existierender wie auch noch in Planung befindlicher Repressions- und Präventionsmaßnahmen liegt in folgendem:

— Angestrebt ist eine Rationalisierung der staatlichen Massenkontrolle und -überwachung, parallel zur Rationalisierung der Wirtschaft und der Gesamtgesellschaft (Stichworte: Neue Medien, Mikroprozessoren, Industrieroboter, Personalinformationssysteme etc.)

— Die wesentlich erweiterten Kontroll- und Eingriffsbefugnisse zur polizeilichen Identitätsfeststellung in den neuen Polizeigesetzen und im »Razziengesetz« der Srafprozeßordnung, die losgelöst von einem konkreten Tatverdacht gegen die Kontrollierten gegeben sind, sowie zur polizeilichen Datenerhebung überhaupt, bekommen mit dem computerlesbaren Personalausweis und den mobilen Lesegeräten die technischen Mittel zu ihrer eigentlichen Nutzanwendung: zur Massenbewältigung.

— Computerlesbare Personalausweise und Pässe sind als Schlüssel für die Erschließung der polizeilichen Datenschätze sowie als »erste technische Massenkontrollmittel der Neuzeit« (Steinmüller) der vorerst letzte Ausdruck des totalisierten Verdachts gegen jedermann und jedefrau.

— »Schleppnetzfahndung« sowie die Einrichtung des »Zentralen Verkehrsinformationssystems« (ZEVIS) mit Direktzugriff der Polizei (on-line-Verfahren) stellen flankierende Befugniserweiterungen zur Datenerfassung und -verarbeitung mit Massencharakter dar, deren Bewältigung künftig ebenfalls durch den computerlesbaren Personalausweis erleichtert werden wird; in diesem Zusammenhang sind die gesetzlichen Möglichkeiten der Datenerfassung in Spezialdateien und des Datenabgleichs bzw. der Rasterfahndung eröffnet (letztere soll nun legalisiert werden).

— Die polizeiliche Kontrolle, die ursprünglich ein Instrument der Verdachtserhärtung oder Entlastung bezüglich bestimmter »verdächtiger« Personen darstellte, wird mit dieser Entwicklung zum Instrument der Verdachtsgewinnung und Verdachtsverdichtung.

— Der neue Demonstrationsstraftatbestand des Landfriedensbruchs, der wegen der kollektiven Haftung ohne individuellen Nachweis einer eigenhändigen Gewalttat weit mehr Betroffene schafft, als es der alte Tatbestand vermochte, erhält — in Verbindung mit entsprechenden Polizeistrategien — mit dem maschinenlesbaren Personalausweis ebenfalls seine technologische Grundlage und Lösung.

— Auch der frisch verschärfte und ausgeweitete § 129a Strafgesetzbuch (»terroristische Vereinigung«) paßt sich in diesen Trend der Massenüberwachung bzw. Ausforschung voll ein. Er dient als erweiterte Anknüpfungsnorm für eine Reihe von polizeilichen und justiziellen Sonder(kontroll)-befugnissen und für unterschiedliche Formen der Informationserhebung mit einer Vielzahl von Betroffenen.

— Das geplante »Verfassungsschutz-Mitteilungsgesetz« soll den nahezu ungehemmten Daten-Austausch zwischen den Sicherheitsorganen legalisieren. Dadurch wird die in der Praxis bereits schwer angeschlagene, verfassungsmäßige Trennung zwischen Geheimdiensten und Polizei auf dem elektronischen Datenwege vollends aufgehoben werden.[13]

— Durch die Massenregistrierungen und den freien Datenaustausch bzw. -abgleich können u. a. Bewegungsbilder von Protestpotentialen erstellt werden; persönliche oder Gruppen-Bewegungsprofile (etwa wie in unserem Beispiel von DemonstrantInnen: Wer nahm wann und wie mit wem an welcher Demonstration teil?) geben Entscheidungsgrundlagen für die Herrschenden; Hintergrundrechner stellen die jeweils zu überwachenden Gruppierungen zusammen und fertigen die — von den Betroffenen unbemerkbaren — Auswertungen.

Wir haben es also bei der skizzierten Rechtsentwicklung im doppelten Wortsinne mit einem Angriff auf das Grundrecht der freien Entfaltung der Persönlichkeit zu tun, mit einem Angriff auf die Integrität sozialer und politischer Beziehungen und Kommunikationsstrukturen.

Letztlich scheint die Entwicklung im Bereich polizeilicher und geheimdienstlicher Datenerfassung und -verwertung darauf hinauszulaufen, eine immer perfektere und rationellere Registrierung allen von herrschenden Normen abweichenden Verhaltens zu ermöglichen, um auf diese Weise eine Art Frühwarnsystem zu erhalten, mit dessen Hilfe gesellschaftliche Veränderungen und Umbrüche, die die herrschende Ordnung gefährden könnten, frühzeitig erkannt, soziale Unruhen bereits im Keim erstickt und die sozialen bzw. politischen Träger präventiv integriert oder — widrigenfalls — repressiv bekämpft werden können.

Ob das gelingen wird, ist von vielen Faktoren abhängig — einige der wesentlichsten sind, das gilt es zu bedenken, auch von den (potentiell) Kontrollierten und Überwachten beeinflußbar.

5 Demonstrationsfreiheit unter Mordverdacht
Nach den Schüssen an der Startbahn-West (1987)

Die Demonstrationsfreiheit steht unter Mordverdacht, seit am 2. November 1987, erstmals in der Geschichte der Bundesrepublik, zwei Polizeibeamte aus einer Demonstration heraus erschossen wurden.

Die Schüsse kamen wie bestellt . . .

Ein langgehegtes innenpolitisches Anliegen der regierenden Unionsparteien schien endlich in Erfüllung zu gehen: die »Wiederherstellung des inneren Friedens«, die zunächst von einem gestörten inneren »Koalitionsfrieden« behindert wurde. Denn die auch regierende Wende-FDP hatte gegen einige der schärfsten, bereits in der internen Koalitionsvereinbarung vom Frühjahr 1987 verankerten Regierungspläne wenigstens ansatzweise noch restliberale Skrupel anzumelden — Skrupel, die im Laufe der Monate sogar noch unversehens Auftrieb erhalten sollten: Insbesondere nach den großen und skandalösen 87er-Polizeieinsätzen in Brokdorf, Hamburg und Wackersdorf geriet das polizeiliche Vorgehen zunehmend in die öffentliche Kritik. Forderungen nach politischer Deeskalation und behutsamerem polizeilichen Verhalten fanden Zustimmung bis hinein in den Polizeiapparat. In einem Erfahrungsbericht über »Polizeieinsätze bei Großdemonstrationen« plädierte selbst ein Arbeitsstab der Innenministerkonferenz für mehr Liberalität bei Demonstrationseinsätzen statt schärferer Gesetze.

Doch schon wenige Monate später bereiteten tödliche Schüsse auf zwei Polizisten dem sich abzeichnenden »Tauwetter« ein abruptes Ende. Nun schien die Stunde der Scharfmacher gekommen zu sein. Die Todesschüsse und die darob einsetzende öffentliche Empörung wurden schamlos ausgenutzt, um die zögerliche FDP massiv unter Druck zu setzen und die längst geplanten Gesetzesänderungen durchzupauken. Eine eilends vom Bundesinnenministerium organisierte und manipulierte, nichtöffentliche »Expertenanhörung« von Polizeipraktikern, überwiegend aus CDU/CSU-regierten Bundesländern, eröffnete der wende-erprobten FDP den Ausweg aus dem Dilemma: Von plötzlichen »neuen Erkenntnissen« geplagt, konnte die Tatsache des Umfallens in der Öffentlichkeit als »Lernfähigkeit« deklariert werden. Die Schüsse an der Startbahn-West krachten also wie bestellt.

Ähnlich termingerecht wie die Steinwürfe während der »Krefelder Krawalle« am 25. Juni 1983, die bekanntlich, wie sich erst später herausstellte, von einem V-Mann des »Verfassungsschutzes« mitinitiiert worden waren. Sie mußten prompt als Begründung für eine Verschärfung des Demonstrationsstrafrechts herhalten, die später durch Gesetz vom 18. Juli 1985 in Kraft getreten ist. Danach machen sich auch diejenigen DemonstrationsteilnehmerInnen wegen »Landfriedensbruch« strafbar (bis zu einem Jahr Freiheitsstrafe), die trotz Aufforderung durch die Polizei in einer Menschenmenge, aus der heraus »Gewalttätigkeiten oder Bedrohungen« begangen werden, »Schutzwaffen« (»passive Bewaffnung« wie Helme) oder »Vermummungen« (wie etwa Mundtücher) nicht ablegen oder sich nicht rechtzeitig entfernen. Das bedeutet: Bereits heute können auch vollkommen friedliche DemonstrationsteilnehmerInnen zu »Landfriedensbrechern« befördert werden — eine ge-

setzliche Konstruktion, mit deren Hilfe die aus »Terrorismusverfahren« bekannte und heftig umstrittene kollektive Haftung auch im Demonstrationsrecht verankert wurde. Der individuelle Nachweis einer eigenhändig begangenen Gewalttat
ist entbehrlich geworden; die bloße Anwesenheit bei einer Demonstration zu einer bestimmten Zeit oder in einer inkriminierten Bekleidung reicht für eine Verurteilung aus.

Die Steinwürfe von Krefeld kamen also wie bestellt, um eine
heftig umstrittene Gesetzesänderung als notwendig und legi-
tim erscheinen zu lassen — auffallend fristgerecht mitgeliefert
von einem agent provocateur des »Verfassungsschutzes«. Auch
die neuen Verschärfungsvorhaben stoßen auf breite Ablehnung: SPD und Grüne opponieren, unterstützt von einigen
Staatsanwälten, Deutschem Richterbund und Strafverteidiger-
Vereinigungen, selbst von der Gewerkschaft der Polizei (GdP),
die mit je unterschiedlichen Argumenten vor einer weiteren
gesetzlichen Aushöhlung des Demonstrationsrechts warnen.
Wie es scheint: vergeblich.

Die aktuellen innenpolitischen Auseinandersetzungen, vor
deren Hintergrund die Gesetzesverschärfungen nicht zuletzt
zu werten sind, lassen ihre künftige Nutzanwendung deutlich
aufscheinen: Hunderttausend aufgebrachte, vom Verlust ihres
Arbeitsplatzes bedrohte Stahlarbeiter im Ruhrgebiet beginnen
mit Arbeitsniederlegungen, Demonstrationen, Verkehrsblockaden und Villenbesetzungen eine neue Qualität des Arbeitskampfes und des Widerstandes einzuläuten.

Reaktionen nach zweierlei Maß

Die Reaktionen auf die tödlichen Schüsse an der Startbahn-
West von Anfang November 1987 sind äußerst aufschluß-
reich. Ein Grundkonsens war von Anfang an festzustellen:
Kaum jemand zögerte, die Todesschüsse auf Polizeibeamte zu
verurteilen — wenn auch aus unterschiedlichen Beweggründen. Viele verspürten den Widerspruch, daß eine »Bewegung
für den Schutz des Lebens und der Natur« nun für zwei Tote
Mitverantwortung tragen soll. Zahlreiche Diskussionen wurden ausgelöst und ernsthaft geführt. Auch das Problem ver-
selbständigter Gewaltrituale wurde erörtert, die mehrheitlich
lange verdrängten, durchaus möglichen Todesfolgen von Zwil-
lengeschossen und Molotow-Cocktails ins Bewußtsein gehoben und über »gegenseitige Abrüstung« nachgedacht.

Noch vor kurzem hätten es nur wenige für möglich gehalten, daß — vorbehaltlich der endgültigen Klärung — gezielte oder ungezielte Todesschüsse aus Demonstrationen heraus abgefeuert und Polizisten als Todesopfer liegenbleiben würden. Zu sehr waren wir daran gewöhnt, daß »so etwas« nur von der anderen Seite erwartet werden könne. Und die über 35jährige Geschichte der Bundesrepublik bestätigte diese Ansicht. Die bislang bei Demonstrationen ums Leben gekommenen Menschen sind schließlich Opfer polizeilichen Schußwaffeneinsatzes und polizeilicher Einsatztaktik geworden: In den fünfziger und sechziger Jahren wurden bei Demonstrationen zwei Menschen von Polizeikugeln tödlich getroffen; in den achtziger Jahren zwei Menschen aufgrund polizeilicher Einsatztaktik in den Tod getrieben, ein weiterer von einem modernen Hochleistungswasserwerfer zu Tode gefahren; das letzte Todesopfer forderte im Jahre 1986 der erste polizeiliche Einsatz von CS-Gas, das bereits seit 1925 im Verhältnis zu anderen Staaten völkerrechtlich geächtet ist.

Weil das Gedächtnis sich mitunter als äußerst kurz erweist, sei in diesem Zusammenhang auch an den häufig erlebten Polizeiterror gegen Startbahn-DemonstrantInnen erinnert, etwa in der Frankfurter Rohrbachstraße, gegen AKW-GegnerInnen, etwa bei Brokdorf und Kleve, auf dem Hamburger Heiligengeistfeld und bei Wackersdorf: Spießrutenlaufen, Knüppelorgien, Wasserwerfer- und Kampfgas-Einsätze, Einkesselungen und Verschleppungen sind nur die knappen Stichworte zur Kennzeichnung dieser Art von Staatsgewalt, die den Keim des organisierten Staatsterrorismus in sich trägt.

Die Startbahn-Schüsse gemahnen an noch eine verhängnisvolle Entwicklung, die bisher in diesem Zusammenhang öffentlich nicht thematisiert wurde: an das Problem der neuen Polizeibewaffnung. Bekanntlich stammen die Todesschüsse aus einer Polizeiwaffe, die bereits früher einem Zivilpolizisten entwendet worden war. Sie gehört zu einem Waffentypus, mit dem die Polizei seit Ende der siebziger, Anfang der achtziger Jahre ausgerüstet ist. Diese neue Polizeiwaffe »Sig Sauer« hat ein größeres Kaliber als die frühere, nämlich 9 mm. Mit ihr kann Munition verschossen werden, die größere Schußwunden reißt, die sich im getroffenen Körper verformt, dadurch mehrfach von der Schußrichtung abweicht und im Körper wütet und auf diese Weise über den sogenannten Mann-Stopp-Effekt zur sofortigen Handlungsunfähigkeit führt — meist durch den Tod. Das Tötungsrisiko ist also mit dem Einsatz die-

ser neuen Polizeibewaffnung und der »Mann-Stopp-Munition«
erheblich gewachsen. Hinzu kommt die Problematik der automatischen Sicherung, die wesentlich unsicherer ist, als die klassische Sicherung bei den alten Polizeiwaffen. Immerhin lösen
sich jährlich im Durchschnitt 37 Schüsse unbeabsichtigt aus
Polizeipistolen, die auch Personen verletzten. Zwischen 1980
und 1983 haben fünf der sich »unabsichtlich lösenden Schüsse«
zu Todesopfern geführt. Zusammen mit den absichtlichen
Schüssen sind im Zeitraum zwischen 1971 und 1986 — also innerhalb von nunmehr 15 Jahren — in der Bundesrepublik insgesamt über 230 Menschen von Polizeikugeln in unterschiedlichen Situationen tödlich getroffen worden — durchschnittlich
etwa 15 pro Jahr. Dabei fielen auch völlig unbeteiligte, unverdächtige Personen den Polizeikugeln zum Opfer — insbesondere im Zuge von Terroristenfahndungen und -hysterie.

Diese erschreckende Bilanz hat bislang offiziell kaum für
Aufregung gesorgt, geschweige denn zu gegensteuernden Maßnahmen. Im Gegenteil: Trotz Kenntnis dieser, der Öffentlichkeit lange vorenthaltenen Zahlen wurde eine weit problemati-
schere Bewaffnung eingeführt sowie über den »Musterentwurf
für einheitliche Polizeigesetze« länderweise der gezielte Todesschuß legalisiert.

Doch aus solchen tragischen Vorfällen und rechtswidrigen
Staatsaktionen wurden keine hinreichenden Konsequenzen gezogen, gefährliche Polizeieinsatzmittel und -methoden eher
noch erweitert und verfeinert, Gesetze blieben unverändert.
Stattdessen mußten wir immer wieder von neuem erleben, daß
die staatlichen Kontrollinstanzen, die zur Aufklärung und
Ahndung jener Polizeigewalt berufen und verpflichtet sind,
kläglich versagten. Wir mußten erleben, daß die politisch Verantwortlichen im Dunkeln blieben — auch vollkommen un-
vermummt. Wir mußten erleben, daß die unmittelbaren Polizeitäter, so sie überhaupt identifiziert werden konnten, so sie
überhaupt vor Gericht gestellt worden waren, freigesprochen
wurden oder mit einer minimalen Strafe davonkamen —, während jene, die etwa die polizeilichen Todesschüsse öffentlich
und umgangssprachlich als »Mord« bezeichneten, für diese
Einschätzung oft hart bestraft wurden.

Vollkommen anders die Reaktionen im Fall der beiden er-
schossenen Polizisten. Sie wurden zum — fast möchte man annehmen: willkommenen — Anlaß genommen, nun endlich die
Anfang 1987 in Kraft getretene Verschärfung und Ausweitung

der Anti-Terror-Gesetzgebung zur vollen Anwendung zu bringen: Denn damit lassen sich auch Widerstandsbewegungen, militante Demonstrationen und Demonstrationsteilnehmer unter Terrorismusverdacht stellen und den weitreichenden (Sonder-)Möglichkeiten der Terrorismusfahndung unterwerfen. Insbesondere politisch verdächtige Szenen, die nicht hierarchisch strukturiert sind, lassen sich auf diese Weise umfassend aufmischen und auskundschaften, ihre Kommunikationsstrukturen ausforschen. Eine Welle von Razzien, Hausdurchsuchungen, Beschlagnahmen und Verhaftungen rollt bereits durchs ganze Land. »Fahndungserfolge« sind zwar kaum zu verzeichnen*, dafür aber eine Fülle polizeilicher »Erkenntnisse« und eine gründliche Verunsicherung des Vor- und Umfeldes von Demonstrationen und Widerstandsgruppen.

Als ob sich der Staat als Ganzes beschossen fühlte, schickt er sich an, auch legislatorisch nachzurüsten und zurückzuschießen, wodurch die Wahrnehmung der Versammlungs- und Meinungsfreiheit mehr und mehr zum unkalkulierbaren Risiko zu werden droht: Einführung eines strafbewehrten »Vermummungsverbotes« und eines Verbots der »passiven Bewaffnung« (statt der bisherigen Ordnungswidrigkeitsregelung); Versuch der nochmaligen Verschärfung des »Landfriedensbruch«-Tatbestands; Einführung des Haftgrundes der Wiederholungsgefahr — eine Nazi-»Errungenschaft« des Jahres 1935 — auch für polizeibekannte DemonstrationstäterInnen (das bedeutet also Vorbeugehaft auch etwa für DemonstrationsteilnehmerInnen, die sich schon mal nicht rechtzeitig aus einer gewalttätigen Demonstration entfernt haben); Schaffung einer speziellen Strafnorm, die Sitz- und andere Blockaden, abseits der »Unwägbarkeiten« des Nötigungsparagraphen, unter Strafe stellen soll; nochmalige Erweiterung der polizeilichen Kontrollbefugnisse im Vorfeld auch gegen Unverdächtige (Kontrollstellen); Demonstrationseinsatz neuzuschaffender Polizei-Spezialeinheiten nach dem Vorbild der »GSG 9«; Einführung von Schnellverfahren gegen mutmaßliche DemonstrationstäterInnen; Strafbarkeit der »öffentlichen Befürwortung von Straftaten« über den neuzuschaffenden Zensurparagraphen 130b StGB usw.

---

* Im Juli 1988 hat die Bundesanwaltschaft Mordanklage gegen zwei Hauptbeschuldigte erhoben, die allerdings auf sehr wackeligen Beinen steht (s. *FR* vom 8. 7. 88 sowie *taz* vom 8. 7. 88, S. 1f.).

Staatsautoritäres Trauerstück

Die aktuellen Auseinandersetzungen um die Verschärfung des Demonstrationsrechts führen uns wieder mal recht drastisch vor Augen, wie in der Bundesrepublik großartig deklarierte Freiheitsrechte zentimeterweise, paragraphenweise, ja (sicherheits-)paketweise demontiert und kassiert werden, da wo sie wenigstens in Ansätzen wirksam werden konnten. Es wird uns wieder mal drastisch vor Augen geführt, wie bereits seit langem gehegte Staatsschutzpläne unter Ausnutzung der Gunst der Stunde durchgepaukt werden; wie die Mechanismen der Legitimierung ablaufen und die offizielle Sprachregelung die staatsschützenden Intentionen in freiheitsschützende umzumünzen versucht, und wie die medienöffentliche Diskussion auf bestimmte emotionsbeladene Vorhaben konzentriert wird (z. B. Kronzeugenregelung, Vermummung), um in ihrem Windschatten weit gefährlichere Pläne nahezu unbemerkt durchsetzen zu können.

Wieder müssen wir miterleben, wie bestimmte linksoppositionelle Gruppen und Kräfte als »innere Feinde« kriminalisiert und ausgegrenzt, ihre demonstrativ vorgebrachten Anliegen selten ernst genommen werden; wie verbleibende liberale, besonnene, kritische Stimmen unter Distanzierungs- und Legitimierungsdruck gesetzt werden und diesem nur selten zu widerstehen vermögen und wie bestimmte bittere Erfahrungen mit diesem (Sicherheits-)Staat sowie ehedem erkannte Wahrheiten über diese (Klassen-)Gesellschaft durch den Druck der Ereignisse und ideologisch-moralische Zurichtung »plötzlich« in Vergessenheit geraten, auf längere Sicht verdrängt werden.

All das lehrt uns dieses aktuelle staats-autoritäre Trauerstück — ein Trauerspiel um zwei tote Polizisten, eine Demonstrationsfreiheit, die dafür verantwortlich gemacht wird, einen öffentlich Gewalt befürwortenden Bundesinnenminister, seine »christlich-sozialen« Unterstützer und Werber; ein Trauerspiel um eine wankelmütige, immer wieder liberale Hoffnungen weckende und enttäuschende freidemokratische Partei, die dank ihrer nahezu ununterbrochenen Regierungsbeteiligung schon traditionell so frei ist, an der Verwandlung bürgerlicher Freiheitsrechte in staatliche Schutzrechte mitzuwirken (mit wenigen Ausnahmen), und dabei die hohe Wende-Kunst entwickelt hat, umzufallen, ohne zu stürzen; ein Trauerspiel um eine oppositionelle Sozialdemokratie, die von der Oppositionsbank aus das bekämpft, wofür sie in den sozialliberalen siebziger Jahren die Grundlagen und Voraussetzungen geschaffen hat; ein Trauerspiel um eine grüne Partei, die in weiten Teilen vor lauter Bußfertigkeit und Aussöhnung mit diesem Staat den Widerstand gegen dessen Gesetzesextremismus verschläft und streckenweise argumentativ verrät, sowie um eine Linke, die an ihren Rändern in Auflösung begriffen ist und in ihren zersplitterten Kernen zur (Selbst-)Isolierung neigt und die in der akuten Auseinandersetzung leider nur wenig bis gar nichts zu bewirken vermag.

Eilfertige Distanzierungen und willfährige Bußfertigkeit, wie sie in Teilen der Linken und insbesondere bei den Grünen zu beobachten sind, können wir nicht erst seit den Startbahn-Schüssen verzeichnen. Schon die jüngste Debatte um Amnestie oder Gnade für (ehemalige) »Terroristen« beflügelte den »Zeitgeist«, der einer staatskritischen Opposition mächtig ins Gesicht zu blasen scheint: »Einseitige« Staatskritik, ohne jede Vor- und Gegenleistung, ohne Glaubensbekenntnis zur FdGO oder Distanzierung von der RAF und von Polizistenmorden, ist regelrecht verpönt. Teile der (ehemaligen) Linken üben sich in einseitiger »Selbstkritik« und in Versöhnung mit diesem Staat; aus den Reihen der Grünen, die die »Gewaltfreiheit« zum Programm erhoben haben, wird gar ein »positiv entwickeltes Staatsverständnis« eingefordert bis hin zu einer offensiven Anerkennung des staatlichen Gewaltmonopols — also die Befürwortung der organisierten Gewalt.

Bei diesem »Wettlauf um die besten Plätze hinter den Särgen der beiden Polizisten« (Gremliza) gerät die verhängnisvolle Entwicklung der Politik der Inneren Sicherheit, um die sich künftige Oppositions- und Widerstandsarbeit verstärkt kümmern müßte, zunehmend aus dem Blickfeld. Die Sicherheitsgesetze und die Verschärfung des Demonstrationsstrafrechts sind Meilensteine dieser Entwicklung.

Mummenschanz

Ein gesetzliches Vorhaben machte inzwischen eine besonders steile Karriere: das strafbewehrte Vermummungsverbot. Ausgerechnet zwei Todesschüsse auf Polizisten, aus der schützenden Dunkelheit heraus begangen, sollen nun für dieses umstrittene Vorhaben dienstbar gemacht werden — wohlwissend, daß Tötungsdelikte absolut atypische Taten im Zusammenhang mit Demonstrationen darstellen. Es ist in dieser absurden und gespenstischen Verdummungsdebatte um das strafbewehrte Vermummungsverbot offenbar kein Argument zu blöd, um die Bestrafung bestimmter Bekleidungsarten als notwendig und plausibel erscheinen zu lassen. Denn die Todesschüsse an der Startbahn-West hätten damit auch nicht verhindert werden können: Zum einen spielte »Vermummung« bei jenen Vorfällen keinerlei Rolle, zum anderen sind Tötungsdelikte bekanntlich bereits mit hohen Strafen bedroht.

Ein strafrechtliches Vermummungsverbot ist im übrigen mit den Grundsätzen eines rechtsstaatlichen Tat-Strafrechts nicht vereinbar. Das bloße Tragen einer bestimmten, unerwünschten Bekleidung — wie etwa Schals, große Sonnenbrillen, falsche Bärte oder Gesichtsmasken — ist keine Tat im strafrechtlichen Sinne, denn es verletzt keine fremden Rechtsgüter. Es würde letztlich allein der generelle Verdacht bestraft werden, daß mit einer bestimmten Bekleidung auch eine bestimmte Absicht zu gewalttätigem Verhalten verbunden sei. Das allerdings ist pures, rechtsstaatswidriges Verdachts- bzw. Gesinnungsstrafrecht.

Weitere gewichtige Argumente sprechen gegen ein Vermummungsverbot — nicht nur gegen ein strafbewehrtes, sondern auch gegen das bereits bestehende, das im Versammlungsgesetz als Ordnungswidrigkeit geregelt ist. Danach ist die Teilnahme an einer Demonstration »in einer Aufmachung, die geeignet und den Umständen nach darauf gerichtet ist, die Feststellung der Identität zu verhindern« mit Geldbuße bis zu 1000 DM bedroht. Das Vermummungsverbot dient also der ungehinderten Durchsetzung präventiver polizeilicher und geheimdienstlicher Überwachungsmaßnahmen — es ist eine Ergänzungsmaßnahme zur massenhaften elektronischen Datenerfassung, -speicherung und -verarbeitung, wie sie seit Jahren extensiv betrieben werden. Und hier sind schließlich die ursprünglichen Gründe für Gesichtsverhüllungen bei Demonstrationen zu finden. Denn überwiegend trieb und treibt gerade die berechtigte Angst vor Registrierung durch Polizei und »Verfassungsschutz«, mittels Video- und Fotodokumentationstrupps, V-Leuten und vermummten Staatsschützern, zu solchen Vorsichtsmaßnahmen. Auch die jüngste Entscheidung des Bundesverfassungsgerichts zur polizeilichen Beschlagnahme von Fotos und Filmen bei den Medien rechtfertigt in erhöhtem Maße den Schutz vor willkürlicher Identifizierung auf Vorrat.

Es gibt im übrigen keine allgemeine Pflicht, sich bei Versammlungen der Polizei gegenüber erkennbar zu halten und sein Gesicht offen zu zeigen. Eine solche Vorstellung entspricht nämlich purem polizeistaatlichem Denken. Bei einer derartigen Argumentation wird völlig ignoriert, daß Demonstrationen, etwa einer verfolgten Minderheit, oft das einzige Mittel sein können, Rechte erst zu erkämpfen, die dieser Minderheit bisher versagt wurden. Die Problembereiche Abtreibung, Homosexualität, Aids, Asylverfahren sind nur einige wenige Beispiele, an denen sich diese Problematik verdeutlichen läßt. Die Teilnahme an einer Demonstration kann für die Betroffenen mit einem hohen Risiko und schwerwiegenden Nachteilen verbunden sein: Die elektronische Erfassung mittels Video und Foto kann zur Identifizierung und Speicherung personenbezogener Daten und Verdachtsmomente führen sowie zur Verarbeitung der gewonnenen Daten im Wege der Rasterfahndung oder in Form von Persönlichkeitsprofilen und Bewegungsbildern; U-Haft, Ermittlungsverfahren, Oberservationen, Lauschangriffe, Berufsverbote, Arbeitsplatzverlust und Abschiebungen können die Folge sein.

Im übrigen ließen sich mit demselben Argument des »offenen Visiers« auch die geheimen Wahlen in Demokratien abschaffen; schließlich, so diese Logik, gibt es ja keinen Grund, seine politische Überzeugung zu verheimlichen. Doch geheime Wahlen sind eine demokratische Errungenschaft, die die Gefahr von Repressionen und anderen Nachteilen von vornherein ausschließen soll — eine Maxime, der auch für ein demokratisches Demonstrationsrecht Geltung verschafft werden sollte.

Und: Warum wird eigentlich nicht auch das Tragen von Handschuhen in geschlossenen Räumen unter Strafe gestellt? Schließlich stellt diese Fingerkuppen-Vermummung die gebräuchlichste Maßnahme von Einbrechern dar, um kompromittierende Fingerabdrücke zu vermeiden. Spaß beiseite: Ein strafbewehrtes Vermummungsverbot eröffnet der Polizei, im Gegensatz zur bisherigen Ordnungswidrigkeitsregelung, alle Möglichkeiten der Strafprozeßordnung: Festnahme, Untersuchungshaft, Hausdurchsuchung, erkennungsdienstliche Behandlung usw. Außerdem wird eine solche Strafnorm sich sehr rasch als Auffangtatbestand erweisen, wenn eine bestimmte Gewalttat den Verdächtigen nicht nachgewiesen werden kann, so können sie doch wenigstens wegen Vermummung bestraft werden.

Doch nicht allein das strafbewehrte Vermummungsverbot

steht uns ins Haus, sondern auch ein strafbewehrtes Verbot sogenannter passiver Bewaffnung/Schutzbewaffnung ist geplant, wird aber in der öffentlichen Diskussion fast vollkommen vernachlässigt. Darunter fallen, so die bisherige Regelung im Versammlungsgesetz, »Schutzwaffen oder Gegenstände, die als Schutzwaffen geeignet und dazu bestimmt sind, Vollstreckungsmaßnahmen eines Trägers von Hoheitsbefugnissen abzuwehren« — also etwa Schutzhelme gegen Polizeiknüppel, Regenschirme gegen Wasserwerfer (?) und Gasmasken oder Mundtücher gegen die Kampfgase CS und CN.

Das Verbot der »passiven Bewaffnung« und das »Vermummungsverbot« haben eines gemeinsam: Beide Verbote sollen verhindern, daß staatliche Überwachungs- bzw. Zwangsmaßnahmen ins Leere laufen. Sie stehen praktisch symbolisch für die Durchsetzung der ganzen Bandbreite polizeilicher Einsatzmethoden und -mittel: Demonstrationsfreiheit zwischen Knüppel und Videoüberwachung, zwischen Wasserwerfer und Computer.

Geschichtliche Mahnung

Gestatten wir uns mal, völlig wahllos, einen kurzen Griff in die Skandalliste der Bundesrepublik und wagen wir zu fragen: Wird das Steuerstrafrecht verschärft, weil die Steuerhinterzieher und Großbetrüger in Politik und Wirtschaft immer dreister werden? Wird das Straßenverkehrsrecht verschärft, etwa durch Geschwindigkeitsbegrenzungen, weil die Zahl der tödlichen Verkehrsunfälle unerträglich hoch ist? Wird der »Verfassungsschutz« entmummt und wirksam kontrolliert, weil er in der Grauzone des »Geheimen« immer neue Skandale produziert? Soll das Umweltstrafrecht verschärft werden, weil die unmittelbar Verantwortlichen für Umweltkatastrophen und -schäden so schlecht auszumachen sind? Nein!

Wie leicht zu erkennen ist, bedürfte es hier keines Vorwands, um gesetzliche Verbesserungen zu begründen. Die Gefahren für die Bevölkerung sind nun wirklich groß genug, Handlungsbedarf bestünde also — aber es geschieht (fast) nichts. Ganz anders im Fall des Demonstrationsrechts. Hier wird immer wieder eine erstaunliche Hektik und Betriebsamkeit an den Tag gelegt. Zwei im Verlaufe einer Demonstration erschossene Staatsdiener — ein Novum in der bundesrepublikanischen Geschichte — werden zum Anlaß genommen, das gesamte Demonstrationsrecht umzukrempeln. Schon mal mußten durchschnittlich knapp zwei Ermordete im Jahr für umfangreiche und weitreichende Gesetzesverschärfungen herhalten: Insbesondere in den siebziger Jahren diente der »Terrorismus« gegenüber der Bevölkerung als griffige, alles legitimierende Zauberformel, um die sicherheitspolitische Aufrüstung nach innen zu forcieren und zu rechtfertigen.

Es ist der immerwährende Versuch der herrschenden Kräfte, aufgeputschte Volksstimmungen zu nutzen, um liberale Zweifler moralisch unter Druck und Freiheitsrechte peu à peu außer Kraft zu setzen. Frei nach dem Motto: Staatsschutz geht vor Freiheitsschutz.

Wohl um die Stimmung noch zu schüren, erklärt Bundesinnenminister Friedrich Zimmermann den Mord an Polizisten kurzerhand zum »schlimmsten aller Morde« — angesichts dieses obrigkeitsstaatlichen Superlativs müssen die etwa 1000 Menschen, die in der Bundesrepublik Jahr für Jahr durch Mord, Totschlag und andere kriminelle Gewalt ums Leben kommen, notgedrungen verblassen.

Aber auch die Abermillionen »Ausgemerzten« der NS-Zeit, die von treuen Staatsdienern ermordet wurden, zählen da folgerichtig nur wenig: Die nachsichtige Behandlung von NS-Massenmördern und NS-Blutrichtern in der BRD entspringt eben diesem staatsautoritären Geiste. Und dieser historische Bezug erinnert uns an eine Erkenntnis, die auch angesichts von Polizistenmorden nicht einfach über Bord geworfen werden kann: Die neuere Geschichte, insbesondere diejenige Deutschlands, zeigt, daß die eigentlichen und systematischen Gefahren für die Menschen und Menschenrechte von staatlicher Seite, vom staatlich organisierten Gewaltapparat drohen. An der staatsterroristischen Vergangenheit der deutschen Justiz, der Geheimdienste und der Polizei haben wir — allen Beschwichtigungsversuchen zum Trotz — heute noch schwer zu tragen. Die permanente Einschränkung von Grund- und Freiheitsrechten ist auf diesem geschichtlichen Hintergrund zu werten.

6 Der Terror, der Staat und das Recht

Es ist für viele schwer zu begreifen, was da im Namen der
»Terrorismusbekämpfung« in den vergangenen fünfzehn Jahren entwickelt und weit in die Gesellschaft hineingetrieben
worden ist — zumal diese schrittweise Entwicklung und ihre
fatalen Auswirkungen auch von der sich allmählich ins Berufs-
und Familienleben zurückziehenden Linken weitgehend verdrängt wurden.

Doch spätestens seit der Ausweitung des bereits sehr weitgefaßten Straftatbestandes des § 129a Strafgesetzbuch (»Terroristische Vereinigung«) im Jahre 1987, seit Nachbarn, Kollegen
und Geschwister zu Betroffenen gemacht werden, »Terroristen« sich per Gesetz wundersam vermehren, seit Bürgerinitiativen als »terroristische Vereinigungen« verdächtigt und auf
dieser Grundlage ganze politisch-oppositionelle Szenen aufge-
mischt und ausgeforscht werden können — ja seit dieser Zeit
dürften sich eigentlich, so denkt und hofft man, zumindest politisch Engagierte und Aktive nicht mehr so leicht dieser Problematik entziehen können. Denn sie oder ihre politischen
Freunde können in ihren oft existentiellen Kämpfen gegen
Kriegsgefahr und Atomenergie, gegen Ausbeutung und Massenarbeitslosigkeit rasch von dem fast uferlosen Straftatbestand
des § 129a und dem durch ihn aktivierbaren Sonderrechtssystem eingeholt und erfaßt werden, wie die beiden folgenden
szenarischen Fallbeispiele verdeutlichen sollen:

Fall 1:
Nehmen wir eine Bürgerinitiative der Friedensbewegung
oder der Anti-AKW-Bewegung, in der es Mitglieder gibt, die
nach eingehenden und ernsthaften Diskussionen zu dem
Schluß gekommen sind, daß Demonstrationen und Aufklärung nicht ausreichen, dem Rüstungswahnsinn und der atomaren Bedrohung zu begegnen. Sie wollen endlich praktische Sig-
nale setzen und sich damit auch der Frage künftiger Generatio-
nen — so sie überleben — stellen: »Was habt Ihr eigentlich damals gegen diese verbrecherische Politik getan?« Sie beginnen,
Munitionstransporte zu blockieren und Atom-Strommasten
zu kippen, um wenigstens kurzzeitig die Abschaltung von
AKWs zu erreichen. Die Handelnden machen sich damit

schon immer, das wissen sie, nach herrschendem Recht strafbar: Sachbeschädigung, Nötigung und noch einiges mehr. Sie nehmen dieses Risiko, die Nachteile dennoch auf sich, weil sie annehmen, daß diese Risiken geringer sind, als die Gefahren, die sie bekämpfen.

Nun soll es auch Mitglieder der besagten Bürgerinitiativen geben, die solche Aktivitäten zwar nicht verurteilen, eher skeptisch beurteilen und sich mehr auf die Kraft der Aufklärung und verbalen Überzeugung verlegen. Doch zur Mühseligkeit dieser Überzeugungsarbeit kommt hinzu, daß die Friedfertigkeit ihrer Herangehensweise ihnen seit dem 1. 1. 1987 auch nichts mehr nützt: Denn inzwischen ist es amtlich und Gesetz, was vorher schon staatlicherseits hie und da klammheimlich praktiziert wurde: Ihre Mitstreiter von der blockierenden und sägenden Fraktion sind zu »Terroristen« befördert worden, ihre vormaligen einfachen Straftaten zu »terroristischen« und die Bürgerinitiative zur »terroristischen Vereinigung«. Und damit sind sie im Zweifel alle, die Sägenden und die Redenden, Mitglieder ein und derselben »terroristischen Vereinigung« — Menschen und Initiativen, die sich — wie inzwischen die amtlichen Begründungen lauten — mit »anschlagsrelevanten Themen« befassen. Straftaten müssen überhaupt nicht erst begangen worden sein, geschweige denn jemandem nachgewiesen werden; es reicht aus, daß die Vereinigung solche in ihre Planung miteinbezieht.

Wer nun mutmaßlichen Mitgliedern Unterschlupf gewährt, wer sie zum Essen einlädt, wer ihnen sein Bett überläßt, und — was auch immer — spendet, der dürfte nach der neuen Rechtslage als »Unterstützer« gelten; wer die Trommel rührt für ihre Widerstandsarbeit, als »Werber« für eine »terroristische Vereinigung«.

Die Mitglieder einer solchen Vereinigung können nun nicht nur unter vereinfachten Bedingungen in Untersuchungshaft gelangen, sondern zudem auch unter den Sonderbedingungen der Isolationshaft gefangen gehalten werden. Elementare Verteidigungsrechte werden eingeschränkt oder außer Kraft gesetzt.

Fall 2:
Nehmen wir an, die Gewerkschaft ÖTV beschließt zur Durchsetzung gewerkschaftlicher Forderungen, öffentliche Verkehrsbetriebe, Wasser- und Elektrizitätswerke zu bestrei-

ken. Nach der neuen Rechtslage wird die ÖTV damit zu einer »terroristischen« Vereinigung, deren Tätigkeit darauf gerichtet ist, Straftaten u. a. nach § 316 b (= Störung öffentlicher Betriebe) zu begehen. Ihr Vorstand könnte demgemäß, wegen seiner »Rädelsführerschaft«, mit Freiheitsstrafe von 3 bis 15 Jahren bestraft werden. Einfache, aber aktive Mitglieder wären ebenfalls als Verbrecher mit Freiheitsstrafen von einem bis zu 10 Jahren, Unterstützer und Werber für die ÖTV und ihre Streikaktionen mit Freiheitsentzug von 6 Monaten bis zu 5 Jahren zu bestrafen. Auch ein nichtorganisierter Elektriker, der am Stammtisch einem Mitglied der ÖTV bei einem Gespräch über eventuell bevorstehende Streikbruchmaßnahmen rät, er soll doch der Streikleitung mitteilen, man müsse nur einige Teile im E-Werk entfernen und schon könne der Streik nicht mehr unterlaufen werden, macht sich gemäß §§ 129a Abs. 1, 30 Strafgesetzbuch (Anstiftung zur Anstiftung eines Verbrechens) als »Terrorist« strafbar.

Fall 3:

Eine Gruppe von Ibbenbürener Bürgern, die den schadstoffreichen Betrieb des dortigen Kohlekraftwerkes für einen Skandal hält und »etwas tun« will, beschließt, in Zukunft Nacht für Nacht das Vorhängeschloß am Eingangstor zum Werksgelände aufzubrechen und durch ein eigenes Schloß zu ersetzen, um so die Kohlezufuhr zu unterbinden. Die Rechtslage bisher: Straflosigkeit bezüglich dieses Vorhabens; Strafbarkeit erst nach der ersten Aktion wegen einfacher Sachbeschädigung, § 303 StGB (evtl. »Störung öffentlicher Betriebe«, § 316b StGB). Jetzige Rechtslage: Strafbarkeit gemäß § 129a StGB; gemäß §§ 129a, 30 sogar schon für einen entsprechenden Vorschlag und Plan.

Denn sie wissen, was sie tun ...

Diese letztgenannten Fallkonstellationen (Fall 2 und 3) wurden so ähnlich bereits während der öffentlichen Anhörung im Rechtsausschuß des Deutschen Bundestages am 14. November 1986 von dem Hannoveraner Strafrechtsprofessor Friedrich Dencker vorgetragen. Die Parlamentarier und die Parteien, die die Ausweitung des § 129a zu verantworten haben, wußten also vor ihrer fatalen Entscheidung um die weitreichenden Anwendungsmöglichkeiten einer solcherart novellierten Rechtsnorm. Ihnen wurde rechtzeitig in mehreren Rechtsgutachten vor Augen geführt, daß mit dieser Normerweiterung auch gewaltfreie oder allenfalls am Rande des umstrittenen Gewaltbegriffs liegende Aktionen sowie Formen des öffentlichen Protests aus dem Bereich des einfachen Strafrechts (Vergehen) in »terroristische« Straftaten transformiert werden können. Bagatell-Delikte (z. B. Fälle einfacher Sachbeschädigung) können, in Gruppenzusammenhängen begangen oder aber nur ersonnen, ebenso wie sozialadäquates Verhalten (z. B. Streikaktionen gegen öffentliche Versorgungsbetriebe), zumindest tatbestandsmäßig, als Verbrechen geahndet, entsprechende Gruppen und Organisationen als »terroristische Vereinigungen« kriminalisiert und verfolgt werden. Übrigens mit der bisher kaum beachteten Folge, daß damit nach den geltenden Polizeigesetzen der gezielte Einsatz von Schußwaffen gegen die eines solchen »Verbrechens« Verdächtigten ohne weiteres möglich wird, falls sie sich der Festnahme oder Identitätsfeststellung durch Flucht zu entziehen versuchen.

Doch alle Warnungen von kritischen Experten haben nichts genutzt. Unter dem »weit geschneiderten Mantel« des Terrorismus-Straftatbestands könnten also bereits heute auch gewerkschaftliche Aktivitäten als »terroristische Straftaten« verfolgt werden. Sicher bedeutet dies nicht unbedingt, daß hiervon bereits heute oder morgen auch Gebrauch gemacht würde. Gesetze des politischen Strafrechts — insbesondere auch Terrorismus-Sondergesetze — sind eben nicht nur für den Sofortgebrauch bestimmt, sondern als Instrumente der Herrschaftssicherung dank ihrer Unbestimmtheit und weiten Fassung auch für eine Zukunft, in der sich die politischen und sozialen Gegensätze, Krisen und Unruhesituationen noch erheblich verschärfen könnten. Doch warum in die düstere Ferne schweifen, wenn das Schlechte so nah liegt? Denn was da droht, das läßt sich bereits sehr deutlich an der bisherigen Staatsschutzpraxis der »Terrorismusbekämpfung« ablesen.

Das Sonderrechtssystem der »Anti-Terror«-Gesetze in Aktion

In einer Zeit, in der schon das öffentliche Buchstabieren kriminalisiert wird, sobald die Kombination »RAF« dabei herausspringt, in einer Zeit, in der schon der Verkauf einer radikalen Zeitschrift, das Verteilen eines Flugblattes, das Kleben eines Plakates großangelegte Razzien und letztlich hohe Freiheitsstrafen nach sich ziehen, in einer Zeit, in der der Kauf eines bestimmten Weckers, verbunden mit der kritischen Beschäftigung mit brisanten politischen Problemen, in die totale Isolationshaft führen kann — in einer solchen Zeit nicht an Terror zu denken, fällt zunehmend schwerer.

Angesichts der erneuten Häufung von Staatsschutz-Aktionen in den Jahren 1987 und 1988 droht allmählich der Überblick abhanden zu kommen, drohen die schwerwiegenden staatlichen Eingriffe ihren notstandsähnlichen und skandalträchtigen Charakter zu verlieren und allmählich der unsensationellen Alltäglichkeit anheimzufallen. Wir wollen versuchen, diesem Trend mit einer Art Zwischenbilanz entgegenzuwirken — ohne allerdings, schon aus Platzgründen, einen Anspruch auf Vollständigkeit erheben zu können.

Was haben Wecker mit »Terrorismus« zu tun? — so mag sich in den vergangenen Monaten so mancher bundesdeutsche Langschläfer gefragt haben. Doch jedes Schulkind weiß: Wecker sind Instrumente des alltäglichen Terrors, wüten sie doch Morgen für Morgen in Millionen von Schlafzimmern und reißen die lernende und arbeitende Bevölkerung aus dem verdienten Schlaf — ja mitunter aus Träumen von einer besseren Welt. Zuweilen allerdings befreien sie auch aus Alpträumen, stören den Schlaf der »Gerechten«, den von Ausbeutern und Mädchenhändlern, wecken damit jedoch auch »schlafende Hunde« und »Bullen«, die schon lange scharf (gemacht) sind . . .

Ein Weckerfabrikat hat sich da besonders hervorgetan: der Reisewecker »Emes Sonochron«. Er soll — Schleichwerbung hin oder her — nicht nur in bundesdeutschen Schlafzimmern einschlägige Verwendung gefunden haben, sondern auch als Zeitzünder bei rund vierzig Sprengstoffanschlägen — etwa gegen Einrichtungen, in denen umstrittene Genforschung betrieben wird oder gegen Filialen der Bekleidungsfirma Adler, der die Ausbeutung von asiatischen Arbeiterinnen vorgeworfen werden muß.

Diese Tatsache setzte Ende 1987 eine beispiellose Fahndungsmaschinerie des Staatsschutzes in Bewegung. Video-Observationen von KäuferInnen der »verdächtigen« Wecker, Telefonüberwachungen und Postkontrollen, bundesweite Razzien, Durchsuchungen von Privatwohnungen, von Betrieben und Einrichtungen politischer Gruppen, Beschlagnahmen umfangreichen politischen Materials, erkennungsdienstliche Behandlung von Verdächtigten sowie Festnahmen und Verhängung monatelanger Untersuchungshaft ohne Haftgrund unter zerstörerischen Isolationshaftbedingungen. Im Juni 1988 hat der Generalbundesanwalt Anklage gegen zwei der Verdächtigten u. a. wegen Mitgliedschaft in einer terroristischen Vereinigung erhoben (s. *taz* 21. und 29. 6. 88, *Frankfurter Rundschau* 28. 6. 88). Die Betroffenen beschäftigten sich beruflich oder privat intensiv und kritisch mit »anschlagsrelevanten« Themen, so der Begriff in den amtlichen Beschlußbegründungen — also etwa mit Genforschung, Frauenausbeutung, Asylpolitik. Und das machte sie — neben Weckerkontakten und anderen Indizien — in den Augen von BKA, Bundesanwaltschaft und Ermittlungsrichtern verdächtig. Verdächtig, Mitglieder einer »terroristischen Vereinigung« zu sein, der »Revolutionären Zellen« beziehungsweise der »Roten Zora«, die sich zu einer Reihe von Anschlägen gegen einschlägige Einrichtungen bekannt hatten.

Und mit diesem »Anfangsverdacht« ist ein einzigartiges staatliches Repressionsarsenal eröffnet, mit dessen Hilfe politisch oppositionelle Szenen, Gruppen und politisch verdächtige Individuen in großem Stil ausgeforscht, kriminalisiert und nötigenfalls auch isoliert werden können — zentral gesteuert von BKA und Bundesanwaltschaft sowie mit Sonderermächtigungen ausgestattet dank einem Paragraphen, der es in sich hat: dem § 129a Strafgesetzbuch (»Bildung terroristischer Vereinigungen«).

Ursprünglich propagandistisch auf die Mitglieder von bewaffneten Gruppen, wie etwa der RAF, sowie auf ihre »Unterstützer« gemünzt, bald aber auch auf sogenannte Sympathisanten des Terrors, offenbarte § 129a schon frühzeitig seine vielfältigen Anlagen: Spätestens etwa seit Beginn der achtziger Jahre haben wir in der Anwendungspraxis eine verstärkte Ausweitung auf einen wachsenden Kreis von politisch aktiven Personen und Gruppierungen zu verzeichnen.

Gleichwohl ist § 129a seit Anfang 1987 mit Zielrichtung auf die militanten Widerstandsformen der Anti-AKW- und Friedensbewegung noch wesentlich ausgeweitet, das Gründen und die Mitgliedschaft in einer »terroristischen Vereinigung« zum Verbrechen hochgestuft worden (Strafrahmen von einem bis zu zehn Jahren).

Mit seiner fast grenzenlosen Anwendungsbreite sind darüber hinaus weitreichende Konsequenzen für die staatliche Ermittlungstätigkeit verbunden, die bereits grundsätzlich in der

Konstruktion des § 129a angelegt sind. Denn diese Vorschrift dient als Anknüpfungsnorm, als Schlüssel für ein weitverzweigtes, kaum noch überschaubares System von Sonderbefugnissen, die es Polizei und Staatsanwaltschaft erlauben, sogenannte terroristische Umfelder weit im Vorfeld des Verdachts und strafbarer Handlungen großflächig auszuforschen: Überwachung des Telefon- und Postverkehrs, Großrazzien, Durchsuchungen ganzer Wohnblocks, Einrichtung von Straßen-Kontrollstellen, Schleppnetzfahndung, Identitätsfeststellungen selbst gegenüber Unverdächtigen, massenweise Datenspeicherungen und Datenabgleich, Festnahmen auch von prinzipiell Unverdächtigen, Untersuchungshaft auch ohne die traditionellen Haftgründe Flucht- bzw. Verdunkelungsgefahr; darüber hinaus können die Häftlinge auch unter den Sonderbedingungen der Isolationshaft gefangen gehalten werden, elementare Verteidigungsrechte werden eingeschränkt oder außer Kraft gesetzt durch Überwachung des Schriftverkehrs mit den Verteidigern, durch Trennscheiben und durch die Erleichterung des Verteidigerausschlusses.

Ein »Trost« bleibt den Betroffenen: Generalbundesanwalt Rebmann wird sich im Zweifel persönlich um sie kümmern, denn bei ihm liegt in solchen Fällen die gesetzliche Zuständigkeit für Ermittlung und Anklageerhebung. Den speziell »auserlesenen« und »zuverlässigen« Richtern der Oberlandesgerichte, »mit ihrer besonderen Sachkunde und breiter Erfahrung auf diesem Gebiet« — so heißt es in einschlägigen Gesetzeskommentaren — obliegen in solchen Fällen Gerichtsverhandlung und Aburteilung. Das nennt sich dann der »gesetzliche Richter«, den das Grundgesetz fordert. Böse Zungen sprechen von Sondergerichtsbarkeit, weil diese Spezialregelungen des politischen Strafrechts bewirken, daß den betroffenen Angeklagten zumindest eine Instanz verlorengeht und sie zum anderen eine machtkonzentrierende Zentralisation bewirken, die es der obersten Ermittlungsbehörde, also dem »General« Rebmann erlaubt, Verfahren an sich zu ziehen und bundesweit die jeweils genehmen Gerichte auszuwählen.

Diese Befugniserweiterungen haben sich die Ermittlungsbehörden bereits im Zuge der »Anti-Terror«-Gesetzgebung der siebziger Jahre bescheren lassen. Sie machen aus dem Straftatbestand der »terroristischen Vereinigung« einen fungiblen Ermittlungs- und Ausforschungsparagraphen, eine Art »Wunderwaffe« im staatlichen »Anti-Terror-Kampf«.

Wie dieses Sonderinstrumentarium in der Ermittlungspraxis zur Anwendung kommt, zeigt nicht nur die Geschichte mit dem Wecker, sondern auch eine ganze Reihe anderer Ermittlungsfälle der letzten Zeit, deren Bewältigung dank § 129a mit unverhältnismäßigem Aufwand betrieben werden kann. So werden beispielsweise die tödlichen Startbahn-Schüsse auf zwei Polizisten vom November 1987 zum Anlaß genommen, nicht nur das Demonstrationsrecht noch weiter auszuhöhlen, sondern auch monatelang insbesondere den autonomen Widerstand einer ganzen Region aufzumischen. Die Ermittlungsbehörden begnügen sich also nicht etwa damit, allein nach dem Todesschützen zu fahnden, wie in anderen Todesschuß-Fällen, sondern da wird flugs noch eine »terroristische Vereinigung« konstruiert, welcher der Hauptbeschuldigte Andreas E. als »Rädelsführer« zugeordnet wird und der mindestens zehn weitere Mitglieder angehören sollen.

Dieser »Gruppe E.« werden außer den Polizistenmorden auch eine Reihe von Sachbeschädigungen, wie etwa Anschläge auf Strommasten und Baufirmen, angelastet. Als »Satzung« der angeblichen Vereinigung wird ein Papier angesehen, das die Polizei bei einer Hausdurchsuchung entdeckt haben will, und in dem quasi als »Vereinsziele« neben Anschlägen auch die »Notwendigkeit des bewaffneten Kampfes gegen die Polizei« festgeschrieben sei.

Mit dieser abenteuerlichen, kaum überprüfbaren Konstruktion ist über den frisch erweiterten § 129a jener Dietrich gefunden, mit dem der Einbruch in die politisch verdächtigten, für die Staatsschützer so schwer erfaßbaren Szenen des Widerstands gegen die Startbahn-West ermöglicht werden soll. Das vorläufige Resultat: eine wahre Repressions-, Razzien-, Verhör- und Verhaftungswelle — aber der Todesschütze ist immer noch nicht gefunden, lediglich der Hauptverdächtigte E. und eine Reihe weiterer Verdächtiger, denen die Taten jedoch bisher nicht nachgewiesen werden können.* Doch hierauf kommt es eigentlich auch gar nicht so sehr an. Denn da, wo im konkreten Einzelfall den Ermittlungsbehörden und Gerichten ein individueller Tatnachweis gegen die Beschuldigten partout nicht gelingen will, lediglich das eine

---

* Inzwischen hat die Bundesanwaltschaft Mordanklage gegen zwei Beschuldigte erhoben sowie Anklagen gegen sechs weitere Personen (u. a. wegen § 129a).

oder andere Indiz vorhanden ist, da kann über die Mitgliedschaft in einer »terroristischen Vereinigung« zu einer nicht normierten, gleichwohl »bewährten« Beweisvereinfachung gegriffen werden: zur sogenannten Kollektivitätsthese, einer kollektiven Haftungskonstruktion, wonach alle, die einer »terroristischen Vereinigung« angehör(t)en, für alle von dieser Vereinigung begangenen Taten zu haften haben, gleichgültig, ob sie im Einzelfall davon wußten bzw. diese billigten oder nicht.

Die Gefahr, daß mit Hilfe des § 129a oder auch des § 129 (»kriminelle Vereinigung«) ganze soziale Bewegungen kriminalisiert und staatlicher Verfolgung ausgesetzt werden, hat sich bereits seit längerer Zeit abgezeichnet. Schon Anfang der achtziger Jahre gerieten Teile der Anti-AKW-Bewegung in Terrorismusverdacht, was zu umfangreichen Ermittlungen u. a. im norddeutschen Raum führte. Im Wendland, wo sich Sabotageaktionen gegen den Bau des geplanten Atommüll-Zwischenlagers häuften, sammelte eine 40köpfige Sonderkommission des Landeskriminalamtes Hannover (»SOKO 602«) Mitte der achtziger Jahre monatelang systematisch Daten über Bewohner des Landkreises Lüchow-Dannenberg — angeblich um eine »kriminelle Vereinigung« ausfindig zu machen. In der eigens eingerichteten SPUDOK-Datei waren schließlich mehr als 2000 EinwohnerInnen abgespeichert — das ist mehr als jede/r 25. Einwohner/in des Landkreises, und das bei insgesamt etwa 25 laufenden Ermittlungsverfahren nach § 129 StGB.

An diesem Beispiel läßt sich in etwa ablesen, wieviele »unverdächtige« Personen in die staatlichen Ermittlungs- und Ausforschungsvorgänge involviert werden — mit allen negativen Folgen, die hieraus erwachsen können. Dieser ungeheure Aufwand der offenen und geheimen Informationserhebung, -speicherung und -verarbeitung diente nicht in erster Linie der Aufklärung konkreter Straftaten, sondern vielmehr dem Versuch, die Struktur des wachsenden wendländischen Widerstands gegen das »Nukleare Entsorgungszentrum« zu erfassen und die »aufmüpfig« gewordene Bevölkerung mittels Kriminalisierung zu spalten.

Ähnliche Kriminalisierungswellen können im Zusammenhang mit dem Widerstand gegen die Wiederaufbereitungsanlage (WAA) bei Wackersdorf registriert werden. Hier mußten in jüngerer Zeit ominöse »Verbindungslinien« zwischen WAA-

Gegnern und RAF herhalten, um die volle Anwendung des 129a-Instrumentariums öffentlich zu rechtfertigen.

Kaum ein Politikfeld bleibt von 129/129a-Ermittlungen verschont, sobald sich mehr oder weniger organisierte, radikale Opposition regt und Ansätze von Widerstandsaktivitäten sichtbar werden. Das zeigt sich sowohl bei der staatlichen Bekämpfung der Hausbesetzer-Bewegung, wo Anfang der achtziger Jahre Hunderte von Ermittlungsverfahren nicht nur wegen Hausfriedensbruch, sondern nach § 129 eingeleitet und etliche Hausbesetzer entsprechend verurteilt wurden, als auch bei der Behandlung von militanten TierschützerInnen. Sie versuchten, mit Brandanschlägen und Tierbefreiungsaktionen öffentlich auf die organisierte Tierquälerei in bundesdeutschen Versuchslaboratorien aufmerksam zu machen. Verfolgt wurden sie daraufhin von Bundesanwaltschaft und BKA wegen Bildung einer »terroristischen Vereinigung«. Die Befreiungsaktionen mußten die Täter mit monatelanger U-Haft büßen. Doch später schlug das Herz der Richter offenbar im Einklang mit der herrschenden deutschen Tierliebe, denn sie sprachen in diesen Fällen ausnahmslos vom 129a-Vorwurf frei.

Abgesehen von solchen Niederlagen der Bundesanwaltschaft, wichtig für die Ermittlungsbehörden ist und bleibt die Inanspruchnahme der großzügigen Ermittlungsbedingungen des § 129a. Daß zu diesem Zweck notfalls wild und willkürlich konstruiert wird, haben wir gesehen — daß jedoch schon mal organisatorische Hilfestellung vom Staatsschutz zu erwarten ist, wenn nun beim schlechtesten Willen keine »terroristische Vereinigung« in Sicht ist, das verwundert dann doch ein wenig. Gleichwohl — der folgende Fall entspringt bundesdeutscher Wirklichkeit: Stuttgart-Stammheim, Anfang der achtziger Jahre. Die beiden RAF-Verteidiger Müller und Newerla sind angeklagt der »Unterstützung« einer »terroristischen Vereinigung«, der RAF, sowie der Werbung für die RAF — ein Schicksal, das eine ganze Reihe von StrafverteidigerInnen in »Terrorismus«-Verfahren ereilte. Regelmäßig besuchten nun zwei zunächst unbekannte Zuhörer die laufenden Verhandlungen im Stammheimer Gerichtsgefängnis. Sie gaben sich als »Sympathisanten« der Angeklagten aus und knüpften persönliche Kontakte zu anderen sympathisierenden Prozeßbesuchern. In Wirklichkeit handelte es sich um die beiden verdeckten Polizeiagenten des baden-württembergischen Landeskriminalamtes, »Ralf Hiller« und »Hans-Joachim (Hajo) Krauth«, die sich — versehen mit neuen Lebenslegenden — auf diesem geheimpolizeilichen Wege Zutritt verschafften zur sogenannten Sympathisantenszene.

»Hiller« und »Krauth« vermittelten ihren jeweiligen Gesprächspartnern einen kampferprobten und technisch versierten Eindruck, präsentierten bei Gelegenheit Schußwaffen, prahlten mit Sprengstoffanschlägen und versuchten damit gezielt, ein ganz bestimmtes Opfer aufzubauen und in den Sog von Gewalt-Aktionen zu ziehen: nämlich den Kölner Theo P., Mitglied der »Schwarzen Hilfe« und Anti-AKW-Aktivist, der in den Augen der Agenten hinreichende Militanz, technisches Verständnis und nicht zuletzt die gehörige Portion »Verführbarkeit« zeigte.

So regten Hiller und Krauth nach mehrmaligen Anläufen schließlich an, eine »Revolutionäre Zelle« aufzubauen und Anschläge auf Leitungsmasten von Atomkraftwerken zu verüben. Sie setzten P. wegen einer bereits begangenen Straftat unter massiven Druck und drängten ihn schließlich zur Ausführung eines großen Plans, in den sie ihn längst einbezogen hatten: Es war vorgesehen, das Bundesamt für Verfassungsschutz in die Luft zu jagen; ein PKW mit 50 Kilogramm Industriesprengstoff sollte über Funk gezündet werden (Jahre später ist ein solcher Anschlag tatsächlich verübt worden); mit Toten mußte bei Realisierung dieses Vorhabens gerechnet werden.

Spätestens dieser Vorschlag machte Theo P. stutzig; er wandte sich an einen Rechtsanwalt und versuchte, auf dessen Rat hin, den Kontakt zu »Hiller« und »Krauth« vorsichtig abzubrechen. Theo P. wurde kurze Zeit später festgenommen. Der Haftbefehl lautete auf Verdacht der Bildung einer »terroristischen Vereinigung«. Der tatprovozierende Einsatz der Agenten, der auf die Gründung einer »terroristischen Vereinigung« gerichtet war, ermöglichte es den Behörden, über § 129a mit seinen Sonderermächtigungen das Ermittlungsverfahren nicht auf Theo P. zu konzentrieren, sondern auf einen großen Teil der Kölner oppositionellen Szene auszudehnen, um diese umfassend auskundschaften zu können.

Das Ermittlungsverfahren gegen Theo P. wegen § 129a StGB wurde später wieder sang- und klanglos eingestellt — es hatte offenbar seine Funktion erfüllt.

Auch »Kronzeugen« erfüllen den Behörden mitunter den Traum, großangelegte Ermittlungen nach § 129a durchführen zu dürfen. Ihnen, die regelmäßig selbst in strafbare Handlungen verstrickt sind, winkt, so sieht es § 129a vor, Strafrabatt oder gar Straffreiheit für den Fall, daß sie sich den Ermittlern offenbaren. In den letzten Jahren sind einige solcher Fälle bekannt geworden. Nur zwei Beispiele aus jüngster Zeit: Die Ergebnisse einer Fahndung nach dem terroristischen Phantom »Antifa-Gruppe« in Wuppertal füllte nach über vierjährigen exzessiven Observationen, Lauschangriffen, Hausdurchsuchungen, Beschlagnahmen von Adressenmaterial, Kalendern, Briefen und Tagebüchern schließlich insgesamt 150 000 Seiten. Diese Ermittlungsakten wurden zu einer 300 Seiten starken Anklageschrift gegen neun Personen eingedampft. Das Oberlandesgericht Düsseldorf weigerte sich zunächst, diese 129a-Anklage mangels »fester Gruppenbindung« und »organisierter Willensbildung« zuzulassen; doch ein Beschluß des Bundesgerichtshofes führte schließlich 1987 zur Eröffnung des Gerichtsverfahrens. In der Zwischenzeit zauberte die Generalstaatsanwaltschaft nämlich einen »Kronzeugen« aus dem Hut, der zwar »aus Sicherheitsgründen« nicht vor Gericht erscheinen könne, aber mit seinen belastenden Aussagen seitenlange Protokolle gefüllt und die Existenz einer »terroristischen Vereinigung« behauptet hatte. Dieser »Kronzeuge« war, so stellte sich heraus, einer der Beschuldigten, dem bereits eine Haftstrafe wegen Haschisch-Schmuggels drohte und der deshalb — wie er später in einem Widerruf zugab — »aus panischer Angst vor dem Knast« die belastenden Aussagen gegen die neun Angeklagten erfunden hatte. Die Anklagekonstruktion fiel damit in sich zusammen. Das Verfahren endete am 4. November 1987 nach fast achtjährigen intensiven »Terrorismus«-Ermittlungen mit Freispruch. (s. dazu 129a-Broschüre der *Wuppertaler Stadtzeitung*, Viehhofstr. 125, 5600 Wuppertal 1)

Belastende Aussagen des ehemaligen Strafgefangenen Dirk St., der sich zuvor in objektiver V-Mann-Funktion in verschiedene politische Szenen eingeschlichen hatte, löste Ende 1987 bundesweite Razzien aus. Obwohl dieser »Kronzeuge« nach Auffassung Hamburger Sicherheitsexperten als »Aufschneider« und »Spinner« anzusehen ist, basieren selbst Haftbefehle ausschließlich auf seinen Aussagen. So wurde beispielsweise die Offenbacher Studentin Andrea B. fast zwei Monate lang in Isolationshaft gehalten wegen — so der Haftbefehl — des Verdachts der Mitgliedschaft in einer »Terroristischen Vereinigung«, die in mehreren Städten der Bundesrepublik existiere (inzwischen ist das Ermittlungsverfahren eingestellt worden). Aufgrund der Aussagen von Dirk St. durchsuchte die Bundesanwaltschaft sowohl bundesweit Gefängniszellen von politischen Gefangenen als auch die Wohn- und Büroräume der Hamburger Rechtsanwältin Ute Brandt. Mit dieser Aktion und der Beschlagnahme von Verteidigerakten und -post brach die Staatsanwaltschaft in die prinzipiell geschützte Vertrauenssphäre zwischen Strafverteidigerin und Mandanten ein. Ute Brandt vertritt politische Gefangene und unterstützt öffentlich die Forderung ihrer Mandanten nach Zusammenlegung mit anderen Gefangenen und Aufhebung der Isolationshaftbedingungen, was durchaus zu ihren anwaltlichen Pflichten gehört. Ihr wird deshalb »Unterstützung einer terroristischen Vereinigung« und »Werbung für die RAF« vorgeworfen.

Damit ist eindeutig der Bereich der freien Meinungsäußerung tangiert, in dem sich wohl die meisten Ermittlungs- und Gerichtsverfahren nach § 129a abspielen. Schon in den siebziger Jahren betrafen 70 Prozent der Anklagen und Verurteilungen die »Begehungsformen« der »Unterstützung« und »Werbung«. In den achtziger Jahren dürfte sich dieser Trend noch verstärkt haben. Die Inhalte der inkriminierten Meinungsäußerungen, die ohne § 129a nicht ohne weiteres verfolgbar wären, befassen sich zumeist mit Hungerstreikerklärungen und den Haftbedingungen der politischen Gefangenen. Schon die Feststellung, in der Bundesrepublik gebe es »politische Gefangene«, kann zum Verbot von Veranstaltungen führen. Im Zusammenhang mit solchen Verboten wurden auch schon, so etwa 1987 in München, Straßen-Kontrollstellen rund um den Veranstaltungsort eingerichtet, an denen alle Passierenden — auch vollkommen Unverdächtige — verpflichtet sind, ihre Identität feststellen und sich sowie mitgeführte Sachen durchsuchen zu lassen.

Diese Möglichkeit zu Vorfeld-Massenkontrollen eröffnet ebenfalls § 129a; sie können inzwischen auch mit der seit 1987 legalisierten »Schleppnetzfahndung« kombiniert werden, was eine bessere Bewältigung der anfallenden Daten zuläßt. Auch ohne jeden Anfangsverdacht können auf dieser Grundlage personenbezogene Daten samt Daten der Kontrollumstände erhoben und dann bis zu neun Monate gespeichert werden. Während dieser Zeit dürfen die erfaßten Daten verarbeitet und mit anderen Datenbeständen abgeglichen werden — zum Zweck der »Verdachtsgewinnung« und »Verdachtsverdichtung« (s. dazu Gössner u. a., Restrisiko Mensch, Bürger kontrollieren die Polizei, 28 Bremen, Charlottenstr. 3).

Unzählige Fälle von »Unterstützer- und Werber«-Ermittlungsverfahren kriminalisieren bloße Meinungsäußerungen und ihre Verbreitung durch »terroristisches« Plakatekleben und Parolensprühen (z. B. »RAF«, »Zusammenlegung der Gefangenen . . .«), durch Flugblätter und Zeitschriften (Stadtzeitungen, *radikal, Zusammen kämpfen* uvm.) sowie durch Buchpublikationen (in letzter Zeit: der Gedichtband »der Morgenröte entgegen . . .« sowie Bakker Schuts »Das Info. Briefe von Gefangenen aus der RAF«).

Betroffen von den jeweils umfangreichen Verfolgungsmaßnahmen sind AutorInnen, RedakteurInnen, DruckerInnen, HerstellerInnen, VerteilerInnen, BuchhändlerInnen, aber auch die LeserInnen, Kommunikationszentren, Knastgruppen und nicht zuletzt die Angehörigen der politischen Gefangenen.

Auch bei dieser Art von 129a-Ermittlungen ist weniger entscheidend, was im Einzelfall »hinten raus kommt« (frei nach Kohl), ob also das jeweilige Verfahren überhaupt gerichtlich eröffnet wird und dann auch mit einer Verurteilung endet — die Gerichte urteilen da neuerdings durchaus uneinheitlich —, von entscheidender Bedeutung für die Ermittler ist vielmehr nur das eine: mit dem Terrorismusverdacht über § 129a als Kristallisationskern ein einzigartiges komplexes Sonderrechtssystem zu aktivieren, um mit diesem Instrumentarium in die anvisierten Szenen einbrechen, im großen Stil Kommunikationsstrukturen knacken und »Soziogramme des Widerstands« erstellen zu können. Diese Art von Widerstandsbekämpfung ist repressiv, operativ und präventiv zugleich.

Der geschilderte Ausforschungscharakter des 129a-Sonderrechtssystems läßt sich auch statistisch belegen: Ein Vergleich der Ermittlungsverfahren wegen § 129a der Jahre 1982 bis 1987 mit den hieraus resultierenden Aburteilungen (= Freisprüche und Verurteilungen) ergibt folgendes Bild: Nur in durchschnittlich knapp zehn Prozent der abgeschlossenen Ermittlungsfälle ist es zu einer entsprechenden Aburteilung gekommen (zum Vergleich: Die Anklagequote — also das Verhältnis von Abgeurteilten zu Tatverdächtigen, gegen die ermittelt wurde — liegt bei der allgemeinen Kriminalität im Schnitt bei 44 Prozent). Umgekehrt bedeutet dies, daß in rund 90 Prozent der Fälle das Ermittlungsverfahren nach § 129a überhaupt zu keiner Anklage geführt hat bzw. eingestellt wurde.

Der unverhältnismäßige Ermittlungsaufwand steht also in der Mehrzahl der Fälle in keinem Verhältnis zum Endergebnis. Das mag einerseits beruhigend sein, doch entscheidend sind der politische Flurschaden, der mit dieser Staatssicherheitspolitik angerichtet wird, sowie die Auswirkungen dieser staatlichen Anschläge auf die Integrität einer Vielzahl von Beteiligten und Unbeteiligten: die traumatischen Folgen von Hausdurchsuchungen, Bespitzelungen und insbesondere der Isolationshaft im Zuge der oft jahrelangen Ermittlungsverfahren. Und nicht nur so betrachtet gilt in mehrfacher Hinsicht: Die eigentliche terroristische Gefahr geht vom Staate aus . . .

II. Verbrechensbekämpfung mit den Mitteln der Heilsarmee?
Zur Geschichte des Widerstands gegen den Sicherheitsstaat

Aus der Oppositionsgeschichte lernen . . .

Mit dem ersten Teil dieses Buches über das Geschäft mit der »Inneren Sicherheit« und den Aufstieg des präventiven Sicherheitsstaates sollte — entgegen allen in der Öffentlichkeit zu registrierenden Verdrängungstendenzen — die Notwendigkeit und Dringlichkeit einer starken Bürgerrechts- und Anti-Repressionsbewegung plausibel gemacht werden. Wir hätten eine solche angesichts der Lage bitter nötig. Aber noch ist sie leider nicht in Sicht. Doch immer wieder gibt es ermutigende Ansätze, Ansätze, die ganz besonders hoch einzuschätzen sind in einem deutschen Staat, der ohne Not die Rechtsnachfolge des »(3.) Deutschen Reiches« angetreten hat und immer wieder entsprechende Anleihen macht; in einer Gesellschaft, die die sozio-ökonomischen und massenpsychologischen Ursachen des Faschismus kaum aufzuarbeiten imstande war, und in einem Land, in dem Freiheitsdrang, Zivilcourage und Widerstandsgeist noch nie hoch im Kurs standen, dafür eine gefährliche Mischung aus Angst, Autoritätsgläubigkeit und Sicherheitsdenken zur Grundausstattung des Volkes gehört.

Nach einer Art Bestandsaufnahme in Auszügen, wie wir sie im ersten Teil dieses Buches vorgenommen haben, geht es nun folgerichtig um eine bisher ziemlich vernachlässigte Materie: nämlich um die Geschichte und die Perspektiven bundesdeutscher Opposition gegen die diagnostizierte Entwicklung zum präventiven Sicherheitsstaat, der unsere Freiheit bereits seit langem empfindlich tangiert und für die Zukunft noch Schlimmeres befürchten läßt. Es soll damit der Versuch unternommen werden, nicht bei der Diagnose der schlimmen Zu- und Mißstände stehen zu bleiben, also nicht mehr nur zu jammern und mit den Zähnen zu klappern ob der Horror-Realitäten und -Visionen und wie gebannt vor so viel ausgeklügelter technokratischer Macht und Kälte einfach zu erstarren — und dem »Schicksal« seinen Lauf zu lassen.

Vielmehr wollen wir in einem »wilden Ritt« durch die Jahrzehnte insbesondere die positiven Ansätze einer Opposition gegen die herrschende Sicherheitskonzeption und -politik herausarbeiten: Es ist der von verschiedenen MitautorInnen unternommene Versuch, den Kampf um Bürgerrechte und gegen Repression geschichtlich zu fundieren, verschüttete Traditionen auszugraben und kritisch zu beleuchten. Gibt es Strategien, Modelle und Erfahrungen, an die wir in unserem heutigen Kampf anknüpfen können? Wo ist Kritik angebracht etwa an mangelnder Solidarität gegenüber den Opfern der Repression, an Selbstisolierung oder an Distanzierungs- und Unterwerfungsritualen gegenüber diesem Staat? Und welche Konsequenzen lassen sich aus diesen historischen Erfahrungen gegebenenfalls ziehen, welche Perspektiven eröffnen sich für eine künftige alternative Bürgerrechtspolitik, eine effiziente Antirepressions- und auch Antipräventionsarbeit? Reicht eigentlich ein reiner Verteidigungskampf um den doch mehr als kritikwürdigen »Status quo«, oder muß eine ernstzunehmende Bürgerrechtsbewegung nicht auch verstärkt den Kampf um demokratische Strukturen führen?

Es ist uns hierbei sehr wohl bewußt, daß wir — immer wieder von neuem — erst am Anfang dieser Diskussion um Gegenstrategien, um »Entstaatlichung« und um demokratische Utopien stehen. Deshalb kann und soll es sich bei den nachfolgenden Kapiteln auch lediglich um ausgewählte Ansätze für die weiterzuführenden Auseinandersetzungen handeln.

Rolf Gössner

1 Im Antikommunismus vereint
Die schwierige Opposition gegen Restauration und Kommunistenverfolgung in den 50er und 60er Jahren

>»Jeder, der die Menschenrechte und die Freiheit schätzt, ist zur Unterstützung der politischen Gefangenen in Westdeutschland verpflichtet. Es ist entsetzlich, daß diejenigen, die gegen den irrsinnigen Kalten Krieg, gegen die Atompolitik Westdeutschlands wirken, politischen Verfolgungen ausgesetzt sind und auf Grund solcher vagen Beschuldigungen wie der der ›Staatsgefährdung‹ vor Gericht gestellt werden können.«
>Bertrand Russell, 1963[1]

>»Ich habe seit Mitte der fünfziger Jahre viele dieser Kommunistenprozesse als Verteidiger miterlebt und als besonders beklemmend den totalen Mangel an Solidarität aus nichtkommunistischen Kreisen empfunden ... eine schlafende bürgerliche Öffentlichkeit ließ es geschehen, daß schon wieder einmal Unrecht ›im Namen des Volkes‹ für Recht ausgegeben wurde.«
>Heinrich Hannover[2]

Die Last mit der deutschen Vergangenheit

Nach der legendenumwobenen »Stunde Null«, dem sogenannten Neubeginn, sollten unter dem Diktat der westlichen Besatzungsmächte eine umfassende Entnazifizierung, Entmilitarisierung sowie das Modell einer demokratisch orientierten, organisierten und kontrollierten Polizei durchgesetzt werden. Bereits im Potsdamer Abkommen von 1945 erklärten die Siegermächte in aller Deutlichkeit: »Der deutsche Militarismus und Nazismus werden ausgerottet ... Zu diesem Zweck werden alle ... militärischen und halbmilitärischen Organisationen ... völlig und endgültig aufgelöst, um damit für immer der Wiedergeburt oder Wiederaufrichtung des deutschen Militarismus und Nazismus vorzubeugen ...«[3]

Im 9. Kontrollrats-Gesetz Nr. 31 hieß es noch im Jahre 1946: »Artikel I: Alle deutschen Polizeibüros und -agenturen, die die Überwachung oder Kontrolle der politischen Betätigung von Personen zum Zweck haben, werden hiermit für Deutschland aufgelöst ... Artikel II: Jede Neueinrichtung sowie jede Tätigkeit von Polizeibüros oder -agenturen der in Artikel I näher bezeichneten Art wird hierdurch verboten ...«

Polizei und Geheimdienste sollten also aufgrund der leidvollen Erfahrungen mit der jüngsten deutschen Geschichte entflochten und strikt voneinander getrennt werden; eine Politische Polizei durfte es nicht mehr geben. Damit sollte das Wiederaufleben eines staatsterroristischen Systems und einer undemokratischen Machtkonzentration nach dem Muster der berüchtigten Gestapo, der Geheimen Staatspolizei im Nationalsozialismus, von vornherein unterbunden werden. Doch diese Restriktionen währten nicht lange: Bereits Ende der vierziger Jahre erfolgte die Restauration einer vordemokratischen, konsequent auf Staatssicherheit bezogenen Polizeikonzeption mit starken obrigkeitsstaatlichen Tendenzen. Mit dem Aufbau von Truppenpolizeien (Bundesgrenzschutz und Bereitschaftspolizei) wurde schließlich in den fünfziger Jahren ein auf Bürgerkriegssituationen bezogener Gewaltapparat geschaffen, der durch die Einrichtung von politischen Kommissariaten bei der Kriminalpolizei sowie von Geheimdiensten (»Verfassungsschutz«, Bundesnachrichtendienst BND und Militärischer Abschirmdienst MAD) wieder seine gemischt »repressiv-präventive« Ergänzung fand.[4] Diese Restaurationsentwicklung wurde noch drastisch verstärkt durch die konsequente Renazifizierung im Staatsapparat: Die meisten der zunächst aus öffentlichen Ämtern ausgeschlossenen Personen strömten nach 1948 »entnazifiziert« wieder in die Verwaltungen zurück.

Diese frühzeitigen strukturellen und personellen Weichenstellungen waren zum überwiegenden Teil einem politisch-ideologischen Phänomen geschuldet, von dem die fünfziger und sechziger Jahre besonders nachhaltig durchdrungen und geprägt waren: dem Kalten Krieg zwischen Ost und West und einem militanten Antikommunismus.[5] Wiederaufbau der kapitalistischen Wirtschaftsordnung als »Bollwerk« gegen den Kommunismus,[6] Alleinvertretungsanspruch (Hallstein-Doktrin), Wiederaufrüstung (Bundeswehr ab 1956) und Westintegration (NATO-Beitritt) sind die beherrschenden Zielsetzungen. Zu ihrer innenpolitischen Absicherung wird das politische Strafrecht gegen die Linksopposition, insbesondere gegen Kommunisten und Gegner der Wiederaufrüstung und atomaren Bewaffnung wiedereingeführt und mehrmals verschärft sowie der öffentliche Dienst entsprechend gesäubert (»Adenauer-Erlaß« von 1950)[7].

Ein erstes düsteres Kapitel bundesdeutscher Staats- und Sicherheitsideologie

Das Erste Strafrechtsänderungsgesetz[8] wird 1951, insbesondere unter dem Eindruck des Korea-Krieges, mit den Stimmen der SPD verabschiedet. Die Struktur dieses neuen politischen Strafrechts ist darauf angelegt, den Schutz des Staates möglichst weit vorzuverlegen; entsprechend sind die einzelnen Straftatbestände weit gefaßt und unbestimmt. Auch eine Vielzahl von gewaltlosen Formen politischer Betätigung, insbesondere bloße Meinungsäußerung, wird — Grundgesetz hin oder her — unter Strafe gestellt: neben dem klassischen Hoch- und Landesverrat u. a. auch »hochverräterische« Unternehmen und Publikationen, »landesverräterische Beziehungen« und »Fälschungen«, selbst der »fahrlässige Landesverrat«, die »Staatsgefährdung«, »staatsgefährdende Störungen«, der »Verfassungsverrat«, »verfassungsverräterische« Vereinigungen, »Verunglimpfung« des Staates, seiner Symbole und Organe sowie die »Geheimbündelei«, die »Kriminelle Vereinigung« usw. Dieses verfassungsverräterische Gesetzeswerk dient fortan als rechtliche Grundlage für politische Zensur und die Verfolgung Tausender von Menschen. Für politische Strafsachen wird eigens ein Sondergerichtssystem geschaffen, bestehend aus Sonderstrafkammern der Landgerichte und politischen Strafsenaten der Oberlandesgerichte.[9]

Schon im Jahre 1953 wird dieses politische Strafrecht noch ergänzt und verschärft,[10] unter anderem durch die Bestimmung des § 93 StGB, der auch noch die Herstellung und Verbreitung »verfassungsverräterischer Publikationen« unter Strafe stellt. Bereits Anfang der fünziger Jahre werden eine Vielzahl von Veranstaltungen und Kundgebungen sowie die Volksbefragungsausschüsse gegen Remilitarisierung verboten; desweiteren eine Reihe von Organisationen, unter ihnen die »Freie Deutsche Jugend« (FDJ) und der Rat der »Vereinigung der Verfolgten des Naziregimes« (VVN). »Praktisch die gesamte politische Betätigung der Kommunisten wurde kriminalisiert und bis auf wenige Reste unterbunden«[11] — immerhin die Politik einer Partei, deren Mitglieder maßgeblich am Widerstand gegen den Faschismus beteiligt waren und unmittelbar nach 1945 bis Anfang der fünfziger Jahre einen starken antifaschistischen Einfluß im Bundestag und in den Landesparlamenten, in den allermeisten Landesregierungen sowie in den Gewerkschaften ausgeübt hatten.[12]

Aber auch alle tatsächlich oder vermeintlich »kommunistisch beeinflußten« Vereinigungen und sympathisierenden Einzelpersonen blieben von der großangelegten Ausgrenzungs- und Kriminalisierungspolitik dieser »streitbaren und wehrhaften Demokratie« nicht verschont.[13] Der SPD-Rechts-experte Adolf Arndt brachte diese Entwicklung so auf den Begriff: »Was als Schutz unserer Verfassung gedacht war, wächst sich nach und nach zu einer Bedrohung der Freiheit aus.«[14] Den Höhepunkt dieser »Freiheitsbedrohung« bildet dann 1956 das Verbot der Kommunistischen Partei Deutschlands (KPD) durch das Bundesverfassungsgericht auf Antrag der CDU-Bundesregierung aus dem Jahre 1951.[15] Dieses höchst-richterliche Urteil wird fortan von den zuständigen Ver-waltungs- und Justizbehörden als eine zusätzliche Ermächti-gung angesehen, sogenannte »Ersatzorganisationen«, die vom Bundesverfassungsgericht schon für die Zukunft untersagt worden waren, in uferloser Ausweitungspraxis zu verbieten. Das Urteil trug auch dazu bei, die Politische Justiz gegen Kom-munisten insgesamt abzusichern. Die administrative und straf-rechtliche Verfolgung fand auf dieser Basis ihre mit neuem Schwung betriebene Fortsetzung.

Im Rahmen des vorliegenden Buchprojektes müssen wir auf die Darstellung von Einzelschicksalen verzichten — auch auf die jener unglaublichen Fälle, in denen das bloße Tragen einer roten Nelke oder einer roten Plakette zum 1. Mai bereits zu ei-ner Bestrafung führte. Auch die schockierende Tatsache, daß viele Verfolgte des Naziregimes nun in der Bundesrepublik er-neut politisch verfolgt wurden, nicht selten von denselben Verfolgern, kann hier nur am Rande Erwähnung finden. Zu-sammenfassend ist über das Ausmaß dieser frühen Staatssi-cherheitspolitik festzustellen:[16]

In der Zeit von 1951 bis 1968 waren staatsanwaltschaftliche Ermittlungsverfahren im Zusammenhang mit der Kommuni-stenverfolgung gegen etwa 150 000 Personen anhängig. Nur et-wa jedes zwanzigste Ermittlungsverfahren schloß auch mit ei-ner Verurteilung ab, die neben Freiheitsentzug oder Geldstrafe regelmäßig noch weitere Folgen zeitigte: jahrelange Aberken-nung der staatsbürgerlichen Rechte (aktives und passives Wahlrecht, Fähigkeit zur Bekleidung öffentlicher Ämter), Paß- und Führerscheinentzug, Anordnung der Polizeiaufsicht, Verlust des Arbeitsplatzes, Berufsverbot, jahrelange Abzah-lung der Prozeßkosten, andauernde Bespitzelung usw.. Gra-vierend wirkten sich jedoch bereits die oft jahrelangen staats-anwaltschaftlichen Ermittlungsverfahren aus, deren Zahl sich durch Ermittlungen der Politischen Polizei und des »Verfassungsschutzes« noch wesentlich erhöhte. Es wurden insgesamt weit mehr Personen als »kommunistische Straftäter« erfaßt und verfolgt, als die KPD jemals Mitglieder aufzuweisen hatte. Dabei wirkte sich jedes Ermittlungsverfahren, etwa durch die damit verbundenen Hausdurchsuchungen, Vernehmungen und Festnahmen, aber auch durch Arbeitsplatzverlust, nicht nur auf den/die Hauptbeschuldigten aus, sondern durchschnittlich auf vier weitere Personen, beispielsweise auf Familienangehörige, Nachbarn und Kollegen. Diese Tatsache mitsamt den Fällen von »Kontaktschuld« und praktizierter Sippenhaftung lassen die Gesamtzahl der unmittelbar und mittelbar von dieser politischen Massenverfolgung betroffenen Menschen auf weit mehr als eine halbe Million schnellen. Allein diese Zahlen, so wertete es der damalige Strafrechtsprofessor (und spätere FDP-Bundesinnenminister) Werner Maihofer, machten »einem ausgewachsenen Polizeistaat alle Ehre«.[17]

Angemessene Opposition oder mangelnde Solidarität?

Gab es nun in jener Zeit eine der Intensität und dem Ausmaß dieser staatlichen Repression angemessene Opposition? Oder lassen sich die bitteren Erfahrungen des Strafverteidigers in Kommunistenprozessen, Heinrich Hannover, verallgemeinern, der den »totalen Mangel an Solidarität aus nichtkommunistischen Kreisen« als »besonders beklemmend« empfunden hat und der eine »schlafende Öffentlichkeit« verantwortlich macht für diese »Atmosphäre der Abgeschlossenheit, der Isolierung im Gerichtssaal, die das Gefühl des Verlassenseins in der Gefängniszelle schon vorwegnimmt«?[18]

»Da saßen sie auf der Anklagebank einer Staatsschutzkammer, junge FDJler, alte Kommunisten und Kontaktschuldige und verteidigten sich mit politischen Analysen und Prognosen, die inzwischen längst von der Geschichte bestätigt worden sind, aber sie redeten ihre wohldurchdachten Plädoyers vor leeren Zuhörerbänken an die undurchdringlichen, abweisenden Gesichter von Richtern und Staatsanwälten hin, die ihre Meriten zumeist schon im Hitler-Reich erworben hatten. Und niemand außer den Angeklagten und ihren engsten Freunden und Angehörigen kriegte diese Atmosphäre latenter Feindseligkeit mit, die regelmäßig auch den Verteidiger mit einschloß, der seine Worte unter der ständigen Drohung von Ehrengerichtsverfahren zu wählen hat . . .«[19]

Diese Erfahrungen Heinrich Hannovers werden auch von

anderen Strafverteidigern und weiteren Zeitzeugen bestätigt und beklagt. Allerdings bedeutet dies nun nicht, daß es praktisch keinerlei Solidaritätsarbeit und kaum Opposition gegeben hätte. Der Kampf gegen die Politische Justiz wurde auf vielen Ebenen und von unterschiedlichen Kräften mit zum Teil großem Aufwand und hohem Einsatz geführt: »Außer den Kommunisten selbst bemühten sich auf vielfältige Weise auch nichtkommunistische Juristen, Publizisten und Politiker um eine Einschränkung der Kommunistenverfolgung«, schreibt Alexander von Brünneck in seinem Standardwerk über »Politische Justiz gegen Kommunisten in der Bundesrepublik 1949–1968«[20].

Politische Schwäche und Wehrlosigkeit der KPD

Zunächst bemühte sich verständlicherweise die in erster Linie betroffene KPD gleich zu Beginn im Jahre 1951 um die Verhinderung des neuen Politischen Strafrechts, nach Inkrafttreten um die Einstellung der gegen sie gerichteten Politischen Justiz sowie nach 1956 um die Aufhebung des Parteiverbots. Um ihren Forderungen Gehör zu verschaffen, entfaltete sie eine umfangreiche Öffentlichkeitsarbeit in Form von Flugblättern, Broschüren und Dokumentationen.[21]

Die praktische Rechtshilfe zugunsten der verfolgten KommunistInnen organisierte ein eigens geschaffenes Bündnis aus KommunistInnen und NichtkommunistInnen, nämlich der »Zentralrat zum Schutze demokratischer Rechte und zur Verteidigung deutscher Patrioten«, der eng mit der kommunistisch orientierten »Arbeitsgemeinschaft Demokratischer Juristen« (ADJ) zusammenarbeitete.[22] Der »Zentralrat« betrieb eine intensive Prozeßbetreuung durch Auswahl der Verteidiger, Beratung der Angeklagten und Organisierung von Gegenmaßnahmen wie Protestversammlungen, Demonstrationen und offene Briefe. Er bemühte sich darüber hinaus um politisch-moralische und materielle Hilfe für die Opfer und ihre Angehörigen. Zu den Aufgaben der ADJ gehörte es, juristische Strategien für den Kampf gegen die Politische Justiz zu erarbeiten und hierfür Juristen zu mobilisieren.

Trotz dieser Anstrengungen, so von Brünneck, »standen die Kommunisten der gegen sie gerichteten Politischen Justiz ziemlich wehrlos gegenüber. Größeren politischen Widerstand konnten sie nur in Ausnahmefällen organisieren. So war 1962 eine Solidaritätsaktion im In- und Ausland gegen das Verbot der VVN erfolgreich.[23] Andererseits konnte z. B. ein Protestbrief mit 2600 Unterschriften die Entlassung des populären kommunistischen Betriebsrates Clemens Kraienhorst nicht verhindern«.[24] Von Brünneck führt diesen insgesamt geringen Erfolg auf die politische Schwäche der KPD zurück, die bereits bei den Bundestagswahlen von 1953 eine schwere Niederlage erlitt und mit nur 2,2 Prozent der Stimmen nicht mehr im Bundestag vertreten war:[25] »Sie war so isoliert, daß ihre Argumentationen und Proteste außerhalb ihres eigenen Kreises so gut wie ohne Widerhall blieben.«[26]

Diese Gefahr der Isolation, des Isoliertwerdens und der Selbstisolierung, das zeigt sich durch die Jahrzehnte hindurch, ist immer sehr groß. Bleibt allerdings zu fragen, wie es zu diesem Verlust jeglichen Masseneinflusses kommen konnte, der dann zu einer reduzierten oppositionellen Wirksamkeit führen mußte. Zum einen spielte die Orientierung der KPD an der (stalinistischen) Sowjetunion und der DDR eine wesentliche (abschreckende) Rolle. Mehr noch dürften aber das allgemeine antikommunistische Klima im eigenen Land, das hochgezüchtete neualte Feindbild Kommunismus hierfür verantwortlich sein sowie die daraus resultierenden Berührungsängste in allen Bereichen des gesellschaftlichen Lebens. Der allgegenwärtige »Kommunistenverdacht«, die Angst vor »kommunistischer Unterwanderung« lähmten. In diesen antikommunistischen Sog ließen sich die Medien, die Parteien, nicht zuletzt die SPD (die mit dem Ruch von »vaterlandslosen Gesellen« zu kämpfen hatte), aber auch die Gewerkschaften und die Opposition gegen Wiederbewaffnung und atomare Aufrüstung, in der Kommunisten anfänglich noch eine wichtige Rolle spielten, hineinreißen. So wird es auch verständlich, weshalb eigentlich keine Einbindung der Opposition gegen die Kommunistenverfolgung in die Bewegung gegen die Remilitarisierung und später in die Ostermarschbewegung stattgefunden hat, was einerseits nahegelegen hätte, zum anderen auch für eine Verbreiterung und Effektivierung des Protestes wichtig gewesen wäre.

Gewerkschaften und SPD im antikommunistischen Fahrwasser

Die Kommunistenverfolgung wurde weitgehend auch von der SPD und von den Gewerkschaften toleriert, ja unterstützt. So kam es nicht selten vor, daß »auffällige« Kollegen von Gewerkschaftsfunktionären bei der Politischen Polizei gemeldet und Informationen über verdächtige Gewerkschaftler durch den »Verfassungsschutz« an den Bundesvorstand des Deutschen Gewerkschaftsbundes (DGB) weitergegeben wurden. »Verfassungsschutz«-Dossiers vermochten mitunter die innergewerkschaftliche Willensbildung zu beeinflussen. Eine besonders unrühmliche Rolle spielten die Gewerkschaften und die SPD im Zusammenhang mit dem Landesverratsprozeß gegen ihr Mitglied Viktor Agartz vor dem Bundesgerichtshof 1957.[27] »Viktor Agartz war Marxist, immer wieder gerühmt als einer der besten theoretischen Köpfe der deutschen Arbeiterbewegung ... menschlich bewährt wie wenige« (Helmut Gollwitzer); er leitete bis Ende 1955 das »Wirtschaftswissenschaftliche Institut« (WWI) des DGB und gab die *Korrespondenz für Wirtschafts- und Sozialwissenschaften (WISO)* heraus; er war scharfer Kritiker der bundesdeutschen Entwicklung und trat für eine Sozialisierung, für die Überwindung der Klassenteilung der Gesellschaft durch Beseitigung des Privatbesitzes an Produktionsmitteln ein, die er als eine der Voraussetzungen einer echten Demokratie ansah. Ihm wurde der Prozeß gemacht, weil er DDR-Kontakte unterhielt, weil er mit einem von ihm mitgegründeten Institut die Tätigkeit der verbotenen KPD fortsetzte und mit der *Korrespondenz*-Herausgabe »die gegen die freiheitlich demokratische Grundordnung der Bundesrepublik gerichtete Agitation« von DDR-Gremien unterstützt habe. Gewerkschaften und SPD distanzierten sich sogleich nach Agartz' Verhaftung in aller Form von seiner Person. Sie schreckten auch nicht davor zurück, sich in die Diffamierungskampagne der konservativen und reaktionären Teile der bürgerlichen Öffentlichkeit einzureihen, obwohl es denen schließlich — über die Person hinaus — um wesentlich mehr ging: nämlich um die Denunzierung der oppositionellen Kräfte in SPD und DGB »als kommunistisch unterwandert und vom Osten bezahlt«. Diesen allgegenwärtigen Kampagnen versuchten SPD und Gewerkschaften offenbar durch Überanpassung und Ausgrenzung zu begegnen. Die allgemeine Diffamierung des politischen Abweichlers hielt auch während seines Prozesses an. Entgegen dieser geschlossenen innerstaatlichen Feinderklärung wurde Agartz jedoch (»mangels Beweises«) freigesprochen.

Das gesamte Verfahren hatte gleichwohl seinen Zweck erfüllt: Die innergewerkschaftliche linke Opposition konnte entscheidend geschwächt werden. »Die Distanzierung der Gewerkschaftsführung von Viktor Agartz war ein wichtiges Glied im Prozeß der Verdrängung marxistischen Denkens aus der Gewerkschaftspolitik ... um nicht aufgehalten zu werden bei ihrer Einpassung in den Wirtschaftswunder-Kapitalismus ... Ein Jahr später siegte diese Verdrängung auch im Godesberger Programm der SPD.«[28]

Im Antikommunismus vereint: Die schlafende »Öffentlichkeit«

Die Staatsschutz-Strategie der westdeutschen Variante des »Neubeginns«, die so ziemlich alles, was sich links von der herrschenden Politik bewegte und äußerte, zur »Unschädlichmachung« mit dem Schandmal »kommunistisch« belegte, zeitigt ihre politisch-psychischen Früchte: Angst, die in Erinnerung an NS-Zeiten noch tief saß, Identifikation mit dem Aggressor im eigenen Hause, Aggressionen gegen »kommunistische« Abweichler, vorauseilender Gehorsam, Entsolidarisierung, soziale Disziplinierung und Ausgrenzung verhinderten frühzeitig die Entwicklung einer politischen Kultur, einer »Kultur des Dissenses« (U. K. Preuß).[29]

Der verfassungsmäßige Ausschluß und die staatliche Bekämpfung plebiszitärer Elemente politischer Willensbildung und damit der Ausschluß von Bürgerbeteiligung an elementaren politischen Entscheidungen haben zusätzlich zu dieser Verhinderung erheblich beigetragen. Die u. a. in der strafrechtlichen Bekämpfung der Kommunisten als »Staatsfeinde Nr. 1« zum Ausdruck kommende dumpfe (Un-)Kultur des antikommunistischen Konsenses und der Anpassung in den fünfziger und sechziger Jahren dürfte ihren nicht zu unterschätzenden Anteil haben an der Entwicklung des politischen Widerstandsphänomens »Terrorismus« in den siebziger Jahren; dieser löste als neuer »Staatsfeind Nr. 1« das nachfolgende Kapitel staatlicher Verfolgung aus, ein neues erschreckendes Kapitel von Sympathisantenhetze, Kontaktschuld, Berührungsängsten, Ausgrenzung und Entsolidarisierung.

In die (Mit-)Verantwortung für mangelnde öffentliche Sensibilisierung und Aufklärung und damit auch für mangelnde Opposition und die aufgezeigten geschichtlichen Zusammenhänge sind auch die Medien insbesondere der fünfziger Jahre einzubeziehen. Sie sind damals ihrem verfassungsrechtlichen und selbstgestellten Auftrag, öffentliche Kontrollfunktion wahrzunehmen, nicht gerecht geworden — im Gegenteil, sie haben noch entscheidend zur Produktion und Verankerung des Feindbildes sowie zur Perpetuierung der antikommunistischen Ideologie beigetragen; auch die liberale Publizistik hat weitgehend versagt. Abgesehen von der kritischen Berichterstattung über die Neueinführung des politischen Strafrechts 1951 und über das KPD-Verbot 1956 hielt sich die publizistische Kritik an der Politischen Justiz in äußerst engen Grenzen, über wichtige politische Prozesse wurde kaum berichtet. Selbst Staatsanwälte und der damalige Bundesinnenminister Schröder beklagten, selbstverständlich in ihrem Sinne, eine gefährliche »Teilnahmslosigkeit weiter Kreise der Öffentlichkeit«.[30]

Erst Anfang der sechziger Jahre erschienen einige kritische Darstellungen der Politischen Justiz — so etwa im *Spiegel* (1961).[31] Den Durchbruch an grundsätzlicher Kritik erzielte ein »Panorama«-Fernsehbeitrag von Lutz Lehmann am 9. November 1964, der heftige öffentliche Debatten auszulösen vermochte.[32] Und seit 1965 mehrten sich schließlich die kritischen Presseberichte — also erst nach 15 Jahren andauernder Kommunistenverfolgung und fast zehn Jahre nach dem KPD-Verbot. Begünstigt wurde diese intensivere Beschäftigung einerseits durch Ereignisse, die als *Spiegel*-Affäre (1962),[33] als Telefonabhör-Affäre (1963) und als frühe Notstandsdebatte für Schlagzeilen sorgten und die Öffentlichkeit sensibilisierten, zum anderen aber insbesondere durch ein gewachsenes Interesse an politischer Entkrampfung im Ost-West-Verhältnis und an einer Normalisierung der Beziehungen zur DDR. Jetzt endlich wurden auch Forderungen nach einer grundlegenden Reform des politischen Strafrechts laut.

Erste Legitimationsprobleme

»Die publizistische Kritik brachte die Institution der Politischen Justiz zunehmend in Legitimationsschwierigkeiten.«[34] Die Bundesregierung entschloß sich daraufhin, mit aufwendiger »Propaganda für Staatsschutz« dieser Tendenz entgegenzuwirken[35] — einer Tendenz, die sich für die weitere Entwicklung als ungemein wichtig erweisen sollte und die durch eine kritische Öffentlichkeit immerhin initiiert und forciert werden konnte. Allerdings setzte sie, gemessen an der schon erreichten Zahl der Opfer und dem politischen Flurschaden, der bereits angerichtet worden war, überaus spät ein, nämlich in einer Zeit, in der die Verfolgungsfälle ohnehin deutlich abnahmen. Aber dennoch nicht zu spät: Denn die Zeit schien ab Mitte der sechziger Jahre aufgrund eines gesellschaftlichen Strukturwandels im Sinne einer prinzipielleren Veränderung allmählich zu reifen.

Einen wesentlichen Anteil an diesem Reifungsprozeß hatten die Verteidiger der Verfolgten. Sie versuchten, entgegen den Entpolitisierungsbemühungen der Gerichte, den jeweiligen politischen Hintergrund der inkriminierten Handlungen und Meinungsäußerungen in die Prozesse einzubringen und Öffentlichkeit herzustellen, soweit dies überhaupt möglich war. Die meisten von ihnen bildeten schon frühzeitig einen sogenannten »Amnestieausschuß« und gründeten Ende 1955 den »erweiterten Initiativ-Ausschuß für die Amnestie und der Verteidiger in politischen Strafsachen«, ein »lockerer Zusammenschluß von Verteidigern verschiedener politischer Herkunft«.[36] Zu seinen Tätigkeiten gehörten die Organisierung von Tagungen, der Austausch von Informationen und Erfahrungen zwischen den Strafverteidigern sowie öffentliche Bemühungen um Beendigung der Kommunistenverfolgung[37] : »Er war lange Zeit die einzige Gruppierung in der Bundesrepublik, die auf die politische und rechtliche Problematik der Kommunistenverfolgung hinwies. Sein mit viel Kleinarbeit verbundenes Engagement trug . . . dazu bei, daß die Politische Justiz gewisse Grenzen wahren mußte und daß sich in den sechziger Jahren bei den Gerichten und in der Öffentlichkeit eine zunehmende Neigung zur Einschränkung der Politischen Justiz durchsetzte.«[38]

Bereits 1956/57 — praktisch in einer Hochphase der Kommunistenverfolgung — kam es zur ersten großen Amnestiediskussion; also in einer Zeit, »als die KPD nach einer Reihe von Mißerfolgen bei Wahlen in einem Zustand politischer Schwäche vom Bundesverfassungsgericht verboten worden war«[39] und die Wiederaufrüstung sowie die NATO-Integration einen gewissen Abschluß gefunden hatten. Unterstützt wurde die damalige Amnestieforderung von den Oppositionsparteien, von der Evangelischen Kirche und diversen Vereinigungen, insbesondere vom »Amnestieausschuß« der Verteidiger. Die FDP brachte daraufhin im Oktober 1956 den Entwurf eines Straffreiheitsgesetzes ein,[40] der jedoch nach einer leidenschaftlichen Debatte im April 1957 abgelehnt wurde. Die Regierungsparteien hatten die Kommunisten weiterhin erfolgreich als erhebliche Gefahr für die innere Sicherheit an die Wand gemalt.[41] Durch das Scheitern dieser ersten Amnestiebemühungen fand letztlich das bestehende System der Politischen Justiz, so sollte sich herausstellen, für weitere zehn Jahre seine Bestätigung.

Diskussion um Strafrechtsreform und Amnestie

Erst im Jahre 1965 kam wieder eine grundsätzliche Auseinandersetzung über das politische Strafrecht in Gang. Erste Änderungsentwürfe von FDP, SPD und der Bundesregierung wurden in den Bundestag eingebracht, und es herrschte — auch in den Medien — praktisch Einigkeit über die Notwendigkeit einer grundsätzlichen Reform. Die Politische Justiz kam, nicht zuletzt angesichts dieser öffentlichen Diskussionen, allmählich zum Erliegen: Immer weniger Verfahren wurden in Gang gesetzt und die laufenden nur noch schleppend betrieben.[42]

Im Herbst 1966 kommt es dann zur Bildung der Großen Koalition aus CDU und SPD. Seit geraumer Zeit werden eine Fülle von Eingaben und Petitionen zur Frage des KPD-Verbots und einer möglichen Wiederzulassung, aber auch zugunsten der zahlreichen Opfer der Politischen Justiz an Bundesregierung und Bundestag adressiert. Am 6. und 7. Mai 1967 findet in Düsseldorf unter internationaler Beteiligung eine Konferenz über die Problematik des KPD-Verbotes statt.[43] Nach längeren Vorarbeiten im Bundestags-Sonderausschuß für die Strafrechtsform wird dann schließlich am 29. Mai 1968 mit dem 8. Strafrechtsänderungsgesetz[44] die Reform des Politischen Strafrechts beschlossen. Durch Streichung einer Reihe von Strafnormen, durch eine deutliche Reduzierung der Meinungsäußerungsdelikte und die Einführung des Opportunitätsprinzips für die Verfolgung politischer Delikte wird ein gewisser Bruch mit der bisherigen Praxis der Kommunistenverfolgung vollzogen, ohne damit allerdings das Politische Strafrecht und damit die Politische Justiz in ihrer Substanz zu treffen. Selbst eine Strafverfolgung von Kommunisten bleibt weiterhin unter dem Aspekt des Verstoßes gegen das KPD-Verbot möglich, was von nun an allerdings nach politischen Zweckmäßigkeitserwägungen entschieden werden kann. Im September 1968 gelingt es u. a. Mitgliedern der illegalen KPD, der Öffentlichkeit unbehelligt die »Erklärung zur Neu-Konstituierung einer Kommunistischen Partei« vorzustellen, die dann zur Gründung der »Deutschen Kommunistischen Partei« DKP führt.[45]

Kurze Zeit nach der Reform des Politischen Strafrechts beschließt der Bundestag folgerichtig am 28. Juni 1968 ohne Gegenstimmen und ohne Enthaltung eine (Rechtskorrektur-)Amstie für alle bis zum 1. Juli 1968 begangenen politischen Straftaten im Zusammenhang mit der bisherigen Kommunistenverfolgung aufgrund des alten Politischen Strafrechts.[46] Diese Amnestie betrifft allerdings nur noch etwa tausend laufende Verfahren[47] mit ca. 1500 begünstigten Personen.[48]

Fazit

Die Entwicklung der Bundesrepublik in den ersten beiden Jahrzehnten zeigt im Hinblick auf Struktur und Praxis der Politischen Justiz deutlich, daß eine isolierte Gegenpolitik, auch eine isolierte Bürgerrechtspolitik nur wenig auszurichten vermag, wenn zentrale gesellschaftspolitische oder gar internationale Interessenkonstellationen entgegenstehen und wenn herrschende Konsensbildung, Legitimationsmuster, Feindbildproduktion, Ausgrenzung und Entsolidarisierung nicht durchbrochen werden können. Denn erst innenpolitische und internationale Strukturentwicklungen haben letztlich die eigentlichen Veränderungen ermöglicht (die jedoch von einer Art »Avantgarde« in zäher Oppositions- und Öffentlichkeitsarbeit vorbereitet worden sind): nämlich die innere Konsolidierung der Bundesrepublik in ihrer spezifischen Verfaßtheit als westlich integrierter kapitalistischer Rechtsstaat mit »sozialer Marktwirtschaft« (der im Konkurrenzverhältnis zur DDR und zum Kommunismus begriffen wird) sowie die veränderte außenpolitische Lage der BRD, die nun eine Neuorientierung im Ost-West-Verhältnis zuließ (Verhandlungen mit der DDR, sich abzeichnende »Neue Ostpolitik«).

Die Kommunistenverfolgung wurde angesichts dieser gesellschaftspolitischen Veränderungen zum offensichtlichen Anachronismus und drohte durch ihre Fortsetzung in einen gefährlichen Legitimationsverlust zu führen; der Antikommunismus hatte seine bisherige Integrationsfunktion eingebüßt, ohne allerdings auf dem Müllhaufen der Geschichte zu landen. Bekanntlich rumort er immer noch als Hilfs-Legitimation in der ideologischen Mottenkiste der Herrschaftssicherungsstrategen.

Eine wichtige Lehre aus diesen Erfahrungen: Allen Spaltungs- und Entsolidarisierungsversuchen zum Trotz frühzeitig Opposition und Widerstand gegen die staatliche Repressionspolitik kollektiv organisieren und gleichzeitig in andere soziale Widerstandsbewegungen integrieren, um die politischen und ideologischen Ursachen für diese Repression mitbekämpfen und die allgemeinen Widerstandsbedingungen verteidigen bzw. ausweiten zu können.

Rolf Gössner im Gespräch mit Jürgen Seifert
2 Verfassungsstreit oder Klassenkampf?
Das Dilemma der Anti-Notstandsbewegung gegen den drohenden Notstandsstaat in den 60er Jahren

>Der Kampf gegen die Notstandsgesetze — aber was heißt hier schon Kampf, wo er doch bisher nur mit Schriftsätzen, harmlosen Veranstaltungen, verbalen Kraftakten geführt wurde — ist als Selbstzweck geführt worden, zum Zweck der Erhaltung des Grundgesetzes, zur Verteidigung der politischen Demokratie. Defensiv ist er geführt worden . . . Wir haben die politische Demokratie verteidigt, anstatt die gesellschaftlichen Mächte, die Unternehmerverbände samt ihren Dependancen in Staat und Gesellschaft selbst anzugreifen . . . Wir haben das Grundgesetz hochgehalten, anstatt dafür zu sorgen, daß die sozial-ökonomischen Voraussetzungen zur Erhaltung und Ausweitung dieser Demokratie geschaffen würden.«
(Ulrike Meinhof, in: *Konkret* 6/1968)

>Es kam damals darauf an, diese demokratische Republik zu verteidigen, aber nicht zum Selbstzweck, sondern auch als Aktionsbasis zur Veränderung der Gesellschaft. Und diese Doppelstrategie, Kampf um die Verfassung und Veränderung der Gesellschaft, hat der Anti-Notstandsbewegung, neben dem antifaschistischen Impuls, die eigentliche Stoßkraft verliehen . . . Auch aus einem Defensivkampf, in dem man scheinbar nur liberale Positionen verteidigt, kann eine politisch-soziale Bewegung werden. Deshalb habe ich nicht nur den ›Kampf um Verfassungspositionen‹ geführt, sondern auch als ›Antiautoritärer‹ konkret versucht, Lebensverhältnisse zu verändern.«
(Jürgen Seifert, 1988)

Die 60er Jahre sind in erster Linie geprägt von zunehmenden sozio-ökonomischen Widersprüchen: Sie sind gekennzeichnet durch die erste große Wirtschaftsrezession und die damit zusammenhängenden Krisenerscheinungen wie Massenentlassungen, Arbeitslosigkeit und Massenstreiks; sie sind stark geprägt worden durch die Studentenbewegung und eine breite »Außerparlamentarische Opposition« (APO), deren Anfänge in der Auseinandersetzung um die Notstandsgesetze zu finden und deren Nachwirkungen heute noch zu verzeichnen sind.

Zum Gesprächspartner Jürgen Seifert

Der Politikwissenschaftler und Jurist Jürgen Seifert, Hochschullehrer an der Universität Hannover, war maßgeblich an der inhaltlichen Fundierung und Organisierung der fast zehn Jahre während Opposition gegen die Notstandsgesetze beteiligt. Eine große Rolle, insbesondere auch für die gewerkschaftliche Opposition, spielte sein in mehreren Auflagen erschienenes Buch »Gefahr im Verzuge — Zur Problematik der Notstandsgesetzgebung« (Frankfurt 1965). Dieser Text konnte allerdings in der gewerkschaftsnahen Europäischen Verlagsanstalt (EVA) ohne die Verwendung eines Pseudonyms nur erscheinen, weil der liberale hessische Generalstaatsanwalt Fritz Bauer sich bereit erklärte, das zur »Absicherung« (auch gegenüber den Gewerkschaften) erforderliche Vorwort zu schreiben; der Hintergrund: Jürgen Seifert war als Mitglied des SDS aufgrund des »Unvereinbarkeitsbeschlusses« von 1961 aus der SPD ausgeschlossen worden.[1]

Jürgen Seifert, auch Autor einer umfassenden juristischen Detailuntersuchung »Der Notstandsausschuß« (EVA, Frankfurt 1968), ist demnach als parteiloser, aber parteiischer Zeitzeuge bestens geeignet, uns jene erste bedeutende bundesdeutsche Bürgerrechtsbewegung in Erinnerung zu rufen und sie aus heutiger Sicht kritisch einzuschätzen.

Zum aktuellen Gefahrenpotential der Notstandsgesetze

Führt man sich heute die früheren Beurteilungen der Notstandsgesetze hinsichtlich ihres Bedrohungspotentials vor Augen, so fallen zunächst die äußerst kräftigen Formulierungen auf, derer sich die damalige Opposition zur Mobilisierung der Öffentlichkeit bediente: Da war die Rede von »Ermächtigungsgesetzen«, vom »Notstand der Demokratie«, ja vom »totalen Notstandsstaat«; Georg Benz, der Gewerkschaftsfunktionär, formulierte es im Jahre 1966 so: »Die Gefahr, die uns droht, ... ist der totale Staat im Gewande der Legalität — die Diktatur hinter der Fassade formaler Demokratie«.[2]

Rückblickend ist Jürgen Seifert nicht der Ansicht, daß durch die Verabschiedung der Notstandsgesetze, denen im Vergleich zu den ursprünglichen Entwürfen etliche »Giftzähne gezogen werden konnten«, der »totale Notstandsstaat« geschaffen worden sei; er selbst hat immer von einer »Bombe mit Zeitzünder« gesprochen, und er hält dieses Bild auch heute noch für angemessen: »Denn niemand kann wissen, was aus diesen Ermächtigungen eines Tages wird.« In den Notstandsgesetzen liegt heute noch eine reale Bedrohung: erstens wegen der Möglichkeit des Einsatzes von Streitkräften im Inneren zur Bekämpfung organisierter und »militärisch bewaffneter Aufständischer« — eine »Wischi-Waschi-Formulierung«, so Seifert, denn »militärisch bewaffnet« ließe sich heute schnell konstruieren; zweitens wegen der Möglichkeit der Dienstverpflichtung in »Spannungszeiten«, einer Art Zwangsarbeit, und drittens wegen der Konstruktion des »Gemeinsamen Ausschusses«, den Seifert als »Notparlament« bezeichnet, das im Falle seiner Aktivierung als »Großer Krisenstab im Geheimen operieren und völlig unter dem Druck der Militärs oder Verwaltungsexperten stehen würde«.

Diese Feststellungen über die fortbestehenden Gefährdungen sind deshalb wichtig, weil mit nunmehr zwanzigjährigem Abstand und nach der eingetretenen Entschärfung des Ost-West-Konflikts die damaligen Einschätzungen der Anti-Notstandsbewegung, etwa bezüglich einer erwarteten Militarisierung des öffentlichen Lebens, nicht mehr so ohne weiteres geteilt werden. Der Polizeiforscher Falco Werkentin beispielsweise ist der Auffassung, die Gegner der Notstandsgesetze hätten ihre Argumente »zum Teil agitatorisch überzogen«.[3] Eine »Notstandsdiktatur« habe sich schließlich nicht entwickelt: »In der Folgezeit erwies sich, daß das Notstandspaket keineswegs das Instrumentarium war, mit dem der bundesrepublikanische Rechtsstaat bis in den Alltag hinein ausgehebelt wurde. Die Rechtsstaatserosion in den siebziger Jahren erfolgte unterhalb der Notstandsschwelle.«[4]

Dazu Jürgen Seifert: »Die Erosion des Rechtsstaates unter der Tarnbezeichnung ›Innere Sicherheit‹ war eine Folge des Teilerfolges im Kampf gegen den ›Inneren Notstand‹. Ursprünglich hatte Bundesinnenminister Gerhard Schröder auch den Notstand im Inneren zur ›Stunde der Exekutive‹ machen wollen. Der Zerfall der Notstandsopposition, Beißhemmungen gegenüber der sozial-liberalen Koalition und die damalige offene Verachtung vieler Linker für den Kampf um juristische Detailfragen des ›vorverlegten Notstandes‹ sind für die entstandenen Grauzonen im Rechtsstaat mitverantwortlich.«[5]

Faktisch stellt die Verabschiedung der Notstandsverfassung 1968 den Abschluß einer bestimmten Phase der Sicherheitsentwicklung dar. Für Seifert sind die Positionen der 1968 gegründeten Zeitschrift *Kritische Justiz* und die Bürgerrechtsarbeit der Humanistischen Union jedoch Beispiele dafür, daß es auch gegenüber der sozial-liberalen Koalition Ansätze gab, den von der Exekutive verstärkt systematisierten »Tendenzen zum vorverlegten Staatsschutz und zum vorverlegten Notstand entgegenzutreten«.

Doch selbst noch befangen in gesellschaftlichen Umstrukturierungsprozessen, selbst involviert in die unsicher werdenden, unruhigen Zeiten der ersten großen Wirtschaftskrise und ihre Auswirkungen, Studentenbewegung und APO, konnten damals viele offenbar und verständlicherweise nur schwer voraussehen, daß es wenig später schon zu einem umfassenden Aus- und Umbau des Staates und seines Sicherheitssystems im Rahmen einer neuen Konzeption der sogenannten Inneren Sicherheit kommen würde, was ja bereits ab 1968 vorbereitet und wenig später forciert von der sozialliberalen Koalition betrieben wurde: Sicherheitspolitik im Sinne von Herrschaftssicherung nicht mehr orientiert am erst zu erklärenden Ausnahmezustand, sondern am krisengeschüttelten Alltag; weg vom gesetzlichen Notstand, hin zur präventiven, veralltäglichten Notstandsverhütung bzw. -vorsorge, mit all den drastischen strukturellen Veränderungen und bürgerrechtsfeindlichen Auswirkungen, wie wir sie seit den sozialliberalen siebziger Jahren bis heute erleben:[6] Von der »Stunde der Exekutive« im Notstand zu den Jahrzehnten des Präventiven Sicherheitsstaates.

Zu den inhaltlichen Ansätzen der Notstandsopposition

Verfassungspolitisch handelte es sich bei der Anti-Notstandsbewegung um die »erste breitere Demokratie- und Bürgerrechtsbewegung in der Geschichte der Bundesrepublik« (Theo Schiller).[7] Diese Opposition argumentierte überwiegend verfassungshistorisch und verfassungsimmanent. Bereits damals kritisierten Teile der linken Notstandsgegner, insbesondere aus der APO, diesen Ansatz, den bloßen Verfassungsstreit, als rein defensiv zur Erhaltung des Grundgesetzes und zur Verteidigung der politischen Demokratie, und daher als unzureichend. So schrieb beispielsweise Ulrike Meinhof in *Konkret* die bereits eingangs ausführlicher zitierte Kritik: »Wir haben die politische Demokratie verteidigt, anstatt die gesellschaftlichen Mächte ... selbst anzugreifen. Wir haben das Grundgesetz hochgehalten, anstatt dafür zu sorgen, daß die sozial-ökonomischen Voraussetzungen zur Erhaltung und Ausweitung dieser Demokratie geschaffen würden ... Die Demokratisierung von Staat und Gesellschaft sind das Ziel.«[8]

Jürgen Seifert meint hingegen, daß der damit angesprochene politische Hintergrund bei den Gewerkschaften, die ja einen ganz wesentlichen Faktor der Opposition darstellten, durchaus vorhanden gewesen sei. Allerdings seien die Arbeiter und Arbeiterfunktionäre zunächst an einer juristischen, verfassungsrechtlichen Begründung interessiert gewesen; bezüglich weitergehender, insbesondere von studentischer Seite eingebrachter Intentionen hätten die Kollegen einfach gesagt: »Was Klassenkampf ist, wissen wir selber.« Auf Gewerkschaftsversammlungen sei die Analyse und nicht so sehr Agitation gefragt gewesen. Viele oppositionelle Intellektuelle hätten damals den Klassenkonflikt im Verfassungsstreit durchaus gesehen und den Klassenkampf mit interpretiert sowie auch registriert, »daß es hier um politische Auseinandersetzungen, um die reale Machtbasis geht«. Sicherlich sei die Notstandsopposition in erster Linie ein »Defensivkampf im gesellschaftlichen Bereich« gewesen, in den auch Liberale einbezogen werden sollten und konnten; schließlich sei diese Opposition auch als »liberale Defensivposition entstanden« in einer Zeit, als die Adenauer-Restaurationsära ihren Höhepunkt durchschritt mit einer absoluten Mehrheit der CDU/CSU — also in einer Zeit, in der eine gesellschaftliche Offensive nicht in Sicht war. »Die Gegner der Notstandsgesetzgebung gehören genau zu denen, die inhaltlich gegen das Stellung nahmen, was in der *Spiegel*-Affäre 1962 passierte,[9] das bedeutet: zunächst einmal verteidigen, was an verfassungsmäßigem Bestand existiert und was eine demokratische Republik eigentlich ausmachen sollte.« Für ihn, Seifert, sei es eine »politisch ganz wichtige Erfahrung, daß aus diesem Defensivkampf, in dem man scheinbar nur liberale Positionen verteidigt, eine politisch-soziale Bewegung geworden ist. Dieses Muster spielte in den 68er-Auseinandersetzungen der Studentenbewegung eine wesentliche Rolle«. Es sei damals eigentlich, insbesondere bei Gewerkschaftern und bei den wenigen Linken in der alten Arbeiterbewegung, gedankliches »Allgemeingut« gewesen, »daß man die demokratische Republik als Aktionsbasis verteidigen mußte«: Es sei darauf angekommen, »diese demokratische Republik zu verteidigen, aber eben nicht als Selbstzweck, sondern auch als Aktionsbasis zur Veränderung der Gesellschaft. Diese Doppelstrategie, Kampf um die Verfassung, juristische Sicherung des Aktionsspielraums und gleichzeitig Kampf um Veränderung der Gesellschaft, hat der Anti-Notstandsbewegung, neben dem antifaschistischen Impuls, die eigentliche Stoßkraft verliehen«.

Zu Fragen der Bündnispolitik und der Auseinandersetzungsformen

Wichtig sei eine solche Doppelstrategie auch für die Bündnisfähigkeit gewesen: »Da kann man dann auf der Ebene des juristischen Kampfes auch Bündnisse mit kritischen Liberalen (manchmal sogar mit Konservativen) eingehen; man sollte dabei niemanden so ohne weiteres ausgrenzen, was im Kampf um politische Fragen vielleicht nötig ist.« Der Kampf der Notstandsopposition sei ein Beispiel für das erfolgreiche Zusammenwirken unterschiedlicher politischer Tendenzen: «Wir haben nicht gespalten, sondern versucht, jede/n in diese Bewegung hineinzuziehen, auch jene, die für eine modifizierte Notstandsgesetzgebung gewesen sind, deren Bedenken jedoch von den Regierungs- und Parteipolitikern ignoriert wurden.«

Diese Art von Bündnispolitik habe eigentlich dazu beigetragen, daß »die Bewegung immer mehr angeschwollen und stärker geworden ist«. Auf der anderen Seite habe es auch »im Prinzip« keine Ausgrenzung von Kommunisten, von Mitgliedern der illegalen KPD oder der Deutschen Friedensunion (DFU) gegeben, die allerdings »keine beherrschende Rolle« gespielt hätten.

Auf den Einwand, zumindest bei der Bildung des Kuratoriums »Notstand der Demokratie« sei es zu Ausgrenzungen bestimmter Gruppierungen gekommen, initiiert von den Gewerkschaften als Bedingung ihrer Mitarbeit,[10] kontert Jürgen Seifert: »Ich meine nicht, daß faktisch jemand ausgegrenzt wurde, der oder die am Kampf teilnehmen wollte. Man könnte eher sagen, daß das Kuratorium ein Zusammenwirken von SDSlern, linken Sozialdemokraten und Gewerkschaften, aber auch von DFU-Leuten ermöglichte.« Was die Mitarbeit der Gewerkschaften angehe, und insbesondere die der IG Metall mit ihrem Vorsitzenden Otto Brenner als treibende Kraft, so müsse berücksichtigt werden, daß Brenner in der Notstandsopposition den institutionellen Konflikt von Einzelgewerkschaften gegen den DGB und gleichzeitig gegen die SPD gewagt habe und sich daher verständlicherweise habe abzusichern versucht. Brenner habe gesagt, er führe die Verhandlungen mit »Wissenschaftlern«, die das Kuratorium »Notstand der Demokratie« konstituierten; er wollte und mußte vermeiden, als bloßes Hilfsorgan des SDS oder der »Kampagne für Abrüstung« dargestellt zu werden. Trotzdem habe er sich damit einverstanden erklärt, den ehemaligen SDS-Vorsitzenden Helmut Schauer als Sekretär des Kuratoriums im Haus der IG Metall einzustellen und damit auch den SDS-Einfluß zu institutionalisieren: »Das war für die damaligen Verhältnisse, wer die Konstellation innerhalb der Gewerkschaften kannte, ein ungeheurer Erfolg.« Die Akzente der Anti-Notstandsbewegung seien, so Seifert weiter, im wesentlichen von linken Sozialdemokraten, vom SDS, von Hochschullehrern und von den Gewerkschaften gesetzt worden: »Im Kampf gegen die Notstandsgesetze wurden linke Sozialdemokraten, unterstützt von SDS-Mitgliedern, zum erstenmal in der Geschichte der Bundesrepublik zu einem eigenständigen politischen Faktor. Sie wurden — begrenzt auf eine Ein-Punkt-Bewegung — aktiv, entwickelten eigene Strategien und Aktionen, wußten Initiativen der verbotenen KPD und auch der DFU anzuerkennen und einzubinden . . .«

Die Formen der Auseinandersetzung seien eher traditionelle gewesen: von innergewerkschaftlicher Bildungsarbeit, Unterschriftenaktionen, Resolutionen, massenwirksamen Flugblättern, Öffentlichkeits- und Pressearbeit, über Kongresse mit hohem Mobilisierungsgrad, Bildung eines zentralen Kuratoriums und regionaler Komitees, bis hin zur Organisierung von Demonstrationen, eines großen Sternmarschs nach Bonn und zahlreichen betrieblichen Warnstreiks. Neuartig waren lediglich spezifische Aktionsformen: Teach-ins, Go-ins oder Sit-ins.

Zur Rolle der Gewerkschaften (und der SPD) in der Anti-Notstandsbewegung

Jürgen Seifert ist der festen Überzeugung, daß ohne die Gewerkschaften, ohne ihren Rückhalt und ohne Stützpunkte in einigen Gewerkschaftszentralen das Zusammenwirken unterschiedlicher politischer Kräfte nicht zustandegekommen wäre und sich die Anti-Notstandsopposition nie hätte in dem Maße entwickeln können: »Das muß man gerechterweise sagen: Ohne Gewerkschaften wären die Notstandsgesetze spätestens

1965 in der damaligen, weit gefährlicheren Fassung verabschiedet worden.«

Es sei äußerst wichtig gewesen, die Gewerkschaften frühzeitig mobilisiert zu haben. »Sie konnten als gesellschaftliche Kraft Stellung nehmen gegen alles, was mit dem inneren Notstand verbunden war, denn sie argumentierten: dieses Instrument des inneren Notstands ist gedacht, uns in Arbeitskämpfen zurückzudrängen.« Und in der Tat hatte Bundesinnenminister Schröder bereits 1960 entsprechende Andeutungen gemacht, daß auch gewerkschaftliche Arbeitskämpfe potentielle Notstandsfälle sein könnten.[11] »Seit Schaffung der Konzertierten Aktion (»Krisenmanagement« aus Regierungs-, Arbeitgeber- und Gewerkschaftsvertretern; R. G.) ab 1966/67 (als Maßnahme der Großen Koalition aus CDU und SPD) hat man allerdings erkannt, daß die Gewerkschaften mit anderen Methoden viel eher zu zähmen sind als mit Hilfe des Notstands.« Die nach ihrem Godesberger Programm zur Volkspartei »geläuterte« Sozialdemokratie setzte ohnehin großes Vertrauen in die Rolle der Gewerkschaften als Ordnungsmacht. So bekannte etwa ihr Notstandsexperte Schäfer 1963 während einer ÖTV-Arbeitstagung (»Woche der Polizei«) zum Thema Notstandsgesetze: »Nach meiner persönlichen Auffassung gibt es in der Frage der Sicherung im innenpolitischen Raum drei beachtliche Kräfte. Das eine ist die Polizei. Das zweite ist die Bundeswehr, und das dritte ist der Deutsche Gewerkschaftsbund. Das sind drei De-facto-Machtfaktoren innerhalb der inneren Politik Deutschlands. Das muß man einfach sehen.«[12]

Wie ist es nun gelungen, die Gewerkschaften trotz dieser ihnen zugedachten Funktion in die Anti-Notstandsbewegung einzubeziehen — zumal die SPD schon frühzeitig versuchte, deren Zustimmung für ihre Linie einer modifizierten Notstandsgesetzgebung zu gewinnen und hierfür auch Unterstützung aus Kreisen der DGB-Führung erhielt?[13]

Zunächst macht diese Tatsache deutlich — und Jürgen Seifert betont es immer wieder —, daß in jener Zeit nicht von »den« Gewerkschaften gesprochen werden kann: »Denn die DGB-Führung war ja im Prinzip für eine modifizierte Notstandsgesetzgebung, wohingegen Einzelgewerkschaften — IG Metall, IG Chemie-Papier-Keramik, IG Druck und Papier, Holz und Kunststoff/Leder, teilweise die ÖTV und die Gewerkschaft Handel, Banken und Versicherungen (HBV) — massiv gegen jede Form von Notstandsgesetzgebung Stellung nahmen.«

Aufmerksamkeit verdiene, so Seifert, die Tatsache, daß die gewerkschaftliche Abwehrfront gegen die geplanten Gesetze weniger von der Basis aus als vielmehr von einzelnen Gewerkschaftern in den Apparaten aufgebaut worden sei. »Für das Engagement der genannten Gewerkschaften war Wolfgang Abendroth[14] (damals noch SPD-Mitglied und juristischer Berater der IG Metall) eine Schlüsselfigur. Abendroth hat, auf Betreiben der ›Linken‹ in den Gewerkschaften, beim Vorstand der IG Metall über die Bedeutung der Notstandsgesetze referiert und, auf Vorschlag von Otto Brenner, dann auch beim DGB-Bundesvorstand. Damit hatte er wesentlich dazu beigetragen, daß die IG Metall diese feste Position gegen die Gesetze eingenommen hat.«

Der politische Generalstreik am Horizont — eine Fata Morgana?

Daraufhin konnte erreicht werden, daß der Berliner Gewerkschaftstag der IG Metall 1960 den IG Metall-Vorstand verpflichtete, »alle geeigneten, nach der Satzung zulässigen Maßnahmen zu treffen, damit die Bundesregierung gehindert wird, ihre Pläne zu verwirklichen«; »die anderen Organisationen der Arbeitnehmer« wurden aufgefordert, »gemeinsam mit der IG Metall diesen Plänen notfalls mit allen gesetzlichen Mitteln, einschließlich des Streiks, entgegenzutreten«.

Jürgen Seifert erinnert sich an die Reaktionen auf diesen offensiven Beschluß: »Das galt als Aufstand gegen ›den Staat‹. Damals wurde dann die IG Metall so verfemt, wie später die Jusos oder die Grünen oder die Volkszählungsgegner heute.« Doch um die Mehrheit im DGB gegen die Notstandsgesetze zu erhalten, tilgte die IG Metall zwei Jahre später auf ihrem Gewerkschaftstag 1962 in Essen die Streikdrohung aus der dort verabschiedeten Resolution. Der wenig später stattfindende DGB-Bundeskongreß lehnt daraufhin mit Mehrheit »jede zusätzliche Regelung des Notstandes und Notdienstes« ab.

Nach dieser Entwicklung, meint Seifert, habe niemand mehr geglaubt, die Notstandsgesetze verhindern zu können: »Die Resolution des DGB-Bundeskongresses blieb ein Text, auf den man sich zwar berufen konnte, der aber den Vorstand nur bedingt zu Aktionen veranlaßte. Das Abrücken der IG Metall von der Streikdrohung hatte die Weichen gestellt.« Man traute sich in den Gewerkschaften offenbar selbst nicht zu, als Gegenmacht aufzutreten, um die Notstandsgesetze zu verhindern, sondern setzte stattdessen Hoffnungen auf die SPD.

Von nun an gings, salopp formuliert, bergab — zumindest was die Machtfrage der Verhinderung jeglicher Notstandsgesetze angeht. Trotzdem erlebte die Anti-Notstandsbewegung — vor allem durch die Bildung des Kuratoriums »Notstand der Demokratie« — einen unglaublichen Aufschwung. Die Entwicklung dieses politischen Drucks war von großer Bedeutung für den Kampf um Details und um rechtliche Sicherungen (etwa des Streikrechts im Notstandsfall): »Die Folge war notwendig eine ›Verrechtlichung‹ der Auseinandersetzungen.«

In der Stunde der Gefahr: Die Bewegung weitet sich aus

»Im Frühjahr 1965 gab es zum erstenmal wirklich so etwas wie eine ›Bewegung‹ gegen die Notstandsgesetze«, erinnert sich Jürgen Seifert: Die Aktivitäten der bereits genannten Gewerkschaften setzten ab 1965 erst richtig ein, »als deutlich wurde, daß die Sozialdemokraten ja sagen wollten zu jener mit der CDU vereinbarten Notstandsvorlage«. In dieser Situation der Gefahr, daß die Gesetze nämlich im Schnellverfahren über die Bühne gezogen werden, spielten kritische Gewerkschafter aus der IG Metall, der IG Chemie und einigen örtlichen Gewerkschaftsgruppen eine ganz zentrale Rolle. Und sie stellten sich mit ihren Protestvorstellungen auch gegen den Gesamt-DGB, der im Jahr der Bundestagswahl aus Rücksicht auf die SPD still gehalten werden sollte und auch weitgehend stillhielt. Der Bundesvorstand hatte nämlich beschlossen, gegen die Notstandsgesetze keine Aktionen durchzuführen: »Im Frühjahr 1965 sah es so aus, als ob es der SPD gelungen war, die Gewerkschaften in der Notstandsfrage gleichzuschalten.« Doch insbesondere die IG Metall und die IG Chemie widersetzten sich diesem Versuch einer Gleichschaltung und sie standen damals nicht allein: Fünf Studentenverbände kündigten für den 30. Mai 1965 einen gemeinsamen Kongreß unter dem Motto »Demokratie vor dem Notstand« an,[15] der dann unter Beteiligung auch von Gewerkschaftern, linken Sozialdemokraten und kritischen Liberalen durchgeführt wurde.

»Dieser politische Druck«, so Seifert, »hat wesentlich dazu beigetragen, daß der kurz vor einem Abschluß stehende Kompromiß zwischen SPD und CDU/CSU von der SPD-Parteispitze gestoppt wurde. Die SPD fürchtete die angekündigten Proteste und Kundgebungen. Sie setzte im Bundestagswahlkampf 1965 auf die Unterstützung insbesondere von Betriebsräten und Vertrauensleuten im Ruhrgebiet (tatsächlich hat Willy Brandt in Nordrhein-Westfalen damals den Durchbruch zur Veränderung der Mehrheitsverhältnisse in diesem Bundesland erzielen können). Die SPD glaubte deshalb, sich einen Konflikt mit dem gewerkschaftlichen Aktivkörper nicht leisten zu können.«

Neben der spektakulären Aufdeckung der sogenannten Schubladengesetze[16] für den Tag X, der dreisten Erprobung des NATO-Notstandsbunkers in der Eifel, dem Notstandprobenden NATO-Manöver »Fallex 66«, einer von Hunderten von Professoren unterzeichneten Protesterklärung war dies »einer der ganz wesentlichen Faktoren dafür, daß hinterher, ab 1966, die Gewerkschaften insgesamt stärker einstiegen, die linken Gewerkschafter wirklich mobilisierten und die IG Metall (mit dem Kuratorium ›Notstand der Demokratie‹) zur Zentrale der Notstandsopposition wurde«. Damit wagte insbesondere der IG Metall-Vorsitzende Otto Brenner, selbst Sozialdemokrat (der in seinen Jugendjahren in der Weimarer Republik die Auseinandersetzung mit der SPD und den Parteiausschluß nicht gescheut hatte) den Konflikt mit der SPD — eine politische Haltung, die letztlich im Herbst 1966 den großen Kongreß »Notstand der Demokratie« in Frankfurt unter Beteiligung von über 20 000 Gewerkschaftern, linken SPD-Mitgliedern, Professoren, Studenten usw. erst ermöglichte.[17] Hieraus ging dann das Kuratorium »Notstand der Demokratie« hervor mit dem ehemaligen SDS-Bundesvorsitzenden Helmut Schauer als Sekretär, dem Gießener Rechtswissenschaftler Helmut Ridder als Sprecher und der IG Metall als zentralem Organisationsbüro.

Große Koalition, Notstandsgesetze und Faschismusdebatte

Nach Bildung der Großen Koalition im Jahre 1966 verschärften sich die Auseinandersetzungen um die Notstandsgesetze. Seifert: »Es gibt die These, daß ein wesentlicher Teil der Notstandsopposition ab 1966 mit der SPD-Regierungsbeteiligung zusammenhing und daß eigentlich dieser Widerstand gleichzeitig ein Widerstand gegen diese Große Koalition war. Man darf nicht vergessen, wie bedrohlich die damalige Situation tatsächlich war. Die SPD fiel als Kontrollfaktor völlig aus. Es gab rechts von der CDU/CSU noch die NPD, und es hat 1969 an wenigen Tausend Stimmen gehangen, daß es nicht eine Bundestagsmehrheit von CDU/CSU und NPD gegeben hat. Insofern war das Reden vom faschistoiden System gar nicht so absurd, wie es heute vielen Leuten vorkommen mag. Aus heutiger Sicht denkt man an die nachfolgende sozialliberale Koalition; daß aber die Stimmenmehrheit im Lande faktisch eine NPD-plus-CDU/CSU-Mehrheit ergeben hatte, wird dabei verdrängt. Es wird daher vergessen, daß auch dies mit zu der Auseinandersetzung um die Notstandsgesetzgebung gehörte und daß von daher dieser Kampf — wenn man so will — doch ein Stück Auseinandersetzung mit Faschismus gewesen ist. Die Studentenbewegung hat ja auch zur damaligen Zeit eine Faschismusdiskussion entfacht. Antifaschismus als wesentliche Voraussetzung des politischen Kampfes spielte eine große Rolle. Deswegen auch die Argumentation der Gewerkschaften mit Blick auf Gesetzesparallelen im Nationalsozialismus: Die Grundrechte und die Gewerkschaftsrechte dürfen auch im Notstandsfall nicht außer Kraft gesetzt werden. Ein 1933 darf nicht wiederkehren und ein Versagen der Gewerkschaften — wie 1933 — darf es nicht wieder geben.«

Der Ruf nach Generalstreik verstärkt sich

Anläßlich der Anti-Notstandskampagnen der »letzen Stunde« im Jahre 1968 bezeichnete der Soziologe Oskar Negt in einer Fernsehrede[18] die »Einübung in den politischen Streik bis hin zur Konsequenz des Generalstreiks in den Betrieben, Universitäten und Schulen« als »die einzig angemessene Form . . ., den Widerstand gegen die drohende Notstandsdiktatur zu organisieren«. Gleichzeitig warnte er allerdings vor allzu großem Vertrauen in die Gewerkschaften: » . . . wir können uns auch nicht mehr auf die machtvollen Apparate der gewerkschaftlichen Massenorganisationen verlassen. Die sorgsam gepflegte Einheitsgewerkschaft mit ihren sechs Millionen Mitgliedern ist ein gefährlicher Mythos geworden; der DGB ist ein Koloß auf tönernen Füßen, den jedes nur halbwegs entschlossene autoritäre Regime wahrscheinlich widerstandslos zerschlagen könnte . . . Wer in dieser Situation undifferenziert *den* Gewerkschaften aufredet, sie seien durch ihre bloße Existenz legitime und einzig wirksame Verfassungsgaranten, mag die besten Absichten verfolgen, trägt aber objektiv zur Illusionierung, Entpolitisierung und schließlich zur Resignation bei.«

Im Jahre 1968, so rekapituliert Jürgen Seifert, habe es eine heiße Phase gegeben, »als überall die Protestflut dermaßen anschwoll«, daß es die Gewerkschaften mit der Angst zu tun bekamen, sie würden mitgerissen: »Die APO und sogar mancher Liberale, der das heute nicht mehr wahrhaben will, forderte ›Generalstreik‹.« Auch auf dem Sternmarsch nach Bonn im Mai 1968, vor dem »Bonn ganz schön gezittert« hatte (Meinhof), erschallte unüberhörbar der Ruf nach Generalstreik. Nach dem taufrischen revolutionären Mai 1968 in Frankreich konnte man sich endlich auch in der Bundesrepublik etwas darunter vorstellen.

»Da waren nun die Gewerkschaften«, kritisiert Jürgen Seifert, »zu schnell dabei zu sagen, wir streiken nicht gegen die Notstandsgesetze«: Der Bundesvorstand des DGB sah sich veranlaßt, in einer öffentlichen Erklärung auszuführen, daß er »einen allgemeinen Streik (Generalstreik) zur Verhinderung der Notstandsgesetze ausdrücklich« ablehne, und er betonte, daß er es »für einen Verstoß gegen die Grundsätze der parlamentarischen Demokratie (hält), gegen einen mit großer Mehrheit gefaßten Beschluß des Bundestages zum Streik aufzurufen«.

»Eine solche Erklärung«, so Seifert weiter, »wirkte lähmend und bremste all jene, die bereit waren, in voller Kenntnis des eigenen Risikos durch eine Folge von Demonstrationen und Warnstreiks die politische Bewegung gegen die Notstandsgesetze auszuweiten und ihr Nachdruck zu verschaffen ... Damit nahmen sie auch den vielen Warnstreiks, die unabhängig von Gewerkschaften betrieben wurden, schon ein Stück der Legitimationsbasis weg.« In vielen Städten waren Studenten an die Betriebstore gegangen, um mit Arbeitern über Demonstrationsstreiks gegen die Notstandsgesetze zu diskutieren. »Solche Aktionen stießen nicht überall auf Ablehnung, sondern entsprachen vielfach auch einer Unruhe in den Betrieben. Das hatte es in der Geschichte der Bundesrepublik zuvor nicht gegeben.«

Doch auch innerhalb der IG Metall wurde das damals konkret Mögliche durch den Satz blockiert: »Wenn wir streiken, dann müssen wir eigentlich auch den Bundestag in den Rhein werfen. Wollen wir das oder wollen wirs nicht?« Seifert heute: »Um diese Machtfrage ging es gar nicht!«

Ein wirksamer Kampf zur Verhinderung der Notstandsgesetze wurde also vermieden, was Ulrike Meinhof zu der bedenkenswerten Bemerkung veranlaßte, es sei letztlich mit den Mitteln der Heilsarmee Verbrechensbekämpfung betrieben worden: »Jetzt rufen wir nach Generalstreik. Was haben wir getan, um ihn vorbereiten zu helfen?« Allerdings warnte sie davor, dies etwa nur den Gewerkschaften vorzuwerfen, denn das hieße diese Kritik falsch adressieren: »Gewerkschaften sind ihrer Geschichte und Struktur nach immer nur Defensivorganisationen gewesen. Arbeitskämpfe waren immer nur dazu da, die Ausbeutung zu kontrollieren, bestenfalls einzudämmen, nicht, sie abzuschaffen. So verteidigen sie jetzt ganz logisch und konsequent ihr Streikrecht im Grundgesetz, nicht einmal, um es zu benutzen, mehr um den sozialen Besitzstand zu halten.«[19]

Auch Jürgen Seifert beklagt, daß niemand in der Bundesrepublik darauf vorbereitet gewesen sei, in Sachen Notstandsverfassung einen politischen Machtkampf wirklich aufzunehmen, und dies, obwohl die Gewerkschaften ja nicht alleine dastanden. Aber er gibt zu bedenken, daß es dafür 1968 auch keine Voraussetzungen gegeben habe. Angesichts der realen Kräfteverhältnisse sei es »vielleicht« doch »ein Stück richtiger Einschätzung« in den Gewerkschaften gewesen, keinen Machtkampf zu wagen.

Die Notstandsopposition zerfällt, die Notstandsgesetze kommen zustande

Auch die Versuche der studentischen Protestbewegung, die Gewerkschaften zur Übernahme der von der Studentenbewegung neuentwickelten spontanen Aktionsformen begrenzter Provokation und Regelverletzung zu bewegen, seien zum Scheitern verurteilt gewesen: Angesichts der Eigendynamik des seit Frühjahr 1968 als »APO« selbstbewußt gewordenen Teils der außerparlamentarischen Opposition sei dann schließlich auch die Zusammenarbeit im Kuratorium »Notstand der Demokratie« gescheitert — eine Zusammenarbeit, die SPD-Linke in den Gewerkschaften unter dem IG Metall-Schirm Otto Brenners erstmals mit Linken außerhalb der SPD gewagt hätten.

»Otto Brenner hat versucht, das Auseinanderfallen von gewerkschaftlicher Notstandsopposition und der entstandenen breiten Oppositionsbewegung zu verhindern. Der vom Kuratorium angesetzte Sternmarsch auf Bonn und die Kundgebung der Gewerkschaften sollten am selben Tag und am selben Ort stattfinden. Der DGB akzeptierte diesen Vorschlag zum Teil, aber er legte fest, daß die Veranstaltung des DGB nicht in

Bonn, sondern in Dortmund durchgeführt werde. Dortmund galt nun als ›Gegenkundgebung‹ (mit ca. 20 000 Teilnehmern) zum Bonner Sternmarsch, an dem etwa 70 000 Notstandsgegner teilnahmen, darunter mancher Gewerkschafter, der am Vormittag in Dortmund dabei gewesen war.«

Diese beiden Kundgebungen symbolisierten letztlich das Auseinanderfallen der Notstandsopposition. Im parlamentarischen Rahmen entwickelte sich eine gegenläufige Linie: »Die CDU hat ab einem bestimmten Zeitpunkt ganz eiskalt kalkuliert: Der Protest, der sich jetzt von Gewerkschaftern gegen die kompromißbereite SPD richtet, der wird die Notstandsverfassung nicht verhindern, sondern er wird allenfalls dazu beitragen, daß die Sozialdemokraten Stimmen verlieren. Von da an hat der Protest leider nicht mehr viel bewirken können. Das ging gegen die SPD, und da rieb sich die CDU die Hände. Und die SPD hatte sich festgelegt auf einen Kompromiß mit der CDU, und den mußte sie nun durchziehen.« Es war der Preis für die Regierungsbeteiligung, das »Eintrittsgeld« in die Große Koalition.

Gegen die Stimmen der FDP und über 50 Stimmen der SPD wurde das Siebzehnte Gesetz zur Ergänzung des Grundgesetzes, die Notstandsverfassung, im Mai 1968 mit der notwendigen Zweidrittelmehrheit verabschiedet. Am 28. Juni trat sie in Kraft.[20]

Jürgen Seifert zu den Reaktionen auf die Verabschiedung der Notstandsgesetze selbst unter SPD-Mitgliedern und Amtsträgern: »Es gibt eine ganze Reihe von Gewerkschaftern, die noch am Tage der Verabschiedung aus der SPD ausgetreten sind; auch einer der großen sozialdemokratischen Juristen, der frühere Stuttgarter Oberlandesgerichtspräsident Richard Schmid, ist am Tage der Verabschiedung aus der SPD ausgeschieden. Und der Tod des liberalen hessischen Generalstaatsanwalts Fritz Bauer, vielleicht die markanteste juristische Figur der Nachkriegszeit, fällt auch in diese Tage, und es gibt Leute, die meinen, daß hier eine Selbsttötung nicht auszuschließen sei.«

Niederlage oder Teilerfolg?

Ist nun die doch sehr beeindruckende und langwährende Opposition gegen die Notstandsgesetzgebung mit der Verabschiedung der Gesetze 1968 gescheitert oder hat sie durch die Veranlassung etlicher Entschärfungen einen Teilerfolg errungen? Kann man diese Bewegung überhaupt ausschließlich an diesem enttäuschenden Ergebnis messen, oder muß man nicht auch die Eigendynamik, die politischen Lernprozesse sowie die Langzeit- und Fernwirkungen, die bis heute spürbar sind, mit berücksichtigen?

Ulrike Meinhof hatte noch unmittelbar vor der Verabschiedung der Notstandsgesetze in *Konkret* vollkommen desillusioniert geschrieben: »Zehn Jahre Notstandsopposition, und es ist nicht klar geworden, nicht begriffen worden, daß dies nur formal ein Verfassungsstreit ist, nur formal von Juristen und Sachverständigen bestreitbar. Es ist kaum begriffen worden, daß die Notstandsgesetzgebung der Generalangriff der Gesellschaftsinhaber auf die politische Demokratie ist, der Generalangriff der Herrschenden auf die Beherrschten, der herrschenden Klasse gegen alle, die nicht Nutznießer des Systems sind.« Und sie fügte sinnbildlich hinzu: »Der Kampf gegen die Notstandsgesetze ist ein Mittel unter anderen, dieses Ziel (der Demokratisierung von Staat und Gesellschaft; R. G.) zu erreichen, d. h. die Diktatoren in Staat und Gesellschaft zu entmachten. Das schafft man aber nicht, wenn man sich nur gegen den Wechsel von der großen in die kleine Gefängniszelle wehrt und darüber vergißt, den Ausbruch vorzubereiten.«[21]

Jürgen Seifert wertet den Ausgang der Notstandsgeschichte folgendermaßen: »Die Opposition gegen die Notstandsgesetze hat, was sie 1968 sich nicht eingestehen konnte, ich aber immer so gesehen habe, einen beachtlichen Teilerfolg erzielt. Es gab unter den Experten doch eine gewisse Genugtuung, wieviel Giftzähne, gemessen an den ursprünglichen Entwürfen, gezogen werden konnten. Ich selbst habe mir (als klar war, daß die Notstandsverfassung nicht zu verhindern ist) überlegt, wo können Sicherungen gegen Mißbrauch eingebaut werden? Mir scheint es wichtig, das Problem des Mißbrauchs, auch rechtsdogmatisch in den Griff zu bekommen. Und da meine ich, daß ein solcher Punkt, wie die öffentlich-parlamentarische Feststellung des Notstandsfalls etwa durch einen Zweidrittel-Mehrheitsbeschluß auch eine wichtige institutionelle Sicherung ist.«

Zerfallserscheinungen

Seifert sieht die Niederlage der Opposition nicht so sehr darin, daß das Gesetz nicht verhindert wurde. Für ihn besteht vielmehr die eigentliche Niederlage darin, daß die Notstandsopposition als politische Gegenkraft bereits 1968 zerbrochen ist: »Zurück blieben nicht nur Narben, sondern auch Verhärtungen. In den Gewerkschaften wehrte man sich dagegen, die Erfahrungen der studentischen Protestbewegung mit neuen Aktionsformen aufzunehmen. Man wollte nicht wahrhaben, daß erfolgreiche Gewerkschaftspolitik immer eine Politik der begrenzten Regelverletzung gewesen war und daß die Nutzung der durch Verrechtlichung und Legalität gegebenen Möglichkeiten — wie Rosa Luxemburg einmal sagte — wertlos wird wie das ›Wasserschöpfen mit einem Sieb‹, wenn hinter den Rechtspositionen nicht eine zu Aktionen fähige Arbeiterschaft steht. Die Nachfahren der Protestbewegung und die wenigen Gewerkschafter, die an die Erfahrungen dieser Bewegung anknüpften, sahen häufig in jeder Aktion, die den verrechtlichten Rahmen sprengte, die eigentliche gewerkschaftliche Tätigkeit und blieben oft fixiert auf spontane Arbeitsniederlegungen und Besetzungen wie bei Lip oder in Erwitte.«

Nach Ansicht von Jürgen Seifert habe sich dieser »Zerfall der Notstandsopposition, insbesondere der Bruch zwischen IG Metall und der studentischen Protestbewegung« für die weitere politische Entwicklung »verhängnisvoll« ausgewirkt: Zum einen habe dieses Zerbrechen »mit dazu beigetragen, daß die Gewerkschaften in der Auseinandersetzung um die ›Sicherheitsgesetze‹ der achtziger Jahre nicht in vergleichbarer Weise Front gemacht haben wie von 1958 bis 1968 und noch zu wenig erkennen, in welcher Weise durch die Vorhaben der CDU/CSU-FDP-Bundesregierung fundamentale Interessen auch der Gewerkschaften berührt werden«.

Zum anderen aber sei politisch noch verhängnisvoller gewesen »die Fortsetzung des Kampfes in zwei unterschiedlichen Linien, zwei differierende Einschätzungen der Situation mit weitreichenden Konsequenzen für die Politik: Die einen kamen von den Formeln ›totaler Notstandsstaat‹ und Parteien als ›plurale Fassung einer Einheitspartei‹ zu der Analyse: Die Bundesrepublik ist ein faschistoides oder faschistisches System. Die anderen unterschieden zwischen der fehlenden demokratischen Kultur und der demokratischen Verfassungsstruktur, die trotz Notstandsverfassung und der Rückentwicklung zum autoritären Verwaltungsstaat bestehen blieb. Zu der einen Linie gehörten Fundamentalopposition, Anti-Repressionskampagne und Terrorismus, die andere reagiert primär republikanisch, ohne dabei den Kampf um eine Veränderung der Gesellschaft aufzugeben, mit Formeln wie ›Kampf um Verfassungspositionen‹, ›Rückbesinnung auf die Menschen- und Bürgerrechte‹ usw«.

Ein Beitrag in Sachen demokratische Kultur

Als Verfechter der letztgenannten Position registriert Jürgen Seifert, übrigens wie sein Kollege Theo Schiller, der von der Begründung einer »guten Tradition« spricht,[22] durchaus positive Auswirkungen der damaligen Notstandsopposition: »Ich bin kürzlich gefragt worden, ob ich nicht auch zugeben müßte, daß es heute eigentlich in der Bundesrepublik demokratischer zugeht als 1968 und das, obwohl die von mir so bekämpften Notstandsgesetze verabschiedet worden seien. Darauf habe ich geantwortet, ja, das hängt damit zusammen, daß diese Anti-Notstandsbewegung, daß diese studentische Protestbewegung, die antiautoritäre Bewegung und später die Frauen-, Ökologie- und Friedensbewegung die demokratische Kultur und den republikanischen Geist in der Bundesrepublik zum Positiven hin verändert haben, und zwar links von der SPD, aber auch in der SPD — trotz einer Rückentwicklung demokratischer Institutionen. Das heißt: Unabhängig vom Zustand der Verfassung und von Gesetzen kann man eine Zunahme von demokratischer Kultur konstatieren, und damit ist auch die Gefahr einer Anwendung von Notstandsgesetzen zurückgedrängt.«

Allerdings muß man dabei berücksichtigen, daß nun eher auf dem Umweg über den Ausbau von Geheimdiensten und ihre Zusammenführung mit der Polizei, auf dem Wege des vorverlegten, präventiven Staatsschutzes, der alltäglichen Krisen- und Gefahrenvorsorge das zu erreichen versucht wird, was früher nur sehr umständlich und nur für den Ausnahmefall über Notstandsermächtigungen angestrebt werden konnte.

Deshalb, so Seifert, kämpfe er ja heute — zugleich mit dem Blick für Detailfragen — gegen die sogenannten Sicherheitsgesetze und gegen alles, was damit zusammenhängt.

Oliver Tolmein

3 Wider das »Modell Deutschland im Herbst«
Die Auseinandersetzungen um das Internationale Russell-Tribunal zur Situation der Menschenrechte in der BRD

Mit dem Versprechen, »mehr Demokratie« zu wagen, war Willy Brandt Bundeskanzler geworden. Und zur Überraschung vieler meinte es der Antifaschist Brandt offensichtlich ernst. Knapp ein halbes Jahr nach seiner Wahl zum Kanzler traten am 22. Mai 1970 das 3. Strafrechtsreformgesetz und das erste Straffreiheitsgesetz in Kraft: das Demonstrationsrecht war damit liberalisiert und eine Amnestie für die StraßenkämpferInnen aus den Tagen der Studentenrevolte durchgesetzt. Dieses Angebot, das diejenigen, die angetreten waren, in der BRD den Aufstand zu wagen, keinesfalls ablehnen konnten, sollte aber nicht in erster Linie Frieden schaffen — es war als Befriedungsmaßnahme konzipiert. Die SPD/FDP-Regierung hatte kein Interesse an der dauerhaften Konfrontation mit der jungen Intelligenz, sondern an einer Weiterentwicklung ihrer noch sehr schwachen Bündnisse mit gesellschaftlichen Randgruppen und revoltierenden ArbeiterInnen. Die Niederlage der Studentenbewegung, die in der 68er Revolte enttäuschten Hoffnungen sollten nicht als glänzender Sieg des BRD-Establishments erscheinen. Das Interesse der Herrschenden war nicht eine resignierte, sondern eine integrierte Intelligenz — die in der Lage war, den anstehenden gesellschaftlichen Modernisierungsprozeß durchzuführen.

»Sozialdemokratische Politik muß die demokratischen Grundlagen unserer eigenen politischen Ordnung . . . gegen alle kommunistischen Angriffe verteidigen.« Dieser am 14. November 1970 verabschiedete »Abgrenzungsbeschluß« der SPD, der die Zusammenarbeit mit Kommunisten als parteischädigend untersagt, wies die Richtung, wie gegen nichtunterwerfungsbereite Oppositionelle vorgegangen werden sollte. Das antikommunistische Instrumentarium aus den Zeiten des »Kalten Krieges« wurde aus der Schublade geholt, verfeinert, geschärft. Am 17. Dezember 1971 beschloß die Hamburger Bürgerschaft, daß »Extremisten« künftig keine Beamten auf Lebenszeit werden dürfen. Sechs Wochen später verabschiedeten die Regierungschefs der Länder, angeleitet von

Bundeskanzler Brandt, den sogenannten Radikalenerlaß: »Grundsätze über die Mitgliedschaft von Beamten in extremen Organisationen«. Parallel zur erneuten Mobilisierung antikommunistischer Ressentiments schürte die Regierung Stimmung auf anderem Terrain: in einer Fernsehansprache am 4. Februar 1972 forderte Willy Brandt die Nation auf, den »Terrorismus« in enger Zusammenarbeit mit den Sicherheitsorganen zu bekämpfen. Ein immenser Ausbau des Fahndungsapparates, der Ausbau des Bundeskriminalamtes zur zentralen Polizeibehörde, die Umstrukturierung des paramilitärischen Bundesgrenzschutzes zu einer Aufstandsbekämpfungstruppe bildeten zusammen mit einer Vielzahl von Staatsschutzgesetzen (im wesentlichen der Neuschaffung des 129a StGB), die vor allem in den Jahren 1976 bis 1978 verabschiedet wurden, die Grundlage für das sicherheitspolitische »Modell Deutschland«: ein moderner Staat, dessen Repressionsarsenal höchst effizient und gleichzeitig so differenziert eingesetzt werden kann, daß Parallelen zu autoritären Systemen und Militärdiktaturen nicht offenkundig werden.

Trotz tausender Berufsverbote, beispielloser polizeilicher Aufrüstung gegen die Opposition im Inneren, trotz bis heute ungeklärter Todesfälle in bundesdeutschen Hochsicherheitstrakten und zahlreicher Todesschüsse im Verlauf von Fahndungsmaßnahmen sowie der allmählichen Umwandlung des Tatstrafrechts in ein Gesinnungsstrafrecht blieb die Bundesrepublik auch im Verlauf der siebziger Jahre in den Augen der überwiegenden Mehrheit nicht nur der westdeutschen Bevölkerung »der freiheitlichste Staat, der je auf deutschem Boden existiert« hat.

Beschreiben läßt sich die in der Zielsetzung weitgehend einheitliche, gegen nur wenige Widerstände durchzusetzende Strategie als »präventive Konterrevolution« (Peter Brückner): Der lange Marsch durch die Institutionen veränderte vor allem das Bewußtsein der Marschierenden, weniger die Praxis der Institutionen, die wenigen KommunistInnen konnten tatsächlich den Staatsapparat so wenig unterwandern, wie RAF, Bewegung 2. Juni und Revolutionäre Zellen in der Lage waren, den Kampf gegen den Staatsapparat auch nur mit einem Minimum an Erfolgsaussichten aufzunehmen. Auch die in den Siebzigern aufkommenden Bewegungen (Häuserkampf, Null-Tarif, Anti-AKW) konnten an keinem Punkt die Machtfrage stellen — sie trotz oftmals entwickelter gesellschaftlicher

Mehrheiten machtpolitisch zu marginalisieren, war das wesentliche Ziel der umfassenden Staatsschutzmaßnahmen.

Die Schwierigkeiten der Linken, eine wirkungsvolle Gegenstrategie zu entwickeln, hatte, neben ihrer realen Schwäche, vor allen Dingen zwei Gründe: Es existierten höchst unterschiedliche, kaum vereinbare Einschätzungen über die erwartete und über die ablaufende politische Entwicklung, und, eng damit verknüpft, es gab kaum Ansatzpunkte, die tiefgreifende Zersplitterung in den oppositionellen Bewegungen zu überwinden. Während das um die DKP gruppierte Spektrum beispielsweise den Kampf gegen das Berufsverbot aufnahm — und dessen Orientierung weitgehend bestimmte —, verhinderte es gleichzeitig die Zusammenführung dieses Engagements mit den politischen Aktivitäten gegen die Anti-Terrorismus-Gesetze. Den eigenen politischen Vorstellungen zufolge gefährden die Militanten schließlich die Aktionsmöglichkeiten der Linken in der BRD und sind deshalb nicht unterstützungswürdig. Umgekehrt war die Aufmerksamkeit, die die gerade in die Betriebe oder in den Untergrund abgewanderten Linksradikalen dem Kampf von Lehrern um den Beamtenstatus widmeten, auch nicht bemerkenswert groß. Während die staatlichen Einzelmaßnahmen das politische Klima als Ensemble prägten, blieb der Kampf der verschiedenen Fraktionen der Linken in der Regel jeweils auf den scheinbar für sie gerade zugeschnittenen Teil des Repressionsarsenals beschränkt: Besetzungsaktionen außerhalb und Hungerstreiks innerhalb der Knäste zur Erzwingung akzeptablerer Haftbedingungen, die Herausgabe verbotener Schriften durch Kollektive, Demonstrationen und Konferenzen gegen Berufsverbote.

Es gab aber auch eine andere Linie, die im Verlauf der siebziger Jahre zunehmend an Bedeutung gewann: beginnend mit dem »Kongreß gegen politische Unterdrückung« an der FU Berlin im April 1972 über den Pfingstkongreß des Sozialistischen Büros (SB) 1976 und mit dem Russell-Tribunal 1978/79 als Höhe-, aber auch als Endpunkt. Der 72er-Kongreß an der Freien Universität, der das Einreiseverbot für den marxistischen Wirtschaftstheoretiker Ernest Mandel und die Nichtberufung des Ex-SDS-Theoretikers Wolfgang Lefevre als Anlaß hatte, wollte »die gegenwärtige Situation vor dem Hintergrund ihres historischen Zusammenhangs vermitteln und erörtern, welche Mittel gefunden werden können, eine breite Abwehrfront gegen diese Tendenzen zu organisieren« (Aufrufflugblatt). Zwar war die defensive Tendenz in dem Aufruftext schon ersichtlich — in etlichen der auf dem Kongreß gehaltenen Beiträge wurde aber die Ausgestaltung des Anti-Repressionskampfes noch eng verknüpft mit der Frage nach der richtigen revolutionären Organisation. Peter Brückner hielt dem entgegen: »Das Vermögen zur politischen Spontaneität droht zu schwinden, revolutionäre Alternativen, die neue Handlungsmöglichkeiten eröffnen und in der Lage wären, Verkrustungen vieler aufzusprengen, können nicht mehr gedacht werden. Man beobachtet Schwanken zwischen Resignation, die durch große und grobe Sprüche nur oberflächlich verdeckt wird ... Zeiten der Gefahr fordern solidarisches Handeln. Wie aber sollten wir dorthin gelangen? Wir finden die Chance zu solidarischem Handeln nicht einfach vor — als eine, die wir jederzeit nützen könnten. Repressionen der Staatsgewalt treffen revolutionäre Bewegungen viel eher in einem Zustand ihrer Schwäche als etwa auf dem Höhepunkt solidarischer Beweglichkeit.«

Vier Jahre später konnte den Schwächezustand der linken Bewegung und die zumindest mittelfristige Aufgabe der revolutionären Perspektive kaum mehr jemand leugnen. Das Sozialistische Büro in Offenbach veranstaltet im Rahmen einer breit angelegten Antirepressions-Kampagne über Pfingsten 1976 einen gut besuchten Kongreß: »Gegen politische Unterdrückung und ökonomische Ausbeutung.« Auch im Vorfeld dieses Kongresses wurde der enge Zusammenhang von Organisation des Widerstands und Repression hervorgehoben: »Duckmäusertum, Vorsicht bei Meinungsäußerungen und Unterwürfigkeit sind Erscheinungen der Anpassung an die stärker werdende Repression. Dem kann nur wirksam entgegengetreten werden, wenn die individuelle Angst in Widerstand gegen diese Unterdrückung umschlägt, wenn dieser Widerstand organisiert erfolgt und wenn damit für wirksame politische Arbeit Perspektiven eröffnet werden.« (Aufruf zum Kongreß). Nach einer Großdemonstration wurde drei Tage lang in Arbeitsgruppen und Plenen diskutiert: Berufsverbote, Gewerkschaftsausschlüsse, Polizeistaatsmethoden, aber auch die Organisationsfrage standen auf der Tagesordnung. Bemerkenswert an dem Kongreß war die Breite des vertretenen Spektrums: Von den Spontis über GIM (Gruppe Internationaler Marxisten) und KB (Kommunistischer Bund) bis zum SB und zahlreichen unorganisierten Linken war fast alles, was in der

Linken einen Namen hatte, vertreten. Die DKP allerdings und der damals recht mitgliederstarke KBW (Kommunistischer Bund Westdeutschlands) blieben der Veranstaltung weitgehend fern: die DKP, weil sie mit »anarchistischen und maoistischen Gruppen« nicht gemeinsame Sache machen wollte, der KBW, weil ihm die Stoßrichtung des Unterfangens zu reformistisch schien. An praktischen Ergebnissen brachte der thematisch weitgefächerte und, was die Arbeitsgruppenarbeit anging, auch schlecht vorbereitete Kongreß wenig — immerhin aber wurde am Rande die Idee geboren, ein Russell-Tribunal durchzuführen.

Der Anstoß dazu kam bezeichnenderweise von außen: Die französische Partie Socialiste Unifie (PSU) schlug dem Kommunistischen Bund und dem Sozialistischen Büro vor, ein Internationales Komitee gegen Berufsverbote zu gründen. Drei Wochen später präzisierte und erweiterte die PSU den Vorschlag schriftlich und brachte erstmals den Namen »Russell-Komitee« ins Spiel: »Dieses Russell-Komitee sollte sich z. B. vornehmen: Untersuchungskommissionen einzurichten; Informationen zu sammeln und Tatsachen zu veröffentlichen, die die Repression in der BRD betreffen . . . Wir weisen nachdrücklich auf die Tatsache hin, daß die Berufsverbote Teil einer umfassenden Strategie der BRD-Regierung sind . . . Diese repressive Strategie zeigt sich genauso im Verbot der Propagierung von Gewalt, in den Unvereinbarkeitsbeschlüssen der Gewerkschaften, in den Haftbedingungen und der Isolierhaft in den Gefängnissen.«

Mit dem Vorschlag, den umfassenden Charakter der Repression zu thematisieren, hatte die PSU den zentralen Konfliktpunkt des bundesdeutschen Anti-Repressionskampfes angerührt: das SB, aber auch die von Anfang an in die Vorbereitungsarbeit einbezogene trotzkistische Gruppe Internationaler Marxisten (GIM) befürchteten, durch die Ausweitung des Untersuchungsauftrages über die Berufsverbote hinaus potentielle UnterstützerInnen des Komitees zu verschrecken. Tatsächlich beteiligte sich dann die DKP nicht nur bis zuletzt nicht am Tribunal, sondern forderte ihre Mitglieder auch auf, es nicht zu unterstützen. Die Jungdemokraten, damals noch Jugendorganisation der FDP, gaben Ende 1977 bekannt, aufgrund des starken Drucks ihrer Partei nicht mehr an den Vorarbeiten teilnehmen zu können. Auch die Gewerkschaften standen, mit Ausnahme einzelner Kreisverbände und der GEW Berlin, dem Vorhaben feindlich gegenüber.

Umstritten war — aus ähnlichen Gründen — auch der Zeitpunkt, zu dem die öffentliche Diskussion beginnen sollte: Wollten KB und der ebenfalls an den Gesprächen beteiligte Informationsdienst zur Verbreitung unterbliebener Nachrichten (ID) sofort mobilisieren und Öffentlichkeit herstellen, befürchteten SB und GIM, dadurch bestimmte Personen und Gruppen zu verprellen. Am 28. November 1976 einigte sich ein mittlerweile schon umfassenderes Bündnis von Gruppen in Paris auf den sofortigen Beginn einer Diskussion um das geplante Projekt in allen westeuropäischen Ländern. Dabei sollte es zu möglichst zahlreichen Aufrufen an die Russell-Foundation in London kommen — den Endpunkt der Kampagne sollten dann ein Aufruf der Russell-Foundation zum Tribunal und die Gründung nationaler Unterstützerkomitees bilden.

Das Russell-Tribunal hatte in mehrerlei Hinsicht eine neue Qualität der Antirepressions-Arbeit zum Ziel. Zwar war im Verlauf des Kampfes gegen Berufsverbote immer wieder die internationale Öffentlichkeit in die Auseinandersetzungen einbezogen worden — z. B. auf der »Internationalen Konferenz gegen Berufsverbote« im Mai 1973 in Hamburg oder internationale Beobachtung von Berufsverbote-Prozessen —, es war aber nie zuvor beabsichtigt worden, Art und Weise der Untersuchung der bundesdeutschen Verhältnisse verantwortlich von einer unabhängigen internationalen Jury bestimmen zu lassen. Damit wurde die Repressionsdiskussion auch in einen anderen Kontext gestellt: Die Verhältnisse im »Modell Deutschland« sollten auf ihre Bedeutung für die anderen westeuropäischen Staaten hin untersucht, die Führungsrolle, die die BRD in der EG spielt, einbezogen werden. »Man kann heute nicht mehr die Innenpolitik von den internationalen Problemen trennen, man kann auch nicht die Gesellschaft in Frankreich ändern wollen, ohne die deutsch-amerikanische Hegemonie über Westeuropa zu bekämpfen«, formulierte Jean Paul Sartre in einer Grußadresse an die Vorbereitungsgruppen. Erstmalig sollte darüber hinaus die zielgerichtet auf verschiedene Terrains ausgeweitete Repression im Zusammenhang bewertet werden. Daß sich dennoch ein breites politisches Spektrum — die Pariser Vereinbarung wurde von Aktionskomitee gegen Berufsverbote an der FU (AK/FU), Evangelischer Studentengemeinde, GIM, ID, KB, SB getragen — aktiv an den Vorbereitungsarbeiten beteiligen wollte, stellte ebenfalls ein Novum dar. Die radikalen Kräfte aus den Vorbereitungsgruppen betonten darüber hinaus die Chance, durch das Tribunal »erstmals in der BRD eine Massenkampagne zu initiieren, die sich dem dominierenden Einfluß von SPD und/oder DKP entziehen sollte« (Russell-Info 2).

Zusätzliche Brisanz gewann das Vorhaben durch die Tradition, in der es stand: Das erste Russell-Tribunal hatte 1966/67 die Intervention der USA in Vietnam zum Thema gehabt, das zweite 1973/75 in Brüssel und Rom abgehaltene thematisierte die, ebenfalls von den USA aus gesteuerte, Repression in den Militärdiktaturen Lateinamerikas, vor allem in Chile.

Am 1. Februar 1977, ein dreiviertel Jahr also nach Aufkommen der Idee, veröffentlichte die Russell-Foundation einen »Aufruf zur weltweiten Unterstützung für ein Russell-Tribunal über die Repression in der BRD«. Der Aufruf strich heraus, daß für einen Erfolg des Tribunals die »breite Unterstützung der Öffentlichkeit« unverzichtbar sei. Unterdessen kam es in den westdeutschen Unterstützergruppen zu heftigen Konflikten über den schließlich am 26. Februar 1977 veröffentlichten »Aufruf zur Unterstützung eines Russell-Tribunals über die Repression in der BRD«. Streitpunkt war vor allem, inwieweit das Erstarken des Rechtsradikalismus in der BRD, aber auch der Versuch der BRD, Atommacht zu werden und trotz »Neuer Ostpolitik« militärisch aufzurüsten, im Aufruf erwähnt werden sollten. Die GIM, immer noch stark daran interessiert, Unterstützung aus dem sozialdemokratisch/gewerkschaftlichen Spektrum zu erhalten, versuchte außerdem, das Thema »Gewerkschaftsausschlüsse« aus dem Aufruf zu verbannen. Die recht ausführliche Endfassung thematisiert die staatliche Berufsverbotspraxis dennoch im Kontext der »Extremistenjagd« in weiten gesellschaftlichen Bereichen. Ausdrücklich genannt werden das Bestreben der Rundfunkanstalten, radikale Bestrebungen durch das Verlangen nach Ausgewogenheit auszugrenzen, die Ehrengerichtsverfahren, mit denen vor allem Verteidiger von politischen Gefangenen überzogen werden, die besondere Repression gegen Frauen und die »Unvereinbarkeitsbeschlüsse« der Gewerkschaften, die »ein bequemes Mittel (sind), um den Kampf gegen konsequente Vertreter von Arbeiterinteressen zu führen«.

In dem Aufruf wurde darüber hinaus ein Zusammenhang zwischen neuen Strafrechtsbestimmungen (z. B. die Zensurparagraphen 88a, 130a, 140), Ausweitung geheimdienstlicher Tätigkeiten, der Praxis der Stammheimer Prozesse und den erweiterten Möglichkeiten der Polizei, vor allem dem gesetzlich erlaubten gezielten Todesschuß, hergestellt: »Von all diesen Maßnahmen ist bisher nur eine kleine Anzahl von Bürgern direkt betroffen. Für Millionen haben sie jedoch ein Klima der Einschüchterung und Anpassung geschaffen, das die Formulierung von Kritik, die Entwicklung alternativer politischer Vorstellungen und jeden Zusammenschluß, der auf Veränderung abzielt, schon von vornherein ersticken soll ... Ein Großteil der Bevölkerung steht dieser Entwicklung gleichgültig gegenüber, weil sie auf gesetzlichem Wege, durch Beschlüsse des Bundestages vorangetrieben wird, und damit der Schein von Demokratie gewahrt bleibt.«

Ausführlich wurden auch Beispiele für die das internationale Interesse weckende These »Deutschland ein Modell für Europa« angeführt: »die kaum verschleierten politischen und ökonomischen Interventionen in Portugal und Spanien, um bei der Ablösung der alten Regimes unkontrollierte radikale Umwälzungen zu verhindern; ... der Druck auf die griechische Regierung, um die Auslieferung von Rolf Pohle zu erzwingen. In diesem Zusammenhang ist auch der Versuch zu sehen, das Asylrecht unter dem Mantel einer ›Anti-Terrorismus-Konvention‹ im europäischen Rahmen aufzuweichen; die Ausdehnung der politischen Überprüfung auf EG-Beamte oder im Ausland beschäftigte deutsche Lektoren.«

Diese Einigung auf einen Aufruftext bedeutete keineswegs das Ende der erheblichen Querelen im Unterstützerspektrum für das Tribunal. Das SB zog im Gegenteil seine offiziellen Vertreter aus dem »Nationalen Unterstützerkomitee« Ende April 1977 zurück: Das NUK habe sein Ziel, ein »weit über die sozialistische Linke hinausgehendes« Spektrum einzubinden, nicht erfüllt und habe »inzwischen faktisch den Charakter einer Delegiertenkonferenz einiger linker Organisationen«, was dem Tribunal abträglich sei. Deswegen solle die Russell-Foundation möglichst umgehend die Besetzung des Tribunals bekanntgeben und ein Sekretariat aus »unabhängigen, bekannten Persönlichkeiten« mit den Vorbereitungsarbeiten beauftragen. Der KB, als aktivster Gegenpart des SB, hielt dagegen, »daß es die Hauptaufgabe der westdeutschen Anti-Repressions-Gruppen und Organisationen sein soll, eine breite Massenkampagne gegen die Repression in der BRD zu entfalten ... Wir kritisieren deshalb diejenigen Kräfte (vor allem verschiedene SB-Führer, die GIM, den AK/FU), weil sie die notwendige Entfaltung einer solchen Massenkampagne nicht nur ständig behindern, sondern sie auch ausdrücklich für ›schädlich‹ und den Intentionen der Foundation für abträglich bezeichnen«.

Diese beiden »Linien in der Bündnispolitik« begleiteten die gesamte Vorbereitungsarbeit zum Tribunal — und waren sicher ein wichtiger Grund, warum die Etablierung einer über das Tribunal hinaus arbeitenden Anti-Repressions-Bewegung mißlang.

Der Auftakt zur Unterstützungskampagne für das Tribunal, der am 7. Mai 1977 in der Ernst-Merck-Halle in Hamburg stattfand, stand noch ganz im Zeichen des Ziels, eine Massenbewegung zu mobilisieren. 6000 Leute kamen. Das Presseecho deutete schon an, mit welchen Schwierigkeiten die Initiative zu rechnen haben würde — zumal kurz zuvor der Generalbundesanwalt Buback von einem Kommando der RAF erschossen worden war, der Deutsche Herbst also seine Schatten vorauswarf. »Buback, Biermann und Che Guevara« überschrieb denn auch die *Zeit* ihren Bericht von dieser ersten Großveranstaltung: »Da wird in den kommenden Monaten vom Ausland her einiges auf unsere Republik zukommen. Geschickt schüren diese Systemkritiker links von den Eurokommunisten die Deutschenfurcht, die ihren Völkern seit dem 2. Weltkrieg in den Knochen steckt. Dank ihres Einflusses auf die akademische Jugend und der Publizität, die dem Russell-Tribunal in den Massenmedien sicher ist, werden sich die ohnehin vorhandenen Ressentiments gegen eine deutsche Wirtschaftshegemonie vervielfachen.« Die Medien bewegte aber noch ein anderer Gedanke: »Wenn sich ein internationales Tribunal mit den Menschenrechten in Deutschland befaßt, hätte es ja nahe gelegen, die DDR miteinzubeziehen«, meint der NDR in einer Sendung und stellt dann fest, daß es »mit dieser Unabhängigkeit (der Jury) nicht weit her ist . . . Ich habe den Eindruck gewonnen, daß die Initiatoren Mitglieder von K-Gruppen in der Bundesrepublik sind«.

Ein Eindruck, den auch das Bundesinnenministerium gewonnen hatte. In einem Papier »VS — nur für den Dienstgebrauch« vom 20. 9. 1977 wurden detailliert der Stand der Vorbereitungen und die internen Konflikte in den Vorbereitungsgruppen wiedergegeben, um dann zu überlegen, wie auf das Tribunal von Staatsseite zu reagieren sei: »Erfahrungsgemäß verfangen derartige, die politische Wirklichkeit der Bundesrepublik entstellende Darstellungen nicht nur bei kritisch eingestellten Gruppen, sondern auch bei wohlgesinnten, aber schlecht und lückenhaft Informierten ... An die innenpolitische Rückwirkung des ersten Russell-Tribunals in den USA wird erinnert ... Den hieraus erwachsenden Erfahrungen muß begegnet werden.« Die folgende Darstellung der möglichen Gegenmaßnahmen dokumentiert zum einen, wie ernst das Tribunal genommen wurde, zeigt zum anderen aber auch, wie notwendig gerade eine umfassende Anti-Repressionsveranstaltung war. Überlegt wurden: »Steuerung (des Tribunals) durch Beitritt und Mitwirkung demokratischer Kräfte mit dem Ziel ... einen ›Freispruch‹ zu erzielen ... Ein wirklich moderierender oder gar steuernder Einfluß demokratischer Persönlichkeiten ist auf derartige Vorhaben erfahrungsgemäß kaum zu erzielen ... Einwirken auf Persönlichkeiten und Gruppen des demokratischen Spektrums, sich nicht an dem Vorhaben zu beteiligen und es nicht zu unterstützen ... Eine solche Aufforderung erscheint erforderlich ... Dabei bleibt zu bedenken, daß eine solche Aktion dem Tribunal nicht zu unangemessener Publizität verhelfen darf ... Verbote nach dem Versammlungsgesetz ... In Betracht kommen z. B. Straftatbestände nach §§ 89, 90a, 111, 126, 130, 140 StGB. ... Durch intensive Aufklärung und Information muß die Öffentlichkeit im In- und Ausland über Hintergründe und wahre Ziele der das Tribunal tragenden Gruppen, eine klare möglichst einhellige Beurteilung des Vorhabens durch ... die im Bundestag vertretenen Parteien sowie wesentliche gesellschaftliche Gruppen, z. B. Gewerkschaften, die wirkliche Darstellung der vom Tribunal verzerrt dargestellten Sachverhalte unterrichtet werden.« Damit war die Anti-Repressionsbewegung ausdrücklich und offensichtlich selbst zum Objekt der Unterdrückung geworden. Unangenehm für die Staatsschutzbehörden war allerdings, daß ihre Überlegungen öffentlich wurden: Der Redaktion des *Arbeiterkampfs* (Zeitung des KB) war das Dokument aus dem Innenministerium zugespielt worden. Nach dem Abdruck im *AK* zogen auch *Frankfurter Rundschau* und *Konkret* nach und dokumentierten. Daß das Russell-Tribunal dann doch nicht verboten wurde, hing, das wird aus dem Papier deutlich, lediglich mit taktischen Überlegungen zusammen. Möglicherweise erschien der Bundesregierung die schlechte Wirkung eines Verbots nach außen gefährlicher als die vorstellbaren Ergebnisse des Tribunals selber — zumal dessen erste Sitzungsperiode Ostern 1978 in einer Zeit stattfand, in der der Schwächezustand der Linken und die Stärke des Staates evident waren.

Trotz der — nicht geplanten — Veröffentlichung war das Papier des Innenministeriums keine Makulatur. Ex-Bundeskanzler Willy Brandt, als Friedensnobelpreisträger mit internationalem Renommee versehen und auch in den nicht-radikalen Fraktionen der Linken mit einigem Ansehen ausgestattet, bemühte sich, befreundete Politiker und Prominente von einer Teilnahme am Tribunal abzuhalten.

Prominente Künstler und Schriftsteller aus den SPD-Wählerinitiativen leisteten ihren Beitrag gegen das Russell-Tribunal, in dem sie parallel zur ersten Sitzungsperiode den »Kongreß zur Verteidigung der Republik« abhielten, um, wie Eugen Kogon in einem Einleitungsreferat erklärte, »zu zeigen, daß trotz Kritik an der Bundesrepublik, diese ein freiheitlicher Rechtsstaat ist«. Neben Kogon wirkten an diesem medienmäßig allerdings weitaus weniger als das Russell-Tribunal beachteten Ereignis Jean Améry, Carola Stern, Günter Grass, Max Frisch und Walter Jens mit.

Engagiert griff auch der Deutsche Gewerkschaftsbund in die Debatte um das Russell-Tribunal ein: In einem fünfseitigen Schreiben vom 18. 1. 78 wies er die DGB-Landesbezirke und DGB-Kreise darauf hin, daß »eine Teilnahme von Gewerkschaftsgruppierungen oder einzelner Gewerkschaftsmitglieder sich strikt gegen die Interessen des DGB auswirken (würde)«. Ganze Passagen dieses vom DGB-Vorsitzenden Heinz O. Vetter unterzeichneten Briefes sind wortwörtlich aus dem Innenministeriumspapier abgeschrieben. Auch die Erkenntnisse über die zu diesem Zeitpunkt 26 Jurymitglieder und den bundesdeutschen Beirat dürften kaum vom DGB selbst recherchiert und formuliert worden sein: »Lord Gifford, Rechtsanwalt, Mitglied der kommunistisch beeinflußten Haldane Rechtsanwaltsgewerkschaft. Diese Gewerkschaft setzte sich sehr für den deutschen Rechtsanwalt Kurt Groenewold ein; ... Othelo de Carvalho, Exponent ultralinker Offiziere in den Gremien der Militärjunta nach dem Staatsstreich in Portugal; Prof. Ruth Glass, Soziologin an der Uni London, gilt als kommunistische Sympathisantin.«

Am 28. März 1978 war es dann soweit: In Frankfurt-Harheim kamen Jury, Beirat und zahlreiche UnterstützerInnen des Tribunals zusammen. Elf der vorgesehenen Beiratsmitglieder konnten allerdings, aus unterschiedlichen Gründen, nicht kommen: Am schwersten wog wohl der Fall von Othelo de Carvalho, der vom portugiesischen Generalstab, viele vermuteten auf Bitte der Bundesregierung, keine Ausreiseerlaubnis bekommen hatte. Der Schwerpunkt der ersten Sitzungsperiode lag auf der Frage: »Wird Bürgern der Bundesrepublik aufgrund ihrer politischen Überzeugung das Recht verwehrt, ihren Beruf auszuüben?« Dabei wurde auch diskutiert, inwieweit Gewerkschaftsausschlüsse und Berufsverbote zusammenhängen.

Für das angespannte Klima innerhalb der Unterstützerszene, die bis zuletzt heftige Kontroversen über die Haltung, die gegenüber SPD und DKP einzunehmen sei, ausgetragen hatte, waren Vorgänge am Rande des Tribunals charakteristisch. Bereits am Freitag hatten Angehörige politischer Gefangener als »Russell-Initiative zu den Haftbedingungen politischer Gefangener« eine Kirche in Harheim besetzt. Der westdeutsche Beirat des Russell-Tribunals schaffte es, sich täglich auf Pressekonferenzen und in Presseerklärungen mindestens einmal von der Besetzung, der Namensgebung der Besetzergruppe und deren Kritik an der Situation politischer Gefangener in der BRD zu distanzieren. In dem Bemühen, die liberale bürgerliche Öffentlichkeit nicht zu verprellen, ging der Beirat insgesamt in die Defensive: Bei jeder sich bietenden Gelegenheit wurde in immer neuen Formulierungen betont, daß »dieses Russell-Tribunal entgegen seinen Vorgängern nicht die Aufgabe hat, verbrecherische Machenschaften autoritärer oder halbfaschistischer Systeme bekanntzumachen und anzuklagen. Im Fall der Bundesrepublik muß es vielmehr darum gehen, einen Rechtsstaat, der die republikanischen Freiheiten und Menschenrechte in seiner Verfassung verankert hat und der auf die schiefe Bahn geraten ist, vor dem Abgleiten zu bewahren« (so ein Aufruf der Mitglieder des Beirats zur Unterstützung des Tribunals). In der Pressekonferenz zu Beginn des Tribunals wurde folgerichtig auch der Unvereinbarkeitsbeschluß des DGB als auf »Mißverständnissen« basierend heruntergespielt; auch der SPD-Parteivorstand, so Beiratsmitglied Narr, würde heute wohl keinen Abgrenzungsbeschluß mehr fassen.

Dieser Versuch, sich aus der Tradition der bisherigen Russell-Tribunale zu stehlen und von vornherein jedes, auch jedes gewollte Mißverständnis durch »Erklären« der eigenen

Positionen verhindern zu wollen, führte dazu, daß das Russell-Tribunal zunehmend in die Defensive geriet, ohne deswegen allerdings das erhoffte Verständnis z. B. der SPD, aber auch in der staatsloyalen, liberalen Intelligenz zu erhalten. Dies dokumentiert ein für diese Gruppe typischer, kurz nach dem Tribunal veröffentlichter Briefwechsel zwischen zwei Tribunal-GegnerInnen, der *Zeit*-Herausgeberin Dönhoff und dem Soziologen Habermas. Habermas schrieb: »Ich selbst habe eine Mitarbeit an dem Russell-Tribunal abgelehnt, weil ich, wie viele andere, der Meinung bin, daß ein falscher Rahmen die richtige Sache entwertet. Diese Institution bietet zu viele Angriffspunkte: als selbsternanntes Tribunal; als Gericht über den Teil Deutschlands, in dem es um so vieles liberaler zugeht als in dem anderen Teil . . . Das eigentlich Irritierende an einer so schief angelegten Inszenierung ist doch der Umstand, daß sie nicht durch andere Initiativen längst überflüssig geworden ist. Mir ist nicht bekannt, daß sich liberale Publizisten, Staatsrechtler, Politiker, Schriftsteller, Philosophen für die Verteidigung bürgerlicher Freiheiten eine Woche Zeit genommen hätten, um zwölf gut dokumentierte Berufsverbotsfälle öffentlich zu analysieren.« Gräfin Dönhoff hielt dagegen: »Ich bin auch weiterhin der Meinung, daß es sich um einen Mummenschanz handelt: Ein Dutzend Leute, unter ihnen kein einziger Jurist, die nicht so sehr die Sorge um die Menschenrechte zusammengeführt hat, als der Haß auf die Bundesrepublik, beschließen eines Tages, die Richterrobe anzuziehen und sich, von niemandem dazu aufgefordert, als Tribunal zu konstituieren. Sie sind Ankläger und Richter in einer Person, sie kennen das deutsche Recht nicht; Verteidiger gibt es nicht.«

»Weder Anklage noch Urteil« titelte die *Frankfurter Allgemeine Zeitung* nach der ersten Sitzungsperiode, »Russell-Tribunal wehrt sich gegen seine Kritiker« schien der *Süddeutschen Zeitung* die Hauptnachricht zu sein, und die *Frankfurter Rundschau* freute sich: »Russell-Tribunal weist antideutsche Propaganda zurück.« Auch die eher konservative *Frankfurter Neue Presse* ist mit dem Verlauf der ersten Verhandlungstage zufrieden: Das Tribunal habe »sich so sehr in die Defensive begeben, daß sich unwillkürlich die Frage stellt: ›wer ist eigentlich angeklagt: die Bundesrepublik oder das Russell-Tribunal‹«.

Diese durch taktische Manöver im Umfeld des Tribunals ermöglichte Presseberichterstattung stand im krassen Gegensatz zu den tatsächlichen Ergebnissen des Tribunals. Nach genauer

Analyse der zwölf umfassend dokumentierten Berufsverbotsfälle — insgesamt gab es bis 1978 ca. 1,5 Millionen Überprüfungen und etwa 1500 Berufsverbote — kam die Jury einstimmig
zu dem Schluß, daß »die Praxis der Berufsverbote in der BRD
eine ernste Bedrohung der Menschenrechte (darstellt)«.

Im Vorfeld der 2. Sitzungsrunde, die für Januar 1979 angesetzt war, zeigte sich, daß das Interesse an der Basis rapide ab-
genommen hatte: Zur Arbeitskonferenz im Oktober in Köln
kamen nur 70 Leute. Zahlreiche Gruppen hatten sich gespalten oder hatten die Arbeit gleich eingestellt. Zensur, Beschnei-
dung der Rechte der Verteidigung und der Verfassungsschutz
waren als Themen für die 2. Runde angesetzt. »Die 2. Runde
wird aller Voraussicht nach nicht so erfolgreich sein, wie die
erste, weil die Bedingungen andere sind. Man behandelt uns
flexibler, taktisch klüger und man schweigt sich aus«, vermutete Beiratsmitglied Wesel in einem Interview mit dem *Arbeiterkampf* kurz vor dem Tribunal. Tatsächlich fiel die öffentliche
Resonanz auf die 2. Sitzungsperiode geringer aus. Was an Material über die Praxis der Zensurparagraphen 88a, 90a und
130a zusammengetragen wurde, die vorgelegte Dokumentation der Mescalero-Affäre, aber auch die umfangreiche Darstellung der Einschränkung der Rechte der Verteidigung, die von
den AnwältInnen Cobler, Groenewold, Hannover, Held-
mann, Müller, Plottnitz, Schily, Schmidlin und Ströbele geliefert wurde, führte aber zu einer harschen Verurteilung der
Verhältnisse in der BRD, insbesondere in Hinblick auf die
Zensurparagraphen und auf die Einschränkung der Rechte der
Verteidigung. Beim Thema Verfassungsschutz blieben die meisten Tribunalmitglieder unentschieden — vor allem weil die
Frage der institutionalisierten Zusammenarbeit zwischen Verfassungsschutz und Polizei nicht eindeutig geklärt werden
konnte.

Mit Abschluß der zweiten Sitzungsperiode und der Publikation der Dokumente und Schlußgutachten war die Arbeit des
Russell-Tribunals allerdings beendet. Zwar wurde, angesichts
der zahlreichen offenen Fragen vor allem im Zusammenhang
mit den Haftbedingungen der politischen Gefangenen, ein »Internationales Russell-Komitee zur Verteidigung der Menschenrechte in der Bundesrepublik« gegründet — dieses blieb aber
nur eine Episode. Anders als vor allem von den radikalen Linken erhofft, war das Russell-Tribunal nicht der Auftakt für
eine breite Anti-Repressions-Bewegung in der BRD. Es blieb

eine, allerdings im Vergleich zu sonstigen Anti-Repressions-
Vorhaben, überaus wirkungsvolle Einzelaktion, der jedoch
auch schon im Vorfeld und während des Tribunals der Durchbruch in Kreise der links-liberalen, bürgerlichen Öffentlichkeit versagt blieb. Die Loyalität auch der sogenannten kritischen Medien zum Staatsapparat erwies sich als zu groß — der
Einfluß der SPD und der sozialliberalen Bundesregierung auf
die Öffentlichkeit als nicht so leicht durch eine einzige Kampagne zu dezimieren.

Aber das Entstehen dauerhafterer Initiativen und einer breiten kontinuierlichen Anti-Repressions-Arbeit wurde auch
durch die inneren Schwierigkeiten verhindert: Zwar konnte
verhindert werden, daß es im Vor- und Umfeld des Tribunals
zu einem Eklat zwischen den linksradikalen und den reforme-
rischen Unterstützerkräften kam, es gelang aber nicht, einen
über den Einzelfall hinaus tragfähigen Konsens zu entwickeln.
Bei den zentralen Widersprüchen in der Analyse der Rolle der
SPD für die Verschärfung des Repressionskurses und daraus
folgend in der Frage, wie sich die Linke gegenüber der SPD zu
verhalten habe, konnte keine Annäherung erreicht werden.
Während das Spektrum um den KB der Auffassung war, daß,
wenn überhaupt, dann nur durch starken Druck von außen eine Kursänderung in der SPD zu erreichen sei, beharrten die
um das SB gruppierten Kräfte auf der Vorstellung, daß durch
geschicktes Taktieren und Angebote an die SPD Fortschritte
zu erzielen seien.

Immerhin ist es dem Russell-Tribunal, vor allem auch durch
die anfangs zumindest von einer breiten Kampagne und zahlreichen Vor-Ort-Aktivitäten getragene Vorarbeit, gelungen,
die Repression zu einem landauf, landab diskutierten Thema
zu machen. Im Rückblick erscheint es auch als bemerkenswert, daß die Vorarbeiten und das heterogene Bündnis den
Deutschen Herbst überdauert haben — wenngleich es andererseits ein offensichtlicher Mangel des Tribunals war, die bis
heute ungeklärten Todesfälle in Stuttgart-Stammheim nicht zu
einem Thema gemacht zu haben. Zwar leuchtete die Begründung — angesichts der notwendigen umfangreichen Untersu-
chungsarbeiten müsse dafür eine besondere Kommission eingesetzt werden — auf Anhieb ein; angesichts der absehbaren
Tatsache, daß sich diese unabhängige, internationale Kommission nicht finden würde, die Vorgänge in Stammheim aber für
die Bewertung der Verhältnisse und gerade des Ausmaßes der

Repression in der BRD aber eine zentrale Rolle spielen, hätte hier ein anderer Weg gefunden werden müssen. So bleibt die unbefriedigende Situation, daß der Punkt, an dem die Repression in der BRD in den siebziger Jahren und damit überhaupt ihren schärfsten Ausdruck gefunden hat, bis heute durch den Staatsapparat, dessen Version vom Selbstmord von Andreas Baader, Gudrun Ensslin, Jan-Carl Raspe und ein Jahr vorher Ulrike Meinhof die unwahrscheinlichste Möglichkeit ist, vernebelt werden konnte.

Rolf Gössner

4 Opposition gegen den Sicherheits- und Überwachungsstaat
in den achtziger Jahren der Rechts-Wende

Nach den sozial-liberal geprägten siebziger Jahren, die der sogenannten »Inneren Sicherheit« zu einem bisher nicht gekannten Boom verhalfen, sind die achtziger Jahre beherrscht von der rechtsliberalen »Wende«, die auf diesem geschaffenen, soliden Fundament aufzubauen weiß: auf einem hochgerüsteten und großzügig ausgebauten Sicherheitsapparat und einem längst eingeleiteten Struktur- und Methodenwandel, der in letzter Konsequenz verfassungsrechtliche Prinzipien aus den Angeln zu heben droht. Es ist also, entgegen mancher anderslautenden Behauptung, festzustellen, daß die sicherheitspolitische Wende in der Praxis längst stattgefunden hat — eben in der sozialliberalen Ära.

Damals wurden also, nicht selten im rechtsfreien Raum, die entscheidenden Grundlagen für den Präventiven Sicherheitsstaat geschaffen, die nun in den achtziger Jahren auf Betreiben der neuen Machthaber in Bonn noch ausgeweitet, verschärft und schließlich abgesichert, sprich: legalisiert wurden bzw. noch werden sollen — vollkommen »rechtsstaatlich« versteht sich. Wir befinden uns also in einer Phase der Konsolidierung und Festschreibung des Präventiven Sicherheitsstaats und erhalten damit eine neue Qualität: Der Skandal wird legalisiert, der Verfassungsbruch zum Gesetz[1] erhoben — ob es sich nun um die Verrechtlichung einer neuen Geheim-Polizei handelt, um die Strangulierung der Demonstrationsfreiheit oder die

Rationalisierung polizeilicher Massenkontrollen. Und diese folgenreiche Entwicklung geht klammheimlich und völlig abstrakt in Form von trockenen, kaum verständlichen Gesetzesentwürfen des Bonner Gruselkabinetts mit kalkuliertem Gewöhnungseffekt über die Bühne; diese als Sicherheitsgesetze vorgestellten Machwerke, die im Dutzend zählen und Hunderte von Paragraphen beherbergen, können selbst von Experten kaum noch in ihrer gesamten Dimension und in ihrem Zusammenwirken erfaßt werden, geschweige denn von Abgeordneten, die darüber zu beschließen haben.

Aber auch außerparlamentarische Oppositionskräfte werden von diesen Legalisierungswellen überrollt und überfordert, sie drohen immer wieder an der zunehmenden Abstraktheit der Macht zu scheitern, daran, daß diese Sicherheitsentwicklung mangels konkreter Handlungsansätze und Widerstandsmöglichkeiten (noch) kein Thema für Massenproteste abgibt.

Erst wenn sich die Staatsgewalt in konkreten Aktionen materialisiert, in Form von brutalen Polizeieinsätzen (etwa bei Anti-AKW-Demonstrationen, »Hamburger Kessel«), von dubiosen Geheimdienst-Aktionen (etwa »Celler Loch«, Affäre Mauss), in Form von polizeilichen Todesschüssen (durchschnittlich 15 pro Jahr), Übergriffen auf Journalisten (Zerstörungen von Kameras, Film-Beschlagnahmen), unverhältnismäßigen Justiz-Aktionen (Veranstaltungsverbote, Nürnberger Massenverhaftung, Isolationshaft) oder in Form von Datenskandalen Schlagzeilen macht, dann gibt es öffentliche Reaktionen, die allerdings rasch wieder verebben, weil sie meist skandalartig am Einzelfall orientiert bleiben, ohne die dahintersteckende Systematik aufzudecken und anzugreifen. Solche »Skandale« wirken paradoxerweise aufrüttelnder als neue allgemeingültige Gesetze, die solche Skandale für die Zukunft legalisieren und damit zum unsensationellen Alltag werden lassen.

Diesem Phänomen versuchten in den beginnenden achtziger Jahren bundesweit einige neugegründete Bürgerinitiativen entgegenzusteuern, indem sie sich zum Ziel setzten, Opfern grundrechtswidriger Polizeigewalt Hilfe zu leisten, diese Einzelfälle von Polizeiübergriffen zu publizieren sowie die Öffentlichkeit über die apparativen und strukturellen Hintergründe aufzuklären. Diese Initiativen, die sich »Bürger kontrollieren bzw. beobachten die Polizei« nennen, haben sich entsprechend einem Aufruf in dem Buch »Der Apparat — Ermittlungen in Sachen Polizei«[2], das heftige öffentliche Kontroversen auslöste, 1982 und 1983 in zwölf Städten nach dem Vorbild der Westberliner Gruppe »Bürger beobachten die Polizei« gegründet. Sie stellen wichtige Ansätze einer Organisierung polizeikritischer Kräfte dar: Sie wollten angesichts mangelnder Kontrolle des Polizeiapparats und von Polizeihandeln diese Kontrolle endlich selbst in die Wege leiten (s. dazu auch Teil III).[3] Zu ihrer alternativen Kontrolltätigkeit gehört auch die Beobachtung von Demonstrationseinsätzen, wie sie ebenfalls vom Komitee für Grundrechte und Demokratie vorgenommen wird, das in den achtziger Jahren, neben der Humanistischen Union, am kontinuierlichsten und aufwendigsten Bürgerrechtsarbeit betreibt.

Es gibt mittlerweile zwar, über die erwähnten Gruppen hinaus, eine recht vielfältige außerparlamentarische Opposition gegen den Sicherheits- und Überwachungsstaat, so etwa sporadische Initiativen aus gegebenen Anlässen (wie z. B. Elterninitiativen im Falle der Nürnberger Massenverhaftung oder des Polizeiüberfalls auf das Göttinger Jugendzentrum), Ermittlungsausschüsse und Bunte Hilfen im Zusammenhang mit Demonstrationsereignissen, Knastgruppen, Berufsverbote-Komitees, Kongresse und Veranstaltungen (»Kabylon«, »Kein Staat mit diesem Staat«, »Freiheit stirbt mit ›Sicherheit‹«, im November 1988): auch direkte Selbsthilfeaktionen von Betroffenengruppen fallen hierunter: so etwa die Enttarnung und Vertreibung geheimdienstlicher Observationstrupps;[4] aber auch kritische »berufsständische« Gruppierungen wie die Strafverteidiger-Vereinigungen, der Republikanische Anwältinnen- und Anwaltsverein, die Richter und Staatsanwälte in der ÖTV sowie jene für den Frieden, ja sogar eine Bundesarbeitsgemeinschaft Kritischer Polizisten und Polizistinnen widmen sich intensiv der Bürgerrechtsarbeit; doch diese Vielfalt alleine reicht nicht aus, um einen klaren Machtfaktor darzustellen und eine effiziente Oppositionsarbeit zu entwickeln: Diese im weitesten Sinne mit Bürgerrechtsfragen beschäftigten Gruppierungen sind zu zersplittert, arbeiten häufig zu isoliert, untereinander, aber insbesondere auch isoliert von jenen Bewegungen, die diese Fragen ganz besonders angehen: u. a. der Ökologie- und der Friedensbewegung, weil schließlich deren Widerstandsbedingungen auf dem Spiel stehen (s. dazu die nachfolgenden Beiträge).

Mit einem recht harmlos klingenden Groß-Vorhaben schafften es die Staatsplaner in den achtziger Jahren, die Abstraktheit der Macht schlagartig zu durchbrechen, das Ghetto linker Staatskritiker zu sprengen, unterschiedlichste Tendenzen und Kräfte unter einen Hut zu bringen und mit tatkräftiger Unterstützung von zahlreichen örtlichen Initiativen das Massenbewußtsein zu heben und den Massenprotest zu beflügeln: nämlich mit der »Volkszählung«, jener zweifelhaften, umstrittenen Totalerhebung, die die Gemüter bis hinein ins konservative Bürgertum zu erhitzen vermochte. Zum erstenmal begannen viele BürgerInnen zu spüren, daß nicht nur irgendwelche »Außenseiter«, TerroristInnen, DemonstrantInnen, AKW-GegnerInnen, HausbesetzerInnen, Wohngemeinschaftsmitglieder, Drogenabhängige, Homosexuelle, Prostituierte etc., Objekte der staatlichen Kontrollbegierde sind, sondern eben auch sie selbst mit all ihren kleinen Fehlern und Heimlichkeiten (bei Finanzamt, Wohngeldstelle, Arbeitsamt usw.).

Eine wahre Datenschutzbewegung schien sich zu entwikkeln:[5] Hunderte von überfüllten Veranstaltungen, Volkszählungsboykott-Initiativen (VoBos) übers ganze Land verstreut, massenhaftes Interesse an den Problemen der Informationstechnologien und des Datenschutzes, kritische Neugier und Widerstandsgeist, viel verbaler Mut zum Zivilen Ungehorsam — bis zum Heranziehungsbescheid mit der ersten Zwangsgeldandrohung. Diese relativ kleinmütige Bewegung schien überhaupt ständig von der bangen Frage begleitet: »Was tun, wenn der Zähler zweimal klingelt?« und degenerierte dementsprechend allmählich still und leise zu einer reinen Rechtshilfebewegung, die die überindividuelle Verplanungs- und Kontrollfunktion, überhaupt den politischen und strukturellen Hintergrund des Volkszählungsvorhabens vollkommen aus den Augen verlor. So schaffte sie es auch nicht, den wesentlich gefährlicheren maschinenlesbaren Personalausweis, dessen Einführung 1988 erfolgte, richtig einzuschätzen und zu bekämpfen — was *die taz* zu der Schlagzeile inspirierte: »Bundesbürger plastikverschweißt — Widerstand schläft«.

Es gibt allerdings noch begründete Hoffnung, daß die aktivsten Reste der VoBo-Bewegung in Zukunft weiterarbeiten werden — im weitesten Sinne zu den Themen staatliche Repression, Prävention, Sicherheit und Überwachung. Im Herbst 1988 wird ein bundesweiter Kongreß stattfinden, der unter dem Motto »Freiheit stirbt mit ›Sicherheit‹« eine Sammlung und Koordinierung der Oppositionskräfte in Sachen Sicherheitsstaat und Gegenwehr bewirken soll (s. dazu Teil III). Politisch sinnvoll und notwendig wäre es, diesen Anlaß zu nutzen, auch die großen Debatten-Themen der achtziger Jahre weiterzudiskutieren und damit die politische Initiative zurückzuerobern: nämlich die unsägliche Gewaltdebatte, die Untragbarkeit des staatlichen »Anti-Terror-Kampfes«,[6] die zerstörerischen Haftbedingungen[7] sowie die Debatte um Amnestie für politische Gefangene.[8]

Andrea Lederer
4.1 Die Bürgerrechtsproblematik in der Anti-AKW-Bewegung

Mit den Auseinandersetzungen um das AKW Wyhl im Jahre 1975, die als Ausgangspunkt der Bewegung angesehen werden, beginnt der bis heute anhaltende Kampf der Anti-AKW-Bewegung gegen das bundesdeutsche Atomprogramm. Die Kontinuität dieses Widerstands gegen einen zentralen Bereich herrschender Politik ist beispiellos geblieben. Keine andere Bewegung hat eine so lange und ereignisreiche Tradition. Dabei hat die Bewegung natürlich Höhen und Tiefen, politische Erfolge und Niederlagen erlebt. Und sie ist vor allem Zielobjekt staatlicher Repression und Kriminalisierung geworden. Auch wenn die Anti-AKW-Bewegung zweifellos ein eindrucksvolles Beispiel radikaler Opposition ist, so hat sie sich doch mit Fragen der Bürgerrechte nicht aus freien Stücken beschäftigt, sondern gezwungenermaßen — obwohl es hierbei nicht zuletzt um die Kampfbedingungen dieser Opposition geht.

Diese Befassung mit Repression und Kriminalisierung war sozusagen eine Nebenfolge ihres Engagements, welche aber zwangsläufig eine immer größere Bedeutung gewonnen hat. Bei genauerem Hinsehen enthält die Politik der Anti-AKW-Bewegung zahlreiche Elemente einer Bürgerrechtsopposition. Vor allem hinsichtlich der Inanspruchnahme von Versammlungs- und Meinungsfreiheit und der Durchsetzung dieser Rechte in praktischen Aktionen hat keine andere Bewegung so viele Erfahrungen sammeln können. Um der Fortsetzung ihres politischen Kampfes willen war sie gezwungen, gegen staatliche Repression vorzugehen. Die Fortsetzung des Widerstands gegen alle Atomanlagen war daher gleichzeitig ein Kampf gegen staatliche Repression — und umgekehrt. Um die Bewegung in die Knie zu zwingen, sollten ihr die politischen Kampfmittel genommen werden. Der Kampf gegen die Atompolitik der BRD mußte daher gleichzeitig die Rückeroberung der streitig gemachten Kampfmittel bedeuten.

Im Rahmen dieses Beitrags lassen sich allenfalls anhand einiger Beispiele aus der Geschichte der Anti-AKW-Bewegung die Elemente einer Anti-Repressionspolitik aufzeigen, die auch in der Zukunft weiterentwickelt werden könnten und müßten.

»Den Bauplatz zur Wiese machen«

Von Anfang an hat die Anti-AKW-Bewegung ein »Recht auf Widerstand« für sich in Anspruch genommen. Die zum ersten Mal in Wyhl aufgestellte Forderung, den Bauplatz wieder zur Wiese zu machen, hat sich durch die gesamte Aktionsgeschichte der Anti-AKW-Bewegung hindurchgezogen. Die Forderung war Voraussetzung für die Entfaltung praktischer Radikalität innerhalb der Bewegung. Ziel staatlicher Repression gegen diesen fundamentalen Widerstand mußte daher der Versuch sein, die Bewegung von den Atomanlagen fernzuhalten.

Wyhl wurde über regionale Grenzen hinaus bekannt durch die zweite Bauplatzbesetzung. Am 23. 2. 75 zogen 28 000 Menschen zum Baugelände, auf dem sich ca. 1000 Polizisten befanden. Angesichts der Übermacht und Entschlossenheit der DemonstrantInnen konnten diese den Befehl, den Platz auf jeden Fall zu halten, nicht erfüllen und mußten abziehen. Bauplatzbesetzungen waren immer wieder das Ziel der Aktionen, so auch in Brokdorf und Grohnde. In Gorleben gelang am 3. 5. 1980 die Besetzung des Bohrlochs 1004, wo sich die »Republik Freies Wendland« 33 Tage halten konnte. In Wackersdorf wurden auf dem gerodeten, aber ungesicherten Gelände der künftigen WAA im Dezember 1985 und Januar 1986 zwei Hüttendörfer errichtet. Auch wenn die Versuche der Bauplatzbesetzung ab der Errichtung von Sicherheitszäunen und dem festungsartigen Ausbau der Baugelände im wesentlichen scheiterten, so hat die Durchbrechung von Demonstrationsverboten Tradition in der Anti-AKW-Bewegung.

Trotz behördlicher und gerichtlicher Verbote sowie entsprechender Polizeieinsätze gelangte die Bewegung immer wieder an die Gelände der Atomanlagen. Brokdorf am 19. 2. 1977,

Malville am 31. 7. 1977, Kalkar am 24. 9. 1977, Brokdorf am 28. 2. 1981, Wackersdorf am 7. 6. 1986 und am 10. 10. 1987 — alle diese Großdemonstrationen unmittelbar an den Baugeländen wurden verboten. Immer wurden »zu befürchtende Ausschreitungen« gegebenenfalls »kleiner Minderheiten« zum Anlaß für mehr oder weniger weiträumige Verbote genommen. Das Ziel war klar: Den AKW-GegnerInnen sollte das Demonstrieren vor Ort, an den Festungen der Atomindustrie genommen werden. Dadurch sollte dem Widerstand die Dringlichkeit und politische Brisanz genommen, der Konflikt entschärft werden. Dahinter steht vor allem der Wille, die Bewegung zu schwächen: Integrationsfähige Teile sollten durch die Kriminalisierungsdrohung abgeschreckt werden; diejenigen, die sich nicht daran halten, sollten isoliert und Opfer der Kriminalisierung werden.

Brokdorf am 19. 2. 1977: Die Demonstration am Bauzaun wurde kurzfristig verboten. Stattdessen wurde die Bewegung auf den Kundgebungsort in Itzehoe verwiesen, der auch von bürgerlichen Kräften wie dem BBU (Bundesverband der Bürgerinitiativen Umweltschutz e. V.) als Alternative vorgeschlagen worden war. Das Verbot konnte trotz Ausschöpfung aller politischen und juristischen Mittel nicht beseitigt werden. Teile der Anti-AKW-Bewegung mobilisierten trotzdem nach Brokdorf, 30 000 AKW-GegnerInnen erreichten den Bauzaun.

Kalkar am 24. 9. 1977: Obwohl das ursprünglich großflächige Demonstrationsverbot auf das Gebiet um den Bauplatz gerichtlich beschränkt wurde, war die bundesweite Mobilisierung nach Kalkar Anlaß für eine Notstandsübung bisher nicht gekannten Ausmaßes. Die Kontrollstellen und Polizeisperren in der gesamten BRD führten dazu, daß ein Großteil der AKW-GegnerInnen Kalkar nicht erreichte.

Brokdorf am 28. 2. 1981: Nach der endgültigen Entscheidung des Oberverwaltungsgerichts Lüneburg bestand für die gesamte Wilstermarsch ein großflächiges Demonstrationsverbot. Nach Umgehung von Polizeisperren und teilweise peniblen Durchsuchungen erreichten die DemonstrantInnen trotzdem das Gelände.

Auch das anläßlich dieses Verbots vier Jahre später ergangene Brokdorf-Urteil des Bundesverfassungsgerichts (BVerfG) änderte nichts an der Intention dieser Verbote. Denn das BVerfG hob zwar die Bedeutung der Demonstrationsfreiheit für einen demokratischen Rechtsstaat hervor, auch wurde das

Recht der VeranstalterInnen, Zeit und Ort einer Demonstration zu bestimmen, bestätigt und Kontrollen à la Kalkar, bei denen Tausende den Kundgebungsort gar nicht erreichten, wurde eine klare verfassungsrechtliche Absage erteilt; doch letztlich wurde das Demonstrationsverbot am Baugelände bestätigt. Die behördliche Entscheidung sei, unter Berufung auf Erkenntnisse der Sicherheitsbehörden »wegen befürchteter Ausschreitungen von einer kleinen Minderheit der Teilnehmer«[1], verfassungsgemäß, lediglich der räumliche Geltungsbereich des Verbots wurde auf ein kleineres Gelände unmittelbar um die Anlage herum beschränkt.

Wackersdorf im Herbst 1987: Exemplarisch sei im folgenden zitiert aus einer bayerischen Verfügung, mit der die Herbstdemonstration in Wackersdorf am 10. 10. 1987 verboten wurde: »Der Bauzaun wird von allen Gegnern der Wiederaufbereitungsanlage als ein Symbol dafür angesehen, daß diese Anlage gegen den Willen der Kernkraftgegner entstehen soll. Der Bauzaun weckt heftige Emotionen, so daß die Teilnehmer des Aufzuges oder etwaiger Versammlungen schon beim Anblick des Zaunes eher zu Ausschreitungen neigen. Diese emotionsbestimmte Ausschreitungsgefahr gegenüber dem Bauzaun als Symbol der Wiederaufbereitungsanlage wird noch gesteigert durch den Effekt, den das Zusammensein mit einer größeren Anzahl Personen für den einzelnen bedeutet. Das Zusammensein in einer Menschenmenge vor dem massiven Bauzaun, der den Gegnern der Wiederaufbereitungsanlage die Wirkungslosigkeit ihrer bisherigen Äußerungen vor Augen führt, kann zu einer Solidarisierung mit Gewalttätern führen und stärkt die latent vorhandene Gewaltbereitschaft des einzelnen, der sich selbst nicht zu den militanten Kernkraftgegnern rechnet«[2]. Treffender ließe sich die Intention der Versammlungsverbote kaum zum Ausdruck bringen.

Der Spaltkeil

Um die Bewegung in den Griff zu bekommen, mußten staatliche Strategen nicht nur versuchen, die erfolgreiche Orientierung der Bewegung auf die Bauplätze zu verhindern, sondern auch die radikaleren Teile der Bewegung zu isolieren. Mit verschiedenen Mitteln wurde versucht, die Bewegung zu spalten. Entsprechend mußte diese gegen die Spaltungsversuche geschlossen vorgehen.

Bei der Vorbereitung der Brokdorf-Demonstration im Februar 1977 entstand unter den veranstaltenden Gruppen ein Streit um den Demonstrationsort. Angesichts des aufgeheizten innenpolitischen Klimas, angesichts der Hetzkampagnen in den Medien gegen die Bewegung (»Extremisten wollen mit Babys auf dem Arm Brokdorf stürmen«[3] schlugen bürgerliche Kräfte innerhalb der Bewegung, allen voran der BBU und die Jusos, Itzehoe als Kundgebungsort vor — weit genug von Brokdorf entfernt, um einen möglichen spontanen Zug zum Baugelände von vornherein auszuschließen. Dies war ganz im Sinne der Sicherheitsbehörden. Ziel dieser Spaltungspolitik war die Isolierung der radikaleren Bewegungsteile und deren Kriminalisierung. Der Rest sollte zu einer berechenbaren und staatlich steuerbaren Masse gemacht werden, der freilich einige Spielwiesen zugeteilt werden.

Radikale Teile der Anti-AKW-Bewegung mobilisierten nach Brokdorf, obwohl klar war, daß die Gefahr einer Spaltung drohte. Und sie haben Erfolg gehabt, denn die Bewegung hatte bis dahin eine Stärke entwickelt, die die faktische Aufteilung der AKW-GegnerInnen auf Brokdorf (30 000) und Itzehoe (20 000) nicht zur Spaltung werden ließ. Ein Ergebnis dieser Stärke ist die Tatsache, daß zur Demonstration nach Kalkar am 24. 9. 1977 auch Kräfte wie der BBU mobilisierten, die sich eine Distanzierung von den Anti-AKW-Initiativen nicht leisten konnten.

In diesem Zusammenhang ist noch einmal auf das inzwischen legendäre Brokdorf-Urteil des BVerfG zurückzukommen. Dieses Urteil untermauert nämlich nicht nur die Bedeutung der Demonstrationsfreiheit, wie gemeinhin euphorisch angenommen wird. Vielmehr enthält es eine Passage, die das von den Behörden erwartete Verhalten der Veranstalter einer Großdemonstration betrifft. Es seien da die Erfahrungen zu nutzen, die bereits bei der »friedlichen Durchsetzung« von Großdemonstrationen gemacht wurden. Zu diesen Erfahrungen zählen laut BVerfG die »rechtzeitige Klarstellung der Rechtslage«, das beiderseitige Unterlassen von »Provokationen und Aggressionsanreizen« sowie auch das Einwirken der »Veranstalter auf die Teilnehmer mit dem Ziel friedlichen Verhaltens und der Isolierung von Gewalttätern«, gelegentlich »polizeifreie Räume«, ferner die »rechtzeitige Kontaktaufnahme, bei der beide Seiten sich kennenlernen, Informationen austauschen und möglicherweise zu einer vertrauensvollen Kooperation finden, welche die Bewältigung auch unvorhergesehener

Konfliktsituationen erleichtert«[4].

Auf diese Ausführungen berufen sich nun vorzugsweise die Behörden. Es genügt inzwischen nicht mehr, eine Demonstration anzumelden und die geplante Route bekanntzugeben; vielmehr wird jedesmal ein Gespräch mit den zuständigen Behörden, in Schwandorf beispielsweise immer unter Anwesenheit polizeilicher Einsatzleiter, verlangt. Diese Gespräche nehmen meistens inquisitorische Formen an. Es werden Zusagen verlangt, die vor allem die Spaltung der Bewegung auch während der Aktion zum Ziel haben. Das Verlangen, bei einer Demonstration Abstand von dem »Schwarzen Block« zu halten (um ein Dazwischengehen von Polizeiverbänden zu erleichtern), hat die gleiche Stoßrichtung, wie die Aufforderung an Veranstalter, Mikrophone bei der Diskussion bestimmter unerwünschter Inhalte abzustellen.

In diesem Zusammenhang gehören auch »Deeskalationsgespräche«, Gespräche zwischen Polizei-/Sicherheitsbehörden und AKW-GegnerInnen über den vergangenen und künftigen Verlauf von Aktionen. Grundsätzlich haben die Bemühungen der Behörden, im Vorfeld von Aktionen von VeranstalterInnen Spaltungszusagen und Distanzierungserklärungen zu erhalten, bisher nicht gefruchtet. Auch wenn in den konkreten Gesprächssituationen immer wieder Probleme bei der Frage entstehen, was eine Zusage in diesem Sinne und die Preisgabe politischer Positionen bedeuten würde, so besteht doch allgemeiner Konsens darüber, daß derartige Zusagen abzulehnen und eine Distanzierung von bestimmten Teilen der Bewegung als politisch schädlich und schwächend zu verhindern sind.

In der Anti-AKW-Bewegung hat es daher auch bislang keine Bestrebungen gegeben, etwa analog zu den sogenannten Stuttgarter Gesprächen der Friedensbewegung mit führenden Polizeikräften Deeskalationsgespräche zu führen. Eine Festlegung von Demonstrationsspielregeln in einem Quasi-Staatsvertrag wird und wurde abgelehnt, stünde auch im diametralen Gegensatz zum radikalen Durchbrechen vieler Verbote und Maßregelungsversuche in der Geschichte der Bewegung. Freilich ist die Bewegung von polizeilichen Annäherungsversuchen in dieser Richtung nicht verschont geblieben; immer wieder haben einzelne auch derartige Angebote wahrgenommen. In jüngster Zeit wurde in Richtung auf die Anti-WAA-Bewegung ein derartiger Vorstoß gemacht. Die Evangelische Akademie Tutzing (als Vermittlerin) hatte Oberpfälzer BI-Prominenz im

Mai 1988 zusammen mit Polizeistrategen und -psychologen an einen Tisch gebeten, um die Gewaltfrage zu diskutieren. Zwar erklärten sich einige bereit zur Teilnahme, aber als die Sache bekannt wurde, entstand bewegungsöffentliche Empörung; den dialogbereiten Kräften wurde eine klare Absage erteilt und derartige Gespräche für zwecklos erklärt.

Kriminalisierung und Repression

Auch wenn Demonstrationsverbote und Spaltungsversuche die Bewegung nicht zu zerschlagen vermochten, so hat doch die Kriminalisierung Tausender AKW/WAA-GegnerInnen mit dem Ziel der Abschreckung und Einschüchterung ihre Spuren hinterlassen.

Angesichts der relativen Geschlossenheit der Bewegung führten polizeiliche Repressionen und Kriminalisierungsversuche dazu, daß nicht nur einzelne von harten Polizeieinsätzen und Strafverfahren getroffen wurden, sondern die gesamte Bewegung. Auch Gewaltfreiheit schützt nicht vor Schlagstock, Datenerfassung und Anklageschrift.

Kriminalisierung bedeutet in diesem Zusammenhang nicht nur die massenhafte Einleitung von Strafverfahren, denn die staatlichen Maßnahmen setzen bereits weit im Vorfeld von Straftaten ein. In dem Moment, in dem sich anläßlich neuer AKW-Planungen in verschiedenen Regionen Widerstand rührte, trat auch regelmäßig der Verfassungsschutz auf den Plan. Zu seinem und dem polizeilichen Tätigkeitsfeld gehörten nicht nur die Observation ganzer Regionen und die umfassende Datenspeicherung, immer wieder wurde auch das Einschleusen von Spitzeln und V-Leuten in Angriff genommen. Ob das die Registrierung aller auswärtigen Kfz-Kennzeichen im Landkreis Lüchow-Dannenberg war, die Beobachtung von einer »Zuwanderung von Linksextremisten« in den Landkreis, die Verfolgung aktiver Oberpfälzer mit Zivilfahrzeugen oder die ständigen Personen- und Autokontrollen. Die Erfahrungsberichte aus den Regionen um AKWs herum gleichen sich alle. Beispielhaft aus jüngster Zeit: Der Verfassungsschutz besorgte sich in der Oberpfalz Fotos und Daten von WAA-GegnerInnen aus gemeindlichen Melderegistern. In den *Nürnberger Nachrichten* vom 23./24. 4. 1988 wurden über eine Zeitungsanzeige für eine Detektei Mitarbeiter gesucht; bei einem »Bewerbungsgespräch« stellte sich der Verfassungsschutz als Arbeitgeber heraus, und die detektivischen Fähigkeiten sollten

u. a. in Kreisen der Anti-WAA-Bewegung zum Einsatz kommen.[5]

Dem Ziel der Einschüchterung und Abschreckung dienen auch die harten Polizeieinsätze. Das Ausmaß der Aufrüstung der Polizei macht u. a. der bayerische »Nachrüstungsbeschluß« vom Juli 1986 deutlich. Aufgrund einer »Bedarfszusammenstellung« der Polizei nach den massiven Pfingstauseinandersetzungen wurden dieser Waffen und Überwachungsgeräte im Wert von 50,75 Millionen DM zur Verfügung gestellt (u. a. für CS-Gas, Gummigeschosse und hochentwickelte Videokameras).

Die personelle Aufrüstung der Polizei sowie ihre Spezialisierung sind seit Mitte der siebziger Jahre immer häufiger an den polizeilichen Erfahrungen mit Aktionen der Anti-AKW-Bewegung orientiert. Dies führte u. a. zu bürgerkriegsähnlichen Massenaufgeboten; da aber ein rein massenhaftes Vorrücken zu unflexibel gegenüber den wesentlich mobileren DemonstrantInnen war, wurden ergänzend die Sondereinsatz-, Mobilen Einsatzkommandos und Dokumentationstrupps geschaffen, denen vornehmlich die Erhöhung der Festnahme- und Anklagequoten obliegt. Zuletzt besonders aufgefallen ist eine anläßlich der 1. Mai-Auseinandersetzungen in Westberlin geschaffene »Spezialeinheit für besondere Lagen und einsatzbezogenes Training«, die ihren bayerischen Einstand in Wackersdorf im Herbst 1987 gab. In martialischer Aufmachung prügelten sie auf DemonstrantInnen ein, selbst wenn diese verletzt am Boden lagen. Auch Bayern hat hier den Anschluß gefunden: 619 Freiwillige ließen sich zu einem »Unterstützungskommando« ausbilden, mit dem in Zukunft noch schlagkräftiger vorgegangen werden soll.

Ein besonderes Problem — nicht nur für die Bewegung — stellen die im Anschluß an Anti-AKW-Aktionen massenhaft eingeleiteten Strafverfahren dar. Bislang beispiellos stehen für diesen Einschüchterungsversuch die 3157 in der Oberpfalz eingeleiteten Strafverfahren. Die Räumung der beiden Hüttendörfer im Dezember 1985 und Januar 1986 führten zu Hunderten von Strafverfahren wegen Nötigung. Die meisten Anklagen bezogen sich auf Delikte wie Nötigung und Widerstand gegen Vollstreckungsbeamte, einige auch auf Landfriedensbruch. In den meisten Verfahren wegen Nötigung und Widerstands konnten — zumindest in der zweiten Instanz — Freisprüche errungen werden. Die Strafen, die verhängt wurden, waren zum Teil unverhältnismäßig hoch und dienten offen generalpräventiven Zwecken. Für diese Verfahren hatte sich die Justiz durch zahlreiche neue Richter- und Staatsanwaltsstellen vorbereitet. Die Schematisierung der Verfahren betraf auch Beweismittel; nach Beobachtung vieler StrafverteidigerInnen überließen sich polizeiliche Belastungszeugen gegenseitig ihre Vernehmungsprotokolle zur Einsicht, um das Auftreten von Widersprüchen zu vermeiden.

Auch die Organisationsbüros der Bewegung und ihre Publikationen werden nicht verschont. Zahllose Durchsuchungen mußten die Büros in der Oberpfalz über sich ergehen lassen, teilweise folgten auch Strafverfahren. Gegen das bayerische Anti-Atom-Magazin *RADI-AKTIV* wurde Anklage wegen öffentlicher Aufforderung zu Straftaten und Verunglimpfung des Staates und seiner Symbole erhoben.

Nicht nur die Anwendung, auch die Schaffung neuer, situationsangepaßter Gesetze gehört zum Repertoire staatlicher Konfliktstrategien. Zentrales Problem für Sicherheitsbehörden und Justiz war schon seit langem, die heterogene, lose organisierte Bewegung mit ihren vielfältigen Aktionen in strafrechtlichen Griff zu bekommen.

So wurden zunächst, am Demonstrationsgeschehen orientiert, die Schutzmaßnahmen der DemonstrantInnen kriminalisiert: das viel diskutierte »Vermummungsverbot« und das »Verbot von Schutzwaffen« ist Ausdruck dieser Entwicklung. Auch die neuesten Pläne aus dem Bundesinnenministerium sind u. a. an den Aktionen der Anti-AKW-Bewegung orientiert: Mit dem geplanten Verbot des Aufrufs zu einer verbotenen Demonstration soll die Mobilisierung erschwert und die vom BVerfG verlangte Kooperationsbereitschaft soll gesetzlich unter Androhung von Sanktionen erzwungen werden. Und inzwischen ist auch der § 129a StGB weitaus gefährlicher für die Anti-AKW-Bewegung geworden, nachdem der Straftatenkatalog des § 129a StGB um Delikte des »Eingriffs in den Bahnverkehr«, der »Störung öffentlicher Betriebe« sowie der Zerstörung »wichtiger Arbeitsmittel« (Baumaschinen und Polizeifahrzeuge) erweitert wurde.

Der Umgang mit der Kriminalisierung, insbesondere der justiziellen Nachbereitung der Aktionen, ist ein problematischer Bereich. Die Forderung »Keine Kriminalisierung von AKW/WAA-GegnerInnen — Einstellung aller Ermittlungsverfahren« ist zwar von Beginn an in jedem Aufruf enthalten.

Aber auch wenn die Bewegung praktisch immer wieder politische Erfolge gegen staatliche Maßregelung erzielte, so sind doch Defizite in der Auseinandersetzung mit der Entwicklung im Bereich der Inneren Sicherheit festzustellen.

Einerseits wurde entsprechend der massenhaften und systematisierten Kriminalisierung des Widerstands eine ebenso systematische Vorsorge getroffen: Die Arbeit der Ermittlungsausschüsse zur Betreuung der Festgenommenen und Angeklagten in den Strafverfahren, die Gründung von Prozeßhilfefonds und die Organisierung anwaltlicher Vertretung sind schon lange Selbstverständlichkeiten. Teilweise können auch einzelne Prozesse durch eine wirkungsvolle Öffentlichkeitsarbeit zur Anklage gegen die Atomindustrie und deren staatliche Unterstützung umfunktioniert werden. Insbesondere anläßlich der Grohnde-Prozesse wurden intensive Diskussionen innerhalb der Bewegung über den Umgang mit Kriminalisierung und den daraus folgenden Prozeßstrategien geführt; die Solidarisierung mit den Angeklagten reichte weit in liberale Spektren des In- und Auslands hinein, zahlreiche Aktionen — von Demonstrationen bis zu Kirchenbesetzungen — unterstützten die Angeklagten.

Andererseits besteht natürlich bei Massenverfahren wie in der Oberpfalz das Problem, nicht in Tausenden von Verfahren immer volle Gerichtssäle und Öffentlichkeit für die Angeklagten schaffen zu können. Der »Gewöhnungseffekt« spielt bei dieser staatlichen Strategie eine große Rolle: Die Strafverfahren sollen zu zwangsläufigen Folgen politischer Opposition gemacht werden, das Risiko immer höher und die Konsequenzen für das Leben der Angeklagten immer drastischer werden.

Die inhaltliche Auseinandersetzung innerhalb der Anti-AKW-Bewegung über die innenpolitische Entwicklung ist nicht ausreichend: Zwar werden die neuesten Gesetzeswerke aus dem Bundesinnenministerium in den Publikationen der Bewegung dargestellt, es gibt mehr oder weniger regelmäßige Berichte über Prozesse und Ermittlungsverfahren, eine Diskussion hierüber entsteht jedoch nur in den seltensten Fällen. Teilweise wird die Auseinandersetzung mit der repressiven Entwicklung sogar als demobilisierend und die Bewegung schwächend abgelehnt. Veranstaltungen zu diesem Themenkomplex sind zwar meistens, wie z. B. in Schwandorf in der Oberpfalz im März '86, gut besucht, aber finden äußerst selten statt.

Bündnispolitik

Die Inanspruchnahme von Bündnissen mit anderen Bewegungen und mit Gruppierungen der demokratischen Öffentlichkeit ist eine Möglichkeit des Umgangs mit Repression und Kriminalisierung. Denn vor allem die Isolierung derjenigen ist beabsichtigt, die aktiven Widerstand leisten und daher der Kriminalisierung zum Opfer fallen sollen. Wenn Polizei und Sicherheitsbehörden in politische Legitimations-Zwickmühlen zu bringen sind, dann allenfalls durch viel Öffentlichkeit, Empörung und Protest gegenüber ihrem Vorgehen.

Als ein Beispiel für eine derartige Bündnispolitik sind hier die Ereignisse anläßlich der 10. Bundeskonferenz der Anti-AKW-Bewegung (Buko) am 16./17. 1. 1987 in Nürnberg zu nennen. Ursprünglich sollte dieses Treffen aller Anti-AKW-Initiativen, das seit zehn Jahren zum Zweck der Diskussion und Planung weiterer Aktionen regelmäßig stattfindet, in Regensburg vom 28. bis 30. 11. 1986 durchgeführt werden. Der bayerische Staat reagierte mit aller Härte: Sämtliche Veranstaltungen wurden verboten, lediglich ein Fest durfte unter der Auflage stattfinden, nur Vergnügungsveranstaltung ohne jedweden Redebeitrag zu bleiben. Die Versuche, Treffen an verschiedenen Orten durchzuführen, schlugen fehl, die AKW/WAA-GegnerInnen wurden regelrecht durch die gesamte Oberpfalz gejagt.

Diese niederschmetternden Ereignisse führten umgehend zu sehr kontroversen Vorstellungen über das weitere Vorgehen. Teilweise wurde vertreten, die Bewegung benötige unbedingt Zeit und Raum für ihre Diskussionen, welcher aber offensichtlich nicht in Bayern zur Verfügung stehe, man müsse daher in ein anderes Bundesland ausweichen. Von anderen Teilen der Bewegung wurde jedoch die Bedeutung eines Widerstands gegen das Vorgehen der bayerischen Staatsregierung hervorgehoben, wenn man nicht die Anti-WAA-Bewegung mit dieser Niederlage in ihrem Kampf alleine stehen lassen wolle. So wurde ein Konzept erarbeitet und durchgeführt, das zum einen Protest und Widerstand gegen diese bayerischen Verhältnisse zum Ausdruck bringen sollte, zum anderen aber auch Zeit und Raum für eine Buko in Bayern schaffen sollte. Die Bewegung sollte unter dem Schutz eines breiten, demokratischen Bündnisses ihre Inhalte und Planungen unzensiert diskutieren können, wie auch all die Jahre zuvor.

Ein Aufruf zu dieser Unterstützung hatte in sämtlichen demokratischen Gruppen und Organisationen, bei vielen fortschrittlichen Prominenten Erfolg. Die Unterstützer wurden aufgefordert, »mit allen zur Verfügung stehenden Kräften dafür zu sorgen, daß die Buko der Anti-AKW-Initiativen ungestört stattfinden kann — ohne Schikanen und ohne Zensur«. Drei Tage vor Beginn der Buko kam die zu erwartende Weisung vom Innenministerium: Die Stadt Nürnberg verbot sämtliche Veranstaltungen inklusive der geplanten Demonstration. Der juristische Widerstand hatte — für die VeranstalterInnen überraschend — Erfolg: Das Verbot wurde aufgehoben, sogar der Verwaltungsgerichtshof in München bestätigte dies, allerdings unter stark disziplinierenden Auflagen. Die Auftaktveranstaltung war schließlich auch ganz diesem Thema gewidmet: In mehreren Beiträgen wurden die repressiven Verhältnisse nicht nur in Bayern kritisiert.[6] Die das KOMM füllenden 1500 BesucherInnen und TeilnehmerInnen der Buko manifestierten einen entschlossenen Widerstand gegen diese Entwicklung. Das Plenum der Buko lehnte in einer Resolution die Erfüllung der Auflagen ab, was schließlich zum Anlaß für ein neuerliches Verbot genommen wurde. Trotz einer Bereitschaft von 3000 bis 4000 Polizeibeamten, die zum Schluß das KOMM umstellten, konnte die Buko zu Ende geführt werden.

Ein derartiges Bündnis ist natürlich keine Garantie für den Erfolg solcher Aktivitäten. Nur vor dem Hintergrund, daß der bayerische Staat mit all seiner Härte in Regensburg zugeschlagen hatte, wurde bewußt ein ungeheurer Aufwand zur Durchsetzung der Buko betrieben; nur aufgrund der Empörung über die bayerischen Verhältnisse ließen sich dieses breite Bündnis und die solidarische Unterstützung überhaupt herstellen.

Aber es gibt auch Situationen, in denen keine noch so geschickte Politik zu schützen vermag. Die militärische Übermacht der Polizei, sofern sie ohne Rücksicht auf eventuellen Prestigeverlust diese einzusetzen bereit ist, setzte auch schon mehrmals für die Anti-AKW-Bewegung klare Grenzen: Seit die Baugelände für die Atomanlagen zu Festungen mit Wassergräben, meterhohen Sicherheitszäunen und Nato-Draht ausgebaut sind, konnte das Ziel der Bauplatzbesetzung nicht mehr verfolgt werden.

Ein weiteres Beispiel ist Kleve: Anläßlich der Brokdorf-Demonstration am 7. 6. 1986 geriet der Hamburger Konvoi in eine polizeiliche Falle, die Autos wurden zertrümmert, DemonstrantInnen zusammengeschlagen. Und nur wenige Tage später wurde eine Hamburger Demonstration, die gegen diese Vorfälle protestierte, für Stunden unter menschenunwürdigen Bedingungen eingekesselt. Dieser Hamburger Kessel verursachte immerhin eine Welle der Empörung auch im liberalen Spektrum und wurde letztlich auch durch gerichtliche Urteile zu einem Politikum und Prestigeverlust für die Polizei, deren Führungskräfte jedoch — wie üblich — nicht zur Verantwortung gezogen wurden.

Weder Rezept noch Garantie

Alle diese Erfahrungen können kein Rezept zur Durchsetzung oppositioneller Aktivitäten gegen staatliche Repression und Kriminalisierung sein. Aber unter Berücksichtigung der jeweiligen konkreten Situation kann ein Zurückgreifen auf diese Erfahrungen von Nutzen für die Fortentwicklung des Widerstands sein. Und hier ist zusammenfassend die Bedeutung eines radikalen und geschlossenen Vorgehens gegenüber staatlichen Konfliktstrategien hervorzuheben. Ein Eingehen auf staatliche Befriedungsangebote hätte der Anti-AKW-Bewegung in ihrer Kontinuität schwer geschadet. Die Anti-AKW-Bewegung konnte nämlich dann am ehesten einen politischen Erfolg verbuchen, wenn sie unter Aufrechterhaltung ihrer inhaltlichen Forderungen mit allen politischen, juristischen und praktischen Mitteln gegen Verbote, Repression und Kriminalisierung vorging und dabei nicht nur hinsichtlich des Kampfes gegen Atompolitik bündnisfähig und -bereit war. Sowohl Möglichkeiten als auch Grenzen radikalen Vorgehens müssen in der jeweiligen Situation konkret untersucht werden, um die Gefahr einer Isolierung bestimmter Teile einer Bewegung zu vermeiden. Von Bedeutung für die Bestimmung dieses politischen Kräfteverhältnisses ist die gründliche Auseinandersetzung mit der Funktion staatlicher Repression und Prävention sowie die genaue Beobachtung der innenpolitischen Entwicklung. Diese Auseinandersetzung muß dabei keineswegs einen demobilisierenden, in der Wirkung resignativen Charakter haben, wie teilweise kritisiert wird. Vielmehr ist sie u. a. Voraussetzung dafür, daß der Blick der Bewegung nicht durch staatliche Nebelkerzen verstellt wird, wie dies z. B. hinsichtlich der Erweiterung des § 129a StGB der Fall war: Ohne die Gefährlichkeit einer Kronzeugenregelung herunterspielen zu wollen, hat doch die damals hierüber in sämtlichen Medien aufgeregt geführte Debatte auch in der Anti-AKW-Bewegung die Ausweitung des § 129a StGB, aber auch die Einführung des Zensur-Paragraphen 130a StGB völlig in den Hintergrund gedrängt. Angesichts der Tatsache, daß heutzutage für die Durchsetzung z. B. einer Demonstration in der Regel ein ungeheurer Aufwand notwendig ist — wie nicht nur die 10. Bundeskonferenz in Nürnberg gezeigt hat —, angesichts dessen entspricht die Auseinandersetzung mit dem Hintergrund und den Zielsetzungen des »Sicherheits«apparats jener Bedeutung, die dieser der Bekämpfung außerparlamentarischer Opposition beimißt. Die Tatsache, daß das bundesdeutsche Atomprogramm insbesondere aus militärischen Gründen nach wie vor gegen den Willen der Bevölkerung mit Staatsgewalt durchgesetzt wird, macht auch eine Auseinandersetzung mit dem Arsenal staatlicher Konfliktbekämpfung erforderlich: Es geht dabei nicht zuletzt um die künftigen Kampfbedingungen der Anti-AKW- und Ökologie-Bewegung.

Dieter Schöffmann
4.2 Die Friedensbewegung und die Bürgerrechte

Die Friedensbewegung hat einiges zuwege gebracht: die größten Massendemonstrationen in der Nachkriegsgeschichte; die gesellschaftliche Verankerung eines friedenspolitischen Interesses und Engagements; die Aktivierung von Berufsgruppen, denen dies z. T. nie zugetraut worden wäre, wie etwa ÄrztInnen, JuristInnen oder NaturwissenschaftlerInnen für den Frieden. Die öffentliche Debatte um friedens- und sicherheitspolitische Fragen wurde den »Experten da oben« entrissen und »Ziviler Ungehorsam« zumindest zum sprachlichen Allgemeingut.

Gescheitert ist sie an der »Gewaltfrage«, dem staatlichen Patentmittel zur Eindämmung gesellschaftlicher Opposition. Die Antworten der Friedensbewegung fielen dünn bis kontraproduktiv aus. Ebenso gering war ihr Beitrag zur qualitativen Weiterentwicklung von Aktionsperspektiven und Handlungsspielräumen für eine nichtparlamentarische Opposition.

»Falsch«, »zu negativ«, »überzogen« . . . wird manche/r Leserin diese Einschätzung werten. Daß dem nicht so ist, werde ich im folgenden zu belegen versuchen:

Die Friedensbewegung kann auf eine lange Tradition und Erfahrung zurückblicken. Friedensorganisationen mit z. T. jahrzehntelanger Praxis bzw. deren Funktionäre stellten im wesentlichen den organisatorischen Kern der »neuen Friedensbewegung«. Nicht unterschätzt werden darf die Vorarbeit der Anti-AKW- bzw. Ökologie-Bewegung, die in großem Maße zur Sensibilisierung breiter Bevölkerungsschichten in Lebens- und Überlebensfragen beigetragen hat. Mit ihr trat Bewegungspolitik erstmals aus dem Ghetto linker, jugendlicher Provenienz heraus. Die besonders durch Faschismus-Erfahrung bedingte politische Abstinenz der mittleren und älteren Generation konnte auf breiter Linie durchbrochen werden. Die »Bürgerinitiativbewegung« bzw. die »Neuen Sozialen Bewegungen« waren für die Politik- und Sozialwissenschaften der siebziger und achtziger Jahre ein neues Phänomen.

Desweiteren wurden alle wichtigen Aktionsformen von der Anti-Akw-Bewegung erkundet und von der späteren Friedensbewegung nur noch übernommen: die Initiativarbeit vor Ort, Massendemonstrationen, Ziviler Ungehorsam (wie Blockaden, Bauplatzbesetzungen). Alle Register staatlicher Gegenmaßnahmen, von der Diffamierung bis zu massiven Knüppel-, Wasserwerfer- und Gaseinsätzen, waren an ihr schon ausprobiert worden. Waren Anfang bis Mitte der siebziger Jahre viele Friedensbewegte und AntimilitaristInnen zur Anti-AKW-Bewegung gewechselt, brachten ab Anfang der achtziger viele Anti-AKW-AktivistInnen ihr Engagement und ihre Erfahrungen in die neue Friedensbewegung ein.

Die »neue Friedensbewegung« — »Anti-Raketen-Bewegung« wäre in mehrfacher Hinsicht die bessere Bezeichnung — hat aus diesen Erfahrungen letztlich wenig gemacht. Dies lag bei weitem nicht nur an dem Einfluß entsprechend interessierter Kreise — wie sozialdemokratischer, gewerkschaftlicher und kirchlicher Gruppierungen —, sondern auch am Objekt ihres Protestes, das die Bewegungsdynamik mitbestimmt(e): Opposition gegen industrielle Großprojekte, die in ökologisch noch intakte bzw. landwirtschaftlich genutzte Landstriche gesetzt werden sollen, hat sich in erster Linie an der Industrie, dem kapitalistischen Verwertungs- und Profitinteresse und an einer einschlägig gepflegten Wissenschaftsgläubigkeit abzuarbeiten.

Geht es jedoch um neue Waffensysteme, wie etwa um die Mittelstreckenraketen, gilt es, die Konfrontation mit einem schon jahrzehntealten Arrangement mit Bundeswehr und Militäranlagen, mit der Ideologie des »Freien Westens« und des Antikommunismus aufzunehmen. Hier geht es, anders als bei industriellen Großprojekten, um die Staatsraison.

So entwickeln Demonstrationen am »politischen Stationierungsort« Bonn von vorneherein eine andere Dynamik als solche an den realen Tatorten. Solche Umstände haben das Unverständnis gegenüber gewaltsamen Entwicklungen in der Anti-AKW-Bewegung gefördert; Berührungsangst war und ist die Folge. Entsprechend hat die Friedensbewegung in ihrer Gesamtheit, auch während ihrer Hochzeiten, in einer Weise gehandelt, die den Oppositions- und Widerstandsbedingungen nicht gerade förderlich war. Dies sei an einigen Beispielen belegt.

Bündnisbreite

Bündnisbreite stand für die Friedensbewegung über allem, vor allem, wenn es um die bundesweite Koordinierung (also den »Koordinierungsausschuß der Friedensbewegung«) ging. Objekte der Begierde waren dabei vor allem die Kirchen, die Sozialdemokratie und die Gewerkschaften. Folglich wurden NATO, Bundeswehr, AKWs und SPD-Politik so zurückhaltend und vorsichtig kritisiert, wie andererseits gewalttätige Auseinandersetzungen (z. B. »Krefelder Krawalle« im Juli 1983) und die daran beteiligten AntimilitaristInnen (vor-)schnell öffentlich verurteilt. »Bündnisoptionen vor (kritischer) Solidarität« lautete die Devise.

Friedensfriedlichkeit

Die Friedensbewegung trägt ihr positives Ziel schon in ihrem Namen: Frieden. Daran, so die verbreitete Meinung, sollten alle Mittel gemessen werden, ja diese sollen das Ziel schon in sich tragen. Damit setzte sich gerade in Aktionen ein Friedensverständnis durch, gegen das auch dieser Staat nichts einzuwenden hat: Eine Friedfertigkeit, die den Übergang vom symbolischen Protest zum auch materiell eingreifenden, verhindernden Widerstand — da potentiell nicht mehr friedlich — nicht zuläßt. Die Friedlichkeit des Aktionsverlaufes verdrängte als Erfolgskriterium die Verhinderung der Raketenstationierung.

162

Auch hier — wie schon in anderen Zusammenhängen (Anti-AKW, Startbahn-West, . . .) — war es den staatlichen Stellen und deren Propaganda wieder einmal gelungen, mit dem Thema »Gewalt« die Bewegung ein Stück von ihrem eigentlichen Anliegen abzulenken.

Deeskalationsgespräche: Die Polizei unser Freund und Helfer?

Zur Gewährleistung dieses »Erfolges« wurden folgerichtig Gespräche mit der Polizei gesucht bzw. entsprechende Angebote angenommen. Bei den »Deeskalationsgesprächen« ging es nicht um Verkehrslenkung. Thema war die Lenkung gesellschaftlichen Protestes in harmlose, für den Staat kalkulierbare Bahnen. Gemeinsame Papiere mit Verhaltensregelungen wurden erarbeitet (»Stuttgarter Gespräche« 1983), Absprachen über Räumungszeiten und durchlässige Stellen bei Blockaden getroffen (z. B. Neu-Ulm Oktober 1983) bzw. die Polizei in ihrer Image-Pflege und Differenzierungsstrategie (»Gute« — »Böse«) unterstützt (z. B. Hunsrück-Demonstration Oktober 1986, siehe zum Problem des verschärften polizeipsychologischen Vorgehens die Dokumentation »Präventive Konterrevolution« — Polizeipsychologen in der BRD, 1988).

»Der Polizist ist (meist) nicht unser Gegner«. Wer diese richtige personenbezogene Einschätzung auf die Institution Polizei überträgt, irrt gewaltig. Die Polizei ist weder neutral noch gewaltfrei, auch wenn sie uns dies immer wieder glauben machen will. Sie ist Vollzugsorgan des staatlichen Gewaltmonopols und somit eine Gewaltinstitution per Definition — was in der Friedensbewegung leider weitgehend geleugnet wird.

Ziviler Ungehorsam — angepaßte Chance

Der Zivile Ungehorsam der Friedensbewegung hat in seiner Massenhaftigkeit und gesellschaftlichen Verbreitung wesentliches geleistet: Die Gesetzes- und Autoritätshörigkeit in der bundesrepublikanischen Bevölkerung konnte zumindest angekratzt werden. Viele konnten erleben, daß die Konfrontation mit Gesetz und Staatsgewalt nicht gleich im gesellschaftlichen Abseits enden muß.

Aber die Chance, den Zivilen Ungehorsam zu einem Instrument massenhaft widerständiger Opposition zu machen, wurde verpatzt. Entsprechende hoffnunggebende Aktionen, wie die Blockade in Bremerhaven im Oktober 1983, die Bundes-

tagsbelagerung im November 1983 und die Manöverbehinderungen in Hildesheim und Osthessen im September 1984, blieben in der Friedensbewegung nur Randerscheinungen. Dagegen setzten sich die mehr auf Symbolik und Bekenntnis orien-
tierenden Interpretationen des Zivilen Ungehorsams durch.

Offene Briefe für Gewaltfreiheit

Prominente PolitikerInnen, LiteratInnen, WissenschaftlerIn-
nen, TheologInnen u. a. m. haben in der Friedensbewegung eine besondere und manchmal zweifelhafte Rolle gespielt. Daß
nicht zuletzt sie der Bewegung immer wieder den Zugang zur
Medienöffentlichkeit ermöglichten, gab ihnen ein besonderes
Gewicht, das manche von ihnen in entscheidenden Situationen auch gegen die Friedens- bzw. Anti-AKW-Bewegung ein-
setzten. Immer ging es darum, die Bewegung auf absolute Gewaltfreiheit, d. h. allseits kalkulierbare und im Symbolischen
verharrende Aktionen einzuschwören.

Zu den Manöverbehinderungsaktionen hieß es beispielsweise in einem veröffentlichten Brief im Sommer 1984, sie seien
mit den Prinzipien der Gewaltfreiheit nicht vereinbar. Damit
wurden selbst gewaltfreie Aktionsgruppen — wesentliche Mit-
trägerInnen dieser Aktionen — implizit zu Gewalttätern abge-
stempelt. In einem offenen Brief an die Anti-AKW-Bewegung
(wieder 1984 von einem Kreis um den Ex-Grünen-Abgeordne-
ten Gert Bastian initiiert) wurde deren mangelnde Bereitschaft
kritisiert, sich entschieden von Gruppierungen abzugrenzen,
die Gewalt als Aktionsmittel nicht ausschließen wollen. Damit stellten sich die prominenten InterpretInnen »richtiger
Gewaltfreiheit« wiederum auch gegen gewaltfreie Aktionsgruppen, die von solchen Ratschlägen nichts wissen wollten:
Denn für sie stellte diese Spaltungsforderung nichts anderes als
eine versuchte Schwächung allgemeiner Widerstandsbedingungen dar.

Sie zogen es weiter vor, die praktische Einigung in der jeweiligen Aktionsvorbereitung zu suchen, statt sich grundsätzlich
entlang prinzipieller Gewaltfreiheit abzugrenzen.

Die Einschränkungen des Demonstrationsrechts . . .

Alles in allem hat sich die Friedensbewegung in der Konfrontation mit dem Staat als Musterkind gebärdet, das anderen
Bewegungen als »Vorbild« vorgeführt werden konnte. Von
staatlicher Repression Getroffene konnten nur selten Solidari-

tät von diesem »Musterkind« erwarten. So spielen auch die aktuellen Demonstrationsrechtsverschärfungen und die geplanten verschärften Unsicherheitsgesetze heute in der Friedensbewegung nur eine untergeordnete Rolle, zumal der Stachel der in diesen Fragen sensibleren linken, aktionsorientierten Gruppierungen in der Friedensbewegung sichtlich und überproportional geschrumpft ist.

. . . gehen auch die Friedensbewegung an

In der Friedensbewegung wird noch zu wenig beachtet, daß sich die geplanten bzw. schon vollzogenen staatlichen Repressionsmaßnahmen letztlich auch gegen die »Friedlichen« richten. Denn es geht hierbei um den Erhalt staatlicher Durchsetzungsfähigkeit gegen berechtigten BürgerInnenprotest, Protest, der gegen politische oder industrielle Interessen und Ignoranz unmittelbar verhindernd oder ändernd vorgehen will, soll aus dem Handlungsrepertoire dieser Gesellschaft ausgemerzt werden. Die präventiven wie repressiven Maßnahmen des Staates nutzen dabei die »Gewaltbereitschaft« etwa der autonomen Gruppen als Einstiegsdroge. Nicht erst Zimmermanns »Gewaltfreie Aktion ist Gewalt« sollte aber klar gemacht haben, wo der Hase langläuft.

Dialog und Zusammenarbeit

Wer notfalls von unten erzwungene Abrüstung möglich machen, das zivilitärische Atomprogramm wie auch andere ökonomisch oder militärisch lukrative Wahnsinnsprojekte verhindern will, darf also gegenüber der Entwicklung hin zu einer polizeistaatlich befriedeten Gesellschaft nicht die Hände in den Schoß legen. Dem Widerstand gegen diese Entwicklung kann durch Dialog und Zusammenarbeit zwischen den verschiedenen Bewegungen der Rücken gestärkt werden. Hier sollte die Friedensbewegung sich gefordert sehen und nicht im Dialog mit der Polizei.

Der leider weitgehend gescheiterte Versuch, Friedens-, Anti-AKW-, Internationalismus- und Bürgerrechtsbewegung zu einer gemeinsamen Großaktion im Herbst 1987 an den in mehrfacher Hinsicht symbol- wie problemträchtigen Ort der WAA in Wackersdorf zu bringen, war ein Versuch in die richtige Richtung, der nicht als endgültig gescheitert betrachtet werden sollte.

Dialog und Zusammenarbeit soll nicht heißen, vorhandene

Differenzen zu verkleistern oder auszuklammern. Es gibt viel Anlaß zum Streit um inhaltliche Positionen, um die richtige Aktionsperspektive, um die Frage der Effektivität gewaltfreien oder gewaltsamen Widerstandes in dieser Gesellschaft. Er sollte aber unter der Annahme geführt werden, daß es wesentliche gemeinsame Ziele gibt, nämlich die Verhinderung lebensbedrohender Projekte sowie die Erkämpfung einer herrschaftsfreien, sozial gerechten und ökologischen Gesellschaft.

In diesen Zielsetzungen gibt es auch für die Friedensbewegung objektiv mehr Verbindungen zu den vielgeschmähten autonomen Gruppen als zur Polizei mit ihrer herrschaftsstabilisierenden Funktion.

Daß sich militante Autonome auch immer mal wieder als nützliche Idioten in polizeiliche Provokationsstrategien einbeziehen lassen, soll hier nicht verschwiegen werden, es entkräftet aber diese Aussage nicht.

Gegen das Verbot von Vermummung und »passiver Bewaffnung«

Auch wenn es also manchen Anlaß für Ärger gibt und viele in der Friedensbewegung nichts von »Haßmasken«, Helmen und sonstiger Schutzausrüstung halten: Das Verbot, sich zu maskieren und gegen Prügel- und Gasorgien sowie Foto- bzw. Videotrupps der Polizei zu schützen, muß in einem gemeinsamen Akt Zivilen Ungehorsams auch von der Friedensbewegung zurückgewiesen werden.

Wer immer wegen Maske oder Helm von der Polizei aus einem Demonstrationszug herausgeholt werden soll, muß davor von allen anderen geschützt werden. Wir dürfen nicht die radikalen und militanten Ränder unserer oder anderer Bewegungen zur Kriminalisierung freigeben. Gerade die Friedensbewegung, die sich gegen echte Waffen und Gewalt in dieser Gesellschaft wendet, sollte kritisch mit der Herrschaftssprache umgehen, die Schutzkleidung und Helm zur »passiven Bewaffnung« und Sachbeschädigungen, wie das Zerschneiden von Zäunen, zur »Gewalt gegen Sachen« deklariert. Diese Sprache, die bei dem Problem jahrtausendelang zu lagernden Atommülls von »Entsorgung«, bei massiver Aufrüstung und Unterstützung von Kriegsvorbereitungen von »Friedenssicherung« und bei der Einschränkung von Bürgerrechten von »Sicherheitsgesetzen« spricht, darf nicht übernommen, sondern muß entlarvt werden.

»Landfriedensbruch« und Zusammenarbeitsgebot

Standhafter Ungehorsam ist von der Friedensbewegung auch zu fordern, wenn es um die Befolgung des 1985 verschärften »Landfriedensbruch«-Paragraphen oder das geforderte Gebot der Zusammenarbeit zwischen Demonstrationsveranstaltern und staatlichen Vollzugsbehörden (Brokdorf-Urteil) geht, die künftig gesetzlich erzwungen werden soll. Oberstes Gebot bei der Vorbereitung und Durchführung einer Demonstration oder Aktion ist die Selbstbestimmtheit des Aktionsgeschehens von seiten der VeranstalterInnen.

Erfahrungen der Friedensbewegung etwa im Friedensherbst 1984 (Manöverbehinderungen, Mittelamerika-Demonstration) haben gezeigt, daß sich heikle Demonstrationen auch dann durchsetzen lassen, wenn über die Fragen der Verkehrsregelung hinaus gehende »Zusammenarbeitsangebote« der Polizei oder Verwaltungsgerichte abgelehnt wurden (weil z. B. potentiell unbequeme DemonstrantInnen denunziert und ausgegrenzt werden sollten). Gerade die Friedensbewegung hat es in der Hand, die »Zusammenarbeit« zum Standard zu machen oder dies zu verhindern. Denn mit ihrem Friedlichkeitsimage kann sie sich noch einiges erlauben, wo etwa die Anti-AKW-Bewegung schon längst schlimmsten Verdächtigungen, Bedrohungen und Verfolgungen ausgesetzt wird.

Desweiteren gilt es, gerade im Vorfeld anzustrebender gemeinsamer Demonstrationen, etwa in Wackersdorf, eindeutig klarzumachen, daß der Ort des Demonstrationsgeschehens nicht dann freiwillig geräumt wird, wenn die Polizei den »Landfrieden« gebrochen wähnt. Der ausgeweitete »Landfriedensbruch«-Paragraph 125 StGB richtet sich gerade gegen die »Friedlichen«, die mit Strafdrohungen »sanft« vom Demonstrationsort vertrieben werden sollen, ganz so, wie es der Polizeieinsatzleitung ins Sicherheitskonzept paßt, um dann möglichst ohne AugenzeugInnen und unerwünschte Solidarisierungen (wie etwa bei Brokdorf- oder Wackersdorf-Demonstrationen) ihre Spezialtrupps voll gegen den verbleibenden »harten Kern« zulangen zu lassen.

Kriminalisierung des Zivilen Ungehorsams

Die strafrechtliche Verfolgung des Zivilen Ungehorsams, etwa von Blockaden, ist von dem grundsätzlich gleichen Motiv geleitet, Oppositionsgeist und -handeln außerhalb der Parlamente einzudämmen, wie die Einschränkungen des Demon-

strationsrechtes und der Ausbau des polizeilichen Repressions-
instrumentariums. Allerdings ist dabei zu unterscheiden: De-
morechtsverschärfung und »Sicherheits«gesetze drängen bisher Erlaubtes in die Illegalität ab, während es der Zivile Ungehorsam von vorneherein auf das Übertreten vorhandener (un-
gerechter bzw. Unrecht schützender) Gesetze anlegt.

Der Bundesgerichtshof hat nun im Mai dieses Jahres höchst-
richterlich entschieden, daß Blockaden unabhängig von den
damit verfolgten Fernzielen verwerfliche Nötigung und damit
auf jeden Fall strafbar seien — im Gegensatz zu der Auffassung
in der Friedensbewegung, daß es sich hier lediglich um einen
Verstoß gegen die Straßenverkehrsordnung handele. Der
Holzhammer »verwerfliche Nötigung« soll offenbar das brö-
selnde Rechtsbewußtsein in der Bevölkerung wieder festklop-
fen und in geordnete Bahnen lenken.

Gemeint sind hier die inzwischen allzuvielen gutbürgerli-
chen Männer und Frauen, die sich beharrlich der Rüstung widersetzen und dabei ihre Gesetzestreue vernachlässigen. Die
vor allem in den letzten Jahren dominante Ausprägung des Zivilen Ungehorsam (z. B. durch die »Kampagne Ziviler Ungehorsam bis zur Abrüstung«) fördert allerdings auch für die Bewegung selbst Problematisches zutage.

Sich der Strafverfolgung stellen, wird damit zum prinzipiel-
len Teil der Aktion als Ausdruck der grundsätzlich gewaltfreien
Gesinnung und Anerkennung der (Un-)Rechtsordnung, wie
auch als Strategie, um damit den Staat oder doch zumindest
die befaßten Gerichte lahmzulegen. Daß diverse Polizeistrategen das bereitwillige Erscheinen vor Gericht in ihren Papieren
positiv vermerken, deutet am ehesten auf das Problem hin:
Nur wer dies tut, »verdient« den polizeilichen Respekt, die anderen den Knüppel.

Weiter: Die zahlreichen Prozesse binden Kraft, Zeit und
Geld. Die Konfrontation wird von den eigentlichen Tatorten
der Aufrüstung in den Gerichtssaal wegverlagert. Bei den in
letzter Zeit häufigeren Verfahren wegen Blockade*aufrufen*
wird diese Tendenz noch deutlicher. Und: die Versuche etwa
sozialdemokratischer JuristInnen, Blockaden in Prozessen
oder Gesetzesinitiativen als »Sitzprotest« zu legalisieren (weil
ja doch nur symbolisch gemeint), laufen darauf hinaus, diese
Form des Zivilen Ungehorsams zu entzahnen und diejenigen,
die weiterhin tatsächliche Blockaden wollen, um so mehr der
Strafjustiz auszuliefern.

Amnestie? — Nein danke!

So sieht es auch mit den Amnestieforderungen bzw. Straffreiheits-Gesetzentwürfen von SPD bzw. Grünen aus. Sie beziehen sich auf das Abrüstungsabkommen zwischen den USA und der UdSSR und begründen den geforderten Straferlaß mit diesem Erfolg der Friedensbewegung. Wohin dies führt, läßt sich an drei Urteilen des Landgerichts Kreuznach in Sachen Hunsrück-Blockaden (Cruise-Missiles-Basis) verdeutlichen: Ein Teilnehmer der Blockade vom November 1986 wurde — wie vorher auch schon andere vor diesem Gericht — wegen der ehrenwerten Fernziele freigesprochen. Da die Blockade im Mai 1987 einfach über den öffentlich angekündigten Zeitpunkt hinaus fortgesetzt wurde, was nicht so ehrenwert ist, wurde der zweite Angeklagte, wenn auch milde, bestraft. Einem Teilnehmer der Blockade im Oktober 1987 wurde vorgehalten, daß das Abrüstungsabkommen zu diesem Zeitpunkt schon absehbar gewesen und somit die Notwendigkeit entfallen sei, weiter mit solchen Aktionen die öffentliche Aufmerksamkeit auf dieses Problem zu lenken: Verurteilung wegen »Nötigung«.

Die einzig akzeptable Forderung, die dem Anliegen des Zivilen Ungehorsams bzw. der Friedensbewegung gerecht würde, wäre die nach Straffreiheit aller Aktionen gegen Aufrüstung und Kriegsvorbereitung — ob nun erfolgreich oder nicht, ob für die Polizei kalkulierbar oder nicht. Ziviler Ungehorsam bezieht seine Legitimation aus der Bedrohung und der sich daraus ergebenden notwendigen Gefahrenabwehr, nicht aber aus dem Erfolg. Nur: Diese Forderung eignet sich so gar nicht für sozialdemokratische oder realpolitisch-grüne Wahlwerbung, ganz abgesehen davon, daß sie bei den gegebenen Herrschaftsverhältnissen unrealistisch ist.

Pflicht zum Ungehorsam gegen den Staat

Ungehorsam und Widerstand gegen diesen Staat, gegen seine Vollzugsorgane und Repressionsgesetze ist das Gebot der Zeit, soll nicht die gesamte Bevölkerung der Hilflosigkeit angesichts der immensen und unkontrollierbaren Gefährdungen ausgeliefert werden. Der ungehorsame Geist der Friedensbewegung darf sich nicht in wohlgeordneten Blockaden oder in Blockadeprozessen erschöpfen.

Wer materielle Abrüstung und Entmilitarisierung will, muß sich mit aller Kraft auch gegen die fortschreitende Abschaffung von Bürger- und Demonstrationsrechten wehren.

Dieter Hummel/Roland Appel

4.3. Von der Datenschutz zur Rechtshilfe-bewegung
Eine (selbst)kritische Polemik

Die Zweitauflage der Volkszählung wird angekündigt. Erste Aufsätze zum Thema erscheinen. Die Einschätzung ist klar: Die Volkszählung stellt sich als ein Instrument für eine immer perfektere Erfassung von Einzeldaten heraus, als eine riesige Gehorsams- und Unterwerfungsübung für den einzelnen gegenüber dem Staat. Die Folgerung ist auch klar. Die Daten werden nicht abgegeben, die Volkszählung wird boykottiert, der Gehorsam verweigert.

Ist dies aber wirklich alles so klar?

Es erscheint ein kleines weißes Büchlein. Ein Frankfurter Großversandhaus vertreibt einen Ratgeber: »Was Sie gegen Mikrozensus und Volkszählung tun können«. Hinfort steht eine völlig überzogene apokalyptische Gesellschaftsbeschreibung im Raum. Der Polizeistaat zeigt seine drohende Fratze, es dräut das Vierte Reich gleich mehrtausendjährig. Aber im zweiten Teil wird der Ausweg aus diesem Höllenschlund gewiesen: Wir ziehen vor Gericht und lassen richten!

Kurz darauf in Köln: das erste Bundestreffen der VoBo-Inis. Dieses Büchlein schwenkend, wird über Strategien diskutiert und die »Kölner Linie« verabschiedet. In ihr wird massive Kritik an weichen Verweigerungsformen — wie Falschausfüllen, Kuli statt Bleistift, Kürzen der Fragebogen — geübt. Diese Formen werden nicht nur als untauglich eingestuft, sie werden als kontraproduktiv gegeißelt, da sie darauf beruhen, den Bogen zurückzuschicken und damit die Erfolgsstatistik heben.

Nein, die Kölner Linie weist den rechten Weg des Widerstands: Bögen werden nicht ausgefüllt, werden von alternativen Erhebungsstellen gesammelt, Boykottbarometer werden in der Hauspostille des städtischen, liberalen, konsumfreundlichen Bürgers veröffentlicht. Gleichzeitig soll gegen alles geklagt werden: gegen die Aushändigung des Fragebogens, gegen den Heranziehungsbescheid, gegen den Widerspruchsbescheid und was weiß ich noch alles.

Mit diesem Beschluß über ein solches Vorgehen, über eine solche Strategie war der Entpolitisierung der Bewegung die Tür geöffnet und die Rechtsberatungsbewegung geboren. Und das Verhängnis nimmt seinen Lauf.

Noch mehr Ratgeber erscheinen auf dem Markt. Broschüren mit Vordrucken für das sichere Einlegen von Rechtsmitteln (»Ausschneiden, Adresse eintragen, unterschreiben und die Briefmarke nicht vergessen«). In den Veranstaltungen häufen sich die Fragen: »Was kann es kosten?«, »Kann mann/frau das so formulieren«, »Was ist ein Verfassungsgericht« »Was ist ein Verwaltungsakt«, »Was ist der Unterschied zwischen Amts- und Verwaltungsgericht?«

Daß keine Mißverständnisse aufkommen: Wir haben diese Linie voll mitgetragen, in diese Richtung agitiert und informiert, selbst solche »Kochbücher« verfaßt. Nach Tisch ist es leichter, klüger zu sein.

Es besteht kein Zweifel, daß die Orientierung auf den harten Boykott entscheidend war für die Brisanz und die Öffentlichkeitswirkung, die die Bewegung erlangt hat. Ohne diese Strategie wäre es wahrscheinlich nie zu solch einer Bewegung gekommen. Richtig ist aber auch, daß durch die sehr deutliche Abgrenzung gegenüber den Formen des weichen Boykotts auch Ausgrenzungen in den Initiativen und in der Bewegung insgesamt gelaufen sind. Hier hätte mehr Gelassenheit und Ruhe wahrscheinlich viel Positives mit sich gebracht.

Das staatsintegrative Moment einer Strategie, die auf die Gerichte und damit ja haargenau auf den Staat setzt, ist kaum zu unterschätzen. Welches Vertrauen wurde da in eine Institution des Staates gesetzt, als mensch eine gesamte politische Strategie darauf baute? Aus positiven Erfahrungen konnte dies wohl nicht kommen. Hier spiegelt sich auch ein Stück der Hilflosigkeit und Ratlosigkeit der Gegenwehr wider. Neben dieser Hoffnung auf gerichtliche Erfolge (und niemand erzähle heute, er habe diese Hoffnung nie in seinem Herzen bewegt) sollte diese Strategie dazu benützt werden, die Abgabe des Bogens so zu verzögern, daß das Ende der Volkzählung erreicht würde. Aber diese Strategie wurde schnell zum Selbstläufer.

In Freiburg wollten Herr und Frau Boykotteur es ganz geschickt machen: »Wir legen mit einer Unmenge von Anträgen das Verwaltungsgericht lahm.« Der Taschenrechner wurde zum wichtigsten Argument: Es wurde die Anzahl der möglichen Boykotteure mit der Anzahl der ihnen möglichen Anträge multipliziert, das Ergebnis dann wieder mit einem durchschnittlichen Zeitfaktor und heraus kam eine politische Strategie. Schlimmer noch: Als klar wurde, daß die Gerichte auch auf dem neuesten Stand der Technik angelangt waren, d. h. Federkiel durch Textverarbeitungssysteme ersetzt hatten und auch in der Betätigung eines Fotokopieres nicht unerfahren sind — kurz: als die Gerichte fotokopierte Anträge eben mit fotokopierten Entscheidungen ablehnten, da schlug das rechtsstaatliche Gewissen und Unbewußtsein voll zu: »Verletzung des rechtlichen Gehörs«, »Verstößt gegen das Rechtsstaatsgebot«, »Verfassungswidrig«. Dies nicht nur privat am Stammtisch, sondern auch in Aufsätzen in einer kritischen Justizzeitschrift. Gar unergründlich sind die Wege mancher Herren Juristen.

In solchen Ansätzen und mit solchen Herangehensweisen wurde den Gerichten, dieser ach so unabhängigen Dritten Gewalt, von links ihre Hoffähigkeit verliehen. Es bleibt nicht mehr Otto Schily und der grünen Bundestagsfraktion überlassen, Kämpfe, die politisch nicht zu gewinnen sind, vor den Richtertisch zu zerren.

In solchen Strategien wird deutlich, daß nicht so sehr auf die eigene Kraft vertraut, sondern Hilfe bei einer vermeintlich unabhängigen und neutralen, aber auf jeden Fall außerhalb der Bewegungen stehenden Einrichtung gesucht wird. Auch dies mag ein Erklärungsansatz für das schnelle Schrumpfen gerade auch der Initiativen sein. Es wurde vielleicht zuwenig gelernt, auf sich selber zu vertrauen.

Letztlich war diese Strategie kontraproduktiv, gemessen an wirklich emanzipatorischem Handeln. Mit zunehmender Dauer dieser Art von Politik waren immer mehr Menschen dem Sach- und Fachwissen weniger Juristen ausgeliefert. Blinde Gefolgschaft beim Umgang mit den Gerichten bürgerte sich ein. Das emanzipatorische Moment von Bürgerbewegungen und -initiativen liegt aber gerade darin, daß über eigenes Handeln eine Entwicklung der eigenen Position und Person erfolgt. Dieses blieb nun völlig auf der Strecke. Darin liegt das zweite Problem dieser Strategie.

Michael Schubert, Rechtsanwalt in Freiburg, schrieb in *Vorgänge 91*, daß die objektiv gegebenen günstigen Bedingungen für die Organisierung eines breiten Widerstandes — auch — durch die VoBo-Bewegung vertan wurden. Bestand denn nun diese Chance wirklich? Gab es die Möglichkeit, hier eine breite Widerstandsfront aufzubauen? Fragen eines lesenden Aktivisten.

Schubert zitiert als Beleg Zahlen über den fehlenden Rücklauf von Bögen aus dem Herbst 1987 und Umfragen aus dem Frühjahr 1987. Auch sei der Rückgang der Zahl der Boykotteure nicht auf die Einsicht in die Notwendigkeit der Volkszählung zurückzuführen. All dies spräche eben für diese »günstigen Voraussetzungen für die Organisierung des Widerstands«.

Wir wollen jetzt gar nicht drüber rechten, daß mensch keiner Statistik trauen soll, es sei denn, sie oder er hätte selbige selbst gefälscht. Schon deswegen nicht, weil wir nachher auch noch eine zu unseren Gunsten zitieren wollen. Uns fällt dazu eigentlich nur ein, daß Schubert, wenn er zu solchen Einschätzungen kommt, wohl nie über den Rand des prärevolutionären Freiburgs hinausgeschaut haben kann.

Seine Position und seine Schlüsse können doch nur dann richtig sein, wenn die zitierten Zahlen gleichzeitig Aussagen darüber sind, welches Bewußtsein und welche Motive hinter dem Zurückhalten der Fragebögen oder der Skepsis gegenüber der Volkszählung stecken. Und: wenn diese Motive eben ein bewußtes politisches Moment beinhalten.

Nur, das wirkliche Leben ist halt nicht so. Im wesentlichen waren zwei Momente in den Beweggründen auszumachen. Zum einen stand am Anfang die diffuse, irrationale Angst: Was will der Staat von uns, er hat doch diese Daten alle schon. Und dann — solche Veranstaltungen hat Schubert wohl nicht erlebt — kam des öfteren die Vermutung und die Angst, daß da, wo z. B. Wohnraum leerstehe, möglicherweise Asylanten zwangseingewiesen würden. Nach solchen Erfahrungen waren diejenigen, die nur davor Angst hatten, daß der Staat ihre kleinen Sünden im Leben entdecken könnte — z. B. die kleine Steuerhinterziehung —, fast schon wieder sympathisch.

Die zweite Gruppe von Skeptikern war geprägt von den Weltuntergangsszenarien in Bezug auf individuelle Freiheitsrechte. In unzähligen Veranstaltungen und Veröffentlichungen wurde der Überwachungsstaat in immer glühenderen Worten beschworen. Diese Ängste — zu ihrer Realitätsnähe gleich noch einiges — werden von Menschen, denen diese Rechte wichtig sind, die sie auch wahrnehmen, stärker erlebt als von Menschen, die nicht mehr gelernt haben und deswegen auch nicht für mehr aktiv eintreten, als einmal in vier Jahren ihre Stimme abzugeben, um nachher in ihrer Stummheit weiterzuverharren. Dies bedeutet aber auch, daß für eine Bewegung wie die VoBo-Bewegung, jene Menschen am leichtesten erreichbar waren, die bereits über ein bestimmtes Problembewußtsein verfügten oder bei denen es relativ leicht zu wecken war. Dies führt uns dann zu dem aufgeklärten Bildungsbürgertum der OberstudienrätInnen, die auch tatsächlich den Hauptteil der Boykottbewegung ausmachten.

Wenn es nun aber richtig ist, daß die Verankerung der Boykottbewegung hauptsächlich in den oberen Mittelschichten und ihrem Nachwuchs gegeben war und daß ansonsten eher die vermeintliche Bedrohung pekuniärer Vorteile und konservative Grundhaltungen die Basis für die Skepsis bildeten, dann muß M. Schubert jetzt erklären, mit welcher Strategie, mit welchen Aussagen denn eine *bewußt politische Verbreiterung* der Bewegung zu erreichen gewesen wäre. Wünsche und Träume sind notwendige Triebfedern jeden politischen Handelns, rationale Analyse aber Voraussetzung verantwortlichen politischen Handelns.

Wir haben uns zu fragen, ob es der Bewegung gelungen ist, das vorhandene diffuse Bewußtsein über die Gefahren auch tatsächlich mit einem soliden Faktenfundament zu versehen, oder ob wir nicht noch dazu beigetragen haben, die irrationalen Ängste zu stabilisieren.

Ein Besucher einer Veranstaltung erzählt: Der Referent betritt die Szene, Licht aus, Spot an. An die Wand werden Dias von AKWs geworfen, der Zusammenhang von Atomstaat und Überwachungsstaat wird beschworen, die Volkszählung als integraler Bestandteil eben dieses Überwachungsstaates als Erfassung jedes einzelnen entlarvt. Dazu tritt dann noch die Polizei als Inkarnation des Gottseibeiuns, ihre Strategien und ihre Ausrüstung als präfaschistisch bezeichnet. Das Ganze firmiert dann als »den Sinn und den Hintergrund der Volkszählung benennen«.

Diese Überhöhung der Volkszählung in ihrer Funktion als Sammlung von Daten verstellt nicht nur den Blick für wesentlich wichtigere Zusammenhänge, sie hinterläßt auch in ihrer Aussichtslosigkeit nur Hilflosigkeit und Angst. Beides denkbar schlechte Voraussetzungen für eine emanzipatorische Politik.

Wer glaubt denn ernsthaft, daß »der Staat« auf ein solch dämliches Mittel wie die Volkszählung angewiesen wäre, um an die Daten einzelner Menschen zu kommen? Wer kann denn ernsthaft behaupten, daß sich die Staatsschützer durch Millionen von Datenbögen wühlen, nachdem sie diese vorher mühsam reidentifiziert haben, um aus mehr oder weniger stimmigen Angaben Auffälligkeiten herauszufiltern? Gibt es gerade unter der engagierten Linken, mit ihrer profunden Kenntnis des Staates tatsächlich solche Überzeugungen? Offensichtlich.

Diese urlinken Staatsallmachtsphantasien sind darauf angewiesen, den »Polizeistaat« immer als vor der Tür stehend zu beschwören. Nur, auch sie müssen früher oder später die Frage beantworten: Ja, wo ist er denn nun?

Durch solch ein Gerede wird der Blick auf den tatsächlich bedrohlichen Kern verstellt, übrig bleibt ein Verlust an Glaubwürdigkeit und eine Gewöhnung, verbunden mit einer Abstumpfung gegenüber unseren Argumenten. Jede Warnung vor neuen Gesetzen verliert an tatsächlicher politischer Wirkung.

Es ist der Bewegung insgesamt nicht gelungen, gegenüber diesen Phantasmagorien eine wirklichkeitsnahe Analyse mehrheitsfähig zu machen. Es lebt sich offenbar leichter in der Einschätzung, alles sei ganz schlimm. Dies überhöht ja nicht zuletzt die eigene Bedeutung als Bollwerk gegen den drohenden Polizeistaat. Verleiht auch dem eigenen Engagement, über die rationale Rechtfertigung hinaus, den moralischen Segen des Widerstandes. Und: Menschen können mit einfachen Parolen leichter gefangen werden, als mit — zugegeben — schwierigen Analysen. Realität ist aber ein komplexer Prozeß, dem man mit Vereinfachungen nicht gerecht werden kann.

Die Folge einer solchen Strategie ist dann aber auch, daß eine Politisierung der Bewegung nicht über die Schar der sowieso schon gläubigen Schäflein hinaus erreicht werden kann. Aber ein Erfolg war die Bewegung doch zumindest deswegen, weil — Herr Brunnstein wird es nicht müde zu verkünden — die Daten unbrauchbar sind, die Volkszählung ein »riesiger Daten-GAU« war. Nur haben wir schon lange vor der Volkszählung immer und immer wieder erzählt, egal wieviele boykottieren, die Volkszählung wird alleine aufgrund statistischer Fehler keine stimmigen Ergebnisse bringen. Da können wir nun schlecht dieses vorhergesagte, systemimmanente Ergebnis auf unsere Fahnen schreiben.

Der politische Knackpunkt liegt woanders: Die Volkszählung — wir haben es oben schon erwähnt — war eine riesige Gehorsamsübung. Aber nicht nur das, sie war auch der Testfall, an dem die Möglichkeiten und die Wirksamkeit einer überdimensionalen Akzeptanzkampagne beobachtet werden konnten. Mit den ausgewerteten Erfahrungen werden sich die

BürgerInnen noch oft konfrontiert sehen. An den Erfahrungen mit dieser Akzeptanzkampagne, an der Verarbeitung dieser Gehorsamsübung entscheidet sich der Erfolg der VoBo-Bewegung. Nicht daran, wieviele Bögen nun letztlich tatsächlich abgegeben wurden, unter welchem Druck dies geschah, usw.. Erfolgskriterium konnte nie sein, daß die Volkszählung tatsächlich gekippt würde. Wer dies zum Kriterium für den Erfolg macht, muß auch der Friedensbewegung oder der Anti-AKW-Bewegung Scheitern vorwerfen. Nie hat eine Bewegung in der BRD auf Anhieb ihr Ziel erreicht.

Unabhängig davon steht die VoBo-Bewegung so schlecht nicht da. Ohne jetzt in die übliche Gesundschreiberei zu verfallen, gilt doch festzustellen, daß die Arbeit Erfolge zu verzeichnen hat. Zu einer kritischen Auseinandersetzung gehört auch, auf diese Erfolge zu verweisen. Wann hat in der Bundesrepublik denn jemals eine solche Anzahl von Gruppen und Menschen sich mit dem doch abstrakten Thema »Datenschutz« beschäftigt und tut dies auch noch ein Jahr nach dem Stichtag? Viele Gruppen haben sich umbenannt und arbeiten mit gleicher personeller Besetzung am Thema weiter.

Die VoBo-Bewegung hat es geschafft, dieses Thema zu popularisieren, es aus der Ecke des Spezialistentums herauszuholen. Bei einer Umfrage im Mai 1988 — also ein Jahr nach dem Stichtag — ist danach gefragt worden, von welchen Gefahren sich die Menschen am meisten bedroht fühlen. Und siehe da: Hinter den klassischen Themen rangiert das Übel »Datenerfassung« an vierter Stelle der Bedrohungsängste. Wer hätte sich das noch vor zwei Jahren vorzustellen gewagt?

Die Folgen dieser Entwicklung sind heute in ihrer ganzen Tragweite überhaupt noch nicht abzusehen. Und dann noch das Verhältnis zum Staat. Unter dem Aspekt der Volksaufklärung konnte die staatliche Reaktion auf die VoBo-Bewegung nicht besser ausfallen. In unzähligen Veranstaltungen beschreiben wir die Gefahren der wachsenden staatlichen Überwachung, die Abspeicherung der Daten von tatsächlichen oder vermeintlichen Gegnern, den Ausbau der Computertechnologie, den Abbau demokratischer Rechte. Und was macht der Staat? Er speichert Daten der VoBo-Gegner in den Terroristendateien des BKA ab, er macht zur Auflage, daß bei einer Veranstaltung zur Volkszählung in Coburg Staatsschutzbeamten der Eintritt umsonst zu gewähren ist, daß zwei namentlich benannte Bürger vom Veranstalter am Reden zu hindern seien, sie dürften weder Fragen stellen, noch sich an der Diskussion beteiligen; Parteitage wurden verboten, Büchertische wurden nicht genehmigt, eine Liste von Büchern erstellt, die nicht ausgelegt werden dürfen, ein rechtsradikaler Staatsanwalt macht Jagd auf Volkszählungsgegner im Hunsrück. Lang ließe sich die Liste fortsetzen.

Kurz gesagt: Der Staat hat sich genau so dargestellt und verhalten, wie wir es analysiert und beschrieben haben.

Und: Er hat dies nicht heimlich gemacht, er hat dies für viele Menschen deutlich wahrnehmbar gemacht. Diese Erfahrung im Umgang des Staates mit seinen BürgerInnen, die ihre demokratischen Rechte wahrgenommen haben, ist als gesellschaftlicher Lernprozeß nicht hoch genug einzuschätzen.

Hinzu kommt, daß es in einigen Städten tatsächlich gelungen ist, das städtische politische Klima derart zu beeinflussen, daß es für die Städte und ihre Repräsentanten angezeigt schien, von der Durchsetzung der Volkszählung Abstand zu nehmen. Hohe Boykottzahlen, die Breite der Bewegung haben dort verhindert, daß die ausstehenden Bögen mit Hilfe von Zwangs- oder gar Bußgeldern eingetrieben werden. Dieser »Sieg« über staatliche Bürokratie, der ja im Ergebnis nichts anderes bedeutet, als daß der Staat davon absieht, illoyales Handeln und eine Ordnungswidrigkeit zu verfolgen, hat gezeigt, daß es unter entsprechenden Bedingungen durchaus möglich ist, partielle Erfolge zu erringen. Dieser Lernprozeß, sich gegen den Staat zu behaupten und dafür nicht bestraft zu werden, blieb bislang eigentlich anderen Bevölkerungskreisen vorbehalten. Auch dies zumindest ein erfreulicher Schritt hin zur notwendigen Verlotterung des herrschenden Rechtsbewußtseins.

Es ist nicht entscheidend wichtig, genau zu zählen, wieviele Bögen abgegeben wurden, wieviele falsch ausgefüllt, wieviele Menschen überhaupt nicht gezählt wurden. Es ist auch nicht entscheidend, ob jetzt auch noch Bremen von der Durchsetzung absieht. Wichtiger ist die Veränderung des Bewußtseins von Menschen, die Erfahrungen, die in gesellschaftlicher Opposition gesammelt werden. Und wichtig ist, die Samen kritischen Denkens, die in der VoBo-Bewegung — wie auch in vielen anderen Bewegungen vorher — gesät wurden, durch kontinuierliche Arbeit am Thema zum Blühen zu bringen.

177

5   Alternative Bürgerrechtspolitik und staatliches Gewaltmonopol

Hans-Christian Ströbele

5.1. Alle Staatsgewalt soll vom Volke ausgehen
oder: Von der Entwicklung einer alternativen Bürgerrechtspolitik

Wenn Grüne im Deutschen Bundestag ein wenig anfangen zu träumen, »wir wollen weniger Staat, wir wollen mehr Bürgerfreiheit. Deshalb wollen wir FIP (ein freiwilliges Identitätspapier)«, dann flippen die Zwischenrufer aus der CDU/CSU schon mal aus: »Dann haben wir den Nachtwächterstaat! — Alle Polizisten werden Bewährungshelfer!« So nachzulesen im Protokoll der Plenardebatte vom Februar 1986, als ein erster Teil der sogenannten Sicherheitsgesetze verabschiedet werden sollte.

Die Regierungsfraktionen waren angetreten, nun endlich parlamentarisch zu exekutieren, was ihre Sicherheitsexperten ihnen seit Jahren vorgeschrieben und die Bundesregierung zu ihrem Programm erhoben hatte: den Ausbau des Instrumentariums für Massenkontrollen durch fälschungssichere, maschinenlesbare Ausweise und die Schleppnetzfahndung. Schon viel zu lange hatte das Sicherheitspaket in den parlamentarischen Fangstricken gehangen und ohnehin war nicht mehr viel übrig geblieben. Die Regierungsabgeordneten wollten nun ihren Beitrag leisten zur Verwirklichung ihres Gesellschaftsentwurfes von mehr Sicherheit durch mehr Staat, mehr Polizei, mehr Geheimdienste, überhaupt durch mehr soziale Kontrolle der Bevölkerung. Weil ich als Redner der Grünen dabei störte, mußte ich mir mal wieder allerhand an Anwürfen gefallen lassen, ohne mich — schon wegen der knappen Redezeit — dagegen wehren zu können. Das Protokoll vermerkt Zwischenrufe wie: »Sie sind eine Sicherheitsgefährdung!« — »Ist Ihre Bewährung schon abgelaufen?!«

Dabei war FIP doch allenfalls ein mildes Lüftchen von Freiheit und Freiwilligkeit, das die Grünen dem regierungsamtlichen Unwetter von Zwängen, Kontrollen und staatlicher Gewalt entgegensetzen wollten.

FIP war entstanden in einer Woche von Zusatzberatungen

des Entwurfs eines neuen Personalausweis- und Paßgesetzes, die die Opposition der Regierungskoalition mittels Geschäftsordnungstricks abgeluchst hatten. Zur Gespensterstunde gegen Mitternacht hatte der Bundesbeauftragte für Datenschutz im Innenausschuß, als nur noch drei Abgeordnete von mehr als zwei Dutzend, anwesend waren, rausgelassen, was seine Mitarbeiter entwickelt hatten, nämlich ein Szenario, das die vielfachen Möglichkeiten des Gebrauchs eines maschinenlesbaren Ausweises aufzeigte, wenn erstmal alle Bürger mit diesem Schlüssel zu ihren Daten versehen wären. Auch auf Drängen der Abgeordneten war der Bundesbeauftragte nicht bereit, dieses Szenario rauszurücken. Nein, wenn das bekannt würde, könnte das zu Beunruhigung in der Bevölkerung führen. Immerhin soviel mochte er sagen, die neue sekundenschnelle Identifizierungsmöglichkeit würde die Begehrlichkeit all überall wecken, diesen Schlüssel auch zu nutzen, bei der Bahn, bei den Banken, den Kaufhäusern, den Verkehrsbetrieben, bei Sportveranstaltungen, überall dort, wo Publikumsmassenverkehr vorkomme. Alle diese Einrichtungen seien daran interessiert, zu wissen und das Wissen auch zu nutzen, wer mit wem, wann und wielange sich jeweils bei ihnen aufgehalten habe. Für das Warenarrangement, für Werbung und für vieles andere könnte der kleine Einblick in die Gewohnheiten ihrer Kunden wichtig sein. Politik und Parlament könnten sich auf Dauer solchen Begehrlichkeiten nicht entziehen.

Auf dem Hintergrund solcher Informationen hatte die Grüne Fraktion schnell zu reagieren. Und da war auch noch die Erkenntnis aus der Anhörung im Bundestag, daß es nur noch eine Frage von wenigen Jahren sei, bis auch der alte ganz normale Personalausweis uneingeschränkt und kostengünstig maschinenlesbar würde. Die Stellungnahme der Grünen zu dem Gesetzentwurf konnte deshalb nicht bei der Ablehnung des neugeplanten Ausweises stehen bleiben. So entwickelten die zuständigen kundigen Frauen im Arbeitskreis in wenigen Tagen 13 Änderungsanträge zum Koalitionsentwurf des neuen Personalausweises. Diese Anträge mündeten in FIP, dem Freiwilligen Identitätspapier, einem Ausweis ohne Seriennummer, ohne Registrierung, mit technischer Sicherheit gegen automatisches Lesen, mit konsequentem Datenschutz also, vor allem ein Ausweis, der niemandem per Strafandrohung aufgezwungen, sondern der den Bürgern nur auf Wunsch ausgestellt wird und eben nur für die, die ihn brauchen und wollen.

179

Das Ergebnis war nicht nur die Ablehnung des maschinen-lesbaren Ausweises, sondern die Abschaffung der Ausweis-pflicht in der Bundesrepublik überhaupt. Ein Unterfangen, das für die Bundesrepublik kaum denkbar, ja fast revolutionär erscheint; so sehr haben wir uns an das Unding Personalaus-weis gewöhnt.

Doch die Nazis waren es, die uns mit der »Kennkarte« kurz vor Kriegsbeginn den Vorläufer des Personalausweises be-schert hatten. Zwingend war diese Kennkarte zunächst nur vorgeschrieben für einige Bevölkerungsgruppen ganz aus-drücklich zur besseren Kontrolle und Überwachung. Später dann mußten immer mehr die Kennkarte haben, bis schließ-lich bei Kriegsende der Ausweiszwang für fast alle galt.

Und in anderen Staaten mit vergleichbarer Gesellschaftsord-nung, wie etwa in den USA, England oder Frankreich ist eine staatlich sanktionierte Pflicht zur Anschaffung eines Identitäts-papiers für die Gesamtbevölkerung genauso undenkbar wie die Einführung eines Melderegisters oder ähnlicher Kontroll-instrumente, und zwar ohne daß diese Länder in Unordnung und Chaos versinken, wie unsere Sicherheitsbürokraten es für die Bundesrepublik ohne Meldepflicht und Ausweiszwang gerne vorhersehen wollen.

Gleichwohl, FIP war auch in der Fraktion der Grünen nicht unumstritten. »Fördert der Personalausweiszwang nicht auch ein bißchen die Gleichheit aller Bürger?« fragten einige. So er-setze in der USA die Sozialversicherungsnummer den Perso-nalausweis, mit der man sich überall legitimieren könne. Diese Nummer bekomme man aber nur mit entsprechender fester Arbeit. Ohne Versicherungsnummer aber sei man ein Nie-mand und ein Nichts. Da sei es doch besser, allen dieselbe Le-gitimationsmöglichkeit von Staatswegen zuzuweisen. Dagegen stand FIP. Die Bürger sollten bitte schön selbst entscheiden dürfen, was für sie gut ist und was nicht. Also ein Ausweisan-gebot an alle, die Ausstellung des Ausweises aber nur auf frei-williger Basis, für die, die es wollen. FIP wurde der Antrag der Fraktion. Es war ein erstes kleines Schrittchen zum Abbau staatlichen Zwangs. FIP ist zu einem Teil grüner Programma-tik geworden.

Im Bundestag war FIP von vornherein chancenlos, weil den anderen Parteien zutiefst verdächtig. Obwohl, während der Abstimmungspause vertraute mir ein Berliner SPD-Abgeord-neter an, das halte er mal für einen vernünftigen Vorschlag der

Grünen. Wenn er seine Brieftasche ansehe, dann sei die eh viel zu dick wegen der vielen Ausweise. Zu einer mehrheitsfähigen Koalition hat es aber nicht gereicht. Berliner dürfen eh nicht richtig mitstimmen im Bundestag, und dann hat den Kollegen wohl auch die Fraktionsdisziplin wieder eingeholt.

Egal. Die Entwicklung von FIP, so unbedeutend es scheinen mag, ob der einzelne Bürger nun einen Personalausweis haben muß oder nicht, zeigt, wie alternative Bürgerrechtspolitik im Parlament formuliert wurde, und zwar über das Nein-Sagen und Anprangern immer neuer staatlicher Repression hinaus. Der ganze Vorgang, die Diskussion, das Ergebnis sind beispielhaft auch für das Verhältnis zum Staat und zur Gewalt, die von diesem bundesdeutschen Staat ausgeht.

Grüne waren von jeher der Gewalt des Staates selbst ausgesetzt, wie die sozialen Bewegungen und die politischen Gruppen, aus denen sie kamen. Vom Demonstrationsverbot in Brokdorf, von Massenkontrollen auf dem Wege nach Kalkar, von den Lauschangriffen der Geheimdienste, von der Aktion Winterreise, vom Hamburger oder Berliner Kessel, vom Gaseinsatz in Wackersdorf oder Strafverfahren wegen Blockaden bei Mutlangen waren Grüne ganz direkt persönlich getroffen. Kein Wunder, daß staatlich Verfolgte sich auf Versammlungen der Grünen der Solidarität aller sicher sein konnten und politische Gefangene problemlos in Parlamentsmandate gewählt wurden.

Die Inanspruchnahme von Bürgerrechten, wie etwa die Teilnahme an Demonstrationen, ist für die meisten Grünen Teil ihres praktischen politischen Engagements. Es ist deshalb selbstverständlich, daß auf grünen Parteitagen Entschließungen etwa gegen Demonstrationsverbote oder neue Demonstrationsstrafgesetze, ohne lange zu fackeln, große — häufig einstimmige — Mehrheiten fanden und finden. Da sitzt kaum einer im Saal, der nicht selbst mehr oder weniger direkt miterlebt hat, wie staatliche Gewalt agiert, wenn es um die Interessen der NATO oder der Kernkraftbetreiber geht. Befürworter staatlicher Gewalt melden sich auf solchen Parteitagen nicht zu Wort.

Grün-alternative Politik war von Anfang an damit konfrontiert, daß der zentrale Gewaltapparat des Staates in den letzten 20 Jahren stets und ständig zu immer fürchterlicheren Dimensionen angewachsen ist und daß die Schutz- und Verteidigungsrechte der Bürger gegen staatliche Gewalt laufend weiter be-

schränkt worden sind. Ob sozial-liberale oder konservativ-
liberale Regierungen, alle haben in seltener Einigkeit und mit
Kontinuität das innerstaatliche Gewaltpotential aufgerüstet,
als stünde der Feind mitten im Lande.

Klar, grün-alternative Politik war stets grundsätzlich gegen
diese staatliche Sicherheitspolitik gerichtet, gegen die Schnüf-
felpraxis der Geheimdienste, gegen § 129a StGB, gegen die
Hochrüstung des BKA, gegen die »Sicherheitsgesetze«, gegen
die Volkszählung '87. Obwohl, es gab auch andere widerspre-
chende Äußerungen. Die Forderung nach einer besseren
Überwachung rechter Gruppen durch den Verfassungsschutz
etwa oder nach effektiverer Fahndung durch das BKA im Anschluß an Anschläge oder auch Zweifel am Volkszählungsboykott. Und es gibt die Forderung nach der Anerkennung des
Gewaltmonopols des Staates durch Grüne.

Grün-Alternative in den Parlamenten stehen vor der Notwendigkeit, sich konkreter zu den Instrumenten staatlicher
Kontrolle und Gewalt einzulassen als Kreisverbände oder auch
eine Bundesdelegiertenkonferenz.

Parlamentspolitik besteht hauptsächlich darin, Politik unter
die Leute — sprich in die Medien — zu bringen. Der parlamentarische Raum als Rummel oder Verkaufsmesse für Politiker
und manchmal auch für politische Inhalte. Auf Dauer interessiert schon aus Gründen der Vermittelbarkeit in den Medien
der soundsovielte Protest gegen Verfassungsschutzskandale
oder Polizeiübergriffe die Parlamentsjournalisten wenig. Die
Journalisten, die Menschen draußen und selten auch mal Par-
lamentskollegen wollen von den Grünen im Parlament wissen, wie stellen die sich die Kontrolle der Geheimdienste, den
Umgang mit den Bürgerdaten oder den Einsatz der Polizei
vor. Dann genügt ein Hinweis auf die Zeit nach der Revolu-
tion oder nach der Proklamation der allgemeinen Gewaltfreiheit, wenn doch alles ganz anders wird, ohne zu sagen, wie anders, nicht.

Wollen sie sich nicht als bloße Nein-Sager an den Rand drängen lassen oder — viel schlimmer — ihre radikalen Ansätze
den Zwängen der Gemeinsamkeit der Demokraten opfern,
wie im Falle der Forderung nach intensiverer Fahndung anläßlich der Schüsse an der Startbahn West, dann sind Grüne in
den Parlamenten gefordert, konkrete Alternativen zu entwickeln, deren praktische Verwirklichung auch vorstellbar ist.

FIP war nur der Anfang. Dann drängte im Jahre 1985 einer

der bundesdeutschen Geheimdienste, das Bundesamt für Verfassungsschutz, auf die Bonner Tagesordnung.

Erst war es ein geheimer Prüfbericht des Datenschutzbeauftragten, der die Überwachungs- und Datenspeicherpraxis des Bundesamtes für Verfassungsschutz im links-alternativen Bereich enthüllte (s. Teil I: Risikoprofile). Dann setzte sich der alkoholabhängige Chefgegenspion des Verfassungsschutzes zu seinen Spionen nach Ostberlin ab. Das führte zur Einsetzung eines Bundestags-Untersuchungsausschusses mit grüner Beteiligung. Im Laufe der Ausschußberatungen offenbarte der VS-Vize Pelny, wie der Geheimdienst auf Anweisung des Staatssekretärs Spranger Material über Funktions- und Mandatsträger der Grünen, nach anfänglichem Zögern ob der Unanständigkeit dieses Verlangens, dann doch zusammengestellt und geliefert hatte, das der Staatssekretär seinem Freund Todenhöfer (MdB) versprochen hatte.

Die Haltung der Linken und Grünen zur Institution Verfassungsschutz war nicht einheitlich. Die einen wollten den Geheimdienst nur besser kontrollieren, durch Aufnahme eines grünen Abgeordneten in die Parlamentarische Kontrollkommission etwa. Andere wollten den Dienst für den Einsatz gegen Rechte erhalten. Wieder andere wollten ihn ganz einfach nicht ernst nehmen: »Wenn die sogar den Otto (Schily) mit einer Akte unter Linksextremismus führen, dann zeigt das, wie wenig die durchblicken; also sind sie nicht gefährlich; nur schade um das viele Geld, das da verbraten wird.«

Meine eigenen Erfahrungen mit einem Dienst beschränken sich auf solche wie die mit dem »Handwerker der APO«, Peter Urbach, der 1969 in unserem Anwaltskollektiv einen Heißwasserboiler montiert hatte und zwei Jahre später im Mahlerprozeß als Zeuge und Regierungsrat des Verfassungsschutzes präsentiert wurde. Im Untersuchungsausschuß saßen sie mir leibhaftig gegenüber, die Herren des Geheimen. Ich erhielt Einblick in Aufbau und Arbeitsweise dieses Apparates, das ihn beherrschende Denken und in seine Einbindung in die Politik von Regierung und Parteien im Kampf um die Macht.

Das Ergebnis der Beschäftigung mit diesem Geheimdienst aus Anlaß und im Rahmen des Ausschusses wurde im Bericht der Grünen Fraktion festgehalten: Danach ist die Geschichte dieses Amtes eine Kette von Skandalen und Affären. »Der VS selbst ist die Krankheit«, hatte bereits 1954 der DP-Abgeordnete von Merkatz festgestellt. Er ist zu der Gefahr geworden, vor der derselbe Abgeordnete anläßlich der Einführung 1950 gewarnt hatte, nämlich zu einer »Schnüffelstelle ersten Ranges und daß die Informationen im partei-politischen Konkurrenzkampf ausgenutzt werden«.

Was die Herren so umtreibt, machte der Chef der Abteilung »Linksextremismus«, Bloch, vor dem Ausschuß deutlich: »Für mich ist der Staat die Alma mater.« Auch nicht verfassungsfeindliche Organisationen und Personen müßten in die Beobachtung einbezogen werden, nämlich um festzustellen, ob Anbiederungsversuche von Verfassungsfeinden Erfolg hatten oder nicht. Alle Versuche, diesen Apparat durch parlamentarische Gremien wirksam zu kontrollieren, waren immer erfolglos. Schon deshalb, weil alle beteiligten Parteien zutiefst in die Tätigkeit des Amtes verstrickt waren. Eine Sanierung ist nur möglich durch die Abschaffung dieses Geheimdienstes. Entwicklung, Erhaltung und Schutz freiheitlicher, sozialer und demokratischer Ordnung kann nur Sache der Bürger selbst sein. Diese Folgerung wurde Programm von Grünen und Alternativen — für die Bundesrepublik eine utopische, schier umstürzlerische Forderung.

Auf Diskussionsveranstaltungen wurde auf die Forderung nach Abschaffung des Geheimdienstes häufig mit irritiertem Lächeln reagiert. Vertreter anderer Parteien murmelten etwas von »verfassungwidrig«. Als ob das Grundgesetz die Etablierung solcher Geheimdienste für alle Zeiten zwingend vorschriebe. Ein sachliches Argument gegen all die guten Gründe für die Schließung des Kölner Bundesamtes und für dessen Erhaltung habe ich nie gehört. In einer der Diskussionen meinte ein renommierter Schweizer Journalist zum Thema VS und Beobachtung der Grünen: »Bei uns braucht es dafür keinen Geheimdienst, bei uns macht das die Neue Zürcher Zeitung.«

Die offene Beobachtung politischer Gruppen, ihrer Tätigkeit, Bündnisse, Entwicklungen und Personen durch die Bürger und eine funktionierende Presse wäre fürwahr eine demokratische Alternative zum geheimen Schnüffeln und gleichzeitig ein Stück Umverteilung von Kontrollpotential, von Gewalt des Staates auf die Bürger.

In einer Zeit, in der Innenpolitik darin besteht, den Sicherheitsdiensten noch mehr Daten über Bürger zu verschaffen, ohne beim Bundesverfassungsgericht anzuecken, gilt es für Alternative, dem undemokratischen Zerrbild vom gläsernen Menschen eine demokratische Alternative entgegenzusetzen.

Die wichtigsten Ergebnisse der grünen Fraktion auf diesem Gebiet waren: eben FIP anstelle des maschinenlesbaren Ausweises. Anstatt der mit Propagandamillionen und dem ganzen Arsenal des Staatszwanges aufgezwungenen Volkszählung die Zulassung statistischer Erhebungen nur ganz streng problemorientiert, örtlich überschaubar und vor allem nur auf freiwilliger Basis mit konsequentem Datenschutz.

Und das umfassende Akteneinsichtsrecht in Behördenakten. Hinter dem trockenen Begriff »Akteneinsichtsrecht« verbirgt sich die Forderung nach der gläsernen Verwaltung. Das Verfassungsversprechen vom Volk als Souverän und von jedem Bürger als Teil des Souveräns soll beim Wort genommen werden. Wenn der Bürger im demokratischen Staat das sein soll, was in vordemokratischer Zeit Könige und andere Herrscher waren, wenn die Beamten heute im Dienste der Bürger stehen, dann müssen die Bürger auch das Recht haben, den Beamten über die Schulter zu sehen und Einblick in deren Tätigkeit zu nehmen, wann immer sie es für richtig halten.

Interessiert sich also ein Bürger für das Genehmigungsverfahren einer Industrieansiedlung, ärgert er sich über eine Verkehrsplanung oder will er ganz einfach nur wissen, was die Polizei oder sonst wer über ihn gespeichert hat, dann begibt er sich zum zuständigen Beamten, bittet um Tisch und Stuhl und Vorlage der entsprechenden Akten. Wenn er das Gelesene nicht gleich kapiert oder sich nicht merken kann, läßt er sich gegen Kostenerstattung Kopien für das Nachstudium zu Hause fertigen.

Eine verrückte Idee. — Der deutsche Beamte würde ob eines solchen Verlangens den Bürger heute entweder rausschmeißen, das Gesundheitsamt einschalten oder im günstigsten Fall darauf hinweisen, daß das Entsprechen der Bitte zur Blockade der Verwaltungsarbeit führen müßte.

Doch verrückt scheint die Statuierung eines solchen Bürgerrechts nur in der Bundesrepublik. In skandinavischen Ländern gibt es ein solches schon lange. In den USA wurde ein »freedom of information act« nach der Watergate-Affäre erlassen. Ein Prozent der Verwaltung sei inzwischen der Beantwortung von Bürgeranfragen nach diesem Gesetz gewidmet, teilte ein Vertreter des US-Justizministeriums anläßlich des zehnjährigen Jubiläums dieses Gesetzes einer Delegation des Bundestages mit.

Die Grüne Fraktion hat ein fertiges Gesetz für ein Akteneinsichtsrecht vorgelegt, allerdings zunächst beschränkt auf Behördenakten, die Vorgänge mit Relevanz für die Umwelt betreffen. Die anderen Parteien reagierten mit Ignoranz, auch die, die die Bürgerfreiheit in ihrem Namen und immer vor sich herträgt. Das Bürgerrecht auf freie Information aus allen Behördenakten ist grün-alternative Programmatik geworden, ein wichtiger Schritt zur Beschränkung und Kontrolle staatlicher Gewalt.

Gerade für die, die in der Bundesrepublik nicht wählen und bei der Verteilung von parlamentarischer Macht und Posten nicht mitwirken dürfen, war in den letzten Jahren grüne Bürgerrechtspolitik gefordert, denn deren Rechtsposition wurde ständig weiter verunsichert und eingeschränkt. Die Grünen haben mit einem Niederlassungsgesetzentwurf geantwortet, das die Herstellung der Bürgerrechte für Ausländer garantieren soll, und mit der Forderung nach einem Bleiberecht für Flüchtlinge.

Aber auch im Bereich der direktesten, brutalen Gewaltausübung des Staates gegen die Bürger, den Gefängnissen und der Polizei, wurden Ansätze von Alternativen entwickelt. Nachdem in einer Anhörung der Bundestagsgrünen alle Sachverständigen wieder einmal bestätigten, daß Untersuchungs- und Strafhaft für Jugendliche unter keinem heute anerkannten Sicherungs- oder Erziehungsgesichtspunkt zu rechtfertigen ist, zogen sie die Konsequenz: Kein Jugendlicher darf mehr ins Gefängnis. Abschaffung des Jugendknasts wurde eine zentrale Forderung im Bundestag und im Programm der Grünen. Die Forderung nach Entkriminalisierung der Bagatelldelikte und des Drogenkonsums sind weitere Schritte zur Zurückdrängung der staatlichen Gewalt des Strafrechts und der Gefängnisse.

In keinem Grünen Programm fehlen Forderungen nach Abrüstung der Polizei und Auflösung der Sondereinsatzkommandos, die den Unmut über den real existierenden Polizeiapparat zum Ausdruck bringen. Weitergehendes fehlt bisher. Auf Veranstaltungen wird zuweilen formuliert: Abschaffung der Polizei? Hinter dem Fragezeichen steckt das Wissen, daß auch Grüne manchmal nach der Polizei rufen, daß es ganz ohne Polizei heute wohl doch nicht geht. Und daß es nicht reicht, die heutige Polizei einfach anderem — vielleicht grünem Kommando — zu unterstellen und ihr andere Aufgaben — etwa Verfolgung von Rechtsextremen und Wirtschaftsverbrechern

— zuzuordnen, hat sich auch schon rumgesprochen.

Nein, die Überlegungen für eine Alternative zur heutigen Polizei sind andere (basierend auf den Vorarbeiten von Cilip): Weit über 70 Prozent der großstädtischen Alltagspolizeieinsätze haben mit sicherheitspolizeilichen Aufgaben nichts zu tun. Gerade aus dieser Tätigkeit bezieht die Polizei aber ihr positives Image in der Bevölkerung. Sie nimmt soziale Hilfsaufgaben wahr, etwa Bergung eines Betrunkenen oder Schlichtung eines Familienstreites, weil keine andere Stelle dafür vorgesehen und ausgerüstet ist und keine andere Behörde rund um die Uhr zur Verfügung steht.

Also nehmen wir der Polizei diesen Aufgabenbereich und schaffen eine Sozialbehörde mit für solche Aufgaben besser ausgebildeten und ausgerüsteten Leuten, die stets abrufbar sind. Den Interessen der Hilfsbedürftigen wäre damit deshalb besser gedient, weil der diskriminierende Eindruck, der Polizeieinsatz gelte einem Verbrechen, gar nicht erst aufkommen könnte.

Entsprechendens gilt für den Bereich des Straßenverkehrs. Auch diesen Teil der heutigen Polizeiobliegenheiten könnte ebensogut eine andere Stelle übernehmen. Der Polizeiapparat könnte entsprechend schrumpfen.

Bei der Organisierung eines so stark abgespeckten Polizeiapparates wären Grundsätze zu beachten, die nach dem Krieg von den Engländern in ihrer Besatzungszone eingeführt worden waren. Wegen der Erfahrungen mit der Nazipolizei wurden die Polizeien radikal dezentralisiert. Nur kleine regionale oder städtische Einheiten von wenigen Hundert Bediensteten durften einem einheitlichen Kommando unterstellt werden. Dazu die Wiedererweckung von gewählten Bürgerbeiräten, die die Polizei beobachten und kontrollieren. Aber nicht solche, wie sie in Teilen Nordrhein-Westfalens noch existieren, sondern mit weitgehenden Rechten und Befugnissen, wie etwa einem Mitbestimmungsrecht bei der Personalpolitik.

Die Strafverfolgungsbehörden, also die heutige Kripo, könnte aus der Ordnungspolizei ausgegliedert werden. Und dann wären die vielen Sonderrechte der Polizei zu streichen. Eine alte englische Regel lautete: Ihrer Majestäts Bobby darf grundsätzlich nicht mehr dürfen als jeder Bürger. Aber wo bleibt denn da das Gewaltprivileg des Staates? Jedenfalls ein beherzigenswerter, sehr demokratischer Grundsatz der Erfinder der Demokratie. Der alternative Ordnungshüter — also nicht

mehr als ein für seine Aufgaben besser ausgebildeter, ausgerü-
steter Bürger, der für Schutz- und Ordnungsaufgaben freige-
stellt ist und bezahlt wird.

Eine nach solchen Grundsätzen organisierte Ordnungspolizei hätte mit dem heutigen Repressionsinstrument Nummer
eins nicht mehr viel gemeinsam. Sie wäre ein Beitrag zur innerstaatlichen Abrüstung, zum Abbau der staatlichen Gewalt,
die für die Bürger so furchtbare Folgen hat, und ein Stück Auflösung des Gewaltmonopols des Staates.

Überhaupt, die Anerkennung des Gewaltmonopols des Staates ist vergleichbar der Anerkennung der Notwendigkeit des
Krieges. Sie paßt nicht zu alternativer Politik. Die Behauptung, das staatliche Gewaltmonopol sei *die* zivilisatorische Errungenschaft, ist im Jahrhundert der grauenvollsten staatlich
organisierten millionenfachen Folter und Morde bis zum in-
dustriell betriebenen Massenmord vor allem in Deutschland
unhistorisch, zynisch und dumm. Verglichen mit den Orgien
staatlicher Gewalt waren die Regeln und Methoden zur Austragung gesellschaftlicher Konflikte der Vorzeit oder der Feh-
de im Mittelalter geradezu zivilisiert. Die Forderung nach der
Anerkennung des Gewaltmonopols des Staates ist nichts anderes als die nach der Vollziehung des Unterwerfungsrituals als
Voraussetzung für die Aufnahme in die Gemeinsamkeit der
heute Regierenden oder potentiell Regierenden.

Grün-alternative Bürgerrechts- und Innenpolitik muß stattdessen konkrete Alternativen mit weiteren Schritten zur Abrüstung und zum Abbau staatlicher Gewalt und zur Übernahme von mehr Staatsgewalt durch die Bürger entwickeln. Sie
soll orientiert sein an der Utopie einer Gesellschaft für die
freie Assoziation von selbstbestimmten, entwickelten Individuen, einer Gesellschaft, in der alle Staatsgewalt vom Volke
ausgeht.

Michael Schubert

5.2. Widerstandsrecht, Ziviler Ungehorsam und staatliches Gewaltmonopol
Anmerkungen zum Demokratieverständnis des Grundgesetzes

In einem Artikel der *Frankfurter Allgemeinen Zeitung* vom 13. 5. 1987 referiert Prof. E. Noelle-Neumann Ergebnisse einer Allensbacher Umfrage vom Herbst 1986 zum »Rechtsbewußtsein« in der Bevölkerung. Ihre Auftraggeber hat besonders das Verhältnis der Menschen zum staatlichen Gewaltmonopol und zum Widerstandsrecht interessiert: »>Sind Sie eigentlich grundsätzlich für oder gegen das Gewaltmonopol des Staates?< Die Bevölkerung über 16 Jahre antwortete zu 45 Prozent >dafür<, zu 44 Prozent >dagegen<, der Rest gab andere Antworten oder unentschieden. Die jungen Leute unter 30: 38 Prozent >ich bin dafür<, 48 Prozent >ich bin dagegen<, 14 Prozent andere Antworten oder unentschieden. Schließlich noch die Wähler der Grünen: >Ich bin dafür< 19 Prozent, >ich bin dagegen< 74 Prozent.« »13 Prozent sprachen ausdrücklich von Polizeistaat und Diktatur.« Weiter: »>Einmal abgesehen vom Widerstandsrecht, wie es im Grundgesetz steht: Meinen Sie, daß es unabhängig davon ein allgemeines Widerstandsrecht gibt, auf das man sich berufen kann, um z. B. die Stationierung der amerikanischen Mittelstreckenraketen zu verhindern?< Von der Bevölkerung über 16 Jahre meinten 40 Prozent, es gebe ein Widerstandsrecht, um die Stationierung der amerikanischen Mittelstreckenraketen zu verhindern. 18 Prozent sagten, ein solches Widerstandsrecht gebe es nicht. 42 Prozent sagten, sie wüßten es nicht. Die Ergebnisse für die Gruppe unter 30: Man hat ein Widerstandsrecht, um die Stationierung zu verhindern: 45 Prozent, man hat kein Widerstandsrecht: 15 Prozent, sie wüßten es nicht: 39 Prozent. Und die Grünen: Man hat das Widerstandsrecht: 58 Prozent, man hat kein Widerstandsrecht: 8 Prozent, weiß nicht: 34 Prozent.«

Besorgt berichtet Noelle-Neumann von einer immer größeren Zahl von Gegnern des staatlichen Gewaltmonopols und Befürwortern des Widerstandsrechts, ja sogar der gewaltsamen Verhinderung staatlicher Projekte gegen Entscheidungen von Legislative und Justiz (1986 = 23 Prozent der Befragten, unter 30: 34 Prozent, Grünen-Wähler: 47 Prozent) innerhalb weniger Jahre nach den Befragungsergebnissen ihres Instituts.[1]

Bei aller Vorsicht im Umgang mit derartigen Repräsentativbefragungen: Die Ergebnisse sind immerhin ein Hinweis auf objektive Widersprüche zwischen herrschender Ökonomie und Politik und eigenen praktischen Erfahrungen und Lernprozessen, die zu relativ breiten Meinungsbildungsprozessen in der Bevölkerung führten. Sie stehen in völligem Gegensatz zu der seit Jahren immer massiver werdenden Propaganda, die von der Schule über sämtliche Medien bis in die Reihen von SPD und Grünen hinein betrieben wird: Es sei eine fundamentale Voraussetzung jeglicher Demokratie, das alleinige Recht des repräsentativ-demokratisch legitimierten Staates auf Gewaltanwendung zu respektieren und damit zugleich den gänzlichen Verzicht auf Gegengewalt — handle es sich auch nur um »psychische Gewalt«, etwa in Form des unguten Gefühls eines US-Soldaten angesichts einer auf der Kasernenausfahrt herumstehenden Menschenmenge nicht unbehindert durchfahren zu können.[2]

Dennoch: Es ist nicht angebracht, auf einen irgendwie »natürlichen« Prozeß eines Widerstandsbewußtseins gegen alle bürgerliche Propaganda zu bauen und deren Gefährlichkeit zu unterschätzen. Die ideologische Defensive, in die die Grünen in dieser Frage geraten sind, untermauert diesen Einwand, wo doch schon Positionen des Zivilen (»gewaltfreien«) Ungehorsams Bauchschmerzen verursachen, weil auch bei ihnen ständig »Gewalt« (Blockaden, Sit-ins = Nötigung) und »Mißachtung des staatlichen Gewaltmonopols« angesagt sind.

Wem es angesichts dieses Dilemmas darum geht, gegenüber der herrschenden polizeistaatlichen Entwicklung demokratisch strukturierte und legitimierte Gegenprozesse zu unterstützen, für den ist es wichtig, einen eigenen Standpunkt zu entwickeln und auch anderen vermitteln zu können, und zwar zu der Frage, ob für demokratische gesellschaftliche Strukturen tatsächlich ein staatliches Gewaltmonopol anerkannt werden muß und in welchem Verhältnis das zu einem demokratisch begründeten Widerstandsrecht steht. Mein Beitrag zu dieser Frage beschränkt sich im wesentlichen auf entsprechende Hinweise in der bürgerlichen Verfassungsgeschichte und im Grundgesetz. Einige Gedanken zur aktuellen Bedeutung von Widerstandsrecht und direkter Aktion (Ziviler Ungehorsam als *eine* Form direkter Aktion verstanden) sind angeschlossen. Nicht behandeln kann ich hier die besonderen Probleme der politischen und moralischen Legitimität physischer — einschließlich bewaffneter und revolutionärer — Gewalt generell und unter den besonderen Bedingungen in der BRD heute als Teil von Widerstand gegen die herrschenden Verhältnisse.

Die bürgerliche Verfassungstradition

Eine bürgerlich-liberale und demokratische Verfassungstradition, die ein staatliches Gewaltmonopol — verstanden als alleinige Befugnis des Staatsapparats zur Anwendung von (insbesondere bewaffneter) Gewalt — als demokratisches Grundprinzip ansehen würde, gibt es nicht. Der Grundgedanke aller bürgerlichen Revolutionen des 18. Jahrhunderts und der mit ihnen verbundenen staatsphilosophischen Theorien war, daß »alle Staatsgewalt vom Volke ausgehen« oder (deutlicher noch) in ihm »ruhen« solle; daß folglich allein der Wille des Volkes Art und Ziel der Ausübung der Staatsgewalt bestimmen müsse, nicht der Wille eines Fürsten oder »der Wille Gottes«. Um dieses Ziel zu realisieren, sollte ein umfassend demokratisches System der Staatsgewalt, zumeist konzipiert mit den drei Gewalten, Legislative, Exekutive und Judikatur, geschaffen werden. Darin sollte das Volk ständig seinen (ggf. auch wechselnden) Willen durchsetzen können mittels vielfältiger Formen der Willensäußerung: Wahlen zu Parlamenten und anderen Körperschaften, Wahl von Richtern und Beamten (mit ständiger Abwahlmöglichkeit), Versammlungen, Meinungsäußerungen; bei Verletzung der Rechte des Volkes durch die Regierung aber auch mit Hilfe des Rechts zum (erforderlichenfalls auch bewaffneten) Widerstand, zum Sturz der Regierung, ja, es gab sogar das Recht und die Pflicht zum Aufstand.[3]

In der französischen Verfassung von 1793 heißt es dementsprechend in den Artikeln 33—35: »Der Widerstand gegen Unterdrückung ist die Folge der übrigen Menschenrechte. Unterdrückung der Gesamtheit der Gesellschaft ist es, wenn auch nur eines ihrer Glieder unterdrückt wird; Unterdrückung jedes einzelnen Gliedes ist es, wenn die Gesamtheit der Gesellschaft unterdrückt wird. Wenn die Regierung die Rechte des Volkes verletzt, ist für das Volk und jeden Teil des Volkes der Aufstand das heiligste seiner Rechte und die unerläßlichste seiner Pflichten.«[4]

Hinsichtlich der Bewaffnung enthielten diese frühen bürgerlichen Verfassungen durchweg ein Volksmilizsystem, beruhend auf der allgemeinen Volksbewaffnung.[5] Es wurde dabei von dem Grundgedanken ausgegangen, daß es keinen besonderen bewaffneten staatlichen Gewaltapparat (weder Armee noch Polizei) geben dürfe, weil er gegen das Volk gerichtet werden könne. Teilweise wurde daraus sogar die Konsequenz gezogen, daß es überhaupt kein stehendes Heer in Friedenszeiten geben dürfe.[6]

Bei der Organisation der Staatsgewalt ging es zweifellos entscheidend auch darum, geordnete und demokratische Formen der Austragung von Konflikten für alle verbindlich in der Verfassung zu verankern und den Staatsapparat dazu dienlich zu machen. Das war ein großer historischer Fortschritt gegenüber der Gewalt- und Willkürherrschaft des Feudalismus, den Fehden und dem Faustrecht des Mittelalters. Der Gedanke aber, allein der Staatsapparat habe das Recht, sich, möglicherweise gegen große Massen der Bevölkerung, mit bewaffneter Gewalt durchzusetzen, und die Bevölkerung müsse das hinnehmen, könne allenfalls über den parlamentarischen Weg etc. »reklamieren«, wäre jedoch diesem bürgerlichen-demokratischen Verständnis geradezu absurd erschienen. Dieser Gedanke ist in der Tat die Ausgeburt der Spätphase der Herrschaft des Kapitals — einer Phase, in der eine konsequent-demokratische Gestaltung der Austragung von Konflikten die Aufrechterhaltung dieser Herrschaft nicht mehr gewährleisten könnte. Das besagt auch: Dieser Gedanke hat nicht die Spur von Demokratie oder »Zivilisation« in sich — er ist reaktionär und wird deshalb auch von entsprechenden reaktionären Koryphäen heute vehement vertreten.

Gab es in der frühen bürgerlichen Verfassungsgeschichte gerade kein staatliches *Gewalt-monopol*, so war durchweg ein umfassendes Widerstandsrecht des Volkes in der Verfassung garantiert. Es handelte sich dabei stets um ein aus dem Naturrecht abgeleitetes Urrecht des Volkes, also ein nicht kodifiziertes »Recht« als Ausdruck der Interessen des Volkes, welches alle gesetzlichen Regelungen dominierte. Und es handelte sich nicht nur um ein Widerstandsrecht, vielmehr weit darüber hinaus um ein Recht auf jederzeitige, auch revolutionäre Veränderung der bestehenden Ordnung, wenn diese den Interessen des Volkes nicht mehr gerecht wurde oder genügte.[7]

Dabei wurden als Ausdruck des Urrechts des Volkes selbstverständlich nicht irgendwelche individuellen Aktionen, sondern Massenbewegungen und Aktionen im Rahmen solcher Massenbewegungen angesehen. Solange es sich nicht um die

Geltendmachung des Urrechts auf Widerstand bzw. Umwälzung durch das Volk bzw. wesentliche Teile des Volkes handelte, sahen die frühen Verfassungen durchweg neben den Formen der Wahlen, Abstimmungen etc. das Recht auf ungehinderte unbewaffnete Versammlungen, Meinungsäußerungen, Zusammenschlüsse etc. vor. Das heißt freilich nicht, daß Aktionen einzelner oder kleiner Minderheiten außerhalb dieses verfassungsrechtlich geregelten Rahmens — unabhängig davon, ob gewaltsam oder nicht — in der bürgerlichen Staatsphilosophie und -theorie einfach als illegitim, ja kriminell behandelt worden wären (was heute für Zivilen Ungehorsam und direkte Aktionen insgesamt gang und gäbe ist). Der Verfassungsrechtler Stein weist zutreffend auf folgendes hin: »Bei der verfassungsrechtlichen Bewertung direkter Aktionen zur Durchsetzung notwendiger Reformen ist auch ihre historische Funktion zu berücksichtigen, d. h. die Tatsache, daß die meisten Institutionen der freiheitlichen Demokratie durch revolutionäre Aktivitäten durchgesetzt wurden. Die Entstehung des Verfassungsrechts selbst, d. h. die Bindung der Staatsgewalt an verfassungsrechtliche Normen, geht in den meisten westlichen Staaten auf Revolutionen zurück und ist somit das Ergebnis illegaler Aktivitäten ... Aber auch die Verfassungsentwicklung außerhalb von Revolutionen wurde weitgehend durch direkte Aktionen geprägt ...«

So konnte beispielsweise das Koalitionsrecht durchgesetzt werden, »weil die Arbeitnehmer sich ständig über die Gesetze hinwegsetzten, die es ihnen verboten, sich zu organisieren. Das Streikrecht wurde anerkannt, weil es sich die Arbeitnehmer gewaltsam nahmen und immer wieder die Gesetze mißachteten, die sie zur Erfüllung ihrer Arbeitsverträge verpflichteten und Streiks verboten. Entsprechendes gilt ... für das Recht auf Kriegsdienstverweigerung.«[8]

Grundgesetz, Gewaltmonopol und Widerstandsrecht

In diesem Jahrhundert zeichnen sich entscheidende Veränderungen in der Entwicklung der bürgerlichen Verfassungen ab, die sich aus den Interessen der Herrschenden auch ohne weiteres erklären lassen: Wird einerseits der Ausbau eines vom Volk abgetrennten und immer monströseren Staatsapparats, vor allem aber seines bewaffneten und repressiven wie präventiven Teils (vgl. heute Volkszählung, Datenerfassung) in wohl allen »westlichen« Staaten immer weiter vorangetrieben und z. T.

auch in den Verfassungen verankert, so werden andererseits die demokratischen Rechte des Volkes immer weiter zurückgedrängt, entstellt und zur Farce gemacht — auch dies z. T. in den »modernen« Verfassungen geregelt, wo zumeist die »Demokratie« auf die Wahl eines tatsächlich machtlosen Parlaments alle paar Jahre zusammenschrumpft, und alle nicht-parlamentarischen Äußerungsformen von Interessen der Masse der Bevölkerung ein rotes Tuch für die Staatsmacht sind.

Das Grundgesetz (GG), angeblich die »demokratischste Verfassung, die es je auf deutschem Boden gab« (besonders demokratische Verfassungen gab es allerdings nie in Deutschland), ist — auch wenn es in einigen Artikeln Anhaltspunkte für demokratische Bestrebungen und Freiheitsrechte beinhaltet — in wesentlichen Teilen ein besonders schlimmes Produkt dieser »modernen« Staats- und Verfassungsentwicklung. Das Motto der sich durch dieses GG ziehenden »wehrhaften Demokratie«[9], daß, wer die »FdGO« — letztlich ein Gefühl »unserer Rechtsgemeinschaft«[10] — und die bestehende Ordnung nicht akzeptiere, keinen Anspruch auf die Grundrechte habe,[11] wird nicht umsonst von Maunz, Dürig, Herzog (jetzt Verfassungsgerichtspräsident) und Scholz (jetzt Verteidigungsminister) als bisher in keiner anderen bürgerlichen Verfassung vorhandene verfassungsrechtliche Neuerrungenschaft gefeiert. Dazu kam dann noch 1968 die Notstandsverfassung, auch dies eine »einmalige Leistung« in der bürgerlichen Verfassungsgeschichte.[12]

Diese besonders »wehrhafte« Verfassungskonzeption führt in ihrer Konsequenz zu einem Ausschluß angeblicher »FdGO«-Feinde von der Grundrechtsausübung — und zwar unabhängig von der Form dieser Ausübung. Auch der friedliche, z. B. bloß meinungsäußernde »Feind« muß mit der Repression des staatlichen Gewaltmonopols rechnen, und da erübrigt sich dann die Frage von Gegengewalt, wenn schon Meinungsäußerung illegaler Widerstand ist.

Ein Ausdruck dieser reaktionären Entwicklung ist auch die Regelung von Staatsgewalt und Widerstandsrecht in Art. 20 Abs. 2 und Abs. 4 GG. Im Gegensatz selbst noch zur Weimarer Reichsverfassung, in der in Art. 1 lapidar erklärt wird: »Die Staatsgewalt geht vom Volke aus« und dann später lediglich die einzelnen Zweige des Staatsapparats geregelt werden,[13] enthält Art. 20 Abs. 2 GG in Satz 2 sofort eine Kanalisierung der Staatsgewalt des Volkes auf Wahlen, Abstimmungen und die drei Gewalten Legislative, Exekutive und Judikatur. Daß

z. B. auch Versammlungen ein Ausdruck der Staatsgewalt des Volkes sein können, ist damit ausgeschlossen. Art. 20 Abs. 4 stutzt das Widerstandsrecht auf ein sogenanntes Staatsnotwehrrecht herunter, d. h. es existiert ausschließlich zur Verteidigung der bestehenden (GG) Ordnung — nicht etwa gegen Vorgänge außerhalb dieses Zwecks, z. B. Errichtung von Atomanlagen, Raketenstationierung etc. — und auch das nur als »ultima ratio«, wenn »andere Abhilfe« (durch Polizei und Militär insbesondere) »nicht möglich ist«.

Doch wohlgemerkt: Auch Art. 20 Abs. 2 GG geht noch davon aus, daß »alle Staatsgewalt vom Volke ausgeht« (wenn man sich auch fragt, wie das tatsächlich noch realisiert werden kann angesichts dieser Verfassungskonzeption). Stein[14] stellt dazu richtig fest: »Gewöhnlich spricht man vom Gewaltmonopol des Staates. Aus jener Bestimmung folgt dagegen ein Gewaltmonopol des Volkes, was nicht dasselbe ist.« Selbst diese Verfassung hat tatsächlich das »Gewaltmonopol des Staates« *nicht* kodifiziert. Dagegen verbreiten sich reaktionäre Professoren (wie Forsthoff, Kriele, von Münch, Dürig, Herzog) und Politiker bis hinein in die Reihen der SPD um so ausgiebiger über das »staatliche Gewaltmonopol« — bis hin zu aberwitzigen (aber verräterischen) Verrenkungen, wie: das staatliche Gewaltmonopol sei die Basis für bürgerliche Rechte und Demokratie[15] — ein verfassungsgeschichtlicher Kopfstand.

Die Propagandisten des »staatlichen Gewaltmonopols«, die selber brutalste Knüppel- und Gaseinsätze der Polizei gegen Massenbewegungen großer Bevölkerungsteile, die sich auf Grundfragen der ökonomischen und sozialen Existenz beziehen, gutheißen, bestenfalls mal deren »Unverhältnismäßigkeit« kritisieren, wollen denen, die sich in verschiedenen Formen dagegen zur Wehr setzen, den Schwarzen Peter zuschieben, ihnen »Demokratiefeindlichkeit« vorwerfen — und so von dem ablenken, über das eigentlich gesprochen werden müßte.

Es ist bitter nötig, sich in einer solchen Situation daran zu machen, die tatsächliche Entwicklung und Struktur dieses Staates und seines gewaltigen und gewalttätigen Repressionsapparats aufzuarbeiten und von der Frage: Ist das die Staatsgewalt des Volkes? das Problem nicht nur der Legalität, sondern auch der Legitimität seines Handelns für große Bevölkerungsschichten ins Bewußtsein zu bringen. Immerhin können es sich persönliche Freunde des Bundeskanzlers in der ZDF-Sendung »Auf den Kanzler kommt es an« Anfang 1987 erlauben, ganz unumwunden zu erklären, daß es mit der Staatsgewalt des Volkes hierzulande nichts ist. Der frühere Springer- und Burda-Manager und zeitweilige Pressesprecher der Bundesregierung, Peter Boenisch, erklärt auf die ZDF-Frage: »Wo fallen die politischen Entscheidungen hierzulande?«: »Die fallen nicht in Bonn, sondern in den Chefetagen der großen Konzerne.« Und der Politikwissenschaftsautor (Mitautor zahlreicher industriefinanzierter Werke in Sachen »innerer Notstand« etc.), Rüdiger Altmann, auf dieselbe Frage: »Nicht in Bonn. Viel eher in Frankfurt, vor allem in der Führung der Großbanken«.

Der tragende Grundsatz jedes demokratischen Verständnisses ist: Wenn tatsächlich die Staatsgewalt nicht vom Volk ausgeht, sondern von einer kleinen Minderheit ausgeübt wird, dann besteht ein Recht zum Widerstand. Aber mehr noch: In der BRD hat es in den letzten Jahren in mehreren Bereichen von großer gesellschaftlicher Bedeutung (u. a. Startbahn West, Wackersdorf, Raketenstationierung) jeweils bedeutende, zumindest regionale Mehrheiten gegen Großtechnologie-Projekte gegeben. Diese Mehrheiten haben sich in vielfältigen Formen (Unterschriftensammlungen, Demonstrationen, Versammlungen) geäußert. Ihr Wille ist im Interesse einer kleinen Minderheit durchweg von allen drei Gewalten mit Füßen getreten und mit Knüppeln zusammengeprügelt worden.

Ausgerechnet an solchen Fronten der Auseinandersetzung ist das Geschrei nach der »Achtung vor dem staatlichen Gewaltmonopol« am lautesten, sein tatsächlich demokratiefeindlicher Charakter aber auch am deutlichsten. Makaber nimmt es sich da aus, wenn auch einige Grüne, offenbar auf Hoffähigkeit in parlamentarischen Kreisen bedacht, in den Chor der Befürworter des staatlichen Gewaltmonopols einstimmen. Ist dieses staatliche Gewaltmonopol noch niemals in der Geschichte etwas Demokratisches gewesen, so ist es das heute in der BRD schon gar nicht. Die ideologische Defensive bei den Grünen und anderen (auch SPD und Gewerkschaften, soweit nicht selbst schon staatstragend) läßt sich so erklären: Die staatstragenden Hetzkampagnen setzen ja durchweg an gewaltsamen direkten Aktionen der RAF, der Autonomen etc. an und versuchen dann zu vermitteln, es könnten und dürften doch nicht irgendwelche kleinen Gruppen oder Individuen per Faustrecht die große Mehrheit terrorisieren. Wer was verändern wolle, müsse sich eben an die Wege der repräsentativen Demokratie halten und deren Entscheidungen ansonsten schlucken. Tatsächlich bringen solche direkten Aktionen häufig ja durchaus ein Fehlen demokratischer Massenstrukturen bezüglich der Auseinandersetzungsmöglichkeiten zum Ausdruck. Das wirkliche Problem ist demnach nicht, wie kommen wir in die Parlamente und setzen da was formaldemokratisch legitimiert durch. Die Staatspropagandisten wissen selbst ganz gut, daß es sich dabei um ein Ablenkungsmanöver handelt (s. Boenisch und Altmann) und der Staatsapparat mit seiner Gewaltmaschinerie längst losgelöst vom Volkswillen für eine kleine Minderheit operiert.

Das wirkliche Problem ist: Wie entwickeln wir in der Organisierung des Widerstands, in der Wahrnehmung des Widerstandsrechts (nicht des eingeengten des Art. 20 Abs. 4 GG!) betrieblich, kommunal, regional tatsächlich beständige demokratische Strukturen für eine große, immer größere Zahl von Menschen Strukturen, in denen dann auch der jeweiligen Situation entsprechend über die Ziele und Formen des Widerstands entschieden werden kann. Nur solche Strukturen könnten das undemokratische staatliche Gewaltmonopol in der BRD auf Dauer konterkarieren. Die frühbürgerlichen demokratischen Verfassungskonzeptionen — von der Beamten- und Richterwahl bis hin zum umfassenden Widerstandsrecht — können dabei wichtige Anhaltspunkte liefern; das Grundgesetz und die Landesverfassungen, wie auch Gemeindeordnungen, Betriebsverfassungsrecht usw. müssen in einem solchen Prozeß jeweils nach den konkreten Möglichkeiten überprüft werden, die sie für eine demokratische Interessenorganisation bieten. Die Entwicklung solcher demokratischer Strukturen ist unter den heutigen Bedingungen der BRD eine schwierige Sache, weil sie sich schon von vornherein mit den vielfältigen Überwachungs- und Repressionsmöglichkeiten des Sicherheitsstaats konfrontiert sieht und mit viel mehr als ihren inneren Problemen zu kämpfen hat. Schon die bloße Zusammenkunft erfordert ja heute oft Mut zur Inkaufnahme zumindest des Erfaßtwerdens. Umso dringender muß daran gearbeitet werden. Der Mut zum Zivilen Ungehorsam fängt heute schon bei der Organisierung demokratischer Strukturen für eigene Interessen an.

III: Was tun?
Ratschläge zur Gegenwehr

1 »Erkämpft das Menschenrecht«
Über die Schwierigkeiten bei der Zurückeroberung politischer Handlungsfähigkeit

>»Unsere Niederlagen nämlich
> Beweisen nichts, als daß wir zu
> Wenige sind
> Die gegen die Gemeinheit kämpfen
> Und von den Zuschauern erwarten wir
> Daß sie wenigstens beschämt sind!«
> (Bertolt Brecht, Gedicht »Gegen die Objektiven«)

Allenthalben Ratlosigkeit — revolutionäre Ungeduld und entsprechender Umgestaltungswille sind nicht in Sicht. Die gesellschaftlichen Umstände, die politischen Macht- und Kräfteverhältnisse sind ganz einfach (noch) nicht so. Wir befinden uns eher in einer Phase des zunehmenden Verlustes, der Enteignung der öffentlichen politischen und ökonomischen Entscheidungsmöglichkeiten und Handlungsfähigkeiten der BürgerInnen — eine Folge wohl auch des ungebremsten Siegeszuges der neuen Informationstechnologien in Staat und Gesellschaft. Wir sind in der Defensive des »Rette, was zu retten ist«, aus der heraus es großer Anstrengungen bedarf, allmählich wieder Handlungsfähigkeit auch mit bürgerrechtlicher sowie radikaldemokratischer Zielsetzung zurückzuerobern.

Mit welchen Problemen haben wir bei diesem Kampf gegen die Vereinzelung, die alltägliche Normierung und Verplanung, gegen die politische Überwachung und soziale Verunsicherung zu rechnen? Wie kommt es eigentlich, daß sich — auf dem Hintergrund schlimmster historischer Erfahrungen — angesichts der aufgezeigten Sicherheitsentwicklung in der Bundesrepublik so wenig Menschen betroffen fühlen von den Gefahren, die von dieser organisierten, weitgehend unkontrollierbaren und undemokratischen Staatsmacht ausgehen?

Lediglich die Boykott-Bewegung gegen die Volkszählung schien ein wichtiger und vielversprechender Anfang zu sein.

In gewisser Weise ist der mangelnde Widerstand gegen den

Sicherheitsstaat auch wiederum verständlich, zumindest erklärbar, wenn man folgendes bedenkt: Abgesehen davon, daß »Sicherheit, Ruhe und Ordnung« für die Ohren des deutschen Volkes traditionell einen besonderen Wohlklang besitzen, abgesehen davon, daß autoritäre Staatsfixierung, der »starke Staat«, »hartes Durchgreifen« und eine »Ich-hab'-nichts-zu-verbergen«-Mentalität immer noch Konjunktur haben, abgesehen von mangelnder bürgerlich-demokratischer Tradition und liberaler Öffentlichkeit, abgesehen davon, daß bei unruhigeren Geistern bereits eine gewisse Gewöhnung an die ständige Perfektionierung des Überwachungsstaates stattgefunden haben mag, abgesehen davon, daß es im Umweltbereich andere, wesentlich hautnähere apokalyptische Entwicklungen und Probleme zuhauf gibt — abgesehen von all diesen richtigen Erklärungsansätzen scheint ein wesentliches Hindernis auch in der zunehmenden Abstraktheit der Staatsmacht und ihrer Instrumente, in einer volltechnisierten und durchstaatlichten Informationsgesellschaft zu liegen.

Diese Tatsache stellt an die Aufklärungsarbeit oppositioneller Kräfte ganz besondere Anforderungen, um die Betroffenheit, die objektiv vorhanden ist, subjektiv jedoch nicht so empfunden wird, überhaupt noch deutlich machen zu können. Der eigentliche soziale und politische Überwachungs- und Steuerungscharakter der präventiven Sicherheitsentwicklung auf der Basis der neuen elektronischen Informationstechnologien bleibt den BürgerInnen in aller Regel verborgen. Und die nachträgliche Legalisierung dieser strukturverändernden Entwicklung ist ebenfalls schwer nachvollziehbar — CSU-Bundesinnenminister Friedrich Zimmermann weiß es zu schätzen: »Seit wann begreifen die Bürger komplizierte Gesetze? Den normalen Bürger interessiert das einen feuchten Kehricht.« Wahrscheinlich hat er recht, denn Gesetze sind in der Tat trocken, verklausuliert und in unverständlichem Bürokratendeutsch gehalten; die Zusammenhänge, das Ineinandergreifen der einzelnen Bestimmungen bleiben im Verborgenen. Und doch kann sich letztlich niemand dieser Entwicklung, diesem Bedrohungs- und Gefährdungspotential erfolgreich entziehen. Denn staatliche Eingriffsbefugnisse und die praktische Überwachungstätigkeit halten sich schon lange nicht mehr bei sogenannten Störern und bei den einer Straftat Verdächtigen auf, noch lassen sie sich an das Vorliegen einer konkreten Gefahr binden, die es abzuwehren gilt. Staatliche Vorbeugungstätigkeit hat längst weit mehr im Blick: nämlich den Menschen als potentielles Sicherheitsrisiko — also auch die sogenannten unbescholtenen BürgerInnen, die noch keiner Straftat verdächtig sind; denn auch sie können leicht und unbemerkt, auf geheimen Wegen, in staatlichen Dateien landen, in den Computersystemen der Polizei und der Geheimdienste, unabhängig davon, ob sie das glauben mögen oder aber nicht. Hierin kann, neben der generellen Bedrohung, auch eine neuartige politische »Chance« schlummern: die Kraft des »Jede/r kann betroffen sein« (was bei der Volkszählung vielen ganz deutlich wurde).

Lassen sich nun etwa, so die naheliegende Konsequenz, möglicherweise alle BürgerInnen gegen diesen Sicherheitsstaat mobilisieren, egal ob Kapitalisten, Mittelschicht-Intellektuelle oder FabrikarbeiterInnen, quer zur Klassenlage und -frage? Hier spätestens tauchen nun inhaltliche, theoretische wie praktische Probleme auf, die nur schwer lösbar scheinen und in diesem Rahmen, in ihrer ganzen Widersprüchlichkeit, lediglich verkürzt und unsystematisch angerissen werden können:

— Zunächst müssen wir uns in der Diskussion um die Menschen- und Bürgerrechte davor hüten, allein jenen, den unmenschlichen Verhältnissen übergestülpten, formalen bürgerlichen Rechten der traditionellen Menschenrechtskataloge zu vertrauen, durch individualistische Symptombehandlung von den eigentlichen, grundlegenden Ursachen, dem Nährboden für Inhumanität und systematische Menschenrechtsverletzungen abzulenken bzw. abgelenkt zu werden. Das soll nicht gegen Engagement, nicht gegen Hilfeleistung für den Einzelfall sprechen — im Gegenteil —, es soll aber die weitergehende Forderung nicht in Vergessenheit geraten lassen, den erwähnten Nährboden, die sozio-ökonomischen Strukturen, denen permanente Menschenrechtsverletzungen immanent sind, mit zu analysieren und die Konsequenzen zu ziehen — nämlich alle menschenfeindliche Wirklichkeit zu verändern, zu beseitigen, zu ersetzen als unabdingbare Voraussetzung für einen effizienten Menschenrechtsschutz.

— Wir können also Bürgerrechtspolitik nicht isoliert betreiben, denn staatliche Entwicklungen haben ihre gesellschaftlichen Ursachen und sind abhängig von verschiedenen sozioökonomischen Faktoren. Das bedeutet: Wir müssen die Verursachungszusammenhänge begreifen lernen — etwa zwischen Sicherheitsentwicklung und ökonomischen Krisen, sozialer

Verelendung, Massenarbeitslosigkeit, Aufrüstung und Großtechnologie —, um auch die eigentlichen (Mit-)Ursachen ins Blickfeld der Opposition rücken zu können. Wenn wir also beispielsweise konstatieren, daß die Risikogesellschaft, daß technologisch hochgefährliche Projekte zwangsläufig einen mehr oder weniger ausgeprägten präventiven Sicherheitsstaat bedingen, dann reicht es eben nicht aus, die Symptome auf der Erscheinungsebene zu bekämpfen: Wer den Sicherheitsstaat bekämpfen will, muß dann auch dessen Grundlagen und Verursachungszusammenhänge bekämpfen — u. a. die Risikoproduktion der kapitalistischen Wirtschaftsgesellschaft sowie deren skrupellose Verfechter und Profiteure. Und daher ist der Kampf um Bürgerrechte auch zu verbinden mit dem Kampf der anderen politisch-sozialen Widerstandsbewegungen, deren Aktionsbedingungen immer mehr eingeschränkt werden.

— Wir dürfen das offensichtlich vorhandene starke Sicherheitsbedürfnis der Bevölkerung nicht einfach ignorieren, ein Bedürfnis, das in der Regel mit Angst, Anpassung und autoritärer Anbindung an Machtinstitutionen und -strukturen einhergeht. Der Hunger nach (staatlicher) Sicherheit in einer Welt der (sozialen) Unsicherheiten und technologischen Risiken und Gefahren wird auf dieser psychosozialen Basis begreiflich, fleißig gefördert von der herrschenden Sicherheitspolitik, die nicht etwa die ursächlichen Gefahren (Atomreaktoren, Großtechnologien, Umweltzerstörer oder Massenarbeitslosigkeit) zu beseitigen, sondern die Auswirkungen per sicherheitspolitischem Krisenmanagement in Schach zu halten sucht (und diejenigen, die dagegen opponieren, gleich mit).

— Wir dürfen darüber hinaus nicht übersehen, daß die staatlichen Sicherheitsmaßnahmen primär »Kriminellen«, »Terroristen«, »Kommunisten« und anderen politischen »Extremisten«, radikalen Oppositionellen und Abweichlern gelten, also sozialen Außenseitern und politischen Minderheiten, denen die Durchschnittsbevölkerung auch nicht gerade wohlgesonnen ist; die psychostrukturell bereits weitgehend erklärbare Identifikation mit dem Aggressor Staat wird durch diese staatliche »Sündenbock«-Behandlung noch gefördert. Insofern hat eine Opposition in Sachen Bürgerrechte auch beständig gegen die Ideologie der Majorität der Bevölkerung anzukämpfen, die nach mehr Staatssicherheit geradezu verlangt.

— Wir müssen deshalb diese psychologische Feindbildproduktion zu entlarven versuchen, die insbesondere die ideologische Grundlage herrschaftssichernder Widerstandsbekämpfung bildet, die wiederum nicht geringe Sympathien in der Bevölkerung genießt und so auch als Legitimationsbasis für die staatliche Aufrüstung dienen konnte und weiterhin kann. Wir müssen die Politik mit der Angst vor dem »inneren Feind«, die schon jahrzehntelang betrieben wird, durchkreuzen; wir müssen die Legitimationsversuche demaskieren, die Legitimierungen angreifen als das, was sie sind, nämlich als Mittel zum Zweck, als Vorwand für eine allgemeine innere Aufrüstung und Mobilisierung, für immer mehr staatliche Kompetenzen zum Zwecke langfristiger Herrschaftssicherung. Die ideologische Legitimationsbasis des Sicherheitsstaates ist relativ brüchig und hochlabil. »Terrorismus« etwa entpuppt sich nach entsprechender Entmystifizierung letztlich als der Kampfbegriff derer, die von den herrschenden (a)sozialen Zu- und Mißständen, von ihren eigenen politischen Schandtaten ablenken wollen, indem sie den Widerstand gerade dagegen zu kriminalisieren versuchen.

Unter dem Vorwand, der Sicherheit der BürgerInnen zu dienen, werden diese im Zuge jener Politik unter der Hand selbst zu Sicherheitsrisiken befördert, wodurch deren Sicherheit vor organisierten staatlichen Eingriffen in die individuellen Freiheitsrechte systematisch untergraben wird.

— Auf diesem »Umweg« sind also sehr viele Menschen objektiv betroffen, was anhand von konkreten Fallbeispielen, Szenarien usw. adressatengerecht zu übersetzen und zu veranschaulichen ist. Denn ohne dieses Gefühl der »Betroffenheit« läuft offenbar nichts in diesem Lande. Aus purer Einsicht scheint kaum noch jemand so richtig überzeugbar zu sein — unheimlich betroffen, ja sturzbetroffen ist das Mindeste, bevor gehandelt werden kann. Das Wasser muß schon am eigenen Hals stehen; ist oder scheint lediglich irgendeine soziale oder politische Minderheit, gar eine radikale, unliebsame Minderheit von staatlichen Maßnahmen und Gesetzen betroffen, so scheint das die große Mehrheit nicht im geringsten zu stören. Diese Art von Politik-Verständnis ist ein verkürztes, gefährliches, ein kaltes Verständnis, denn es ist im Kern unpolitisch, egozentrisch und asozial — es ist blind für die Leiden der anderen, für Leiden, von denen wir wohl annehmen, daß sie uns nie oder nur in Extremfällen treffen können.

— Noch ein »Zeitgeist«-Problem: Staatskritik — und die angesprochene bürgerrechtlich orientierte Opposition beinhaltet zum großen Teil eine solche — gilt mittlerweile als regelrecht verpönt, wenn sie nicht mit Vor- und Gegenleistungen verbunden wird, mit Glaubensbekenntnissen zur FdGO oder Distanzierungen von der RAF, von Gewalt und Polizistenmorden, den »schlimmsten aller Morde« (Friedrich Zimmermann). Enthüllungen von staatlichem Agieren und Skandale stumpfen das übersättigte bürgerliche Publikum noch weiter ab, und die »Linke«, so sie als solche existiert, droht in einen gigantischen Anpassungsprozeß zu trudeln: Sie übt sich in »Selbstkritik statt Staatskritik« und in Versöhnung mit diesem Staat, statt die Staatskritik mehrheitsfähig zu machen. Zu gegebenen Anlässen werden eilfertige Distanzierungen produziert und willfährige Bußfertigkeit zur Schau gestellt, wie sie bei Teilen der Linken und insbesondere bei den »Grünen« nicht erst seit den Startbahn-Schüssen auf Polizeibeamte mit zunehmender Tendenz verzeichnet werden können. Schon die jüngere Debatte um Amnestie oder Gnade für (ehemalige) »Terroristen« beflügelte den Zeitgeist, der einer staatskritischen Opposition mächtig ins Gesicht zu blasen scheint. Aus den Reihen der sich alternativ verstehenden »Grünen«, die die »Gewaltfreiheit« zum Programm erhoben haben, wird gar ein »positiv entwickeltes Staatsverständnis« eingefordert bis hin zu einer offensiven Anerkennung des staatlichen Gewaltmonopols — letztlich die Befürwortung der organisierten Gewalt schlechthin.

— Zurück zur »Betroffenheit«: Bei unserem oft krampfhaften Bemühen um ein Hervorkitzeln von Betroffenheitsgefühlen oder auch nur bei der bloßen Darstellung des inneren Sicherheitssystems und seiner Auswirkungen in komprimierter Form gerät die Geschichte nicht selten zum überhöhten Horror-Szenario, zur Apokalypse, zum unentrinnbaren Orwell-System eines totalen, allmächtigen Überwachungsstaates, der alle BürgerInnen, ohne Ansehen der Person im Würgegriff hält — zumindest wird dies häufig so empfunden oder unterstellt. Statt Betroffenheit könnte sich angesichts einer solchen isolierten Computer-Staat-Ideologie also lähmende Angst einstellen, Ohnmachtsgefühle und Resignation: Die Angst vor totaler Überwachung, die Angst vor staatlicher Unterwanderung, vor allgegenwärtigen Spitzeln und Lauschern lähmt — und paßt sich nahtlos ein ins Konzept polizeilicher und geheimdienstlicher Zersetzungsarbeit.

»Was können wir da eigentlich noch machen?« — diese resignativ klingende, aber immerhin noch an Veränderung orientierte Frage pflegt routinemäßig all jenen entgegenzuschlagen, die sich bemühen, die Bevölkerung über die verhängnisvolle staatliche Entwicklung aufzuklären. Sie sehen sich gelegentlich in eine Position gedrängt, als ob paradoxerweise sie das Geschäft der Sicherheitsorgane betreiben würden — indem sie die von diesen geschaffenen Fakten aufgreifen, Zusammenhänge herausarbeiten und den potentiell Betroffenen dieses zu übersetzen versuchen, und dadurch unfreiwillig Angst und Ohnmachtsgefühle erzeugen, die am Ende — so etwa die polizeikritische Zeitschrift *cilip* (»Hilflose Polizeikritik«) — zu einem Handlungsverzicht führen könnten. Andererseits, auch dies ist zu beobachten, entstehen aber auch Empörung und Wut, die durchaus in den Willen münden können, »etwas dagegen« zu unternehmen.

— Aufklärungsarbeit ist meist eine Gratwanderung zwischen Dämonisierung und Verharmlosung, zwischen Überzeichnung und Bagatellisierung. Diesem Problem müssen wir uns stellen, und wir müssen uns verstärkt beschäftigen mit der Frage nach den Rückwirkungen staatlicher Befugniserweiterung und Überwachungstätigkeit auf das soziale und politische (Kommunikations-) Verhalten der Individuen. Den durchaus ins staatliche Konzept passenden Ohnmachtgefühlen muß entgegengewirkt werden: insbesondere durch die Nutzung von strukturellen Bruchstellen und Widersprüchen in der Entwicklung und Tätigkeit der Sicherheitsorgane, durch Lernprozesse, die auch diese Entwicklung unfreiwillig in Gang zu setzen vermag sowie durch Aufzeigen von Verletzlichkeiten des Systems, von verbleibenden Handlungsspielräumen, von Ansätzen der Gegenwehr und von bisherigen ermutigenden (Teil-) Erfolgen des Widerstands. Schließlich gibt es trotz der Entwicklung der Inneren Sicherheit in unterschiedlichen gesellschaftlichen Bereichen eine entwickelte politische Kultur des Widerstands, die allerdings gewissen Schwankungen unterworfen ist.

Es bleibt zu hoffen und darauf hinzuwirken, daß der Mensch für die Betreiber menschenfeindlicher Politik immer zumindest ein gesellschaftliches Rest-Risiko verkörpern möge, das sich rasch zum kollektiven Widerstandspotential entwickeln kann — mögen staatliche »Gefahrenvorsorge«, Repression und Kriminalisierungsbestrebungen, mögen die Strategien und Taktiken der Widerstandsbekämpfung und Herrschaftssicherung noch so ausgeklügelt, flexibel und flächendeckend sein.

2 Bürgerrechtsaktionen und -forderungen

»Protest ist, wenn ich sage, das und das paßt mir nicht. Widerstand ist, wenn ich dafür sorge, daß das, was mir nicht paßt, nicht länger geschieht. Protest ist, wenn ich sage, ich mache nicht mehr mit. Widerstand ist, wenn ich dafür sorge, daß alle anderen auch nicht mehr mitmachen.«
(aus: Ulrike Meinhof, Vom Protest zum Widerstand, in: *Konkret* 5/1968)

Aktionskatalog: Von Aufklärung bis Ziviler Ungehorsam

Um eine langfristige und effektive Oppositionsarbeit gegen den präventiven Sicherheitsstaat und für radikaldemokratische Veränderungen zu erreichen, bedarf es — aufbauend auf einer korrekten Analyse — der Entwicklung von Gegenstrategien und eines Mindestmaßes an Organisierung. Denn nur organisierter Widerstand auf allen Ebenen — der wissenschaftlichen, juristischen, politischen, parlamentarischen wie außerparlamentarischen — mit einer Vielzahl differenzierter Mittel und Methoden wird den nötigen politischen Druck für Veränderungen erzeugen können. Es sollte dabei allerdings tunlichst vermieden werden, mit Sicherheitskräften und Ordnungspolitikern über Protestformen und Widerstandsaktionen zu verhandeln; sie stehen, gerade auch was ihre Unberechenbarkeit für die staatlichen Sicherheitsorgane anbelangt, nicht zur Disposition. Denn grundsätzliche bürgerrechtliche Opposition schließt — und das sollten wir vor lauter Distanzierungsdruck und Gewaltfreiheit nicht vergessen — auch den kalkulierten Rechtsbruch im Sinne des Zivilen Ungehorsams mit ein. Alles andere wäre illusionär. »Zum Widerstand gehört auch, daß wir uns unser Handeln nicht von denen vorschreiben lassen, die an unserem Scheitern interessiert sind« (Heinrich Hannover).
Boykottaufrufe hinsichtlich Volkszählung oder maschinenlesbarem Personalausweis, Besetzungen, Blockaden und andere Formen des Zivilen Ungehorsams sind schließlich Verletzungen des herrschenden Rechts und gehören gleichwohl zu

einer lebendigen Widerstandskultur, ohne die wir bereits politisch ziemlich verloren wären. Vorsicht ist jedoch geboten vor den allenthalben aufgestellten Kriminalisierungsfallen: Wer heute etwa über das Für und Wider militanter Aktionen debattieren will, sieht sich bereits weit im Vorfeld möglicher oder auch unmöglicher Straftaten mit Strafgesetzen konfrontiert (§ 111 = öffentliche Aufforderung zu Straftaten, § 130a StGB = Anleiten zu Straftaten, § 129a = »Terroristische Vereinigung«), die Diskussionsteilnehmer mit Strafe bedrohen, wenn durch ihre Redebeiträge oder Schriften »die Bereitschaft anderer befördert oder geweckt wird«, bestimmte rechtswidrige Taten zu begehen, die jedoch nicht erst begangen zu werden brauchen. Es müssen wohl auch schon diejenigen aufpassen, die in aufklärerischer Absicht eine bedrohliche Situation so wirklichkeitsnah ihrem Publikum vermitteln, daß Teile desselben nicht umhinkommen, militante Gedanken zu hegen. Auch eine »scheinbare Distanzierung« wird dann nichts mehr nützen. Und die Heranziehung historischer Ereignisse, die bekanntlich häufig gewalttätig ausfielen, ist strafbar, wenn sie etwa mit »Nachahmungseffekt« verbreitet werden.

Im folgenden werden nun in alphabetischer Reihenfolge einige Aktionen dokumentiert, die in den vergangenen Jahren so oder ähnlich durchgeführt worden sind.

Die Auswahl, Planung und Durchführung von Bürgerrechts-Aktionen müssen stets im konkreten Fall aus den jeweiligen Diskussionszusammenhängen vor Ort heraus entwickelt und entschieden werden. Ausgehend von der Verfassungsordnung als Aktionsbasis, ihrer Erhaltung, aber insbesondere auch ihrer Fortentwicklung müssen die Aktionen dem Grundsatz der Verhältnismäßigkeit entsprechend ausgewählt und durchgeführt werden — das bedeutet, sie müssen an der Gefährlichkeit, an der Verfassungswidrigkeit, der Illegalität und den Folgen der zu bekämpfenden staatlichen Maßnahmen und Entwicklungen orientiert werden. Die »Varianz der Militanz« hat sich nach unterschiedlichen Kriterien zu richten, die es zu berücksichtigen gilt: u. a. nach der Vermittelbarkeit Wirksamkeit und Durchführbarkeit; Aufklärungs- und Bewußtseinsprozesse müssen, das ist Vorbedingung einer Mobilisierung, bei allen Aktionen in Gang gesetzt und unterstützt werden.

Aufklärungsarbeit als Bedingung für das Erzeugen von öffentlicher Empörung und Wut, die eine wichtige Voraussetzung zielgerichteten politischen Handelns bilden, um die Opposition zu verbreitern und die Einsicht in die Notwendigkeit von Widerstandsaktionen zu fördern: Versuch, durch allgemeinverständliche Darstellung der Probleme und Gefahren des präventiven, technizierten Sicherheitsstaates im Informationszeitalter über das Ghetto derjenigen, »die's eh schon wissen«, hinauszugelangen, Problembewußtsein zu bilden, Betroffenheit offenzulegen und politische Massenwirksamkeit zu entfalten. Die Abstraktheit der Macht und der Herrschaftsstrukturen übersetzen in nachvollziehbare Lebenssachverhalte (etwa mit Hilfe von Fallbeispielen); ideologiekritisches Aufbrechen von staatlichen Legitimationsmustern für innere Aufrüstungspolitik und polizeistaatsähnliche »Konfliktlösungen« sowie Zerstörung innerer Feindbilder. Veranschaulichung anhand von konkreten Fällen, aber zugleich den hinter diesen Einzelfällen versteckten strukturellen Hintergrund herausarbeiten und ebenfalls anschaulich vermitteln (evtl. in Form von Szenarien) — ansonsten wird die politische Wirkung in kurzatmigen, situationsbezogenen bzw. skandalabhängigen Protestschreien verpuffen. Politische Zielsetzung der Repression aufzeigen auf dem Hintergrund deutscher Geschichte, insbesondere des Faschismus. Entwicklung von Strategien zur Überwindung von Ohnmacht, Fatalismus, Resignation und Anpassung. Einbeziehung von betroffenen Minderheiten in die Aufklärungsarbeit. (Zielsetzung s. Bürgerrechtspolitik)

Auskunftsaktionen bezüglich der bei Sicherheitsbehörden (Polizei und Geheimdiensten) gespeicherten personenbezogenen Daten (s. Rechtshilfe-Teil zu »Datenschutz«)

Blockaden/Besetzungen/Begehungen etwa von Sicherheitseinrichtungen und -behörden sowie (flexible) Behinderungsaktionen durch Eingriffe in funktionale Abläufe und Infrastrukturen gelten — ähnlich wie Blockaden von militärischen Einrichtungen o. ä. — in der Regel als »Nötigung« (»verwerfliche Gewaltanwendung«), Hausfriedensbruch etc. (s. auch Ziviler Ungehorsam/Gewaltfreie Aktionen).

Boykott-Maßnahmen: In der Vergangenheit hat es solche Aktionen etwa in Form des Gesetzes- oder Maßnahmen-Boykotts gegeben, z. B. der populäre Volkszählungsboykott 1987/88 (weicher/harter; s. Teil II), Steuerboykott gegen (innere) Rüstungsausgaben. Können als gesetzwidrig verfolgt werden.

Bündnispolitik gegen den Sicherheitsstaat, um weiterreichende politische Wirkung zu erzielen: möglichst breites Bündnis aus linken und liberalen Gruppierungen und Einzelpersönlichkeiten, auch um Ghettoisierung aufzubrechen und Kriminalisierung zu vermeiden.Suche nach Betroffenen-Gruppen, die potentiell Verbündete werden könnten. Einbeziehung des liberalen Bürgertums insbesondere im »Kampf um Verfassungspositionen«. Aber Vorsicht, wenn es ausschließlich um die Breite und nicht mehr um die Tiefe der Bündnispolitik geht: Gefahr der inhaltlichen Verwässerung von politischen Zielen und Aktionen unter dem kleinsten gemeinsamen Nenner.

Bürgerrechtspolitik, alternative, integrative und demokratische: Staatskritik und Gegenpolitik gegen herrschende Vorstellungen von »Bürgerrechtspolitik«, in der die (Staats-) Sicherheit zum Supergrundrecht ausgestattet wird, dem sich die Freiheitsrechte unterzuordnen haben. Erforschung der strukturellen Ursachen für die analysierte Sicherheitsentwicklung und deren entsprechende Bekämpfung sowie Einbindung der alternativen Bürgerrechtsarbeit in die Widerstandspolitik politisch-sozialer Bewegungen, um deren künftige Widerstandsbedingungen es im wesentlichen geht. Verknüpfung mit grundsätzlicher Kritik am kapitalistischen Gesellschaftssystem, um dessen Sicherung es bei der staatlichen Sicherheitspolitik hauptsächlich geht. Kampf nicht nur gegen die abstrakten Gesetze, Maßnahmen, Entwicklungen und Skandale oder »Auswüchse«, sondern gegen die politischen Betreiber, gegen die politisch verantwortlichen Ordnungspolitiker und Sicherheitspraktiker per (Ab-) Wahl und politischem Druck bis hin zur Gefährdung der »Regierbarkeit«. Über den reinen immanenten Abwehrkampf hinaus (der einen Kampf um Verfassungspositionen einschließt): Forderung nach öffentlicher Kontrolle staatlichen Handelns als kurz- und mittelfristige Übergangsforderungen (s. z. B. »Freedom of Information Act«, Kennzeichnung von Polizeieinsatzkräften); nach demokratischen Strukturen (z. B. plebiszitäre Elemente) in Staat und Gesellschaft sowie nach Entstaatlichung und Entkriminalisierung; Entwicklung von Demokratiemodellen, Formulierung von systemverändernden radikaldemokratischen Alternativen der BürgerInnen-Beteiligung an Entscheidungsprozessen. Von der Defensive in die Offensive: Zurückeroberung der Handlungsfähigkeit.

Demonstrationen/Sternmärsche/Kundgebungen unter Ausnutzung der Vielfalt von Formen des Demonstrierens in Kombination mit anderen in diesem Katalog genannten Aktionen. Endlich auch für die schwer angeschlagene Demonstrationsfreiheit demonstrieren.

Demonstrationseinsatz- und Prozeßbeobachtungen: Demonstrationseinsatzbeobachtungen sind bisher u. a. vom »Komitee für Grundrechte und Demokratie« (z. B. Anti-WAA-Demonstration 1985) sowie von »Bürger kontrollieren/beobachten die Polizei« (z. B. Blockadeaktionen in Bremerhaven 1983) durchgeführt worden, aber auch schon von ausländischen Initiativen (im Fall Startbahn-West): Dokumentation (incl. Foto-/Video) der Polizeieinsatzstrategien und -taktiken, von Übergriffen, des Einsatzes von Polizeiwaffen, der Gewalt-Eskalation etc. sowie anschließende Öffentlichkeitsarbeit (s. auch Kapitel Bürgerrechtsgruppen).

Prozeßbeobachtungen werden bei politischen Prozessen von internationalen und bundesdeutschen Vereinigungen und Einzelpersonen durchgeführt. Gedacht als Solidaritäts-, Öffentlichkeits-, Schutz- und Kontrollmaßnahmen (z. B. bei Berufsverbote-Verfahren oder bei sogenannten Terrorismus-Verfahren, u. a. von amnesty international) mit zum Teil positiver Wirkung.

Ermittlungs-/Rechtshilfeausschüsse/Bunte Hilfen: eigene Alternativ-Ermittlungen etwa im Zusammenhang mit den juristischen Folgen von Demonstrationen. Anlaufstellen für Betroffene. Prozeßhilfen; Einrichtung von Rechtshilfe-Fonds (s. Kapitel Bürgerrechts- und Anti-Repressionsgruppen).

Gegenwehr/Selbsthilfe. Um eine solche Art von Notwehraktion (allerdings nicht unbedingt im straf- bzw. zivilrechtlich zulässigen Sinne) handelte es sich z. B. bei der Bremer Aktion 1981, als die Mitglieder einer vom »Verfassungsschutz« (VS) observierten Wohngemeinschaft die Observanten vertreiben und jene gegen sie eingesetzten nachrichtendienstlichen Mittel vernichten konnten; geheime Unterlagen, die vorgefunden wurden, entwickelten sich später in Form einer umfangreichen Dokumentation zum Bestseller. Weitere Beispiele zumeist illegaler Aktionen: das Abhören von Geheim-Polizei- und VS-Funkgesprächen durch Hamburger und Göttinger Betroffene Anfang der achtziger Jahre, die Enttarnung von V-Leuten und agents provocateurs, die Veröffentlichung von Geheimmaterial, »Gegenspionage« usw.

Gewerkschaftliche Aktionen: Probleme der »Inneren Sicherheit« in die Gewerkschaften, insbesondere die unteren Ebenen, hineintragen sowie über fortschrittliche Betriebsräte in die Betriebe. Parallelen der Staatsschutzentwicklung zur Entwicklung der Überwachung und Kontrolle in den Betrieben herausarbeiten und aufzeigen, z. B.: Werkschutz, Personalinformationssysteme, computerlesbare Werksausweise, Sicherheitsüberprüfungen, Berufsverbote, betriebliche Rationalisierung. Gewerkschaftliche Bildungsarbeit; Betriebsversammlungen mit thematischem Betriebsbezug; Vorbereitung von Streik oder streikähnlichen Aktionen.

Wir können es uns auf Dauer nicht leisten, die Gewerkschaften, die organisierten Lohnabhängigen, die Betriebe usw. aus der Widerstandsarbeit gegen den Sicherheitsstaat herauszuhalten und rechts liegen zu lassen. Es handelt sich schließlich um ein großes Widerstandspotential, dessen prinzipiell systemstabilisierende Funktion, was die Gewerkschaften als »Sozialpartner« anbelangt, dabei jedoch nicht aus den Augen verloren werden darf (s. dazu auch Teil II — Opposition gegen Notstandsgesetze). Widersprüche innerhalb des Gewerkschaftsapparates und der Hierarchie nutzen.

Integration von Bürgerrechtsarbeit in die Widerstandsarbeit von politisch-sozialen Bewegungen; sie muß ihre weitgehende Isolation überwinden und sich als integraler Bestandteil entwickeln und einbringen, als unabdingbare Kraft zur Erhaltung und Ausweitung der Widerstandsbedingungen in Zusammenarbeit mit den betroffenen Bewegungen und Szenen.

Internationale Initiativen: Organisierung internationaler Tribunale, Untersuchungskommissionen, Delegationen, Prozeß- und Demonstrationsbeobachtungen oder sonstiger Kontrollmaßnahmen und Einflußnahmen auf die internationale öffentliche Meinung sowie auf innerstaatliche bzw. politische Entscheidungsträger. Aus den bitteren geschichtlichen Erfahrungen mit Deutschland im Nationalsozialismus sind die demokratischen Kräfte insbesondere des angrenzenden Auslands bezüglich der Entwicklung der Inneren Sicherheit in der Bundesrepublik gut sensibilisier- und aktivierbar (s. etwa Berufsverbotekomitees in verschiedenen westeuropäischen Ländern oder Internationales Russell-Tribunal), wenn auch die jeweiligen Regierungen häufig am sicherheitspraktischen Know-how der BRD zur eigenen Herrschaftssicherung partizipieren.

Interventionen, soziale und politische: etwa der öffentlichkeitswirksame Besuch des französischen Philosophen Sartre im Stammheimer Hochsicherheitsgefängnis, aber auch Prozeßbeobachtungen etc.

JuristInnen gegen »Sicherheitsgesetze« etwa parallel zu »Ärzte gegen Atomraketen«. Fortschrittliche Juristen bringen ihren Sachverstand ein und machen Öffentlichkeitskampagnen gegen die geplanten Gesetze. Inzwischen gibt es erste Koordinationsansätze zwischen den verschiedenen Juristenvereinigungen (Strafverteidiger, RAV, VdJ, AsJ, Richter und Staatsanwälte in der ÖTV, Richterratschlag usw.).

Juristische Aktionen: Dienstaufsichtsbeschwerden, Strafanzeigen gegen staatliche Hoheitsträger, Schadensersatz, Verwaltungsgerichtsverfahren (etwa gegen Demo- oder Veranstaltungsverbote), Verfassungsbeschwerden, Menschenrechtsbeschwerden vor internationalen Kommissionen und Gerichtshöfen (s. dazu auch Kapitel Rechtshilfe- und Verhaltenstips). Massenhafte Selbstanzeigen mit dem Ziel der Einstellung von Strafverfahren. Auskunftsverlangen in Sachen Datenerfassung. Rechtshilfe; Rechtshilfefonds (z. B. für Demonstrationsteilnehmer oder Berufsverboteopfer). Probleme: Individualisierung und Entpolitisierung von Widerstand durch Abgleiten in reine Rechtshilfebewegungen (Beispiel: VoBo-Bewegung); widerstandslähmende Nährung von Rechtsstaats-Illusionen: Hoffen auf die Gerichte, insbesondere auf das Bundesverfassungsgericht. Konsequenz: Den Kampf um Verfassungspositionen und die Konfrontation der herrschenden Sicherheitskonzeption mit den Verfassungsgrundlagen verbinden mit der Entwicklung einer alternativen Rechts-, Verfassungs- und Kriminal-Politik sowie mit gesellschaftsverändernden, radikaldemokratischen Perspektiven. Juristische Sicherung und Ausweitung des politischen Aktions- und Widerstandsspielraumes für die Durchsetzung dieser politischen Zielsetzungen.

Kampagnen/Aktionen zur Mobilisierung. Beispiele der jüngsten Zeit: Kollektiver harter oder weicher Volkszählungsboykott. Auskunftskampagne in Sachen Datenspeicherungen bei Polizei und »Verfassungsschutz«. Phantasievoll verkleidet und »vermummt« gegen das »Vermummungsverbot« demonstrieren. Oder: Aktion »Bundesweiter Waschtag«/Aktion »Schlange«: Kampagnen gegen die Einführung des maschinenlesbaren Personalausweises; die alten Personalausweise waren an bestimmten Tagen bundesweit versehentlich mit der Wäsche in der Waschmaschine gewaschen, sprich unbrauchbar gemacht worden. Damit wurde die Beantragung eines neuen, alten Personalausweises noch rechtzeitig vor Einführung der computerlesbaren ermöglicht. Oder: Sich auf unterschiedliche

Weisen der Maschinenlesbarkeit entziehen, insbesondere bei Demonstrationen.

Solche Aktionen müssen bestimmte Voraussetzungen erfüllen, die nach den Kriterien der allgemeinen Betroffenheit, der Vermittelbarkeit, der Mobilisierbarkeit, der praktischen Durchführbarkeit, des Risikos, der Wirksamkeit usw. auszurichten sind.

Kongresse/Konferenzen/Tagungen zur Aufklärung, Information und Mobilisierung. Beispiele aus den achtziger Jahren: Ratschlag gegen die »Schöne Neue Welt«, Köln 1983 (gegen staatliche Überwachung, Neue Technologien/Neue Medien etc.); »Kein Staat mit diesem Staat?« (Freiheitsrechte, Repression und staatliche Hilfe in der Demokratie), Bielefeld 1986; Volkszählungs-Foren und -Tagungen; »Faschisierung — was ist das? Aktuelle Aufgaben des antifaschistischen Kampfes«, Köln 1987; »Freiheit stirbt mit ›Sicherheit«« im Herbst 1988 (gegen neue »Sicherheitsgesetze«, Überwachung und soziale Kontrolle). Auch themenübergreifende Kongresse, wie z. B. Strafverteidigertage, Gesundheitstage (mit jeweils bürgerrechtlichen Aspekten).

Öffentlichkeitsarbeit/Demokratische Gegenöffentlichkeit. Offene Briefe, Aufrufe, Manifeste, Unterschriftenaktionen, Resolutionen, Zeitungsanzeigen, Leserbriefe; Pressekonferenzen, -mitteilungen; eigene Recherchen und Zusammenarbeit mit Journalisten, Aufdeckung von Skandalen, gezielter Einsatz von Enthüllungen, Medienkampagnen in den bürgerlichen, links-liberalen und Alternativ-Medien; Dokumentationen, Flugblätter, Informationsstände, Büchertische, Plakataktionen, Straßendiskussionen. Staatliche Zensurversuche gezielt und massenhaft durchbrechen.

Organisierung: Gründung von Vereinigungen sowie Bildung regionaler und überregionaler Initiativen (z. B. Volkszählungsboykott-Inis), Komitees, Kuratorien (z. B. »Notstand der Demokratie«) sowie Bündnisvereinbarungen. Für eine effiziente, kontinuierliche Anti-Repressions- und Bürgerrechtsarbeit ist ein Mindestmaß an Organisierung unabdingbar. Überwindung der Zersplitterung oppositioneller Kräfte durch Koordinierung (s. dazu Kapitel Bürgerrechtsgruppen).

Parlamentarische Aktionen: Kleine und Große parlamentarische Anfragen an die Regierung, Fragestunde zu Fragen der »Inneren Sicherheit«, Beantragung von Untersuchungsausschüssen; alternative Sicherheitspolitik im parlamentarischen

Rahmen, etwa in Hearings oder in der Ausschußarbeit (Innen-/ Rechtsausschuß), insbesondere der »Grünen«, aber auch der SPD (deren Verantwortung für die Sicherheitsentwicklung jedoch nicht vergessen werden sollte) und der liberalen Teile der FDP; Versuch der Einflußnahme auf die parlamentarische Ebene. Alternative Rechtsgutachten. Öffentlichkeitsarbeit.

Sabotage/Subversive Aktionen. Eindeutig illegale Aktionen von Individuen oder von militanten Gruppen, wie »Revolutionären Zellen«/»Autonomen Zellen« etc., z. B. Störungen öffentlicher Betriebe. Es war bei solchen Aktionen der Vergangenheit das Ziel, zumindest kurzzeitig deren Tätigkeit zu stören oder lahmzulegen und die Öffentlichkeit aufzuschrecken, um auf das angegriffene Problem aufmerksam zu machen. Die Unterscheidung von Gewalt gegen Sachen und Gewalt gegen Personen ist dabei durchgängig zu beobachten. Auch bei Begrenzung der Gewalt auf Sachen, abgesehen von reinen Sabotagehandlungen, häufig verbunden mit der Gefährdung von Menschen. Entspricht zumindest aus diesem Grunde in aller Regel nicht bürger- bzw. menschenrechtlichen Politik- und Oppositions-Vorstellungen. Es ist gleichwohl vorauszusehen, daß punktuelle, dezentrale Spontanaktionen und Sabotageakte gegen die Sicherheits-Infrastruktur noch zunehmen werden angesichts einer immer abstrakter werdenden staatlichen Herrschaftssicherung, die kaum noch andere unmittelbar erfolgversprechende Handlungsansätze des Widerstands erkennen läßt.

Schulung von Multiplikatoren, da sich herausgestellt hat, daß in diesem Bereich für die Aufklärungsarbeit zu wenige Leute zur Verfügung stehen, die die recht komplexe Staatssicherheitsthematik genügend beherrschen bzw. in der Lage sind, die Problematik verständlich und anschaulich zu vermitteln. Für eine effiziente Oppositionsarbeit ist mehr denn je ein gewisser Grad von Professionalisierung erforderlich.

Solidaritätsaktionen etwa für politische (Untersuchungs-) Gefangene sowie für Angeklagte. Gefängnisaktionen zugunsten Inhaftierter (wie z. B. im Zusammenhang mit Startbahn-West-Verhaftungen 1988), Prozeßbegleitung, Informationsarbeit, Unterschriftenaktionen, Konzerte, Spendensammlungen; massenhaft Selbstanzeigen unter Protest gegen die Kriminalisierung einzelner. Wichtig: Den Spaltungs- und Entsolidarisierungsversuchen der Ermittlungsbehörden entgegenwirken.

Streik- oder streikähnliche Aktionen: Arbeitsniederlegungen, Betriebsbesetzungen, Sitzstreiks, betriebliche Warnstreiks, politische Streiks (aber auch Schul- und Universitätsstreiks) bis hin zum Generalstreik, um starken politischen Druck auszuüben. Bei solchen Aktionen stellt sich am ehesten die Machtfrage, sie sind auch mit am schwersten zu realisieren (s. dazu auch gewerkschaftliche Aktionen).

Tribunale: Das »Internationale Russell-Tribunal zur Situation der Menschenrechte in der Bundesrepublik« Ende der siebziger Jahre war das erste und bisher letzte internationale Tribunal zu dieser Thematik (mit internationaler Jury und Urteilsspruch; s. dazu Teil II und Literaturliste sowie internationale Initiativen). Nach zehn Jahren bürgerrechtsfeindlicher Sicherheitspolitik wäre eine neue Initiative dieser Art unter Thematisierung auch der internationalen Verflechtungen angezeigt.

Untersuchungskommissionen alternativer (evtl. internationaler) Zusammensetzung mit kritischen Wissenschaftlern zu bestimmten Vorfällen/Skandalen (Beispiel: Stammheimer Todesfälle). Entwicklung von Gegenwissenschaft.

Veranstaltungen/Kurse: Informationsveranstaltungen, Podiumsdiskussionen; Volkshochschul-Kurse, Gewerkschaftliche Bildungsarbeit usw.

Visuelle Aktionen: (Wander-) Ausstellungen (z. B. zur Isolationshaft «Machen Sie die Schranktür zu», mit Zeichnungen von politischen Gefangenen, Foto- und Materialausstellungen), Theateraufführungen (literarische Umsetzung/Kabarett, z. B. »Libretto Fatale« c/o Best + Willmeroth, 2800 Bremen, Kurfürsten Allee 1), Film-/Videoproduktionen (s. Material-Anhang), Dokumentationen (s. Literaturliste), Plakataktionen.

Ziviler Ungehorsam/Gewaltfeier Widerstand: begrenzte Regelverletzungen und Widerstandsaktionen etwa der amerikanischen Bürgerrechtsbewegung, der bundesdeutschen Ökologie- und Friedensbewegung usw., Beispiele: Steuerboykott, Volkszählungsboykott (weich oder hart), Aktion Waschtag, Besetzungen, Blockaden etc. (s. o.), also begrenzte Regelverletzungen unter bewußter Inkaufnahme von rechtlichen Konsequenzen. Versuche, ein »Bürgerrecht auf gewaltfreies Widerstehen bzw. auf Zivilen Ungehorsam« durchzusetzen (HU), das in einer durchstaatlichten, verbürokratisierten Informations- und Risikogesellschaft, in einer durchrationalisierten, technisierten Welt von Sachzwängen ohne individuelle Entscheidungsfreiräume als Handlungsperspektive immer wichtiger zu werden scheint.

Passiver Widerstand (bis hin zur Verweigerung) in den Sicherheitsapparaten selbst: etwa von Mitarbeitern der Sicherheitsorgane im Falle bürgerrechtswidriger staatlicher Maßnahmen, deren Durchführung von ihnen verlangt wird; (Wieder-) Belebung von Remonstration und Befehlsverweigerung.

Forderungskatalog

Für die weitere politische Arbeit von Bürgerrechtsgruppen und Alternativ-Parteien scheint uns eine Zusammenstellung mittelfristiger Mindestforderungen nützlich, um wenigstens die unabhängige öffentliche Kontrolle eines wesentlichen Teils des Staatsapparates, nämlich der Polizei und der Geheimdienste, weiter zu propagieren und in Ansätzen zu verwirklichen. Hin- und hergerissen zwischen Wunschvorstellung und Realismus beschränken wir uns hier auf die Formulierung von Kontrollforderungen und ihrer apparativen Vorbedingungen, lassen also notwendige weitergehende politische Demokratie-Forderungen zunächst unberücksichtigt. Wir verzichten hier auch auf eine detaillierte Begründung jeder der stichpunktartig vorgetragenen Forderungen und beziehen uns insoweit auf die beiden ersten Teile dieses Buches sowie auf die angegebene Literatur. Die Forderungen lassen sich weitgehend ableiten aus dem Demokratie- und Verhältnismäßigkeitsgebot des Grundgesetzes sowie aus der Erkenntnis, daß soziale und politische Konflikte nicht polizeilich lösbar sind (weitgehend auch nicht das Phänomen »Kriminalität«). Und sie ergeben sich ebenfalls aus der Geschichte, insbesondere aus den Erfahrungen mit dem deutschen Faschismus und aus den anfänglichen Konsequenzen, die aus diesen Erfahrungen von den Alliierten zumindest theoretisch gezogen wurden (etwa Dezentralisierung und strikte Trennung von Polizei und Geheimdiensten).

Sicher ist die Utopie einer polizeifreien Gesellschaft in der heutigen, auf struktureller (ökonomischer) Ungleichheit und Ungerechtigkeit basierenden Gesellschaft noch kaum vorstellbar. Dennoch kann eine allmähliche Entkriminalisierung, ein Zurückdrängen der Polizei aus sozialen und politischen Problemfeldern, verbunden mit weitgehender öffentlicher Kontrolle und der parallelen Entwicklung sozialverträglicher Einrichtungen und sozialer Dienste, ein wichtiger Anfang sein, in jene Richtung weiter zu denken und zu arbeiten. Demgegenüber ist eine Gesellschaft ohne Geheimdienste, ob sie nun »Verfassungsschutz«, Bundesnachrichtendienst oder Militärischer Abschirmdienst heißen, heute schon überfällig. Sie sind, das hat sich eindeutig und unwiderlegbar erwiesen, prinzipiell unkontrollierbar, und sie richten mit ihrer Arbeit mehr Schaden an, als sie zu nützen vorgeben. Ihre Abschaffung ist ein wichtiges Ziel bürgerrechtlicher Oppositionspolitik und löst gleichzeitig das brisante Problem der Zusammenarbeit mit der Polizei, einer Zusammenarbeit, die bereits zu einer undemokratischen, unkontrollierbaren Machtkonzentration geführt hat.

Gegen alle staatlichen Versuche, soziale Konflikte mit Polizeigewalt zu »lösen«, politische Auseinandersetzungen zu reglementieren, mit polizeitypischen Mitteln, geheimpolizeilichen oder -dienstlichen Methoden zu steuern, Oppositionsbewegungen zu infiltrieren, zu provozieren und breit angelegte Widerstandsbekämpfung zu betreiben, müssen endlich strukturelle Hindernisse gesetzt werden.

Apparative und rechtliche Vorbedingungen für ein Zurückdrängen der Polizei und ihre wirksamere öffentliche Kontrolle

1. Reduzierung der personellen Polizeistärken (Senkung der vergleichsweise sehr hohen Polizeidichte) und der enorm gestiegenen Finanzmittel zugunsten staatlicher oder selbstorganisierter bzw. -verwalteter sozialer Einrichtungen und Dienste mit demokratischer BürgerInnen-Beteiligung.

2. Keine weitere Aufrüstung (etwa mit Gummigeschossen usw.) sowie Abbau des polizeilichen Waffenarsenals. Verbot des völkerrechtswidrigen und gesundheitsschädlichen Einsatzes der Kampfgase CN und CS sowie der lebensgefährlichen Hartholz-Schlagstöcke. Genereller Verzicht auf Polizeiwaffen — auch auf Schußwaffen und Hochdruck-Wasserwerfer — bei Demonstrationseinsätzen, da ihr Einsatz erfahrungsgemäß die Auseinandersetzungen eskalieren läßt und zudem die Gesundheit und das Leben Tausender von Menschen gefährdet.

3. Entflechtung des polizeilichen Computerverbundes und Ausmusterung von Überwachungsdateien, in denen Daten außerhalb eines konkreten Straftat-Verdachts »auf Vorrat« zur

Verdachtsgewinnung oder -verdichtung gesammelt werden.
Außerdem:
— Aufhebung des Gesetzes zur Einführung des computerlesbaren Personalausweises und keine Anschaffung von Lesegeräten;
— Abschaffung der Ausweispflicht; Aufhebung der Meldegesetze und der zentralen automatischen Einwohnerdatenbanken;
— Verbot des Datenaustausches zwischen verschiedenen Behörden im on-line-(Direkt)Verkehr, insbesondere zwischen Polizei und Geheimdiensten; Aufhebung des ZEVIS-Verbundes; Reduzierung der Amtshilfe auf Ausnahmefälle;
— Verbot des Datenabgleichs/Rasterfahndung
— Rücknahme der neuen Gesetzentwürfe zum Bereich Innere Sicherheit sowie der bereits erlassenen »Sicherheits«- und »Anti-Terror«-Gesetze;
— Reduzierung der Sicherheitsüberprüfungen von StellenbewerberInnen und StelleninhaberInnen im öffentlichen Dienst und in der privaten Wirtschaft gegen Null.

4. Strikte Trennung zwischen Polizei und Geheimdiensten auf allen Ebenen sowie deren verfassungsrechtliche und apparative Absicherung, solange die Geheimdienste noch existieren, deren Auflösung jedoch kurz- bis mittelfristig anzustreben ist; bis dahin volle öffentliche Kontrolle. Abschaffung der bereits weitgehend existenten, verfassungswidrigen Geheim-Polizei und Beendigung ihrer rechtlichen Absicherung: Kein Einsatz nachrichtendienstlicher Mittel und Methoden, insbesondere kein Einsatz von Under-cover-Agenten, keine systematische Verwendung von V-Leuten und keine agents provocateurs; keine Lausch- und Spähangriffe (systematische Abhöraktionen und Observationen), kein Einsatz von Wanzen, Richtmikrophonen und anderen technischen/elektronischen nachrichtendienstlichen Hilfsmitteln; Reduzierung der Vorfelderfassung gegen Null. Abschaffung der Politischen Polizei.

5. Einleitung von Dezentralisierungsmaßnahmen, um dem jahrzehntelangen Prozeß der Zentralisierung des Polizeiapparates auf Landesebene und insbesondere auf Bundesebene (Führungs- und Lagezentren beim Bundeskanzleramt/Bundesinnenministerium, BKA, BGS, Innenministerkonferenz) entgegenzuwirken und dem Verfassungsgebot, wonach Polizeiangelegenheiten prinzipiell Ländersache sind, wieder Geltung zu verschaffen.

6. Beendigung der Polizeispezialisierung auf allen Ebenen:
— Auflösung der Spezial- und Sondereinsatzkommandos (GSG 9, MEK, SEK) der Länder und des Bundes sowie Auflösung der kasernierten Polizeieinheiten, da sie durch ihr Spezialtraining und ihre -ausrüstung ein erhöhtes staatliches Gewaltpotential darstellen, dessen Einsatz die Bevölkerung in besonderem Maße gefährdet. Auflösung aller Zivileinheiten für Alltags- und Demonstrationseinsätze (Kletten, Greiftrupps, Zivis etc.): Polizei muß prinzipiell offen, berechenbar und kontrollierbar handeln;
— Beendigung des Einsatzes von Kontaktbereichsbeamten und Jugendpolizisten, die sich mit ihrer kleinräumigen Überwachungstätigkeit als eine Art »Blockwart« erweisen;
— Rückzug der Polizei aus politischen Bereichen und sozialen Problemfeldern (Entpolizeilichung). Beendigung der systematischen Zusammenarbeit zwischen Polizei und Sozialarbeitern.

7. Aufhebung aller erweiterten polizeilichen Kontrollbefugnisse im Razziengesetz (der StPO) und in den neuen Länderpolizeigesetzen (Kontrollstellen, Identitätsüberprüfung auch von Unverdächtigen usw.) sowie Aufhebung der Schleppnetzfahndung.

8. Aufhebung der in verschiedenen Länderpolizeigesetzen verankerten Regelungen, die den gezielten Todesschuß (»finaler Rettungsschuß«) legalisieren, sowie prinzipielle Änderung des polizeilichen Schießtrainings (in Schieß-Kinos mit unrealistischen Action-Szenen, Deutschuß bzw. Combat-Schießen) und des Schußwaffengebrauchs (jährlich werden durchschnittlich ca. 15 Personen von der Polizei erschossen). Weitgehende Entwaffnung der Polizei bei Alltagseinsätzen; für den verbleibenden Rest: Umrüstung auf sicherere, ungefährlichere Waffen.

9. Aufhebung der Verschärfungen des Demonstrationsrechts. Prinzipielle Änderung von Polizeistrategien und -taktiken, um die polizeiliche Einkreisung der Demonstrationsfreiheit zu beenden.

10. Entkriminalisierung: Abschaffung des politischen Strafrechts, allmähliche Reduzierung des gesamten Strafrechts und Abschaffung der Gefängnisse zugunsten humaner Konfliktregelungen.

Unmittelbare Kontrollforderungen

1. Staatsunabhängige Kontrolle der Polizei, da die gesetzlich zuständigen Kontrollinstanzen fast durchgängig versagen. Möglichkeiten: Bildung unabhängiger Polizeikontroll- bzw. -untersuchungsausschüsse auf verschiedenen Ebenen; Ombudsman-System, Schaffung der Institution eines »Polizeibeauftragten«, der dem Datenschutzbeauftragten nachgebildet werden kann; in Schweden gibt es sogenannte Bürgerzeugen, die jeweils vom Rat einer Gemeinde gewählt werden und die Polizeiarbeit im Distrikt kontrollieren. Die Zeitschrift *Bürgerrechte & Polizei* (cilip 15/1983, S. 6) warnt jedoch vor der Tendenz solcher Gegen-Modelle, »die Kontrolle nun ihrerseits zu bürokratisieren und in den Apparat zu integrieren, so daß am Ende etwa Polizei- oder Datenschutzbeauftragte eher die ehrbaren Makler exekutiver Forderungen an den Bürger, denn wirkliche Kontrolleure der Apparate sind« (Problem von Gegen-Bürokratien und damit Verdopplung der Strukturen unter anderen Vorzeichen).

2. Offene Kennzeichnung von Polizeibeamten (Namensschilder oder Dienstnummern an der Dienstkleidung). Die Erfüllung dieser alten demokratischen Forderung soll mithelfen, die Anonymität von Polizeigewalt aufzubrechen und damit die Möglichkeit der Identifizierung von Polizeitätern sicherzustellen; s. dazu Antrag der Grünen im Deutschen Bundestag vom 11. 3. 1988, Drucksache 11/2001).

Vermummungsverbot (Tücher, Schwärzung der Gesichter) für eingesetzte Polizeikräfte.

3. Freie und kostenlose Einsicht in Polizeiakten für alle im Rahmen der Einführung des »Freedom of Information Acts« (freier Zugang zu Informationen der staatlichen Verwaltung; s. dazu *cilip* 2 und 3/1979, jeweils S. 33 ff.). Ein solches Recht wird den BürgerInnen beispielsweise in den USA und in skandinavischen Ländern garantiert. Die parlamentarische Versammlung des Europarates empfiehlt den Regierungen und Parlamenten der europäischen Mitgliedsstaaten in einer Entschließung (Nr. 854/1979) vom 1. 2. 1979 (abgedruckt in: *cilip* 6/1980, S. 51 ff.) »Informationsfreiheit und Zugang der Öffentlichkeit zu Regierungsunterlagen«. In der Bundesrepublik machte sich insbesondere die Humanistische Union, inzwischen auch die Grünen (bezüglich Einsichtsrecht in Umweltakten) für einen vorbehaltlosen Auskunftsanspruch der BürgerInnen gegenüber der öffentlichen Verwaltung stark.

4. Strukturelle Verbesserung bzw. Gewährleistung des Datenschutzes im inneren Sicherheitsbereich:
— Verwirklichung des »informationellen Selbstbestimmungsrechts«;
— unverkürztes Auskunftsrecht gegenüber den Sicherheitsbehörden;
— Erweiterung des Auskunftsanspruchs auf Herkunft und Empfänger der Daten;
— Einführung eines verschuldensunabhängigen Schadensersatzanspruchs bei unrichtiger oder unzulässiger Speicherung, Verarbeitung und Weitergabe personenbezogener Daten;
— Stärkung der Stellung der Datenschutzbeauftragten des Bundes und der Länder, ihre Einbeziehung bei technologischen Grundsatzentscheidungen, ihre Herauslösung aus den Innenministerien und Zuordnung zu den Parlamenten.
5. Keine staatlichen Eingriffe in die Pressefreiheit. Die Medien spielen bei der Kontrolle staatlichen Handelns eine herausragende Rolle, auch wenn sie dieser nicht immer gerecht werden; deshalb muß u. a. gelten:
— Informationsfreiheit vor Ort bei polizeilichen Großeinsätzen für Journalisten, Fotografen und Kameraleute;
— kein »Recht am eigenen Bild« für staatliche Funktionsträger mit solch weitreichenden Kompetenzen, wie sie Polizeibeamte im Einsatz haben;
— Zeugnisverweigerungsrecht für Journalisten und Fotografen, auch was selbstrecherchiertes und -angefertigtes Material (z. B. Fotos) betrifft (s. dazu Gesetzentwurf der Grünen im Bundestag vom 11. 3. 1988, Drucksache 11/2000, Sachgebiet 312);
— Änderung der Verhaltensregeln zwischen Presse und Polizei zugunsten voller Informations- und Pressefreiheit.

3 Bürgerrechts- und Anti-Repressionsgruppen
Kurzporträts und Adressen

Es gibt in der Bundesrepublik eine Vielzahl recht unterschiedlicher Initiativen und Gruppen, die sich mit dem Sicherheits- und Überwachungsstaat kritisch auseinandersetzen und sich Bürger- und Menschenrechtsfragen widmen. Es sind häufig sporadische Zusammenschlüsse aus konkreten Anlässen (z. B. im Zusammenhang mit Verhaftungen, politischen Prozessen, Volkszählung usw.). Diese zeitlich begrenzten Initiativen sind in der folgenden Zusammenstellung nicht aufgeführt, sondern nur solche Vereinigungen, die sich dem genannten Themenbereich — umfassend oder ausschnitthaft — langfristig widmen, teilweise bereits Jahrzehnte, auf alle Fälle jahrelang. Es handelt sich um recht verschiedenartige Gruppierungen mit unterschiedlichen politischen Konzeptionen und Zielvorstellungen, unterschiedlichen inhaltlich-fachlichen Qualifikationen sowie personellen und organisatorischen Trägern. In ihrem gemeinsamen, oft arbeitsintensiven Kampf gegen den präventiven Sicherheitsstaat stellen sie eine ernstzunehmende oppositionelle Kraft dar, deren Wirkungen durch eine zumindest partielle Zusammenarbeit sowie durch eine gewisse Integration in politisch-soziale Bewegungen noch gesteigert werden könnten.

Ein solcher Koordinierungsansatz befindet sich gegenwärtig in der Planungsphase: die Gründung eines »Büros der Bürgerrechtsbewegung« (BBB) in Bonn. Zu seinen Aufgaben soll es gehören, die »Interessen von Bürgerrechtsinitiativen ... als Bundeskoordinationsstelle zu vertreten und den Widerstand gegen den Abbau von Bürger- und Freiheitsrechten durch organisatorische Hilfestellung zu unterstützen« (aus dem Satzungsentwurf). Eine westeuropäische Kooperation oppositioneller Kräfte, etwa in einem Projekt »Europäische Liga für Menschenrechte«, wäre angesichts der Sicherheitsentwicklung in anderen westeuropäischen Ländern sowie angesichts der internationalen Zusammenarbeit auf diesem Gebiet darüber hinaus in Erwägung zu ziehen.

Die folgenden »Kurzporträts« von Initiativen und Vereinigungen stellen lediglich knappe und unvollständige Anmerkungen dar. Wer sich näher informieren will oder an einer Mitarbeit interessiert ist, sollte sich an die entsprechenden Adressen wenden, um Informationsmaterial anzufordern.

Bürger-/Menschenrechtsorganisationen

Bürger kontrollieren/beobachten die Polizei (BüPo)
Bürger kontrollieren die Polizei, Charlottenstr. 3, 2800 Bremen 1

Bürger beobachten die Polizei c/o Cafe Eck, Lindener Marktplatz 12, 3000 Hannover 91

AK Öffentliche Polizeikontrolle c/o W. Schwieder, Graf-Enno-Str. 31, 2960 Aurich/Ostfriesl.

Bürger beobachten die Polizei c/o Geschichtswerkstatt, Am Ölpfad 27, 4600 Dortmund

BüPo c/o Jungdemokraten, Gaustr. 19. 6500 Mainz

Bürger beobachten Polizei und Justiz – BI 5. März, c/o KOMM, Königstr. 93, 8500 Nürnberg 1

Österreich: Bürger beobachten die Polizei Postfach 43, A-1152 Wien

Schweiz: Anlauf- und Sammelstelle i. S. Polizeigewalt, c/o Demokratische Juristen und Rechtsauskunftsstelle/Anwaltskollektiv, Postfach 111, CH-8026 Zürich

Aus der Tatsache mangelnder Kontrolle des Polizeiapparates, angesichts der bisherigen Polizeientwicklung zu Lasten der Bürgerrechte sowie angesichts der oft ausweglosen Situation von Polizeiopfern haben Anfang der achtziger Jahre zahlreiche Einzelpersonen und Gruppierungen in verschiedenen Städten der Bundesrepublik, der Schweiz und Österreichs Bürgerinitiativen gegründet, die sich folgende Ziele setzten: die öffentliche Kontrolle des Polizeiapparates und von Polizeihandeln selbst zu organisieren, den polizeilichen Alltag zu untersuchen, Polizeiopfern Hilfe zu leisten und möglichst breit über grundrechtswidrige Polizeigewalt aufzuklären. Die Gruppen wehren sich gegen die zunehmende Verpolizeilichung des Alltags und die verhängnisvolle Entwicklung eines präventiven Sicherheitsstaates; sie fordern den allmählichen Rückzug der Polizei aus politischen Bereichen und sozialen Problemfeldern. Nach einem entsprechenden Aufruf in dem Buch von Gössner/Herzog »Der Apparat/Ermittlungen in Sachen Polizei« (Köln 1982) haben sich in insgesamt 13 Städten in 7 Bundesländern solche BüPo-Initiativen nach dem Vorbild der Berliner Gruppe »Bürger beobachten die Polizei« gebildet. Einige davon haben inzwischen ihre Arbeit wieder eingestellt, neue sind hinzugekommen.

Eine kurze kritische Beurteilung dieser Initiativen und ihrer Arbeit aus heutiger Sicht: Die Gründung derartiger Gruppen ist ein wichtiger Ansatz der Organisierung polizei- bzw. staatskritischer, bürgerrechtsorientierter Kräfte unterschiedlicher politischer Provenienz. Es hat sich jedoch herausgestellt, daß die programmatische Einschränkung auf Polizeikontrolle angesichts der gesamten Sicherheitsentwicklung zu begrenzt ist und ausgeweitet werden sollte auf Geheimdienste, Politische Justiz und Demokratisierungsmodelle. Es hat sich weiter herausgestellt, daß solche Initiativen in ihrem Bestand sehr »konjunkturabhängig« sind, d. h. sie sind/machen sich davon abhängig, was ihnen die Gegenseite an Fällen, Übergriffen, Skandalen präsentiert. Sie arbeiten häufig zu punktuell und skandalorientiert, anstatt entwicklungsorientiert im Sinne einer kontinuierlichen, auch theoretischen Arbeit über Hintergründe und Strukturen. Sie arbeiten weitgehend zu isoliert, anstatt ihre Arbeit einzubinden in die der politisch-sozialen Bewegungen, um deren Widerstandsbedingungen zu schützen und zu erweitern. Hieraus ergibt sich eine gewisse Kurzatmigkeit und Instabilität, wie sich vor allem in den letzten Jahren herausgestellt hat. Die politische Orientierung ist zu defensiv. Eine offensivere Grundhaltung, Professionalisierung und bessere finanzielle Ausstattung tun not. Alles in allem gab es zwar immer wieder positive Ansätze einer gewichtigen Informationsarbeit (z. B. die Broschüren der Bremer BüPo »Die unheimliche Sicherheit« und »Restrisiko Mensch«) sowie zu einer überregionalen Zusammenarbeit (bisher drei bundesweite Treffen), doch scheint nach den über sechsjährigen Erfahrungen eine grundsätzliche (Neu-) Orientierungsdebatte nötig zu sein, um einen Erhalt und eine Ausweitung dieser prinzipiell wichtigen Einrichtungen zu ermöglichen.

Gustav-Heinemann-Initiative (GHI)

Sekretariat, Seidenbergstr. 1, 7000 Stuttgart 1

Eine 1978 gegründete, parteipolitisch unabhängige, der SPD nahestehende Initiative, die sich auf die Traditionen des »liberalen Bürgertums« und des »demokratischen Sozialismus«, aber auch auf »christliche Weltverantwortung« bezieht, um »für die Erhaltung eines freiheitlichen Grundklimas . . . einzutreten«. Versteht sich als Bestandteil der Friedensbewegung. Mehrere Regionalgruppen. »Gustav-Heinemann-Bürgerpreis«.

Humanistische Union (HU)

Bräuhausstr. 2. 8000 München 2

Eine 1961 gegründete, in Orts-, Landesverbände und Hauptgeschäftsstelle mit Bundesvorstand gegliederte, parteiunabhängige Bürgerrechtsvereinigung. Breit gefächerte (Öffentlichkeits-) Arbeit in Form von Memoranden, Kommentaren, Stellungnahmen, alternativen Gesetzentwürfen etc. unter anderem gegen Notstandsgesetze, Berufsverbote, »Anti-Terror«- und »Sicherheitsgesetze« und für ein Anti-Diskriminierungsrecht, für Zivilen Ungehorsam, Minderheitenschutz und Demokratisierung im Sinne der Verankerung radikaldemokratischer und plebiszitärer Mitwirkungs- und Entscheidungselemente. Jährliche Verleihung des »Fritz-Bauer-Preises«. Mitherausgabe der *vorgänge* — Zeitschrift für Bürgerrechte und Gesellschaftspolitik.

Internationale Liga für Menschenrechte
Mommsenstr. 27, 1000 Berlin 12

Es handelt sich um die Westberliner Sektion der Internationalen League for Human Rights, New York, akkreditiert bei den Vereinten Nationen. Vielfältige Öffentlichkeitsarbeit. Jährliche Verleihung der »Carl-von-Ossietzky-Medaille«.

Komitee für Grundrechte und Demokratie
An der Gasse 1, 6121 Sensbachtal

Das parteiunabhängige Komitee wurde Anfang 1980 in der Folge des Russell-Tribunals über die Situation der Menschenrechte in der BRD gegründet. Im Rahmen seiner breit angelegten Arbeit beschäftigt sich das Komitee, zu dessen Mitgliedern namhafte Wissenschaftler gehören, anhand von Einzelfällen, aber auch grundsätzlich mit aktuellen und strukturell verursachten Menschenrechtsverletzungen: u. a. mit Einschränkungen der Demonstrationsfreiheit (incl. Beobachtung von Demonstrationseinsätzen), gerichtlicher Behandlung von gewaltfreien Aktionen, Berufsverboten, Justizwillkür, Strafvollzug, Polizei und »Verfassungsschutz«, Auswirkungen des »Atomstaats«, der Neuen Technologien. Zusammenarbeit mit den anderen Bürgerrechtsgruppen HU, GHI usw. Mitherausgabe der *vorgänge* — Zeitschrift für Bürgerrechte und Gesellschaftspolitik. Rege Veranstaltungs- (Tagungen, Kongresse) und Veröffentlichungstätigkeit (Informationsblätter, Broschüren, Jahrbücher). Spenden für den Rechtshilfefonds: Sonderkto. 200024619 (BLZ 50861401) Volksbank Oberzent, 6124 Beerfelden.

Sonstige Bürgerrechts- und Anti-Repressions-Initiativen

Bürgerrechte & Polizei (cilip)
c/o FU Berlin, Malteserstr. 74—100, 1000 Berlin 46

Dieser seit den siebziger Jahren regelmäßig erscheinende kritische Informationsdienst einer Westberliner Polizeiforschungsgruppe dient den verschiedenen Initiativen als Hintergrundmaterial für ihre Arbeit. Dokumentiert und analysiert die gesetzlichen, organisatorischen und taktischen Veränderungen innerer Sicherheitspolitik der BRD.

Deutsche Jungdemokraten zgl. Vorbereitungsbüro Kongreß »Freiheit stirbt mit ›Sicherheit‹« (Herbst 1988), Reuterstr. 44, 5300 Bonn 1 (vormals Bundeskoordinierungsstelle der Volkszählungs-Boykott-Bewegung). Über diese Adresse sind auch die Anschriften regionaler Initiativen zu erfahren.

Initiative gegen den Überwachungsstaat
c/o Die Druckerei, Schanzenstr. 59, 2000 Hamburg 13

Initiative »Schützt die demokratischen Rechte«
c/o R. Gottfried, Ottostr. 63, 5100 Aachen

Kommunistischer Bund (KB)/AK-Arbeiterkampf
c/o Hamburger Satz- und Verlagskooperative GmbH, Lindenallee 4, 2000 Hamburg 20
   Die Antifa- und Antirepressions-Kommissionen des KB liefern seit den siebziger Jahren kontinuierlich und zuverlässig faktenreiche und ergiebige Arbeiten zum Bereich der sogenannten Inneren Sicherheit im *Arbeiterkampf (AK)* oder in Broschüren bzw. Büchern: u. a. Anti-faschistische Russell-Reihe; s. dazu insbes. auch F., »Was ist los mit der Faschisierung? Kritische Überprüfung der KB-These von der ›Schrittweisen Faschisierung von Staat und Gesellschaft‹«, in: *AK* 256/1985 — 259/1985 + Diskussion in: *AK* 263 ff.).

Datenschutz-Initiativen

Deutsche Vereinigung für Datenschutz (DVD)
In der Sürst 2—4 (Reuterstr. 44), 5300 Bonn 1
DVD, c/o P. Dippoldsmann, Fröbelstr. 48, 5000 Köln 30
   Schwerpunkte der DVD-Arbeit: Aufklärung, Beratung und Information über Gefahren beim Umgang mit personenbezogenen Daten. Es wurden bisher verschiedene Arbeitskreise zu unterschiedlichen Problembereichen sowie in zahlreichen Städten Außenstellen (20) und Regionalgruppen eingerichtet. Publikation: »Datenschutz-Nachrichten«.

Forbit (Forschungs- und Beratungsstelle Informationstechnologie e. V.
Eimsbütteler Str. 18, 2000 Hamburg 50

Kollektiver Wissenschaftsladen: Betroffenenorientierte Arbeit im Bereich »Computerauswirkungen/Technologiefolgen/Datenschutz«. Nach dem Prinzip »Hilfe zur Selbsthilfe« sollen Betroffene bei der Formulierung und Durchsetzung ihrer Interessen im Zusammenhang mit Computeranwendungen unterstützt werden u. a. durch Beratung von Gewerkschaften, Betriebsräten, Belegschaften bei Computereinsatz in Betrieben sowie Gutachtenerstellung, Betriebsvereinbarungen; Bildungsangebote, z. B. Betriebsräteschulung, Bildungsurlaub, Kurse; Betroffenenberatung und Öffentlichkeitsarbeit (außerhalb von Arbeitsverhältnissen). Themen u. a.: Auswirkungen von Personalinformationssystemen, maschinenlesbaren Personalausweisen, Verwaltungsautomation, Volkszählung, neuen Technologien.

Ähnliche Initiativen gibt es inzwischen auch in anderen Städten, so beispielsweise der

Wissenschaftsladen AK gegen Überwachung und Verdatung
Wurzelbauerstr. 35, 8500 Nürnberg

Initiative gegen Computernetze und Verkabelung
c/o Göttinger Stadtzeitung, Geiststr. 1, 3400 Göttingen

Kabylon
c/o Der andere Buchladen, Glasstr. 80 und c/o Stemmer, Eifelstr. 21, 5000 Köln 1

Organisierte »Datenschutz«-Kongresse (»Kabylon«/»Ratschlag gegen die ›Schöne Neue Welt‹«); Herausgabe von Informationsmaterial u. a. zur Volkszählung, computerlesbare Personalausweise, neue (Informations-) Technologien usw.

Berufsverbote

»Weg mit den Berufsverboten«
Postfach 323316, 2000 Hamburg 76

Seit den siebziger Jahren aktive, dem weiteren DKP/DFU-Spektrum »zugeordnete« bundesweite Initiative, die sich am kontinuierlichsten mit der Berufsverboteproblematik beschäftigt: Organisierung von Konferenzen, Herausgabe von Materialien, des jährlichen Gutachtens zur Lage der Demokratie, Dokumentation von Einzelfällen, Solidaritätsarbeit, Prozeßbeobachtung, internationale Aktionen sowie Zusammenarbeit mit Landeskomitees, die in acht Bundesländern existieren.

Demonstrationsgeschehen

Ermittlungsausschüsse (EA)/Bunte Hilfen

EA Berlin, Gneisenaustr. 2a, 1000 Berlin 61

EA Hamburg, c/o BUU, Hohenesch 63, 2000 Hamburg 50

EA Bremen, 3. Welt-Haus, Buchtstr. 14/15, 2800 Bremen 1

Bunte Hilfe Darmstadt, Wilhelm-Leuschner-Str. 39, 6100 Darmstadt. Spenden für Rechtshilfefonds: Sparkasse Darmstadt, Kto. 111 034 150 (BLZ 50 850 150)

Bunte Hilfe Frankfurt Club Voltaire, Kleine Hochstr. 5, 6000 Frankfurt. Rechtshilfefonds: Sonderkonto V. Luley, Postgiroamt Frankfurt, 16 072-603

Solche Ausschüsse gibt es im gesamten Bundesgebiet und Westberlin. Stellvertretend seien hier nur die EA-Adressen der drei Stadtstaaten genannt sowie der Bunten Hilfen Darmstadt und Frankfurt (die beide einen Rechtshilfefonds im Zusammenhang mit den Startbahn-West-Repressionen eingerichtet haben); hierüber können die weiteren EA-Adressen bezogen werden. Die EA arbeiten überwiegend im Zusammenhang mit Demonstrationsgeschehen. Sie dokumentieren Polizeieinsätze und -übergriffe und unterstützen Demonstrationsteilnehmer in ihren Auseinandersetzungen mit Verwaltungsbehörden, Polizei, Justiz und Knast. Prozeßarbeit und Gegenöffentlichkeit.

Sanitätergruppen: Demosanis/Autonome Sanis

Kontakt über Hamburger Sanitätergruppe
c/o BUU, Hohenesch 63, 2000 Hamburg 50

Organisieren bei Demonstrationen, Blockaden, Hausbesetzungen und anderen Protestaktionen die »Erste Hilfe«. Die speziell gekennzeichneten und im gesamten Bundesgebiet aktiven Gruppen geben das Mitteilungsblatt »Straßenmedizin« heraus, gelegentlich auch Broschüren über Polizeibewaffnung (»Gummigeschosse, Wasserwerfer, CS: Schnellabschaltung der Bürgerrechte«), Polizeientwicklung (»Präventive Konterrevolution: Polizeipsychologen in der BRD«) usw. 1988 erscheint in der 8. überarbeiteten Auflage der nützliche Ratgeber »Selbstschutz und Erste Hilfe bei Demonstrationen« mit Rechtshilfetips. Die Sani-Gruppen bieten auch Kurse zur

Demo-Ersten-Hilfe an und einen Dia-Vortrag über Polizeibewaffnung.

Knastgruppen/Rote Hilfe

Rote Hilfe (RH)
Kontakt Berlin: R. Stüker, Rathenowerstr. 61, 1000 Berlin 21
Rote Hilfe Deutschland c/o H. Taube, Goldbach 5, 4800 Bielefeld 1.

»Die Rote Hilfe ist eine bundesweite Organisation, deren Ortsgruppen seit den siebziger Jahren politisch Verfolgte in der BRD unterstützen. Dabei versteht sich die RH als Schutzorganisation für die gesamte Linke. Sie hat sich zur Aufgabe gemacht, Menschen zu unterstützen, die aus politischen oder rassistischen Gründen durch den Staat verfolgt werden« (Auszug aus Selbstdarstellung). Die Unterstützungsarbeit besteht aus Spendensammlungen (für Geldstrafen und Prozeßkosten), Betreuung und Versorgung (mit Literatur etc.) Inhaftierter und ihrer Angehörigen sowie Öffentlichkeitsarbeit.

(Autonome) Knastgruppen
gibt es verschiedene in der Bundesrepublik. Adressen u. a. über: Autonomes Knastbüro, Kurt-Schumacher-Platz 9, 4630 Bochum; Knasthilfe c/o Buchladen, Glasstr. 80, 5000 Köln 30; und EA/Bunte Hilfen, s. o.

AG SPAK-Knastarbeit
über: Kistlerstr. 1, 8000 München 90

Gefangenengewerkschaft »Solidarität« (SOL)
Geschäftstelle M. Essbach, Hoppenbichlerstr. 23, 8200 Rosenheim.

Berufsbezogene Vereinigungen

JuristInnen
Arbeitsgemeinschaft Sozialdemokratischer Juristinnen und Juristen (AsJ)
beim SPD-Bundesvorstand, Ollenhauerstr. 1, 5300 Bonn 1
Vereinigung Demokratischer Juristinnen und Juristen (VDJ)
Bundessekretariat, Jürgensplatz 58, 4000 Düsseldorf 1

Republikanischer Anwältinnen- und Anwälteverein (RAV)
Ellernstr. 13, 3000 Hannover 1

Strafverteidiger-Vereinigungen
Die Adressen der Landes-Vereinigungen sind erhältlich über: Organisationsbüro c/o Anwaltsbüro Lunnebach, Lütkes u. a., Siemensstr. 15, 5000 Köln 30.

Richter und Staatsanwälte in der Gewerkschaft ÖTV
Bundesfachausschuß, Theodor-Heuß-Str 2, 7000 Stuttgart

Richterratschlag
Kontakt: Dr. B. Asbrock, Georg-Gröning-Str. 63a, 2800 Bremen

Richter und Staatsanwälte für den Frieden
Kontakt: E. Rottka, Heiligendammer Str. 10, 1000 Berlin 33

Neue Richtervereinigung
c/o K. Beer, Gottholdegestr. 4, 7250 Leonberg

Polizei

Bundesarbeitsgemeinschaft kritischer Polizisten und Polizistinnen

c/o Reinhard Borchers, Gärtnerstr. 21, 2000 Hamburg 20 (hierüber sind auch die Adressen der sieben Landesarbeitsgemeinschaften zu erfahren).

Der »Hamburger Kessel« 1986 brachte das Faß zum Überlaufen: Einige kritische Polizeibeamte nahmen diesen Skandal zum Anlaß, die Hamburger Gruppe »Signal« zu gründen, die rasch zum Vorbild wurde für kritische PolizistInnen in anderen Bundesländern. 1987 gründeten sie die Bundesarbeitsgemeinschaft und bekamen für ihre Vision einer »demokratischen Polizei« und ihre aktuelle sowie historisch begründete Polizeikritik bereits viel öffentliche Resonanz und Anerkennung (u. a. den Gustav-Heinemann-Bürgerpreis), aber auch erwartungsgemäß interne Schwierigkeiten im Polizeiapparat.

Die Grünen — Arbeitsgruppen

Arbeitskreis Recht und Gesellschaft/Bundesarbeitsgruppe Demokratie und Recht c/o Die Grünen im Bundestag, z. H. Roland Appel, Bundeshaus, 5300 Bonn 1

Bundes-AG Demokratie + Recht/Unter-AG »Innere Sicherheit«, c/o D. Hummel, Auwiesenstr. 10, 7410 Reutlingen

AL-Alternative Liste, AK Demokratie & Recht, Badensche Str. 29, 1000 Berlin 31

GAL-Fachgruppe Demokratie & Recht, Bartelsstr. 30, 2000 Hamburg 6

Die Grünen im Niedersächsischen Landtag, AK Demokratie & Recht, H. W.-Kopf-Platz 1, 3000 Hannover 1

amnesty international (ai)
Sektion der BRD, Heerstr. 178, 5300 Bonn 1
International tätige Gefangenenhilfsorganisation. Jährliche Dokumentationen über Menschenrechtsverletzungen in aller Welt. Widmet sich u. a. auch kritisch den (Isolations-) Haftbedingungen »politisch motivierter« Gefangener in der BRD.

European Group for the Study of Deviance and Social Control
Bundesdeutsches Komitee: c/o Prof. J. Feest, Universität Bremen, Postfach 330 440, 2800 Bremen
Eine seit 1973 europaweit organisierte Gruppe von Praktikern und Akademikern, die im Bereich sozialer Kontrolle arbeiten und forschen. Die European Group bekämpft politisch-soziale Unterdrückung sowie die herrschende Kriminologie, unterstützt soziale Bewegungen und Demokratisierungsbemühungen. Jährliche Konferenz sowie Herausgabe von Arbeitspapieren (englisch). Themen u. a.: Randgruppen, Gefangenenbewegungen, Polizeipraxis, Repression und Prävention, staatliche Kontrolle.

4 Rechts- und Verhaltenstips im Umgang mit den Staatsgewalten

Die Gefahr, daß politische Oppositionsbewegungen durch Konzentration auf gerichtliche Auseinandersetzungen möglicherweise zu »Rechtshilfe-Bewegungen« degenerieren, läßt sich etwa am Beispiel der Volkszählungsboykott-Initiativen ausmachen. Dieses Einlassen auf die herrschenden Regeln des »Rechtsstaates« will jeweils wohl überlegt sein, insbesondere was die Konsequenzen im Falle eines juristischen Unterliegens anbelangt. Denn die Gefahr der Individualisierung und Verrechtlichung politischer Auseinandersetzung ist nicht von der Hand zu weisen. Dennoch: Das »Recht« läßt sich, jenseits rechtsstaatlicher Illusionen, durchaus strategisch einsetzen; die Bürgerrechte als Abwehrrechte gegen den Staat sind Waffen im politischen Kampf; sich auf sie zu berufen und gleichzeitig brach liegenzulassen wäre politisch unklug und widersprüchlich, sie vom Staat kampflos kassieren oder auch nur antasten zu lassen, käme einer politischen Entwaffnung gleich.

Es gibt also gute Gründe, sich kollektiv oder einzeln auch mit juristischen Mitteln gegen die Staatsgewalten zur Wehr zu setzen, sofern einige wesentliche Voraussetzungen gegeben sind: Erst die Kenntnis der repressiven und präventiven staatlichen Mittel und Methoden ermöglicht es, sein Verhalten entsprechend auf sie einzustellen, ihnen möglicherweise ausweichen, sie unterlaufen, oder ihnen selbstbewußt begegnen zu können. Erst die Kenntnis der einzelnen Strukturdefekte, an denen etwa eine öffentliche oder rechtliche Kontrolle von sicherheitsstaatlichem Handeln regelmäßig scheitert, ermöglicht es, gezielt Mittel und Wege zu suchen, diese Stellen zu überwinden. Erst die Kenntnis der eigenen Rechte eröffnet die Chance ihrer Durchsetzung. Wissen ist, so betrachtet, wenn nicht Macht, so doch wenigstens eine Art von Selbstschutz. Erst die Wahrnehmung der geschriebenen demokratischen Rechte und Freiheiten schafft die Voraussetzung, sie immer wieder ins allgemeine öffentliche Bewußtsein zu heben und mit einer ungerechten, undemokratischen, freiheitschändenden Wirklichkeit zu konfrontieren.

Mit juristischer Gegenwehr kann vermieden werden, in einer letztlich unpolitischen Opferhaltung zu verharren, sich alles gefallen zu lassen und es den sicherheitsstaatlichen Tätern allzu einfach zu machen; und es kann damit erreicht werden, daß die staatlichen Organe auf Schritt und Tritt gezwungen werden, sich mit dem eigenen Tun, seinen Voraussetzungen und Auswirkungen zu beschäftigen, auseinanderzusetzen und sich zu rechtfertigen, im Idealfall sogar zu verantworten und für die Folgen zu haften.

Darüber hinaus ist mit juristischen Schritten in der Regel ein hinreichend aktueller und seriöser Aufhänger geschaffen, um die liberalen Medien für solche Fälle zu interessieren und auf diesem Weg eine breitere Öffentlichkeit herzustellen, die dann mit der Zeit für derartige Vorkommnisse sensibilisiert werden kann. Wird dieses Mittel von den Betroffenen konsequent angewendet, so erhöht sich der Druck auf die staatlichen Organe um ein Vielfaches. Verschleppung und Vertuschung werden zumindest erschwert.

Am stärksten ist die Position der Betroffenen, rechtlich und psychisch, wenn die individuelle Gegenwehr im Zusammenhang mit Initiativen, wie wir sie in diesem Teil des Buches vorgestellt haben, entfaltet und wenn (bei schwerwiegenderen Problemen) ein/e Rechtsanwalt/in eingeschaltet wird. Denn: »Die Erfahrung hat nämlich gezeigt, daß es zur Durchsetzung seiner Rechte oder auch nur zur Wahrung einer Rechtsposition oft nicht genügt zu wissen, daß einem juristisch oder moralisch Unrecht geschieht, es bedarf vielmehr des Mutes und der Energie, den Kampf aufzunehmen. Und es ist ein Kampf, auch wenn er nur mit dem Mittel der Korrespondenz oder der Gerichtsverhandlung geführt wird. Es gibt ein ganzes Arsenal an psychischen Herrschafts- und Unterdrückungsmechanismen, das den Herrschenden zur Aufrechterhaltung ihrer Macht zur Verfügung steht. Sie versuchen mittels ausgeklügelter psychologischer Mittel, den einzelnen dazu zu bringen, Rechte, die er hat, nicht zu verfechten. Woran mag es sonst liegen, daß ständig Aussagen zustandekommen, die der Betreffende selbst, bei Licht besehen, gar nicht wollte, und die er macht, obwohl er zu jeder Zeit wußte, daß er als Beschuldigter im Strafverfahren nichts zu sagen braucht?«[1]

Gruppen der genannten Art bieten Rückenstärkung und vermögen, den konkreten Einzelfall in einen gesamtgesellschaftlichen Zusammenhang zu stellen; insbesondere Strafverteidiger sind es in der Vergangenheit gewesen, die immer wieder grundrechtswidrige (Geheim-)Polizei- und dubiose staatsanwaltliche und gerichtliche Ermittlungsmethoden aufgedeckt haben.

Im folgenden sollen nun kurzgefaßte Rechtshilfe- und Verhaltenstips für die wichtigsten Konfliktbereiche angeboten werden.[2] Sie sollen keineswegs ausführlichere Rechtsratgeber und vor allem keine Rechtsberatung durch einen Anwalt des Vertrauens im konkreten Einzelfall ersetzen. Sie sollen vielmehr einen generellen Überblick über individuelle Rechte, Rechtswege und Verhaltensweisen sowie eine Schnellorientierung in Eilfällen bieten. Dabei steht die praktische Nutzanwendung im Vordergrund, weshalb häufig die knappe Form von »Check-Listen« gewählt wurde.

Übersicht

A. Rechts- und Verhaltenstips
in unterschiedlichen Situationen (Stand: 1988)

I. Polizeiliche Alltagseinsätze

1) Verhalten bei Verkehrs- und Personenkontrollen (zugleich: Identitätsfeststellung, Durchsuchung, Beschlagnahme, vorläufige Festnahme, erkennungsdienstliche Behandlung), Kontrollstellen und Schleppnetzfahndung
2) Untersuchungshaft (incl. Sonderbedingungen für »Terrorismusverdächtigte«)
3) Verhalten bei Hausdurchsuchungen (zugleich Beschlagnahme)
4) Vorladung zur Vernehmung durch die Polizei
5) Erkennungsdienstliche Behandlung

II. Geheimpolizeiliche und geheimdienstliche Einsätze

1) Postkontrolle, Telefonüberwachung und Observation
2) V-Leute und agents provocateurs (Verhaltenstips; incl. Anwerbeversuche durch Polizei und »Verfassungsschutz«)

III. Demonstrationsgeschehen

1) Einige Tips für Demonstranten (Check-Listen »Mitnehmen«/»Daheimlassen«) Achtung: Vermummungsverbot und Verbot von sog. Schutzwaffen
2) Allgemeine Verhaltensregeln
3) Im Falle von Verletzungen
4) Verhalten bei (vorläufiger) Festnahme
5) Platzverweis (Verschleppungen)
6) Polizeieinsatzkosten und Schadensersatzford. für Demonstrationsschäden

IV. Besonderheiten bei Streiks und streikähnlichen Aktionen

B. Rechtsbehelfe im Ordnungswidrigkeiten- und Strafverfahren/ Verhalten in der Hauptverhandlung

1) Ordnungswidrigkeitsverfahren
2) Einstellung des Straf-Ermittlungsverfahrens
3) Strafbefehl
4) Anklage
5) Verhalten in der Hauptverhandlung (Prüfungskatalog)

C. Rechtsschutz gegen rechtswidrige staatliche Maßnahmen

1) Dienstaufsichtsbeschwerde gegen Staatsbedienstete
2) Strafanzeigen (incl. Klageerzwingungsverfahren)
3) Schadensersatzansprüche/Entschädigung
4) Rechtsschutz gegen Verwaltungsakte
5) Verfassungsbeschwerde
6) Menschenrechtsbeschwerde

D. »Datenschutz« im inneren Sicherheitsbereich?

1) Recht auf Auskunft, Berichtigung, Sperrung und Löschung
2) Klage vor den Verwaltungsgerichten (Entscheidungsübersicht)
3) Anrufung des Datenschutzbeauftragten
4) Adressen der Datenschutzbeauftragten

E. Parlamentarische Mittel

1) Petition
2) Parlamentarische Anfragen und Anträge

Rechtshilfe-Literatur

A. Rechtshilfe- und Verhaltenstips

I. Polizeiliche Alltagseinsätze

1 Verhalten bei Verkehrs- und Personenkontrollen[3]
(zugleich: Identitätsfeststellung, Durchsuchung, Beschlagnahme, vorläufige Festnahme, erkennungsdienstliche Behandlung)

Die Chance, daß man in eine polizeiliche Kontrolle gerät, ist vielfältig: Verkehrskontrollen, sogenannte Kontrollstellen nach der Strafprozeßordnung oder dem Polizeirecht oder auch Kontrolle von Fußgängern und die altbekannte Razzia in Kneipen etc.

Dabei führt die Polizei folgende Maßnahmen durch: Kontrolle der Kfz-Papiere, Feststellung der Personalien, eventuell auch Festnahme (man wird zur Wache »verbracht«), Durchsuchung des Kraftfahrzeugs, Durchsuchung von Taschen etc., eventuell auch Beschlagnahme von »Waffen und gefährlichen Werkzeugen«, oder sonstiger »Beweismittel«.

Die Gerichte haben diese Maßnahmen in der Vergangenheit in der Mehrzahl — soweit sich überhaupt ein Bürger rechtlich zur Wehr setzte — für rechtmäßig befunden. Um aber zumindest die Chance rechtlicher Gegenwehr zu behalten und weiter die polizeilichen Maßnahmen auch dokumentieren zu können, sollte man folgendes beachten. Ganz überrascht und hilflos wird man dann bei den polizeilichen Maßnahmen nicht sein.

Erstes Gebot: Ruhig bleiben und keine abrupten Bewegungen!

Bei einer **Verkehrskontrolle** will die Polizei zumeist auch die Kfz-Papiere sehen. Hier empfiehlt sich brave Befolgung. Als »Führer eines Kfzs« ist man verpflichtet, diese Papiere mit sich zu führen und auch vorzuzeigen.

Eine **Personalienüberprüfung** unterscheidet sich grundsätzlich von der Verkehrskontrolle. Dann ist die Kontrolle der Kfz-Papiere nur Nebensache oder wird gar nicht erst durchgeführt. Um zu erfahren, um welche Art von Kontrolle es sich handelt, am besten fragen! Auch bei Personenkontrollen müssen die Polizeibeamten den Grund der Kontrolle nennen. Sich nicht mit irgendwelchen Gründen wie »zur Gefahrenabwehr«, zur »vorbeugenden Verbrechensbekämpfung« oder »nach der Strafprozeßordnung« oder »Kriminalitätsschwerpunkt« etc. zufrieden geben. Wenn keine konkreten Verdachtsgründe gegen die eigene Person genannt werden können — und das ist die

Regel, wenn die Polizei etwa alle vorbeifahrenden Kfz (Kontrollstelle) bzw. vorübergehende Fußgänger wahllos überprüft — dann: verbalen Protest einlegen und sich die Tatsache der Kontrolle schriftlich bestätigen lassen. Darauf werden die Polizeibeamten in aller Regel überhaupt nicht eingestellt sein — im Weigerungsfalle nach dem zuständigen Einsatzleiter fragen, der eventuell gar in seinem Büro auf dem Polizeiabschnitt sitzt, und dort die schriftliche Bestätigung verlangen.

Sich immer die **Dienstnummer** oder den **Namen** der Polizeibeamten geben lassen. Falls dies verweigert wird, den Einsatzleiter verlangen. Man/frau hat ein Recht darauf!

Will die Polizei **durchsuchen** (die Kleidung, Körper, Taschen, das Kfz), ist verbaler Protest dagegen deutlich zu machen. Für eine eventuelle spätere rechtliche Gegenwehr ist es erforderlich, daß die Durchsuchung nicht »freiwillig« erfolgte. Zuerst nach dem Grund fragen. Passiven Protest ausüben, d. h. nicht etwa durch Übergabe des Kfz-Schlüssels bzw. eigenes Öffnen/Aufschließen des Kofferraums/der Tasche die Zwangsmaßnahme zur »freiwilligen« machen.

Im Falle der **Durchsuchung** oder/und **Beschlagnahme** immer ein Durchsuchungs-/Beschlagnahme-Protokoll verlangen. Darauf müssen ein Grund, die Rechtsgrundlage, Zeit, Ort sowie die eventuell beschlagnahmten Gegenstände plus Unterschrift der Polizeibeamten stehen. Selbst braucht und sollte man/frau nicht unterschreiben! Tip: Wenn das Warndreieck und der Verbandskasten vorn im Wagen liegen, können sie gleich gezeigt werden (das ist Pflicht!). Dann entfällt jedenfalls der übliche Vorwand, um einen Blick (Durchsuchung) in den Kofferraum zu tun.

Muß man/frau zur Wache mitkommen, dann ist das eine sogenannte **vorläufige Festnahme**. Unter folgenden Voraussetzungen ist dies möglich: wer auf frischer Tat betroffen wird, oder wer von der Polizei einer Straftat verdächtigt wird, und wenn die Polizei der Meinung ist, daß an Ort und Stelle die Überprüfung der Identität nicht möglich ist (»Sistieren«). Dabei kommt es sehr leicht zum »Widerstand gegen die Staatsgewalt«. Merke: Jedes Widersetzen, jede Anwendung oder Androhung von »Gewalt« (in den Polizeiprotokollen heißt dies: eine »drohende Haltung einnehmen«) kann als Widerstand gegen Vollstreckungsbeamte angesehen werden und ist strafbar: Dazu gehört auch Losreißen. Passiver Widerstand ist straffrei, aber meist effektlos. Merke: Beim Festnahmevorgang kann jede falsche Bewegung (lebens-)gefährlich sein.

Auf der Wache immer wieder nach Rechtsmittelbelehrung, Grund der Festnahme und der Rechtsgrundlage fragen, auf das Recht, einen Anwalt oder Angehörigen anzurufen, pochen. (Immer Kleingeld und Telefonnummern parat haben!)

Keine Aussagen machen, nur Angaben zur Person (s. u.). Sollte man von Polizeibeamten verletzt worden sein, sofort einen Arzt verlangen, Verletzung attestieren und behandeln lassen. Später vom Hausarzt noch einmal attestieren lassen. Für eventuell zerrissene Kleidung Bestätigung fordern.

Bei einer **erkennungsdienstlichen Behandlung** grundsätzlich Widerspruch einlegen (und zu Protokoll nehmen lassen)! (s. u.)

Wird man nicht dem Haftrichter vorgeführt, dann muß man spätestens um 24.00 Uhr des Tages nach der Festnahme wieder freigelassen werden.

Dies gilt auch für die **»vorbeugende Festnahme«** zur Abwehr einer erheblichen Gefahr (möglich insbesondere »um die unmittelbar bevorstehende Begehung oder Fortsetzung einer Straftat zu verhindern«) = Vorbeuge- oder Sicherungshaft.

Meine Angaben gegenüber der Polizei:
Hiermit gebe ich Ihnen meine Personalien, soweit ich hierzu gemäß § 111 OWiG verpflichtet bin:
Ich heiße:
geb. am:
Familienstand:
Beruf: (nicht Arbeitgeber)
wohnhaft:
Straße:
Staatsangehörigkeit:
Weitere Angaben zur Person werde ich nicht machen, zumal ich dazu auch nicht verpflichtet bin.
Zur Sache selbst mache ich auch keinerlei Angaben, weder als Betroffener, als Beschuldigter noch als Zeuge.
Ich möchte mich auch nicht ganz allgemein über die Sache unterhalten, da ich weiß, daß Sie verpflichtet sind, gegebenenfalls hierüber »Vermerke« anzufertigen!
Da Sie jetzt alle Personalangaben erhalten haben, die Sie erlangen können, will ich jetzt nicht länger festgehalten werden.
Sollte ich länger festgehalten werden, so bitte ich um Benachrichtigung folgender Person:
Weiter beantrage ich, daß ich Telefonkontakt mit einem Anwalt meiner Wahl aufnehmen darf, er hat folgende Telefonnummer, Ferngespräche gehen nicht zu Lasten der Staatskasse, da er sofort zurückrufen wird, wenn ich darum bitte.
Seine Anschrift lautet:
Sollten Sie meiner Bitte nicht nachkommen wollen, so erhebe ich Dienstaufsichtsbeschwerde gegen die Verweigerung der Verständigung eines Rechtsanwaltes.

Sollte zu Ihrer Maßnahme ein Staatsanwalt beigezogen werden, so bitte ich darum, mich hierüber zu informieren.

Weiter bitte ich darum, daß ich die Möglichkeit erhalte, diesen von der Verweigerung der Verständigung eines Rechtsanwaltes zu informieren.

(RAV)[4]

Kontrollstellen und Schleppnetzfahndung

Nach den Polizeigesetzen und der Strafprozeßordnung (»Razziengesetz« von 1978) können Identitätsfeststellungen und die Durchsuchung von Personen und mitgeführten Sachen (incl. Fahrzeugen) an sogenannten *»gefährdeten« oder »gefährlichen Orten«* (z. B. Versorgungs- und Verkehrsanlagen, Amtsgebäude; Orte, an denen häufig Straftaten verabredet bzw. begangen werden) oder an *polizeilichen Kontrollstellen* (§ 111 StPO z. B. in Verbindung mit § 129a) auch gegen völlig unverdächtige Personen durchgeführt werden. Ihr Nichtverdächtigen-Status schützt sie auch nicht vor vorläufiger Festnahme (bis zu 12 Stunden) und erkennungsdienstlicher Behandlung, »wenn und soweit dies zur Aufklärung einer Straftat geboten ist« (§ 163b Abs. 2 StPO) — wohlgemerkt: irgendeiner Straftat, die mit der konkreten Fahndung absolut nichts zu tun haben braucht —, oder aber, nach Polizeirecht, »zur Feststellung der Identität«, wenn sie »auf andere Weise nicht oder nur unter unverhältnismäßigen Schwierigkeiten festgestellt werden kann«.

Seit der Legalisierung der sogenannten *Schleppnetzfahndung* (§ 163d StPO) im Jahre 1987 sind der Polizei zusätzlich folgende Möglichkeiten eröffnet: Sie ist ermächtigt, sämtliche bei der Kontrolle anfallenden personen- und sachbezogenen Daten in einer eigens einzurichtenden Spezialdatei zu speichern — also nicht allein die Daten über die Identität der zu kontrollierenden Personen, die in Zukunft auch über den maschinenlesbaren Personalausweis per Lesegerät in Sekundenschnelle erfaßt und mit den bereits im Polizeidatenbestand vorhandenen Daten kombiniert werden —, sondern auch alle Umstände, »die für die Aufklärung der Straftat oder für die Ergreifung des Täters von Bedeutung sein können«. Im Klartext: Ort und Zeit der Kontrolle werden automatisch gespeichert; Art und Zustand des Fahrzeugs, begleitende Fahrzeuge, Verhalten der Insassen, mitgeführte Sachen können in Beziehung zu den betreffenden Personen als mögliche Indizien/Beweismittel mitgespeichert werden, ebenso abgefragte Erklärungen der Betroffenen über Herkunft, Ziel und Grund der Reise usw.

Diese Daten können bis zu neun Monate (gesetzliche Höchstfrist) gespeichert und während dieser Zeit verarbeitet und mit anderen Datenbeständen abgeglichen werden. Auch sogenannte Zufallsfunde dürfen dabei verwertet werden. Gegen polizeiliche Vorfeld-Kontrollen der genannten Art ist der *Rechtsweg zu den zuständigen Verwaltungsgerichten* eröffnet, um die Frage nach ihrer Rechtmäßigkeit gerichtlich überprüfen zu lassen. (s. Kapitel »Rechtsschutz«)

2 Untersuchungshaft (U-Haft)

Stellt der Haftrichter nach einer Festnahme einen Haftbefehl aus oder existiert bereits ein solcher, so kommt der Betroffene in U-Haft. Sie darf nur mittels Haftbefehl angeordnet werden, wenn »dringender Tatverdacht« besteht sowie ein Haftgrund vorliegt (Fluchtgefahr, Verdunkelungsgefahr, Beschuldigung wegen schwerer Straftaten, Wiederholungsgefahr bei bestimmten Delikten). Der Haftrichter muß den »Grundsatz der Verhältnismäßigkeit« beachten, d. h. die Haft muß zur Bedeutung der Sache und zu der zu erwartenden Strafe in angemessenem Verhältnis stehen. Hierauf sollte sich der Betroffene berufen.

Verhaltensregeln/Rechte:
— für die Vernehmung durch den Richter gilt dasselbe wie bei der Polizei: grundsätzlich vom Aussageverweigerungsrecht Gebrauch machen, nur Angaben zur Person
— ist der Haftbefehl auf »Fluchtgefahr« gestützt: deutlich machen, daß fester Wohnsitz und soziale Bindungen (Verwandtschaft, Partner, Kinder, Arbeitsplatz etc.) vorhanden sind (für die Beschaffung der notwendigen Nachweise unbedingt Anwalt einschalten)
— danach Antrag stellen, den Haftbefehl aufzuheben oder außer Vollzug zu setzen
— Antrag auf mündliche Haftprüfung stellen und im Protokoll vermerken lassen (oder gleich Haftbeschwerde einlegen). Im Rahmen der mündlichen Haftprüfung, die binnen 2 Wochen erfolgen muß, läßt sich — möglichst mit Hilfe eines Anwalts — versuchen, eine Aussetzung des Haftbefehls gegen Auflagen (Meldeauflage, Kaution etc.) zu erreichen, wenn dieser auf Fluchtgefahr gestützt wird
— von der Verhaftung muß ein Angehöriger des Beschuldigten

oder eine Person des Vertrauens benachrichtigt werden
— bei längerer U-Haft gibt es weitere besondere Haftprüfungen
— nach 3 Monaten wird — auf Antrag! — ein Verteidiger beigeordnet.

Falls bisher kein Anwalt beauftragt/erreicht werden konnte, folgendes Protokoll anfertigen lassen:

1) Ich beauftrage hiermit Rechtsanwalt X, Ort, Straße, mit meiner Verteidigung
2) Ich beantrage, diesem Anwalt
   a) einen Sprechschein
   b) eine Abschrift des Haftbefehls
   c) eine Abschrift des Vorführungsprotokolls zuzusenden
3) Ich beantrage, die Personen A, B, C von meiner Verhaftung zu benachrichtigen.

Unterschrift

Sonderbedingungen für »Terrorismusverdächtige«

Im Zuge der sogenannten Antiterrorgesetzgebung der Jahre 1976/77 kreierte der Gesetzgeber für »Terrorismus-Verdächtige« in einer zusätzlichen Sondervorschrift (§ 112 Abs. 3 StPO, 112a) die Möglichkeit, unter erleichterten Voraussetzungen, nämlich ohne Feststellung eines Haftgrundes, U-Haft anzuordnen, wenn der/die Beschuldigte einer Straftat nach § 129a StGB (Mitgliedschaft in oder Unterstützung einer bzw. Werbung für eine »terroristische Vereinigung«) dringend verdächtig ist. Darüber hinaus werden solche Tatverdächtige in aller Regel isolierenden Sonderhaftbedingungen ausgeliefert und weitgehenden Einschränkungen ihrer Verteidigungsrechte unterworfen, die z. T. verheerende Folgen für die Betroffenen haben. Seit der Ausweitung des § 129a StGB auf Widerstandsbewegungen (1987) werden hiervon immer mehr Menschen betroffen.

Zu den Sonderbedingungen gehören u. a.:
— Trennscheibe für Besprechungen zwischen Verteidigern und Untersuchungsgefangenen (§ 148 Abs. 2 StPO)
— Überwachung des Schriftverkehrs zwischen Inhaftierten und Verteidigern (§§ 148 Abs. 2, 148a StPO)
— vollständige Isolierung ausgewählter Gefangener von der Außenwelt und innerhalb der Anstalt auf Anordnung einer Landes- oder der Bundesregierung (nach §§ 31 bis 38 EGGVG-Kontaktsperregesetz) unter bestimmten Voraussetzungen
— Tote Trakte, Hochsicherheitstrakte, Isolationshaftbedingungen nach richterlichen Sonderhaftstatuten.

Hiernach werden die Betroffenen in strenger Einzelhaft und -isolation gehalten. Teilnahme an Veranstaltungen der Justizvollzugsanstalt und am Gottesdienst sind ausgeschlossen; Kontakte zu anderen Gefangenen sind streng untersagt; es erfolgt täglich Durchsuchung der Zellen und der darin befindlichen Sachen sowie unauffällige Beobachtung der Beschuldigten bei Tag und bei Nacht; Besuch ist nur unter Aufsicht (meist behindert durch Trennscheiben) und nach vorheriger und nachheriger Durchsuchung bei völliger Entkleidung und Umkleidung erlaubt; des weiteren wird Post grundsätzlich überprüft und zensiert.

Diese und noch weitergehende Sonderbedingungen führen einzeln und besonders in ihrem Zusammenwirken zu einer weitgehenden Beschränkung, streckenweise Zerschlagung der Verteidigung sowie zu einer Entrechtung und schwerwiegenden physischen und psychischen Beeinträchtigung der betroffenen Beschuldigten. Sie verstoßen gegen Rechtsnormen des internationalen Menschenrechtsschutzes.

Tip: Für den gesamten Bereich der U- und Strafhaft wird der sehr ausführliche »Ratgeber für Gefangene mit medizinischen und juristischen Hinweisen« empfohlen (Verlag Schwarze Seele, Berlin 1987[3], Loseblattsammlung). Preis: 25 DM, für Gefangene jedoch nur 5 DM, wenn sie ihre Bestellung an den »Verein zur Förderung von Kultur und Information für Gefangene e. V.«, Gneisenaustr. 2a, 1000 Berlin 61 richten.

3 Verhalten bei Hausdurchsuchungen (zugleich Beschlagnahme)

Die Haus- bzw. Wohnungsdurchsuchung dient in der Regel der Festnahme verdächtigter Personen oder zur Beschlagnahme von Beweisgegenständen. Die Strafprozeßordnung (StPO) regelt im einzelnen, wann und unter welchen Bedingungen vom Staat in die verfassungsmäßig geschützten Grundrechte des Bürgers eingegriffen werden darf, denn immerhin handelt es sich hierbei um schwerwiegende Eingriffe in die geschützte Sphäre des Bürgers. Diese »rechtsstaatlichen Garantien« stehen zwar auf dem Papier, die praktischen Erfahrungen aber lehren, daß die Wirklichkeit anders aussieht.

Nur einige Beispiele hierfür: Das Gesetz sieht vor, daß Durchsuchungen »nur durch den Richter, *bei Gefahr im Ver-*

zug auch durch die Staatsanwaltschaft und ihre Hilfsbeamten« (das sind Polizei- bzw. Kripo-Beamte) angeordnet werden dürfen (§ 105 Abs. 1 StPO).

Was hier als Ausnahme formuliert ist, wird in der Rechtswirklichkeit zur Regel: die Durchsuchungen wegen »Gefahr im Verzug« überwiegen — also ohne richterlichen Durchsuchungsbefehl bzw. -beschluß, ohne nähere Begründung, worin diese Gefahr zu sehen ist. Nachprüfbar sind die dieser Legitimationsfloskel zugrundeliegenden Tatsachen für die Betroffenen so gut wie nicht.[6]

Noch eine weitere Konsequenz hat die Durchsuchung bei »Gefahr im Verzug«: Das Gesetz sieht in § 104 StPO zwar generell vor, daß eine Durchsuchung zur Nachtzeit (also im Zeitraum vom 1. April bis 30. September von 21 Uhr bis 4 Uhr morgens und im Zeitraum vom 1. Oktober bis 31. März von 21 Uhr bis 6 Uhr morgens) nicht stattfinden darf — allerdings u. a. mit der Einschränkung, daß »bei Gefahr im Verzug« die Durchsuchung zu jeder Tag- und Nachtzeit möglich und zulässig ist.

Gefahr im Verzug ist leicht zu konstruieren. Die schwammige Definition lautet: Gefahr im Verzug liegt vor, wenn der Erfolg der Durchsuchung oder Beschlagnahme durch die Verzögerung, erst einen richterlichen Durchsuchungs- oder Beschlagnahmebeschluß zu erwirken, gefährdet wäre. Eine gewisse Wahrscheinlichkeit für die »Erfolgsvereitelung« reicht bereits aus (s. Löwe-Rosenberg, StPO-Kommentar, 23. Aufl. Band 1 zu § 98 Rnr. 17).

Check-Liste »Hausdurchsuchung« (zugleich »Beschlagnahme«)

— **Anwalt und Zeugen** herbeirufen (evtl. per Boten, da Telefonanschlüsse häufig blockiert werden)
— **Richterlichen Durchsuchungsbefehl** verlangen; wenn nicht vorhanden: »Gefahr im Verzug«? (s. oben)
— **Grund** der Durchsuchung nennen lassen
— **Name, Dienstnummer** des Einsatzleiters erfragen und notieren
— **Beschwerde** (schriftlich) gegen Durchsuchung einlegen
— Verlangen, daß nur unter den Augen des **Inhabers** durchsucht wird (**ein Raum nach dem anderen,** nicht alle gleichzeitig)
— Falls Inhaber abwesend: seinen Vertreter, erwachsene Angehörige, Hausgenossen oder Nachbarn hinzuziehen

— **Keine Aussagen machen,** in kein »Gespräch« mit den Durchsuchern verwickeln lassen
— **Keine Mithilfe** bei der Durchsuchung leisten
— Überwachen, daß Umfang der Prüfung den im Durchsuchungsbefehl genannten Rahmen nicht überschreitet (bzw. der mündlichen Anordnung). Bei Wohngemeinschaften darf nur der Raum durchsucht werden, gegen dessen Bewohner der Durchsuchungsbefehl ausgestellt ist. Abweichungen von der Rechtmäßigkeit, Ort und Zeit der Durchsuchung notieren.
— Überwachen, daß nur Staatsanwalt oder Richter Einblick in **persönliche Unterlagen** bekommen. Sind lediglich Polizeibeamte an der Durchsuchung beteiligt, müssen solche Papiere (nach kurzem »Überfliegen«) auf Verlangen des Betroffenen verpackt und versiegelt werden. Man hat das Recht, später bei der Öffnung des Briefumschlages durch den Staatsanwalt anwesend zu sein. Bei Adreßbüchern u. a. Kopien verlangen;
— **Beschlagnahme:** Persönliche Papiere, Beweismittel, auch sogenannte Zufallsfunde (Gegenstände, die eigentlich gar nicht gesucht wurden, aber auf eine andere Straftat hindeuten) können beschlagnahmt werden und zwar prinzipiell durch den Richter, bei »Gefahr im Verzug« auch durch den Staatsanwalt und durch Polizeibeamte. Im letzteren Fall kann innerhalb von 3 Tagen eine richterliche Nachprüfung durch Einlegung eines Widerspruchs beantragt werden (§ 98 Abs. 2 StPO)
— **Beschlagnahmte** Gegenstände **quittieren** lassen, wenn nichts beschlagnahmt wurde, dies schriftlich bestätigen lassen. Außerdem schriftliche Mitteilung über den Grund der Hausdurchsuchung verlangen
— Selber nichts unterschreiben (außer der eigenen Beschwerde)
— **Bei Beschädigungen:** unter Zeugen Fotos zu Beweiszwecken anfertigen. Entstandene Kosten (z. B. Reinigung) belegen
— Nach der Durchsuchung **Rechtsmittel** einlegen: Bei behaupteter »Gefahr im Verzug« innerhalb von 3 Tagen richterliche Nachprüfung durch Einlegung eines Widerspruchs beim Amtsgericht beantragen; gegen die Beschlagnahme: Beschwerde bei der Staatsanwaltschaft einlegen, verbunden mit dem Antrag auf Aufhebung der Beschlagnahmeanordnung und auf Herausgabe der beschlagnahmten Gegenstände.

War die Art und Weise der Durchführung der Durchsuchung unverhältnismäßig (auch hier ist der Grundsatz der Verhältnismäßigkeit zu beachten), kam es zu Beschädigungen,

Zerstörungen, großer Unordnung usw., so kann diese rechtswidrige Durchsuchung logischerweise nicht rückgängig gemacht werden, aber es gibt für den Geschädigten folgende
Möglichkeiten (s. dazu auch unter C.): Dienstaufsichtsbeschwerde gegen die beteiligten Beamten, insbesondere den
Einsatzleiter (einzulegen bei der Staatsanwaltschaft); Antrag
auf Feststellung der Rechtswidrigkeit der Maßnahmen sowie
Schadensersatzforderungen.

Weitergehende Schadensersatzansprüche:
— War der von der Durchsuchung Betroffene selbst Beschuldigter, förderte die Durchsuchung jedoch nichts Belastendes
gegen ihn zutage und wurde das Ermittlungsverfahren eingestellt oder erfolgte ein Freispruch, so besteht unter gewissen
Voraussetzungen ein Anspruch auf eine Entschädigung nach
dem »Gesetz über die Entschädigung für Strafverfolgungsmaßnahmen« (StrEG)
— War der Betroffene selbst nicht Beschuldigter und mußte
eine Durchsuchung über sich ergehen lassen (nach § 103 StPO)
und entstanden ihm daraus Kosten (z. B. Anwaltskosten etc.),
so kann er diese von der Staatskasse über die Staatsanwaltschaft nach sogenannten Aufopferungsgrundsätzen ersetzt verlangen.

4 Vorladung zur Vernehmung durch die Polizei

Grundsätzlich: Keine Aussagen vor der Polizei, nur Angaben zur Person!

Zwei mögliche Arten der Vorladung:

a) Vorladung zur Vernehmung als »*Beschuldigter*«: sofort
Rechtsanwalt des Vertrauens benachrichtigen, grundsätzlich
muß man zu einer Vernehmung nach der Strafprozeßordnung
(z. T. anders zur »Gefahrenabwehr« nach den Polizeigesetzen)
nicht erscheinen; nur vor der Staatsanwaltschaft und vor dem
Richter, denn hier droht zwangsweise Vorführung. Also: Bei
einer polizeilichen Vorladung am besten gar nicht reagieren
(allerdings: Zweckmäßig ist es, schriftlich oder telefonisch Personalien anzugeben, um einen Hausbesuch der Polizei zu vermeiden).

— Falls der Vorladung doch Folge geleistet wird: Anwalt sollte bei allen Vernehmungen des Beschuldigten anwesend sein.

— Beschuldigtem muß zu Beginn der Vernehmung die ihm

zur Last gelegte Tat (+ Strafvorschrift) erklärt werden. Rechtsbelehrung durch die Vernehmungsbeamten erforderlich.

— Der Beschuldigte braucht keine Angaben zur Sache zu machen und sollte es auch nicht[7] (nur Angaben zur Person — Name, Vorname, Geburtsdatum, -ort, Wohnort, Beruf). Falls doch Aussagen, ist der Beschuldigte nicht an die »Wahrheit« gebunden (braucht sich nicht selbst zu belasten).

b) Vorladung zur Vernehmung als *Zeuge* (einer Straftat bzw. von Beobachtungen, die sich auf eine beschuldigte Person beziehen):

— der Zeuge braucht grundsätzlich (unter den gleichen Voraussetzungen wie oben) vor der Polizei nicht zu erscheinen und auch keine Aussagen zur Sache zu machen

— falls doch Aussage: generelle Verpflichtung zu wahrheitsgemäßen Angaben

— Rechtsbelehrung durch Polizei erforderlich

— Auskunftsverweigerungsrecht aus persönlichen Gründen für bestimmte Personen: z. B. Verlobte, Ehegatten bzw. Verwandte des Beschuldigten; Angehörige bestimmter Berufe wie Ärzte, Anwälte, Journalisten, denen ein Zeugnisverweigerungsrecht zusteht (Berufsgeheimnisse) und jeder, der mit seiner Aussage sich selbst oder Angehörige belasten würde. Daher ist es vernünftig, vor einer Aussage einen Anwalt zu konsultieren.

Prinzipiell: Auch der Zeuge braucht also vor der Polizei keine Aussage zu machen, gleichgültig, ob ihm ein Zeugnis- oder Auskunftsverweigerungsrecht zusteht oder nicht. Die der Polizei auferlegte Pflicht zur Belehrung des zu Vernehmenden täuscht jedoch über dieses Aussageverweigerungsrecht hinweg. Denn der als Zeuge Vorgeladene wird regelmäßig nur über sein Zeugnisverweigerungsrecht aus persönlichen Gründen und sein Auskunftsverweigerungsrecht wegen der Gefahr der Strafverfolgung belehrt, was fälschlicherweise den Schluß nahelegt, in allen anderen Fällen, wenn also die Voraussetzungen nicht vorliegen, müsse der Zeuge vor der Polizei aussagen.

Häufig läßt die Polizei den Vorgeladenen im unklaren darüber, in welcher Rolle er vernommen werden soll, ob als Beschuldigter, Verdächtiger oder als Informant. In einem solchen Fall obliegen der Polizei nämlich keine Belehrungspflichten. Auch dann gilt jedoch: Keine Aussagen vor der Polizei! (Eine Pflicht zur Auskunft gegenüber der Polizei besteht lediglich, wenn es im Rahmen polizeilicher Präventivtätigkeit um die Abwehr einer konkreten, also im Einzelfall bevorstehenden Gefahr geht). Im übrigen: Sich niemals in sogenannte informatorische Gespräche mit der Polizei außerhalb der eigentlichen Vernehmung verwickeln lassen.

Verbotene Vernehmungsmethoden

Die Freiheit der Willensentscheidung und der Willensbetätigung der Beschuldigten und Zeugen darf nicht beeinträchtigt werden. Absolut verbotene Vernehmungsmethoden (auch wenn sie via Fernsehkrimi bereits zum Standard gehören, um »Geständnisse« zu erpressen und auch die Polizei-Wirklichkeit keineswegs frei von ihnen ist):

— Mißhandlungen (etwa Ohrfeigen, grelles Licht in die Augen, Hungern- oder Frierenlassen, Stehenlassen während der Vernehmung, ständiges Stören im Schlaf ...)

— Ermüdung (ununterbrochene stundenlange Vernehmung bis zur Erschöpfung)

— Körperliche Eingriffe oder Verabreichung von Mitteln (etwa Psychopharmaka; nur ggfls. Blutprobe durch Arzt zulässig)

— Täuschungen (z. B. Versprechen für den Fall eines Geständnisses; Vortäuschen, »Mittäter« habe bereits gestanden)

— Zwang, Drohung (etwa mit vorläufiger Festnahme)

— Versprechen von Vorteilen (Zigaretten, Kaffee etc., Verfahrensvorteile), wenn Beschuldigter gestehe.

Sollten solche Verhörmethoden vorgekommen sein, sofort einen Anwalt einschalten, um entsprechende rechtliche Schritte einzuleiten. Die unter den genannten Bedingungen gemachten Aussagen dürfen eigentlich vor Gericht nicht verwertet werden. Allerdings liegt die Beweislast bezüglich der Vernehmungsmethoden beim Vernommenen, was einen Nachweis nahezu unmöglich macht, da Zeugen in der Regel fehlen und die beteiligten Polizisten das Gegenteil auszusagen pflegen.

Abgesehen von dieser praktischen Schwierigkeit sind die eindeutige gesetzliche Regelung sowie die frühere Rechtsprechung zu den verbotenen Verhörmethoden von einer Entscheidung des Bundesgerichtshofes im »Böse«-Fall in Frage gestellt worden, die auch das Erzielen von Aussagen unter folterähnlichen Bedingungen für zulässig erachtet.[8]

5 Erkennungsdienstliche Behandlung

Aufnahme von Lichtbildern (Fotografien), von Fingerabdrücken (Daktyloskopie), evtl. Handflächen- und Fußsohlen-abdrücke, Körpermessungen, ggfls. Tonband- (Sonogramm-Stimmabdruck, allerdings nur mit Einwilligung des Betroffe-nen) und Film-Aufnahmen, Handschriftenvergleich auf An-ordnung der Polizei oder der Staatsanwaltschaft.

Prinzipiell dürfen nur *Beschuldigte* erkennungsdienstlich be-handelt werden (Bestimmung der Identität des Beschuldigten zur Durchführung des gegen ihn in Gang befindlichen Verfah-rens). Die Polizeipraxis hat den Beschuldigtenbegriff generell auch auf Verdächtige ausgedehnt; *Verdächtige* dürfen jedoch eigentlich nur erkennungsdienstlich behandelt werden, wenn ihre Identität sonst nicht oder nur unter erheblichen Schwie-rigkeiten festgestellt werden kann (gilt auch für auf frischer Tat Betroffene).

Gegen *Nicht-Verdächtige* sind erkennungsdienstliche Maß-nahmen nur im Rahmen der Identitätsfeststellung und dann nur mit deren Einverständnis zulässig, wenn und soweit dies zur Aufklärung (irgend)einer Straftat geboten ist. Sofort Wi-derspruch einlegen! Die Unterlagen sind im letztgenannten Fall sofort nach Feststellung der Identität zu vernichten.

Prinzipiell ist auch hier der Grundsatz der Verhältnismäßig-keit durch Polizei und Staatsanwalt zu beachten.

Für erkennungsdienstliche Maßnahmen, die auf § 81b 2. Alt. StPO oder auf die Polizeigesetze (als vorbeugende Maß-nahme zur »Abwehr einer konkreten Gefahr«) gestützt wer-den, gibt es erweiterte Möglichkeiten (»zum Zweck des Erken-nungsdienstes«) gegen Beschuldigte und Verdächtige.

Rechts- und Verhaltenstips: Die rechtmäßig angeordneten Maßnahmen müssen erduldet werden (bei Gegenwehr: Straf-barkeit wegen Widerstands gegen Vollstreckungsbeamte). Eineaktive Mitwirkung bei den Foto- oder Tonaufnahmen ist jedoch keineswegs erforderlich. Bei polizeilich oder staatsan-waltlich angeordneter ED-Behandlung: Rechtsmittel des An-trags auf richterliche Entscheidung beim Amtsgericht einle-gen. Wird die Art und Weise der Durchführung der ED-Be-handlung beanstandet: Antrag auf gerichtliche Entscheidung zum Oberlandesgericht (§§ 23 ff EGGVG). Bei vorbeugenden ED-Maßnahmen: Rechtsweg zum Verwaltungsgericht (Fest-stellungsklage bzw. Klage auf Vernichtung der ED-Unterla-gen).

II. Geheimpolizeiliche und geheimdienstliche Einsätze
1 Postkontrolle, Telefonüberwachung, Observation

a) *Die (Post-)Beschlagnahme* der an den Beschuldigten gerichteten Briefe, Sendungen und Telegramme ist zulässig auf der Post bzw. Telegrafenanstalt, wenn sie vom Beschuldigten stammen oder für ihn bestimmt sind und ihr Inhalt für die Untersuchung von Bedeutung ist (§ 99 StPO). Der Verhältnismäßigkeitsgrundsatz setzt einen »konkretisierten Verdacht für eine nicht nur geringfügige Straftat voraus«. Zur Postbeschlagnahme ist der Richter, bei »Gefahr im Verzug« auch die Staatsanwaltschaft (StA) befugt. Die von der StA verfügte Beschlagnahme tritt außer Kraft, wenn sie nicht binnen drei Tagen vom Richter bestätigt wird (§ 100 Abs. 1, 2 StPO). Gegen seinen Beschluß ist Beschwerde zum Landgericht möglich. Eine Benachrichtigung des Betroffenen erfolgt erst, sobald dies »ohne Gefährdung des Untersuchungszweckes geschehen kann«. Die Öffnung der Sendungen steht nur dem Richter zu, der sie jedoch an die StA delegieren kann. Die Sendungen sind an den Berechtigten auszuhändigen, soweit nach der Öffnung die Zurückbehaltung nicht erforderlich ist (§ 101 II StPO). Der Betroffene kann, solange die Beschlagnahme andauert, Beschwerde (§ 304 StPO) gegen die richterliche Beschlagnahmeanordnung einlegen mit dem Ziel der Aushändigung der beschlagnahmten Postsendungen (keine aufschiebende Wirkung). Ist die Maßnahme bereits beendet, so kann der Betroffene beim Amtsgericht beantragen, die Rechtswirdrigkeit der durchgeführten Maßnahme festzustellen. Die Möglichkeit einer Verfassungsbeschwerde ist außerdem gegeben.

b) *Telefonüberwachung* (= Aufnahme des Fernmeldeverkehrs auf Tonträger). Sie darf nach der Strafprozeßordnung im Rahmen der Strafverfolgung angeordnet werden, wenn »bestimmte Tatsachen den Verdacht begründen, daß jemand als Täter oder Teilnehmer« eines der in § 100a StPO genannten schweren Delikte begangen hat oder versucht hat zu begehen (falls Versuch strafbar) oder durch eine Straftat vorbereitet hat. Zu den aufgeführten Straftaten, die eine Telefonüberwachung rechtfertigen, gehören u. a. auch »Straftaten der Gefährdung des demokratischen Rechtsstaates oder des Landesverrates«, »Straftaten gegen die Landesverteidigung«, »Straftaten gegen die öffentliche Ordnung«, Kriminelle und »terroristische Vereinigung«. Gerade die Vereinigungsdelikte spielen bei Abhöraktionen eine große Rolle: Wird nämlich behauptet, bestimmte leichtere Straftaten, deretwegen eigentlich nicht abgehört werden darf, seien organisiert begangen, so kann dennoch im Rahmen des Gesetzes abgehört werden.

Die für die Anordnung der Telefonüberwachung zuständigen Richter (bei »Gefahr im Verzug« ist es die StA, deren Verfügung binnen 3 Tagen vom Richter bestätigt werden muß) haben in den vergangenen Jahren dieses einschneidende Mittel der Informationsbeschaffung immer weiter ausgedehnt. Dabei ist zu bedenken, daß sich die Anordnung außer gegen Beschuldigte auch gegen Personen richten darf, von denen aufgrund bestimmter Tatsachen anzunehmen ist, daß sie für den Beschuldigten bestimmte oder von ihm herrührende Mitteilungen entgegennehmen oder weitergeben oder daß der Beschuldigte ihren Anschluß benutzt (§ 100a S. 1, 2 StPO).

Die Anordnung ist auf höchstens 3 Monate befristet, kann allerdings um jeweils 3 Monate verlängert werden. Die Überwachung ist erst zu beenden, wenn die »Voraussetzungen« nicht mehr vorliegen. Die angefertigten Unterlagen müssen unter Aufsicht der StA vernichtet werden, wenn sie zur Strafverfolgung nicht mehr erforderlich sind; über die Vernichtung ist eine Niederschrift zu erstellen (§ 100b Abs. 1 — 4 StPO).

Der Betroffene ist erst zu benachrichtigen, sobald dies ohne Gefährdung des Untersuchungszweckes geschehen kann (§ 101 Abs. 1). Erst ab diesem Zeitpunkt kann er in der Regel beim Amtsgericht beantragen, die Rechtswidrigkeit der durchgeführten Maßnahmen festzustellen. Erfährt er zufälligerweise bereits vorher von der Überwachung, so kann er Beschwerde (§ 304 StPO) gegen die richterliche Überwachungsanordnung einlegen mit dem Ziel der Vernichtung aller Telefongesprächsaufzeichnungen. Die Möglichkeit der Verfassungsbeschwerde ist darüber hinaus gegeben.

Zu unterscheiden von der Überwachung und Kontrolle im strafprozessualen Ermittlungsverfahren sind die weitreichenden Eingriffsmöglichkeiten in das grundrechtlich geschützte Brief-, Post- und Fernmeldegeheimnis durch die Ämter für Verfassungsschutz, den Bundesnachrichtendienst und den Militärischen Abschirmdienst auf der Grundlage des sogenannten Abhörgesetzes (»zur Beschränkung des Brief-, Post- und Fernmeldegeheimnisses« = G 10). Es genügen hierfür bereits tatsächliche Anhaltspunkte für den Verdacht, daß jemand schwerwiegende Straftaten »plant, begeht oder begangen hat«.

Der Bundesinnenminister hat über die angeordneten Beschränkungen im Vorfeld des Strafrechts eine Dreier-Kommission des Bundestages (sogenanntes Kontrollorgan) monatlich zu unterrichten; diese Kommission hat über die Zulässigkeit von Beschränkungsmaßnahmen zu entscheiden (§ 9 G 10). Die Entscheidungsgrundlagen werden ihr allerdings von den Ämtern geliefert; sie sind für die Kommissionsmitglieder kaum überprüfbar.

Eine Unterrichtung des Betroffenen erfolgt nur, wenn die Benachrichtigung ohne Gefährdung des Zwecks der Beschränkung möglich ist. Die Mitteilung kann u. U. sogar ganz entfallen. Dem Betroffenen steht, sofern er überhaupt von den Maßnahmen erfährt, der Rechtsweg (Feststellungsklage beim zuständigen Verwaltungsgericht) offen. Auch Verfassungsbeschwerde nach Ausschöpfung des Rechtswegs ist möglich.

c) *Observation:* Zur Abwehr laufender Observationen empfiehlt sich der einstweilige Rechtsschutz im Eilverfahren: Erlaß einer einstweiligen Verfügung. Der Antrag wird gestellt beim zuständigen Verwaltungsgericht und zwar gegen die Bundesrepublik Deutschland (Bundesinnenminister) oder das betreffende Bundesland (Landesinnenminister). Der Antrag ist gerichtet auf Unterlassung: dem Antragsgegner zu untersagen, den Antragsteller observieren zu lassen, insbesondere in der Weise . . . (Art der Observation). Der Antrag bedarf einer Begründung und der Glaubhaftmachung der Observation.

Darüber hinaus ist auch Verfassungsbeschwerde möglich (nach Ausschöpfung des Rechtswegs vor den Verwaltungs- bzw. Oberverwaltungsgerichten).

Antrag auf Auskunft und Löschung/Vernichtung der durch die Observation erlangten Unterlagen: s. »Datenschutz«.

Tip: Das Problem »Observation« ist vielschichtig, es gibt unterschiedliche Arten und Vorgehensweisen, entsprechend sind es die Möglichkeiten des Erkennens und der Enttarnung ebenfalls. Wer sich damit näher befassen möchte, um sich besser schützen zu können, der/die sei auf ein Kapitel aus dem Buch von Gössner/Herzog, »Im Schatten des Rechts — Methoden einer neuen Geheim-Polizei« (Köln 1984) verwiesen, in dem unter der Überschrift »Die kalten Augen des Gesetzes — Über das Handwerkszeug des Überwachungsstaates« (S. 168ff) detailliertes Schulungsmaterial der Polizei für Observanten dokumentiert und ausgewertet wird.

2 Verhaltenstips im Zusammenhang mit V-Leuten und agents provocateurs etc.

Staatliche Entwicklungen und Maßnahmen haben Auswirkungen auf das soziale und politische Verhalten von Individuen und ganzen Gruppen. Angesichts der auch in diesem Buch beschriebenen geheimpolizeilichen und geheimdienstlichen Mittel und Methoden, angesichts wachsender Überwachungspotentiale, angesichts von Lausch- und Spähangriffen, von eingeschleusten V-Leuten und agents provocateurs, angesichts von staatlichen Anwerbungs- und Erpressungsversuchen, von geheimen Datenerfassungs- und -verarbeitungsstrategien, angesichts dieser Entwicklung gilt der Eingangssatz um so mehr.[9]

Jeder demokratisch eingestellte Bürger, jeder Mensch, dessen Leben in irgendeiner Weise von den herrschenden Normen abweicht, vor allem aber jeder politisch Aktive, jede politisch, insbesondere links-oppositionelle Organisation oder Gruppe muß sich dem Problem geheim-polizeilicher und geheimdienstlicher Methoden und Entwicklungstendenzen sowie dem Problem mangelnder öffentlicher Kontrolle der Polizei- und Geheimdienstapparate stellen. Das bedeutet: diese Problematik überhaupt wahrnehmen, bewußt machen, die Methoden und Mechanismen untersuchen, sich darauf einstellen und entsprechend handeln.

Allerdings: Übertriebene Vorsicht bei der politischen Betätigung gegen Mißstände und strukturelle Ungerechtigkeit in Staat und Gesellschaft ist genauso schädlich wie pure Arglosigkeit und Naivität. Auch wenn politische und soziale Verfolgung in diesem Land nicht unbekannt ist, so ist doch individueller oder kollektiver Verfolgungswahn die schlechteste Reaktion hierauf, denn sie bedeutet soviel wie: sich in den politisch-sozialen Selbstmord treiben lassen. Die Angst vor totaler Überwachung, die Angst vor staatlicher Unterwanderung, vor allgegenwärtigen Spitzeln und Lauschern lähmt — und paßt sich nahtlos ein ins Konzept polizeilicher und geheimdienstlicher Zersetzungsarbeit.

Im Falle von Anwerbungsversuchen (V-Person) durch »Verfassungsschutz« oder Politische Polizei gilt als oberster Grundsatz: Sich nicht darauf einlassen und den Vorfall öffentlich machen — denn sie fürchten nichts mehr als Öffentlichkeit. Vorsicht ist angebracht, denn in ein »lockeres Gespräch« ist man schnell verstrickt, und die Suche nach Schwachstellen beim Opfer könnte Erfolge zeitigen: Verlockungen mit Geld oder Sachwerten, Versuche der Erpressung wegen hoher Schulden, Drogenkonsum, eigener Strafverfahren, die die Lockvögel im Falle der Mitarbeit günstig zu beeinflussen versprechen. Die Ausnutzung psychischer Schwächen und mieser Situationen ist branchenüblich.

Wie weit kann man gehen, wenn man mehr erfahren will? Diese Frage ist nicht generell zu beantworten, aber grundsätzlich gilt auch hier: Nichts im Alleingang machen; Gruppe, in der man politisch arbeitet, sowie Vertrauenspersonen miteinbeziehen, ggfls. Strategie entwickeln, um Beweise zu sammeln und eine Enttarnung zu erreichen. Selten wird allerdings eine »Gegenobservation« solche Früchte tragen, wie beispielsweise im Fall Graudenzer Straße (Bremen 1981), als eine vom VS observierte Wohngemeinschaft die konspirative Observantenwohnung im gegenüberliegenden Haus aufsuchte, die diversen Utensilien zum Fenster hinauswarf und die geheimen Unterlagen in einer Dokumentation veröffentlicht wurden.

III. Demonstrationsgeschehen

1 Einige Tips für DemonstrationsteilnehmerInnen

Check-Liste »Mitnehmen«
— Personalausweis. Seit Einführung des maschinenlesbaren Personalausweises/Passes (1987/88) sollte allerdings (massenhaft) überlegt werden, wie man sich der Maschinenlesbarkeit per Lesegerät entziehen kann, um Massenkontrollen im Zuge von Vorfeld-Kontrollen oder bei Einkesselungen zu vereiteln. Läßt man allerdings aus diesem Grunde den maschinenlesbaren PA zu Hause, so kann dies Unannehmlichkeiten nach sich ziehen: Vorläufige Festnahme/ Mitnahme zur Wache zur Identifizierung, ggfls. sogar ED-Behandlung. Wenn nun alle keinen Ausweis zur Hand haben??
— Kleingeld zum Telefonieren (mindestens 2 x 23 Pfennige abgezählt)
— Medikamente, die regelmäßig eingenommen werden müssen;
— Adressen/Telefonnummern von Rechtsanwälten und Bekannten/Verwandten, Ermittlungsausschüssen, Bürgerinitiativen »öffentliche Polizei-Kontrolle« (evtl. auf den Arm bzw. anderen Körperteil schreiben)

- Proviant
- Stift und Notizblock für Gedächtnisstützen
- evtl. Augenspülflasche (Plastik) mit klarem Wasser im Falle von CN/CS-Gas-Einsätzen
- Verbandmaterial
- Wasserdichte Kleidung (Wasserwerfer- und wetterfest)*
- Helm (Motorrad-Jet-Helm mit Ohren- und Nackenschutz) als Schutz gegen Knüppelschläge; evtl. Gasschutzbrille*
- Halstücher als Mund- und Nasenschutz gegen CN/CS-Einsätze sowie gegen Polizeidokumentationstrupps*

Check-Liste »Daheimlassen«
- Notiz-/Tagebücher
- Adressbücher
- private Fotos
- Kontaktlinsen (wegen CN/CS)
- Zitronen(saft) nicht anwenden bei CN/CS-Augenverletzungen, nur mit klarem Wasser spülen.

* Achtung: Vermummungsverbot und Verbot von »Schutzwaffen«

Nach der im Jahre 1985 in Kraft getretenen Verschärfung des Demonstrationsstrafrechts machen sich auch diejenigen wegen Landfriedensbruch (§ 125 Abs. 2 StGB) strafbar, die sich in einer Menschenmenge befinden, aus der heraus »Gewalttätigkeiten« und »Bedrohungen« begangen werden, sofern sie — nach Aufforderung durch die Polizei — sogenannte Schutzwaffen (»passive Bewaffnung« wie etwa Helme und Schutzkleidung) oder Vermummungen (wie z. B. Mundtücher, Brillen etc.) nicht ablegen oder sich nicht umgehend entfernen. Dabei spielt es keine Rolle, ob die Betreffenden selbst Gewalt angewandt haben oder nicht; auch vollkommen friedliche Demonstranten können auf diese Weise zu Landfriedensbrechern befördert und mit Freiheitsstrafe bis zu einem Jahr bestraft werden.

Nach § 17a Versammlungsgesetz (Fassung 1985) ist mit Geldbuße bis zu 1000 DM bedroht: die Teilnahme an einer Demonstration »in einer Aufmachung, die geeignet ist, die Feststellung der Identität zu verhindern« (Vermummung) oder mit »Schutzwaffen oder Gegenständen, die als Schutzwaffen geeignet und dazu bestimmt sind, Vollstreckungsmaßnahmen eines Trägers von Hoheitsbefugnissen abzuwehren« (»passive Bewaffnung«).

Nach den Vorstellungen der Bundesregierung sollen beide Tatbestände in Zukunft, im Gegensatz zur bisherigen Ordnungswidrigkeitsregelung, zu Strafrechtsnormen befördert werden, deren Verletzung mit Freiheitsstrafe bis zu einem Jahr oder mit Geldstrafe bedroht werden soll. Diese Verschärfung würde der Polizei alle Möglichkeiten der Strafprozeßordnung eröffnen: Festnahme, Untersuchungshaft, Hausdurchsuchung, erkennungsdienstliche Behandlung usw.. Außerdem werden diese Strafnormen sich sehr rasch als Auffangtatbestände erweisen, wenn eine bestimmte Gewalttat den Verdächtigen nicht nachgewiesen werden kann, so können sie wenigstens wegen Vermummung oder »Schutzwaffen«tragens bestraft werden. (§ 27 Versammlungsgesetz-Entwurf vom 23. 12. 1987)[10]

Das Verbot der »passiven Bewaffnung« und das »Vermummungsverbot« haben eines gemeinsam: Beide Verbote sollen verhindern, daß staatliche Überwachungs- bzw. Zwangsmaßnahmen ins Leere laufen. Sie stehen praktisch symbolisch für die Durchsetzung der ganzen Bandbreite polizeilicher Einsatzmethoden und -mittel: Demonstrationsfreiheit zwischen Knüppel und Videoüberwachung, zwischen Kampfgas-Einsatz und Computer.

Was würde wohl passieren, wenn sich in Zukunft alle TeilnehmerInnen an einer Demonstration ad hoc mit Schals, Masken, Pappnasen, Schminke etc. phantasievoll »vermummten«?

2 Allgemeine Verhaltensregeln

— sich immer in der Nähe von Freunden bzw. Bekannten aufhalten (auch nach der Demonstration nur in größeren Gruppen gehen)
— auf Polizeispitzel achten und ggfls. isolieren bzw. andere aufmerksam machen (als Demonstranten verkleidete polizeiliche Zivilkräfte mischen sich immer häufiger und zahlreicher unter Demonstranten)
— auf offene (Video, Foto, Mikrofone; Dokumentationstrupps) und verdeckte Observationen durch zivile Beamte achten: Autonummern notieren, Gedächtnisprotokolle über Einsätze, Aussehen etc. anfertigen, Gegenfotografieren (Gegenobservieren)
— auf Polizei-Spezial-Einheiten achten (Vorsicht: Greiftrupps, die in der Regel brutal gegen Demonstranten vorgehen)

— auf »Kletten« achten: sie heften sich an die Fersen verdächtigter Personen und verfolgen sie bis zu ihren Wohnungen. Greifen meist selbst nicht zu, sondern übermitteln ihre Beobachtungen per Funk an andere Polizeieinheiten (z. B. Festnahmetrupps)
— Provokationen aus dem Weg gehen. Auf agents provocateurs achten
— auf alle Fälle: Keine unbedachten Handlungen, keine Alleingänge, ggfls. mit hoher Wahrscheinlichkeit erkannte Zivilbeamte (Zivis) etc. unter Mithilfe von mehreren Demonstrationsteilnehmern zur Rede stellen, enttarnen
— Beobachtung von Polizeiverhalten in Einzelfällen (Übergriffe), aber auch Beobachtung von Einsatzstrategien und -taktiken sowie von Waffeneinsätzen; Notizen und/oder Fotos machen (Vorsicht: »Recht am eigenen Bild« des einzelnen Polizeibeamten), ggfls. Zeugen namhaft machen, anschließend Gedächtnisprotokoll schreiben und an Bürgerinitiativen, Ermittlungsausschüsse und/oder Anwälte, die in Demonstrationsfällen tätig sind, weiterreichen.

3 Im Falle von Verletzungen

Möglichst rasch an die gekennzeichneten »Sanis« wenden; Verletzte vor weiteren Angriffen schützen.

Kopfverletzungen: Etwa nach Knüppelschlägen auf den Kopf, auch wenn nicht viel zu sehen ist, besteht immer die Gefahr einer Gehirnerschütterung. Wenn sofort, Stunden, Tage oder auch Wochen danach Symptome wie Erinnerungsverlust, Kopfschmerzen oder Übelkeit auftreten, ist dies ein Fall für ärztliche Behandlung.

CN/CS-Verletzungen: Augen und Haut sofort mit klarem Wasser gründlich spülen (Augen von innen nach außen bei zur Seite geneigtem Kopf). Bei Atembeschwerden sollte möglichst sofort ärztliche Hilfe aufgesucht werden. So bald wie möglich: erst mit kaltem Wasser (ca. 5 Minuten) duschen, mit neutraler Seife waschen, dann warm abduschen.

Hundebisse: Innerhalb vonf 24 Stunden in ärztliche Behandlung begeben (Tetanusspritze).

4 Verhalten bei (vorläufigen) Festnahmen auf Demonstrationen

Voraussetzungen:
— Auf »frischer Tat betroffen« (= ertappt) und der Flucht verdächtig
— einer Straftat verdächtig
— wenn die Polizei der Ansicht ist, daß an Ort und Stelle eine Überprüfung der Identität nicht möglich sei
— nicht selten: Vorbeugehaft zur Verhinderung möglicherweise bevorstehender Straftaten (nach Polizeirecht)
   Wehrt sich der Festzunehmende, so ist das »Widerstand gegen Vollstreckungsbeamte«.

Möglichst laut seinen Namen rufen, damit die Umstehenden auf die Festnahme aufmerksam werden und sich als Zeugen des Vorfalls melden und ggfls. einen Anwalt aktivieren können.

Check-Liste
Festgenommene haben das Recht:
1. den Grund und die Rechtsgrundlage der vorläufigen Festnahme zu erfahren (auf Rechtsmittelbelehrung beharren)
2. nur Angaben der Personalien zu machen, ansonsten alle weiteren Aussagen (zur Person wie zur Sache) zu verweigern (sowohl gegenüber der Polizei, als auch gegenüber der Staatsanwaltschaft und dem Haftrichter). Allen Versuchen (Tricks, Versprechungen, Drohungen) widerstehen
3. nichts zu unterschreiben (außer: 5.)
4. einen Anwalt und nächste Angehörige anzurufen und bei Weigerung (etwa wegen »organisatorischer Gründe«) unbedingt darauf bestehen (möglichst die notwendigen Telefonnummern und Telefongeld mitführen)
5. gegen eine erkennungsdienstliche Behandlung (Fingerabdrücke, Lichtbilder etc.) schriftlich Widerspruch einzulegen (s. o. unter ED-Behandlung)
6. im Falle einer Verletzung einen Arzt zu verlangen und die Verletzungen von diesem attestieren zu lassen
7. auf ein schriftliches Protokoll der beschlagnahmten Sachen (z. B. Helme, Autowerkzeug etc.), das der Betroffene nicht selbst unterschreiben sollte
8. Dienstnummern bzw. Namen der an der Festnahme beteiligten Polizeibeamten zu verlangen
9. spätestens bis zum Ablauf des nächsten Tages muß die Frei-

lassung — oder aber die Vorführung vor den Haftrichter — erfolgen (s. o. unter »U-Haft«)

Weitere Ratschläge

— Mit anderen Festgenommenen Personalien austauschen, um evtl. später Zeugen benennen zu können
— Vorsicht vor Polizeispitzeln, die als angeblich Festgenommene eingeschleust werden. Mit anderen Mitgefangenen nur das Allernotwendigste reden
— nach der Freilassung Gedächtnisprotokoll anfertigen (möglichst präzise Angaben wie Uhrzeit, Örtlichkeiten, genaue Umstände, Abläufe, Polizeiverhalten, inclusive Zeugen, Fotos etc.)
— Verletzungen von einem Arzt des Vertrauens attestieren lassen
— den Anwalt aufsuchen und mit ihm die weiteren Schritte der Verteidigung bzw. Gegenwehr besprechen
— in Fällen einer erkennungsdienstlichen Behandlung: schriftlichen Antrag auf Vernichtung der Unterlagen bei der zuständigen Polizeidienststelle stellen (die Vernichtung muß erfolgen, sobald das Ermittlungsverfahren eingestellt wird oder das Verfahren mit Freispruch endet; ohne Antrag passiert dies jedoch selten; keine Vernichtung, wenn »erheblicher Restverdacht« besteht)
— als Zeuge oder Betroffener einer Festnahme umgehend bei einem Ermittlungsausschuß oder bei der Bürgerinitiative »öffentliche Polizei-Kontrolle« melden. Ebenfalls bei allen sonstigen Vorfällen im Zusammenhang mit Polizeieinsätzen
— erforderlichenfalls Medien informieren.

5 Platzverweis (Verschleppung) und Einkesselung

Zu »Zwecken der Gefahrenabwehr« kann die Polizei nach den Polizeigesetzen eine sogenannte Platzverweisung anordnen, d. h. sie kann einzelne Personen oder Gruppen vorübergehend von einem Ort (z. B. Demo/Blockade) verweisen oder ihnen das Betreten eines Ortes verbieten. Kommen die Betreffenden der Platzverweisung nicht nach, so kann die Polizei — nach vorheriger Androhung — Zwangsmittel anwenden, wie z. B. Wegtragen, Wasserwerfer, Knüppeleinsatz etc. In den letzten Jahren kam es immer wieder vor, daß die Polizei die betreffenden Personen in Polizeifahrzeugen an entlegene Orte verschleppt und ausgesetzt hat. Dazu ein Berufungsurteil des Oberverwaltungsgerichts Bremen vom 21. 10. 1986 (Az.: OVG I BA 15/86, in: *Strafverteidiger* 3/1987, S. 115ff.):

»1. Die Vorschriften über Platzverweisung und Ingewahrsamnahme nach den Landespolizeigesetzen sind nur dann anwendbar, wenn die betroffene Personenansammlung keine Versammlung i. S. d. VersG darstellt.

2. Der Transport von Demonstrationsteilnehmern durch Polizeibeamte zu entlegenen Stätten ist bei fehlender Auflösung einer Versammlung rechtswidrig.

3. Eine Ingewahrsamnahme in Form eines zwangsweisen Transports zu einer vom Demonstrationsort entfernt gelegenen Stelle bedarf sorgfältiger Abwägung aller bekannten und voraussehbaren Umstände.«

Die Einkesselung ganzer Demonstrationen durch Polizeikräfte erfreut sich in den letzten Jahren ebenfalls zunehmender Beliebtheit. Gleichwohl sind sie meist, das zeigen einige Gerichtsentscheidungen, rechtswidrig. So entschied beispielsweise das Verwaltungs- und das Landgericht Hamburg im Fall des berühmt-berüchtigten »Hamburger Kessels«: »Das Versammlungsgesetz enthält keine Rechtsgrundlage dafür, die Teilnehmer einer nicht aufgelösten Versammlung am Ort festzuhalten oder in Gewahrsam zu nehmen und im Zusammenhang hiermit ihre Identität festzustellen.«

Das Landgericht hat den Eingekesselten einen Schmerzensgeldanspruch zuerkannt. (Urteil vom 6. 3. 1987 — 3 0 229/86, in: *NJW* 1987, 3141; VG Hamburg, *NJW* 1987, 3150 L). Die verantwortlichen Einsatz- und Polizeiführungskräfte wurden jedoch nicht belangt.

6 Polizeieinsatzkosten und Schadensersatzforderungen für Demonstrationsschäden

Demonstrationsteilnehmer werden mitunter auf zivil- oder verwaltungsrechtlichem Wege mit Schadensersatzforderungen überzogen, oder es werden ihnen die Kosten für Polizeieinsätze aufgebürdet. Mit Schadensersatzforderungen — etwa für beschädigte Polizeiausrüstung, für Dienstbezüge verletzter Polizisten, für zerrissene Polizei-Unterhosen oder verlorengegangene Uhren — kann auf zivilrechtlichem Wege jeder belangt werden, der an einer Demonstration mit Polizeieinsatz teilge-

nommen hat und dem ein Verschulden an einem Schaden
nachgewiesen werden kann (wobei Eigenhändigkeit nicht erforderlich ist). Solche Schadensersatzforderungen, zum Teil in
horrender und existenzgefährdender Höhe, sind in Westberlin, Hamburg, Bremen, Niedersachsen, Nordrhein-Westfalen,
Hessen, Baden-Württemberg und Bayern erhoben worden.
Rechtsbehelf: Schriftlichen Widerspruch innerhalb von zwei
Wochen einlegen. Möglichst rechtzeitig einen Anwalt hinzuziehen.

Leistungsbescheide zur Zahlung von Polizeieinsatzkosten
durch Demonstrationsteilnehmer, die bislang in Schleswig-
Holstein, Niedersachsen und Baden-Württemberg verschickt
wurden, gehen noch weiter: Ein solcher Bescheid kann jeden
— auch ohne Verschulden — allein aufgrund der Anwesenheit
bei einer Demonstration, Blockade oder Besetzung treffen,
wenn dadurch ein Polizeieinsatz ausgelöst wurde.

Rechtsmittelbelehrung lesen. Gegen den Leistungsbescheid
innerhalb eines Monats schriftlich Widerspruch bei der Behörde einlegen, die den Bescheid erlassen hat. Entweder dem Widerspruch wird abgeholfen (der Bescheid also aufgehoben),
wenn nicht (Widerspruch wird zurückgewiesen): Klage vor
dem Verwaltungsgericht erheben. In einem solchen Fall empfiehlt es sich, einen Anwalt zu Rate zu ziehen.

IV. Besonderheiten bei Streiks bzw. streikähnlichen Aktionen

Ein »Streik als solcher« rechtfertigt prinzipiell keinen polizeilichen Einsatz. Allerdings schreibt die Polizeidienstverord-
nung 100 (PDV 100)[11] vor, daß »durch geeignete polizeiliche
Maßnahmen ... ein gesetzmäßiger und möglichst störungs-
freier Verlauf des Arbeitskampfes zu gewährleisten« ist. Das
heißt: Bei jedem Streik wird die Polizei, offen oder verdeckt,
zugegen sein: »Durch ständige Aufklärung einschließlich der
Auswertung sachbezogener Veröffentlichungen werden Arbeitskämpfe und ihr mutmaßlicher Verlauf rechtzeitig erkannt.« Das bedeutet: Die Polizei wird von Anfang an präventiv tätig, beobachtet und versucht, »Gefahren für die öffentliche Sicherheit und Ordnung« aufzuspüren. Sofern »demon-
strative Aktionen« erwartet werden, wird sie — so sieht es die
PDV 100 vor — rechtzeitige Observationen »radikaler Grup-

pen und mutmaßlicher Rädelsführer«, »subversiver Kräfte«, ihrer »Sammelpunkte, Verkehrslokale und Schlupfwinkel« sowie »vorbereitender Handlungen wie Zusammenkünfte, Herstellung oder Beschaffung von Wurfgeschossen« durchführen.

Weiterhin wird sie »rechtzeitig starke, mobile Eingreifkommandos offen oder verdeckt« bereithalten und im Falle von »Gefahren für die öffentliche Sicherheit und Ordnung« auch einsetzen. Solche »Gefahren« können schnell angenommen werden bei:
— sog. *Streikexzessen* (etwa Einsatz körperlicher Gewalt, Schmährufe gegenüber Streikbrechern, die als Körperverletzung bzw. Beleidigung gewertet werden könnten; Sachbeschädigung, Landfriedensbruch, ordnungswidrige Verstöße gegen das Versammlungsrecht und die Straßenverkehrsordnung;
— *Streikketten* (Streikposten als »Nötigung« gewertet, was unter Juristen allerdings strittig ist);
— *Verkehrsblockaden* (von den Gerichten mehrheitlich als »Nötigung« gewertet; im Zusammenhang mit den Aktionen der Stahlarbeiter in Nordrhein-Westfalen 1987 jedoch keine Gerichtsverfahren eingeleitet, allerdings polizeiliche Ermittlungen. In Zukunft soll für Blockaden ein eigener Straftatbestand eingeführt werden);
— *Betriebsbesetzungen* (als Hausfriedensbruch gewertet, was unter Juristen umstritten ist).

Im Rahmen der sogenannten Neutralitätspflicht des Staates bei Arbeitskämpfen ist die Polizei zur Nichteinmischung und Zurückhaltung verpflichtet. Sie hat bei der Frage des polizeilichen Einschreitens einen Beurteilungsspielraum, den sie nicht einseitig gegen die Interessen der Streikenden ausfüllen darf. Bei der »Gefahrenabwehr« ist sie dem »Opportunitätsprinzip« verpflichtet, d. h. die Entscheidung darüber, ob und mit welchen Mitteln sie einschreitet, muß sie nach pflichtgemäßem Ermessen treffen.

Eine Pflicht zum Einschreiten oder gar ein Anspruch des Arbeitgebers auf polizeiliches Eingreifen scheidet aus. Die Polizei ist weiterhin dem Verhältnismäßigkeitsgrundsatz unterworfen (sie muß das »schonendste Mittel« anwenden), der allerdings in der Praxis häufig mißachtet wird. Dieser Grundsatz schließt ein polizeiliches Einschreiten wegen leichter Straftaten (z. B. Beleidigung) aus, weil dadurch in der Regel die Wirksamkeit des verfassungsmäßig geschützten Streikrechts beeinträchtigt würde. Es empfiehlt sich, bei Auseinandersetzungen bzw. Schwierigkeiten mit der Polizei die Gewerkschaft bzw. den Rechtsschutzsekretär einzuschalten.

Im Rahmen dieser »Rechts- und Verhaltenstips« konnten lediglich einige wenige Punkte des Konfliktbereichs »Streikrecht und Staatsgewalt« allgemein angesprochen werden. Im übrigen gelten hier auch die Ausführungen in den anderen Kapiteln. Ausführliche und spezielle Informationen liefert ein Juristischer Leitfaden von Lothar Zechlin: »Streik, Strafrecht, Polizei«, Köln 1986.

B. Rechtsbehelfe im Ordnungswidrigkeiten- und Strafverfahren/Verhalten in der Hauptverhandlung

1 Ordnungswidrigkeitenverfahren

... zum Beispiel wegen Teilnahme an einer nicht angemeldeten Demonstration oder wegen eines Verstoßes im Straßenverkehr. Kommt das amtliche Schreiben mit einfacher Post: nicht reagieren, es könnte auch verlorengegangen sein. Wird es dagegen zugestellt (mit schriftlicher Empfangsbestätigung) oder wird es bei der Post niedergelegt (abholen!), müssen die Fragen zur Person beantwortet werden: Name, Alter, Geburtstag und -ort, Anschrift, Beruf (Anhörungsbogen). Keine Aussage zur Sache. Nach der Anhörung kommt meist ein Bußgeldbescheid.

Rechtsbehelf: Einspruch einlegen. Ggfls. einen Anwalt beauftragen, der Akteneinsicht beantragen kann. Einspruchsfrist: 1 Woche! Die Frist beginnt mit der Zustellung des Schreibens. Zugestellt ist es bereits, wenn es auf der Post niedergelegt ist und eine Benachrichtigung eingeht (d. h. die Frist läuft nicht erst ab Abholung). Erfolgt der Einspruch fristgerecht, kommt es in der Regel zu einer Gerichtsverhandlung, in der die Beschuldigungen und Einwendungen per Beweisaufnahme geprüft werden.

Beim Straf(ermittlungs)verfahren sieht es anders aus. Der Abschluß des Ermittlungsverfahrens erfolgt durch Einstellung, Strafbefehl oder Anklage, was jeweils unterschiedliche Reaktionen erfordert:

2 Einstellung des Strafermittlungsverfahrens

— Einstellung durch Staatsanwaltschaft (StA), wenn die Ergebnisse des Ermittlungsverfahrens zu einer Anklage nicht ausreichen (§ 170 Abs. 2 StPO)

— Einstellung durch StA mit Zustimmung des Gerichts, wenn die Schuld des Täters als gering anzusehen ist (§ 153 StPO). Dagegen steht dem Beschuldigten kein Rechtsmittel zu (ja, er muß von den Ermittlungen und von dieser Art Einstellung noch nicht einmal etwas erfahren); es erfolgt jedoch auch keine Eintragung ins Bundeszentralregister; allerdings erfolgt cherung in der kriminalpolizeilichen personenbezogenen Datensammlung und wird regelmäßig zehn Jahre lang aufrechterhalten (s. dazu Teil »Datenschutz«).

— Einstellung nach Erfüllung bestimmter Auflagen (Schadensersatz, Geldspende an gemeinnützige Vereinigung etc.) nach § 153a StPO. Dieser Einstellung kann der Betroffene widersprechen. Allerdings trägt er dann das Risiko einer Verurteilung in der nachfolgenden Hauptverhandlung.

Prüfen (lassen), ob Anspruch auf Entschädigung wegen Strafverfolgungsmaßnahmen besteht (s. dazu unter C. 3).

3 Strafbefehl auf Antrag der StA (§§ 407 ff. StPO)

Summarische Beurteilung des Sachverhalts und des Beweismaterials durch den Richter und schriftliche Festsetzung einer Geldstrafe (ohne mündliche Gerichtsverhandlung). Dieses rationelle Verfahren findet bei leichteren Straftaten Anwendung. Auf diesem Weg können auch sogenannte Verwarnungen mit Strafvorbehalt (§§ 59 ff. StPO) ausgesprochen werden (Praxis einiger Amtsgerichte z. B. bei Blockade-Sachverhalten bzw. Nötigungsvorwürfen), die dann auch ins Bundeszentralregister eingetragen werden. Den Betroffenen wird damit eine ein- oder mehrjährige Bewährungszeit aufgegeben. Das Gericht behält sich vor, bei Nichtbewährung (also erneutem »straffällig« werden), eine Geldstrafe festzusetzen.

Akzeptiert der Betroffene die gegen ihn erhobenen Vorwürfe und/oder die Strafe bzw. die Verwarnung nicht, so kann er dagegen binnen Wochenfrist nach Zustellung des Strafbefehls (Frist beginnt mit Niederlegung des Schriftstücks beim Postamt bzw. bei Zustellung) Einspruch einlegen und damit die

Durchführung des Hauptverfahrens mit mündlicher Verhandlung durchsetzen (s. Abschnitt »Verhalten in der Hauptverhandlung«).

Bei Nichteinhaltung der Wochenfrist aus Gründen, die vom Betroffenen nicht zu vertreten sind (z. B. wegen Urlaub): Antrag auf Wiedereinsetzung in den vorigen Stand (§ 44 StPO) stellen (mit Begründung).

Es empfiehlt sich, rechtzeitig einen Anwalt einzuschalten. Wird nämlich nicht oder nicht rechtzeitig Einspruch eingelegt, wird der Strafbefehl rechtskräftig, was einer Verurteilung in einem Gerichtsverfahren gleichkommt (man kann dann u. U. auch als vorbestraft gelten). Erfolgt dagegen der Einspruch rechtzeitig, kommt es zur Gerichtsverhandlung.

4 Anklageerhebung durch StA

Sobald eine Anklageschrift zugestellt wird, sofort Anwalt aufsuchen, um Akteneinsicht zu beantragen und alle weiteren erforderlichen Schritte einzuleiten. In den allermeisten Fällen dürfte es ratsam sein, die Beantragung von Beweiserhebung und Einwendungen erst in der Hauptverhandlung vorzubringen, um der Gegenseite die Verteidigungsstrategie und -taktik nicht vorzeitig zu offenbaren.

5 Verhalten in der Hauptverhandlung (Prüfkatalog)

Da bei einem Strafverfahren in der Regel zur Verteidigung anwaltliche Hilfe in Anspruch genommen wird, werden im folgenden nur kurze (unvollständige) (Verhaltens-) Hinweise zur ersten Orientierung aufgelistet:

— Prüfung der örtlichen und funktionellen Zuständigkeit des Gerichts und seiner ordnungsgemäßen Besetzung (Richter/Schöffen)

— Ist Straftat evtl. bereits verjährt?

— Ist Ladungsfrist (mindestens 1 Woche, § 217 StPO) eingehalten worden?

— Wurde schriftlicher Strafantrag des angeblich Verletzten gestellt (ist nur bei bestimmten Delikten Voraussetzung, z. B. bei Beleidigung, Hausfriedensbruch, einfacher Körperverletzung, Sachbeschädigung; Frist: 3 Monate nach dem Vorfall), falls nicht »öffentliches Interesse« durch StA geltend gemacht wurde?

— Gibt es Anhaltspunkte für eine Ablehnung des Richters (oder eines Schöffen) aus Besorgnis der Befangenheit (§§ 24 ff. StPO)? Möglich etwa bei negativer Voreingenommenheit, die sich in abfälligen Äußerungen des Richters über den Angeklagten manifestieren kann oder der Richter geht von vornherein von der Schuld des Betroffenen aus. Allerdings haben Ablehnungsgesuche nur selten Erfolg.

Ablauf der Hauptverhandlung:

— Vernehmung des/der Angeklagten über persönliche Verhältnisse durch vorsitzenden Richter (Identitätsfeststellung, Name, Herkunft, Geburtsdatum und -ort — alles andere, wie z. B. Vernehmung zum Lebensgang, Einkommens- und Vermögensverhältnisse, Vorstrafen etc., gehört zur Vernehmung zur Sache (und hier gibt es ein Aussageverweigerungsrecht!)

— Verlesung der Anklage durch StA

— Vernehmung des/der Angeklagten zur Sache (nur dann, wenn er/sie »aussagewillig« ist, was vorher mit der Verteidigung erörtert werden muß). Aussageverweigerung darf vom Gericht nicht negativ gewertet werden (bei teilweisem Schweigen können allerdings nachteilige Schlüsse gezogen werden). Gegebenenfalls erst Beweisaufnahme abwarten und dann gezielte und überzeugende Aussage zur Sache.

— Beweisaufnahme durch Vernehmung von Zeugen und Sachverständigen, Urkundsverlesung und Augenscheinnahme. Prüfen, ob die Beweise zulässig erhoben sind. Gibt es sogenannte Beweisgewinnungsfehler wie z. B. fehlende Belehrung über Aussageverweigerungsrecht bei Vernehmung des Beschuldigten oder bestimmter Zeugen (§§ 52—55 StPO); Anwendung verbotener Vernehmungsmethoden (§ 136a StPO), rechtswidrige Hausdurchsuchungen, Telefonüberwachung, Postbeschlagnahme, erkennungsdienstliche Behandlung? Aussagen von Zeugen, denen ein Aussageverweigerungsrecht zusteht, dürfen nicht durch eine Verlesung von Protokollen früherer Aussagen ersetzt werden (§§ 250—252 StPO). Es gilt nämlich der Grundsatz der Mündlichkeit und Unmittelbarkeit der Beweisaufnahme (während der Hauptverhandlung). Zeugen, die kein Aussageverweigerungsrecht haben, müssen wahrheitsgemäß und vollständig aussagen. Der Angeklagte hat das Recht, die Zeugen bzw. Sachverständigen zu befragen.

Polizeibeamte stets befragen, ob sie vor der Verhandlung ihre Erinnerung an bestimmte Vorfälle (z. B. im Zusammenhang mit Demonstrationsdelikten) etwa durch Akteneinsicht und gegenseitige Besprechung/Absprachen aufgefrischt haben.

Bei V-Leuten und sogenannten Zeugen vom Hörensagen als Belastungszeugen ist besondere Vorsicht und besonderes Ermittlungs- und Befragungsgeschick geboten, um eine Enttarnung der zwielichtigen und häufig rechtswidrigen geheimpolizeilichen Methoden zu erreichen (s. zur Praxis dieser »Dunkelmänner« und zur Auswirkung auf Gerichtsverfahren u. a. Gössner/Herzog, Im Schatten des Rechts — Methoden einer neuen Geheim-Polizei, Köln 1984; Lüderssen (Hg.), V-Leute. Die Falle im Rechtsstaat, Frankfurt 1985).

Der/die Angeklagte kann eigene Beweismittel in den Strafprozeß einbringen (formeller Beweisantrag, § 245 Abs. 1 StPO), die jedoch unter bestimmten Voraussetzungen vom Gericht abgelehnt werden können (§§ 244 Abs. 3, 245 Abs. 2 StPO).

— Nochmalige Vernehmung zur Sache. Hier zeigt sich der Vorteil, den jene Angeklagten haben, die im Ermittlungsverfahren (und ggfls. vor der Beweisaufnahme) die Aussage verweigert haben, denn ihnen können keine Vorhaltungen wegen angeblicher Widersprüche zu früheren Vernehmungen/Aussagen gemacht werden.

— Plädoyers der StA und der Verteidigung (hier können noch Beweisanträge als sogenannte Hilfsanträge/Eventualanträge gestellt werden).

— Letztes Wort des/der Angeklagten

— Verkündung des Urteils. Bei Verurteilung: Möglichkeit einer Berufung (§ 314 StPO) oder Revision (§§ 333ff. StPO) durch die Verteidigung.

C. Rechtsschutz gegen rechtswidrige staatliche Maßnahmen (am Beispiel Polizei)

1 Dienstaufsichtsbeschwerde (DA)

gegen unmittelbare Polizeitäter oder Verantwortliche beim jeweilig zuständigen Innenminister/-senator (Aufsichtsbehörde der Polizei) einlegen (formlos).

Obwohl die DA als »frist-, form- und fruchtlos« gilt, sollte sie — auch parallel zu einer Strafanzeige — eingelegt werden.

Sie zwingt die Behörden dazu, sich zumindest mit den Vorkommnissen auseinanderzusetzen und sich zu rechtfertigen. Meist wird zunächst das Ergebnis des Strafverfahrens abgewartet, bevor innerbehördliche Ermittlungsschritte und ggfls. Disziplinarmaßnahmen gegen Polizeitäter eingeleitet werden. Wenn das Strafverfahren gegen die Beamten eingestellt wird oder mit Freispruch endet (wie üblich), dann erfolgen auch keine disziplinarrechtlichen Schritte. Der Beschwerdeführer hat im übrigen keinen Anspruch auf eine Mitteilung über disziplinarrechtliche Maßnahmen. DA kann ggfls. auch gegen einen Staatsanwalt (etwa im Rahmen von staatsanwaltlichen Ermittlungsmaßnahmen) eingelegt werden (beim zuständigen Justizminister/-senator).

Um die Aufhebung oder Änderung einer Sachentscheidung zu erreichen, ist die Fachaufsichtsbeschwerde (an die vorgesetzte Fachaufsichtsbehörde) möglich.

2 Strafanzeige (erforderlichenfalls verbunden mit Strafantrag)

gegen Polizeibeamte, insbesondere wegen Amtsdelikten (z. B. Körperverletzung im Amt). Vorfall möglichst präzise mit genauen Orts- und Zeitangaben schildern, Zeugen bzw. andere Beweismittel (etwa Fotos) angeben. Die Strafanzeige sollte möglichst direkt bei der Staatsanwaltschaft — und nicht bei der Polizei — eingereicht werden.

Jeder Betroffene oder Augenzeuge eines Polizeiübergriffs kann Strafanzeige gegen die Polizeitäter (auch Unbekannte) stellen. Bei manchen Delikten ist zusätzlich ein Strafantrag erforderlich, der vom Verletzten zu stellen ist. Soll der Anzeigende als Zeuge vernommen werden, so muß er jede Aussage vor der Polizei verweigern und darauf bestehen, von der Staatsanwaltschaft angehört zu werden (weil die Polizei in solchen Fällen in der Regel in eigener Sache ermittelt, was auf keinen Fall unterstützt werden sollte).

Risiko: Vor allem für die Polizeiopfer besteht das Risiko, daß sie im Falle ihrer juristischen Gegenwehr per Strafanzeige vom Opfer zum Täter (z. B. wegen Widerstands gegen Vollstreckungsbeamte, wegen falscher Anschuldigung oder Beleidigung oder wegen übler Nachrede) befördert werden (per Gegenanzeige der Polizei). Dieses Risiko ist umso geringer, je besser die Beweislage des anzeigenden Polizeiopfers ist. Deshalb: Immer Beweise sichern, so gut es eben in solchen Situationen der Auseinandersetzung mit Polizeibeamten möglich ist (Zeugen, Fotos, Dokumente, ärztliche Atteste, Gutachten etc.).

Klageerzwingungsverfahren: Sollte das Verfahren gegen den Polizeitäter von der Staatsanwaltschaft (StA) nach § 170 Abs. II StPO (wegen mangelnden Tatverdachts) eingestellt worden sein, so kann der Anzeigende, sofern er zugleich durch die Tat Verletzter ist, gegen den Einstellungsbescheid der StA innerhalb von zwei Wochen *Beschwerde* an den Generalstaatsanwalt bei dem Oberlandesgericht (OLG) einlegen. Die Frist beginnt mit Zustellung des mit einer Beschwerdebelehrung versehenen Einstellungsbescheids zu laufen.

Hebt die StA den Einstellungsbescheid nicht auf, so entscheidet der Generalstaatsanwalt. Ist die Beschwerde begründet, so wird der Einstellungsbescheid aufgehoben und die Sache neu behandelt; ist sie unbegründet, wird die Beschwerde verworfen. Gegen die Entscheidung des Generalstaatsanwalts ist auch Dienstaufsichtsbeschwerde möglich, einzulegen beim Justizminister/-senator. Im Falle einer Verwerfung der Beschwerde kann der Beschwerdeführer innerhalb eines Monats Antrag auf gerichtliche Entscheidung stellen. Die formbedürftige Antragsschrift muß von einem Rechtsanwalt unterzeichnet sein. Über diesen Antrag entscheidet das OLG per Beschluß. Entweder ordnet es die Erhebung der öffentlichen Klage durch die StA an oder es verwirft den Antrag. Dann kann die öffentliche Klage nur aufgrund neuer Tatsachen oder Beweismittel erhoben werden.

3 Schadensersatzansprüche/Entschädigung

a) Wird dem Bürger durch Polizeihandeln ein Schaden zugefügt (z. B. Körperverletzung, Sachschaden etc.), so ist der Staat unter gewissen Voraussetzungen zum Ersatz des Schadens bzw. zur »billigen Entschädigung« in Geld verpflichtet. Dabei muß das Vorliegen der anspruchsbegründenden Voraussetzungen (hoheitliches Handeln, Pflichtwidrigkeit, Schaden, Kausalität, ggfls. Schuld etc.) vom Bürger nachgewiesen werden. Der Anspruch ist vor den Zivilgerichten geltend zu machen: als Anspruch aus »Amtshaftung« oder nach »Aufopferungsgrundsätzen« mit je unterschiedlichen Voraussetzungen.

Darüber hinaus gibt es noch den Folgenbeseitigungsanspruch (Rückgängigmachen der Folgen rechtswidriger Verwaltungsakte), der im Verwaltungsrechtsweg zu verfolgen ist.

In gewissen Fällen (z. B. bei Polizeiübergriffen im Zusammenhang mit Demonstrationseinsätzen) gewähren manche Länderpolizeigesetze (z. B. das Berliner »Allgemeine Sicherheits- und Ordnungsgesetz« ASOG) Entschädigung, auch ohne daß der eigentliche Polizeitäter bekannt ist. Die Rechtswidrigkeit der Polizeimaßnahme muß allerdings gegeben sein. Es reicht dann beispielsweise aus, wenn der Betroffene nachweist, daß er seine Verletzungen durch Schläge von Polizeibeamten davongetragen hat (Zeugen, Attest, Fotos etc.).

Der Entschädigungsantrag ist beim Finanzminister/-senator des jeweiligen Bundeslandes zu stellen (ggfls. gleichzeitig Strafverfahren gegen die beteiligten Beamten bzw. gegen Unbekannt einleiten).

b) Entschädigung für Maßnahmen der Strafverfolgung nach dem Strafentschädigungsgesetz (StrEG). »Wer durch den Vollzug einer Untersuchungshaft oder einer anderen Strafverfolgungsmaßnahme einen Schaden erlitten hat, wird aus der Staatskasse entschädigt, soweit er freigesprochen oder das Verfahren gegen ihn eingestellt wird oder soweit das Gericht die Eröffnung des Hauptverfahrens gegen ihn ablehnt.« (§ 2 Abs. 1 StrEG). Von diesem Grundsatz gibt es Ausnahmen.

Gegenstand der Entschädigung: der durch die Strafverfolgungsmaßnahmen entstandene Vermögensschaden (insbesondere Verdienstausfall, Sachschäden) sowie der Nichtvermögensschaden (etwa bei zu Unrecht angeordneter Freiheitsentziehung 10 DM pro Tag). Hat die StA das Ermittlungsverfahren gegen den Betroffenen eingestellt, so ist ein Antrag auf Entschädigung zu stellen. Zuständigkeit: Amtsgericht zur Frage, ob eine Entschädigungspflicht besteht. Gegen diese Entscheidung ist sofortige Beschwerde möglich (Frist: 1 Woche); Landgericht (Anwaltszwang) zur Frage, in welcher Höhe Entschädigung zu zahlen ist. Ein entsprechender Antrag ist vorher an die StA zu stellen. Antragsfrist: spätestens vor Ablauf eines Jahres nach der rechtskräftigen Entscheidung über die Entschädigungspflicht (bei Belehrung: 6 Monate nach Zustellung der Belehrung).

4 Rechtsschutz gegen polizeiliche Verwaltungs-
entscheidungen und Maßnahmen im Bereich der
präventiven Gefahrenabwehr

Gegen Maßnahmen der Polizei im Bereich vorbeugender Gefahrenabwehr auf Grundlage der Polizeigesetze ist der *Verwaltungsrechtsweg* eröffnet (im Gegensatz zu den Maßnahmen der Polizei als Hilfsbeamten der Staatsanwaltschaft im repressiven Bereich der Strafverfolgung, s. unter A.).

Polizeiliche Maßnahmen, bei denen es sich um belastende Verwaltungsakte (Verfügung, Bescheid o. ä.) handelt, kann der dadurch in seinen Rechten Betroffene mit (schriftlichem) *Widerspruch* (der bei der Polizeibehörde einzulegen ist; Frist: 1 Monat) und Anfechtungsklage (vor dem Verwaltungsgericht; Frist: 1 Monat nach Zurückweisung des Widerspruchs) angreifen. Vorher Akteneinsicht beantragen.

Beide Rechtsbehelfe haben keine aufschiebende Wirkung, d. h. der belastende Verwaltungsakt kann trotzdem vollstreckt werden. Da es bei polizeilichen Maßnahmen in aller Regel eilt, kann *einstweiliger Rechtsschutz* beim Verwaltungsgericht erreicht werden (Antrag auf Anordnung bzw. Wiederherstellung der aufschiebenden Wirkung). Im Falle eines Anspruchs auf Tätigwerden der Polizei und bei Eilbedürftigkeit der Vollziehung: Antrag auf Erlaß einer *Einstweiligen Anordnung*.

Wurde eine polizeiliche Anordnung bereits vollzogen, so kann im nachhinein Feststellung der Rechtswidrigkeit der Maßnahme verlangt werden (sog. *Fortsetzungsfeststellungsklage*). Voraussetzung ist ein berechtigtes Interesse an der Feststellung (z. B. bei Wiederholungsgefahr). War die Anordnung der Maßnahme durch die Polizei tatsächlich rechtswidrig (wenn etwa die Voraussetzungen für Durchsuchung, Festnahme etc. nicht vorlagen), so kann der Betroffene den dadurch entstandenen Schaden ersetzt verlangen (bzw. Entschädigung, s. C. 3).

5 Verfassungsbeschwerde

Rechtsbehelf, der an strenge Voraussetzungen gebunden ist (deshalb nicht ohne Anwalt vorgehen) und mit dem der Antragsteller das Bundesverfassungsgericht (Schloßbezirk 3, Postfach 1771, 7500 Karlsruhe) zur Durchsetzung seiner Grundrechte und bestimmter grundrechtsgleicher Rechte anrufen kann. Die Verfassungsbeschwerde muß sich gegen einen Hoheitsakt (gerichtliche Entscheidung, Verwaltungsakt, Gesetz) richten.

Weitere Voraussetzungen: Erschöpfung des Rechtswegs (Einlegung und Bescheidung aller möglichen Rechtsmittel); Ausnahmen hiervon sind möglich, wenn Beschwerde von allgemeiner Bedeutung (wie etwa die Beschwerde gegen die Volkszählung 1983) oder wenn dem Beschwerdeführer ansonsten ein schwerer und unabwendbarer Nachteil entstünde. Frist: 1 Monat (Frist beginnt mit Zustellung oder Verkündung der angegriffenen Entscheidung). Die Verfassungsbeschwerde muß schriftlich begründet werden. Die meisten V-Beschwerden scheitern bereits bei der Zulässigkeitsprüfung durch einen Vorprüfungsausschuß.

6 Menschenrechtsbeschwerde

Jeder, der sich durch staatliche Maßnahmen (der gesetzgebenden, vollziehenden oder rechtsprechenden Gewalt) in seinen in der Europäischen Menschenrechtskonvention (EMRK) niedergelegten Rechten verletzt glaubt, kann Beschwerde an die Europäische Menschenrechtskommission in Straßburg (Palais des Droits de l'Homme, Avenue de L'Europe) einlegen.

Voraussetzungen: Der innerstaatliche Rechtsweg muß ausgeschöpft sein. Seit Ergehen der letzten Entscheidung dürfen noch keine sechs Monate vergangen sein. Die Beschwerde darf nicht »mißbräuchlich« sein (unsachlich, wahrheitswidrig, beleidigend, anonym) und nicht »offensichtlich unbegründet«.

D. »Datenschutz-Rechte« im inneren Sicherheits-bereich?

1 Anspruch auf Auskunft, Berichtigung, Sperrung, Löschung?

Im Bereich der Inneren Sicherheit (Polizei — BKA, BGS, Geheimdienste — VS, BND, MAD; StA) gibt es so gut wie keine wirksamen Abwehrrechte gegen die umfassende Datenerfassung, -verarbeitung und -weitergabe — und so wird es, folgt man den neuen Sicherheits- und Datenschutzgesetzentwürfen, auch in Zukunft bleiben.[12]

Prinzipiell ist eine Speicherung personenbezogener Daten nur zulässig, wenn dies zur rechtmäßigen Aufgabenerfüllung der speichernden Stelle erforderlich ist und eine Rechtsvorschrift die Speicherung erlaubt. Andernfalls besteht ein Anspruch auf Löschung.

Doch für den Bereich der Inneren Sicherheit gelten, was die individuellen Rechte des Bürgers angeht, gravierende Ausnahmen vom »Datenschutz«: Die Daten werden vor dem Bürger geschützt. Er hat nach dem Bundesdatenschutzgesetz (BDSG) sowie nach den Landesdatenschutzgesetzen (LDSG) kein Recht auf Auskunft über die zu seiner Person gespeicherten Daten in den Polizei-Computern (§§ 12, 13 BDSG), so daß er in der Regel auch nicht Folgerechte wie Korrektur und Löschung wahrnehmen kann. Polizei und Geheimdienste sind gesetzlich von der Auskunftspflicht befreit. Der Rechtsschutz des Bürgers gegen Grundrechtseingriffe auf Datenbasis ist außer Kraft.

Seit 1. 3. 1981 gelten im Sicherheitsbereich allerdings neue interne Richtlinien, die jedoch keinerlei Gesetzeskraft und -bestand haben; sie sind jederzeit vom Innenminister wieder kassierbar. Nach den »Richtlinien für die Errichtung und Führung von Dateien über personenbezogene Daten beim Bundeskriminalamt« sowie den »Richtlinien für die Führung kriminalpolizeilicher personenbezogener Sammlungen — KpS« (abgedruckt in: Koch, Bürgerhandbuch Datenschutz, Reinbek 1981, S. 310ff.) wird auf Antrag eines Bürgers Auskunft erteilt, ob und gegebenenfalls welche Daten zu seiner Person gespeichert sind, »es sei denn, daß die Belange des Bürgers hinter dem öffentlichen Interesse an der Nichtherausgabe der jeweiligen Daten zurücktreten müssen« (6. 1 der BKA-Rili; 4. 1 der KpS-Rili).

Eine weitere wesentliche Einschränkung: »Die Auskunftserteilung unterbleibt, soweit die Auskunft die öffentliche Sicherheit oder Ordnung gefährden oder sonst dem Wohle des Bundes oder eines Landes Nachteile bereiten würde (6. 3 BKA, diese Ziffer sieht noch vier weitere Einschränkungen vor; entspricht 4. 3 KpS). In der Praxis führen diese »Rechtsgrundlagen« regelmäßig zur Verweigerung von Auskünften, so daß auch Folgerechte nicht wahrgenommen werden können.

2 Klage vor den Verwaltungsgerichten

In solchen Fällen können die Betroffenen versuchen, Auskunft und Löschung im Wege des Widerspruchs bzw. im Klageweg vor den Verwaltungsgerichten zu erzwingen. Dies ist allerdings in der Regel nur dann möglich, wenn es begründeten Verdacht gibt, daß die Geheimdienste oder die Polizei personenbezogene Daten über den Kläger gesammelt und gespeichert, möglicherweise auch an andere Stellen übermittelt haben. Ein solcher Verdacht kann sich etwa ergeben aufgrund:
— beruflicher Diskriminierung (Nichtanstellung oder Entlassung)
— öffentlicher Rufschädigung (z. B. in den Medien)
— Zugehörigkeit zu erfaßten, observierten, belauschten Gruppen (Bürgerinitiativen, Punker, Homosexuelle, AIDS-Verdächtige, Volkszählungsboykotteure), über die spezielle Dateien angelegt werden
— oder aber per Zufall.

Inzwischen gibt es bereits eine Reihe von Gerichtsentscheidungen zum Auskunftsrecht gegenüber den Sicherheitsbehörden. Da sie recht unterschiedlich ausgefallen sind, werden sie im folgenden, zur besseren Orientierung, kurz und zusammenfassend vorgestellt,[13] wobei insbesondere die Frage interessant ist, ob das zunächst sehr bürgerrechtsfreundlich anmutende »Volkszählungsurteil« des Jahres 1983, das bekanntlich das »informationelle Selbstbestimmungsrecht« statuierte, eine Zäsur in der Datenschutz-Rechtsprechung bewirkte.

Doch selbst nach diesem bejubelten Grundsatzurteil des Bundesverfassungsgerichts gibt es in der verwaltungsgerichtlichen Rechtsprechung, die über Auskunftsansprüche zu entscheiden hat, nur wenig Neigung, der in der Anwendung automatisierter Daten- und Informationssysteme zwangsläufig angelegten Gefahr einer totalen Erfassung und Überwachung wirksam entgegenzusteuern.

Die Gerichte stützen sich fast ausnahmslos auf die einschlägigen Auskunftsnormen des Bundesdatenschutzgesetzes vom 27. 1. 1977 (§§ 4 und 13 BDSG) und die entsprechenden Regelungen in den jeweiligen Landesdatenschutzgesetzen, die alle den Auskunftsanspruch gegenüber den Sicherheitsbehörden drastisch einschränken bzw. leerlaufen lassen. Allerdings gibt es bemerkenswerte Unterschiede in Interpretation und Schlußfolgerung:

Der Verwaltungsgerichtshof (VGH) München und das Oberverwaltungsgericht (OVG) Berlin kommen zu dem Ergebnis, daß ein gesetzlich garantierter Auskunftsanspruch nicht existiere.[14] (Entscheidungen der Jahre 1985 und 1986) Der VGH München hält dieses Ergebnis auch für sachgerecht, weil der »Empfänger (der Auskunftsdaten; R. G.) sonst den vollen polizeilichen Informationsstand zu seiner Person und möglicherweise auch den Hintergrund sowie die Art des polizeilichen Vorgehens erfahren könnte«.

Das Verwaltungsgericht (VG) Flensburg dagegen hält den § 13 Abs. 2 und 3 BDSG und die entsprechende Regelung im Landesdatenschutzgesetz Schleswig-Holstein für verfassungswidrig. Es hat mit Beschluß vom 29. 1. 1986[15] das anhängige Verfahren über Auskunft und Löschung von Verfassungsschutz-Daten ausgesetzt und das Bundesverfassungsgericht mit der Frage befaßt, ob diese Regelungen mit dem informationellen Selbstbestimmungsrecht und der Garantie eines wirkungsvollen gerichtlichen Rechtsschutzes nach Art. 19 Abs. 4 Grundgesetz (GG) vereinbar sei. Das VG selbst hält sie deshalb für verfassungswidrig, weil sie keinen Anspruch auf Begründung einer Auskunftsverweigerung durch die Sicherheitsbehörden konstituierten; damit laufe der Grundrechtsschutz mangels Kontrolle ins Leere.

Die Verwaltungsgerichte Bremen (VG/OVG), OVG Hamburg, VG Köln, Münster, Stade und Wiesbaden anerkennen einen Anspruch der Betroffenen auf ermessensfehlerfreie Entscheidung der Sicherheitsbehörden über den Auskunftsanspruch nach dem BDSG.[16]

Das OVG Bremen zieht in seiner Entscheidung vom 24. 2. 1987[17] das informationelle Selbstbestimmungsrecht und die verfassungsrechtliche Rechtsschutzgarantie ausdrücklich für seine Interpretation heran: »Der hohe Rang dieser Verfassungsnormen verlangt zwingend, daß das informationelle Selbstbestimmungsrecht des Bürgers dem Geheimhaltungsinteresse des Verfassungsschutzes nicht generell untergeordnet wird ... ohne Auskunft können Grundrechtsverstöße nicht festgestellt werden.« (S. 15) Das Gericht verlangt daher eine nachvollziehbare Güterabwägung zwischen den Interessen der Beteiligten. Gleicher Auffassung sind das VG Stade in seinem Urteil vom 29. 5. 1987[18] sowie das VG Wiesbaden in seinem Urteil vom 24. 1. 1984[19].

Unterschiede bestehen allerdings bei der Beurteilung der behördlichen Ermessensentscheidungen. Während das VG Wiesbaden und das OVG Bremen höhere Anforderungen stellen und differenzieren, hält das VG Stade eine Auskunftsverweigerung für ermessensfehlerfrei, die mit einer angeblichen Ausforschungsgefahr von Strategie und Taktik polizeilicher Arbeit begründet wird. Insbesondere kollektive Antragstellungen könnten diese Gefahr begründen. Sie zu verhindern sei »ein legitimer Grund für die Verweigerung von Auskünften« (S. 10). Selbst wenn die KlägerIn sich unabhängig von anderen um Auskunft über ihre Daten bemüht habe, so müsse sie sich gleichwohl als »Teil der Auskunftswelle« behandeln lassen. (S. 10) Eine Ausforschung polizeilicher Arbeit sei selbst hinsichtlich rechtswidrig erhobener Daten denkbar, so daß auch in diesem Fall eine Ablehnungsentscheidung nicht ermessensfehlerhaft sei. (S. 12)

Mit dieser »Lösung« hat das VG den Sicherheitsbehörden praktisch einen Freibrief ausgestellt. Das VG Wiesbaden differenziert prinzipiell zwischen geheimen Verfassungsschutzbehörden und Polizei, die »unter dem Öffentlichkeitsgebot steht«. Im übrigen habe der Betroffene das Recht, »erfahren zu dürfen, wann welche Behörde oder sonstige Institution personenbezogene Daten — ohne seine Einwilligung — anlieferte, die aktuell noch dem Zugriff der Sicherheitsbehörde ohne weiteres zugänglich sind; dies deshalb, weil sie möglicherweise ohne zureichende Ermächtigungsgrundlage weitergegeben wurden«. (S. 151) Allerdings sei dabei nicht der Inhalt der übermittelten Daten selbst mitzuteilen.

Das OVG Bremen verpflichtet die Sicherheitsbehörden zu einer plausiblen Begründung ihrer Auskunftsverweigerung, so daß ein gerichtlicher Nachvollzug möglich ist. Der Verhältnismäßigkeitsgrundsatz müsse vor allem dann besondere Beachtung finden, wenn im Antragsverfahren gesteigerte Auskunftsinteressen des Antragsstellers deutlich werden (etwa bei erschwerter Arbeitsplatzsuche, Arbeitsplatzverlust, gesundheitlichen Beeinträchtigungen, Rufschädigung aufgrund der erfaßten Daten und ihrer Weitergabe an Behörden oder private Stellen, etwa im Zusammenhang mit »Sicherheitsüberprüfungen« in Betrieben).

Auch bei pauschalen Anfragen ohne Bezug zu einem konkreten Tatbestand bzw. ohne besonderes Auskunftsinteresse müsse eine Verhältnismäßigkeitsprüfung in vollem Umfang durchgeführt werden und ggfls. auch eine Teilauskunft als

»milderes Mittel« in Erwägung gezogen werden. Dies gelte »jedenfalls solange man es nicht mit einer Überschwemmung durch gelenkte Massenanfragen zu tun hat«. (S. 22)

Das Verwaltungsgericht Frankfurt gründet den Auskunftsanspruch direkt auf Art. 2 Abs. 1 in Verbindung mit Art. 19 Abs. 4 Grundgesetz (Recht auf informationelle Selbstbestimmung und Rechtsschutzgarantie).[20] Eine erforderliche Ermessensentscheidung könne sich unter bestimmten Bedingungen gar zur Auskunftspflicht der Sicherheitsbehörden verdichten.

Auch das VG Hannover ist in mehreren Entscheidungen zum Löschungsanspruch gegenüber Datensammlungen der Polizei und des »Verfassungsschutzes« dieser letztlich einzigen verfassungskonformen Auffassung beigetreten.[21] Allerdings greifen die Sicherheitsbehörden in solchen Fällen, in denen eine Verurteilung zur Offenlegung der Daten droht, gern zum letzten Mittel des »Spuren-Verwischens«: Sie erklären einfach, die entsprechenden Daten und Unterlagen seien inzwischen gelöscht worden, so daß folglich das Auskunftsbegehren gegenstandslos geworden ist. So geschehen etwa im Fall des oben erwähnten Frankfurter Urteils[22] und in einem Verfahren vor dem OVG Berlin (1985).[23] Die Humanistische Union Berlin stellte daraufhin gegen den im letztgenannten Fall verantwortlichen Landeskriminaldirektor und gegen weitere Polizeibeamte Strafanzeige wegen Urkundenunterdrückung. Mit dieser Schaffung vollendeter Tatsachen, so die Begründung, sei der Auskunftsanspruch der Kläger und die zu erwartende Entscheidung des Gerichts unterlaufen worden.

All diese Unwägbarkeiten wird es in Zukunft zumindest für den Bereich geheimdienstlicher Datensammlungen nicht mehr geben, wenn der neue Entwurf eines Bundesdatenschutzgesetzes vom 5. 11. 1987[24] Gesetz werden sollte. Nach § 17 BDSG-E soll nämlich jede gerichtliche Überprüfung ausgeschlossen werden.

Nur für den polizeilichen Bereich wird es bei der alten Rechtslage bleiben, wobei die einschlägige Rechtsprechung, die eine ermessensfehlerfreie Abwägung des öffentlichen und des privaten Interesses verlangt, festgeschrieben werden soll.

Tip: Trotz aller Einschränkungen sollte von Auskunftsersuchen reger, massenhafter Gebrauch gemacht werden. Damit kann wenigstens in Ansätzen dem sicherheitsstaatlichen Ideal des gläsernen Bürgers die Forderung nach dem gläsernen Staat entgegengehalten werden. Die Verknüpfung mit einer Aufklärungskampagne ist ratsam, allerdings ist Vorsicht geboten, um eine Qualifizierung als »Ausforschungskampagne« zu vermeiden. Deshalb ist es wichtig, die Anträge zeitlich zu streuen und die Formulierungen der folgenden Musterbriefe zu variieren:

An den Bundesinnenminister
Postfach
5300 Bonn 1

Datum

Betr.: Antrag auf Auskunft über gespeicherte Daten

Sehr geehrte Damen und Herren,

unter Hinweis auf das Bundesdatenschutzgesetz und die Richtlinien über die Führung von kriminalpolizeilichen personenbezogenen Daten beantrage ich hiermit, mir Auskunft über die von mir beim Bundeskriminalamt zu kriminalpolizeilichen Zwecken gespeicherten Daten zu erteilen.
Ferner beantrage ich, mir Auskunft über die über mich beim Bundesamt für Verfassungsschutz gespeicherten Daten zu erteilen.
Mit freundlichen Grüßen

Absender mit Geburtsort und -datum

An den Innenminister/Innensenator
des Landes

Datum

Betr.: Antrag auf Auskunft über gespeicherte Daten

Sehr geehrte Damen und Herren,

unter Hinweis auf das Landesdatenschutzgesetz und die Richtlinien über die Führung von kriminalpolizeilichen personenbezogenen Daten beantrage ich hiermit, mir Auskunft über die von mir beim Landeskriminalamt und der Polizei zu kriminalpolizeilichen Zwecken gespeicherten Daten zu erteilen.
Ferner beantrage ich, mir Auskunft über die über mich beim Landesamt für Verfassungsschutz gespeicherten Daten zu erteilen.
Mit freundlichen Grüßen

Absender mit Geburtsdatum und -ort.

3 Anrufung der Datenschutzbeauftragten

Der Bundesbeauftragte für den Datenschutz ist zuständig für die speichernden Behörden der Bundesverwaltung, die einzelnen Landesbeauftragten für die Landesverwaltungen. Die Datenschutzbeauftragten haben die Einhaltung der Vorschriften über den Datenschutz im öffentlichen Bereich zu überwachen. Sie unterstehen der Dienstaufsicht des Bundes- bzw. der Landesinnenminister, sind an Weisungen jedoch nicht gebunden und nur dem Gesetz unterworfen. Sie sind verpflichtet, dem Bundestag bzw. den Landtagen jährlich Tätigkeitsberichte zu erstatten.

Nach § 21 Bundesdatenschutzgesetz (entsprechende Regelungen in den Ländergesetzen) kann sich jeder Bürger an den Bundesbeauftragten für den Datenschutz wenden, wenn er meint, bei der Erfassung, Bearbeitung oder Weitergabe seiner personenbezogenen Daten durch öffentliche Stellen in seinen Rechten verletzt worden zu sein. Die Datenschutzbeauftragten sind befugt, auch diejenigen Stellen zu kontrollieren, die zur Auskunft direkt an den Betroffenen nicht verpflichtet sind. Allerdings gibt es für den inneren Sicherheitsbereich wiederum Einschränkungen, insbesondere was die Antwort an den Betroffenen angeht (nur allgemein gehalten).

4 Datenschutzkontrollinstitutionen des Bundes und der Länder für den öffentlichen Bereich

Bund:
: Der Bundesbeauftragte für den Datenschutz
Stephan-Lochner-Straße 2, 5300 Bonn 2
Tel. 0228/375091

Baden-Württemberg:
: Die Landesbeauftragte für den Datenschutz
Marienstraße 12, Postfach 435, 7000 Stuttgart 1
Tel. 0711/20721

Bayern:
: Der Landesbeauftragte für den Datenschutz
Wagmüllerstraße 18, 8000 München 22
Tel. 089/23703/341 <2165-0>

Berlin:
: Der Berliner Datenschutzbeauftragte
Hildegardstraße 29/30, 1000 Berlin 31
Tel. 030/783-78

Bremen:
: Der Landesbeauftragte für Datenschutz
Arndtstraße 1, 2850 Bremerhaven 1
Tel. 0471/20661

Hamburg:
: Hamburgischer Datenschutzbeauftragter
Karl-Muck-Platz 1, 2000 Hamburg 36
Tel. 040/3497-4021

Hessen:
: Der Hessische Datenschutzbeauftragte
Mainzer Straße 19, Postfach 3163, 6200 Wiesbaden
Tel. 06121/32440

Niedersachsen:
: Der Niedersächsische Datenschutzbeauftragte
Schwarzer Bär 2, Postfach 221, 3000 Hannover 1
Tel. 0511/120-1

Nordrhein-Westfalen:	Der Landesbeauftragte für den Datenschutz Elisabethstraße 12, 4000 Düsseldorf 1 Tel. 0211/370559
Rheinland-Pfalz:	Datenschutzkommission Rheinland-Pfalz Deutschhausplatz 12, 6500 Mainz Tel. 06131/108248
Saarland:	Der Landesbeauftragte für Datenschutz Bismarckstraße 19, Postfach 1010, 6600 Saarbrücken Tel. 0681/501/2258
Schleswig-Holstein:	Der Landesbeauftragte für den Datenschutz Düsternbrookerweg 92, 2300 Kiel 1 Tel. 0431/5962881

E. Parlamentarische Mittel

1 Petition

Art. 17 des Grundgesetzes: »Jedermann hat das Recht, sich einzeln oder in Gemeinschaft mit anderen schriftlich mit Bitten oder Beschwerden an die zuständigen Stellen und an die Volksvertretung zu wenden.« Eine solche formlose Eingabe des Bürgers muß in jedem Fall sachlich geprüft werden. (S. dazu auch Dienstaufsichtsbeschwerde). Allerdings besteht kein Anspruch auf Korrektur des beanstandeten Verwaltungshandelns oder der gerügten Entscheidung, allenfalls auf eine Rechtfertigung bzw. Erklärung, im besten Fall gibt die Petition Anlaß, das Verwaltungshandeln zu überprüfen und ggfls. zu ändern. Diese Chance wahrzunehmen, empfiehlt sich auch, weil der Petent mit diesem formlosen Verfahren kein Kostenrisiko eingeht.

Adressat der Petition: die Parlamente (Bundestag und Landtage). Beim Bundestag ist gemäß Art. 45c Grundgesetz ein Petitionsausschuß eingerichtet, dem die Behandlung der an den Bundestag gerichteten Bitten und Beschwerden obliegt. Inhalt der Petition: Bitten, Anregungen, Forderungen, Anträge, Beschwerden, Vorschläge für Gesetzesinitiativen; nicht: bloße Auskunftsersuchen.

2 Parlamentarische Anfragen und Anträge

nur durch die Fraktionen möglich. Für Bürgerinitiativen

(z. B. »Bürger kontrollieren die Polizei« oder Ermittlungsausschüsse) empfiehlt sich eine Zusammenarbeit mit fortschrittlichen Parteien/Fraktionen, um an bestimmte Informationen zu gelangen, die sonst nicht zu erhalten sind. Die Regierungen sind verpflichtet, die parlamentarischen Anfragen zu beantworten (allerdings lassen die Antworten häufig viel zu wünschen übrig, besonders wenn es sich um Fragen aus dem Polizei- und Geheimdienst-Bereich handelt). Folgende Formen sind möglich:

— Kleine oder Große Anfrage an die Landes-/Bundesregierung
— Antrag auf Fragestunde im Parlament
— Antrag der Fraktion (»Der Bundes-/Landtag möge beschließen . . .«)
— Antrag auf Einsetzung eines parlamentarischen Untersuchungsausschusses (zur Untersuchung von größeren Komplexen, Skandalen etc.). Mindestens ein Viertel der Mitglieder des Parlaments müssen den U-Ausschuß beantragen (tagt öffentlich; Öffentlichkeit kann jedoch ausgeschlossen werden).

5 Materialien

1) Zeitschriften und Jahrbücher, die sich regelmäßig mit Problemen der »Inneren Sicherheit« beschäftigen

AK-Arbeiterkampf, Zeitung des KB, Lindenallee 4, 2000 Hamburg 20 (monatlich): Regelmäßige Berichte und Analysen.

Atom — Atomexpreß, Postfach 1945, 3400 Göttingen (2monatlich): insbesondere zur Kriminalisierung von Atomkraft-Gegnern.

Betrifft Justiz, Neuthor-Verlag, Neuthor 15, 6120 Michelstadt (4x jährlich): Kritische Zeitschrift für Richter und Staatsanwälte.

Bürgerrechte & Polizei (cilip) c/o FU Berlin, Malteserstr. 74—100, 1000 Berlin 46 (ca. 3—4x jährlich): Seit 1978 dokumentiert und analysiert dieser Informationsdienst die gesetzlichen, organisatorischen und taktischen Veränderungen innerer Sicherheitspolitik sowie die Polizeientwicklung in den Ländern Westeuropas, aber auch Probleme der Kontrolle und Bürgerrechtsarbeit.

Datenschutzberichte des Bundes und der Länder bei den jeweiligen Datenschutzbeauftragten anfordern (s. Adressenliste bei den Rechtshilfetips zum »Datenschutz«).

Datenschutz-Nachrichten der Deutschen Vereinigung für Datenschutz, In der Sürst 2—4, 5300 Bonn 1 (4—6x jährlich)

De Knispelkrant — Antiimperialistischer Kampf in Westeuropa, dreisprachige Dokumentation zu den Themen: Bewaffneter Kampf, Politische Gefangene, Anti-AKW-Bewegung, Anti-Militarismus, Counterinsurgency, Geheimdienste, Polizei, Faschismus, Postbus 7001, NL-9701 JA Groningen (unregelmäßig)

Demokratie und Recht, Juristische Fachschrift, Pahl-Rugenstein-Verlag, Gottesweg 54, 5000 Köln 51 (vierteljährlich)

Die Vergessenen — Zeitung der Informationsgruppe Politische Gefangene, Mainzer Landstr. 147, 6000 Frankfurt/M.

Forum Recht — Neues zu Justiz & Gesellschaft, Klartext-Verlag, Viehofer Platz 1, 4300 Essen 1 (4x jährlich)

Geheim — Zeitschrift über in- und ausländische Geheimdienste (insbes. auch CIA), Polizei, Counterinsurgency; Lütticher Str. 14, 5000 Köln 1 (4x jährlich)

Gutachten zur Lage der Demokratie in der Bundesrepublik Deutschland — Jährlich zum Tag des Grundgesetzes, Hrg. Initiative »Weg mit den Berufsverboten«, Postfach 323 316, 2000 Hamburg 13

Info — der Angehörigen von politischen Gefangenen in der BRD, Postlagerkarte 050 205, 7500 Karlsruhe 1 (unregelmäßig)

info demokratie — Argumente. Dokumente. Informationen zu Fragen der Demokratie, Menschenrechte, Berufsverbote etc., Deutsche Friedens-Union, Amsterdamer Str. 64, 5000 Köln 60

Info — AK Demokratie & Recht der Grünen im Niedersächsischen Landtag, Dokumente und Materialhinweise zu aktuellen Fragen der »Inneren Sicherheit«, Kritik; Die Grünen im Landtag, H. W.-Kopf-Platz 1, 3000 Hannover 1 (ca. 3monatlich, kostenlos)

Innere Sicherheit — Informationen des Bundesministers des Innern, interessante, aufschlußreiche Dokumentation der jeweils neuesten Anschläge auf die Bürgerrechte; BMI, Ref. Öffentlichkeitsarbeit, Graurheindorfer Straße 198, Postfach, 5300 Bonn 1 (unregelmäßig, kostenlos)

Jahrbücher des Komitees für Grundrechte und Demokratie, An der Gasse 1, 6121 Sensbachtal (umfangreiche Bücher mit breitem Themenspektrum zu Menschen- und Bürgerrechtsfragen)

Konkret — Zeitschrift für Politik & Kultur, Osterstr. 124, 2000 Hamburg 20 (monatlich)

Kriminalisierungs-Rundbrief, Infos, Zeitungsberichte, Interviews, Presseerklärungen, Flugblätter usw. zur Kriminalisierung von sozial-politischen Bewegungen, Strategiediskussion im Widerstand, c/o Umweltzentrum Kassel, Elfbuchenstr. 18, 3500 Kassel (1—2monatlich)

Kriminologisches Journal, Juventa Verlag, Tizianstr. 115, 8000 München 19 (4x jährlich)

Kritische Justiz, juristische Vierteljahresschrift, Nomos-Verlag, Postfach 610, 7570 Baden-Baden

ÖTV in der Rechtspflege. Mitteilungen des Fachausschusses Richter und Staatsanwälte in der Gewerkschaft ÖTV Niedersachsens, Bremen, Hamburg; Dreyerstr. 6, 3000 Hannover 1

RadiAktiv — bayerisches Anti-Atom-Magazin, Rothenburger Str. 106, 8500 Nürnberg 70 (2monatlich): Zur Kriminalisierung.

Radikal — Zeitung für den brodelnden Untergrund, 1. Umschlag c/o Bluf (2. Umschlag z. K.), van Ostadestr. 233c, NL-1073 JN Amsterdam (unregelmäßig)

Rechtspolitische Materialien, Loseblatt-Sammlungen mit Dokumenten, Presseverlag ralf theurer, Postfach 260 130, 5000 Köln 1

Schwarzer Faden — Anarchistische Vierteljahreszeitschrift, Postfach 1159, 7031 Grafenau 1 (3monatlich)

Strafverteidiger, Alfred Metzner Verlag, Zeppelinstr. 43, 6000 Frankfurt/M. 1: Juristische Fachzeitschrift.

Straßenmedizin — Mitteilungen und Materialien der Sanigruppen, Sanitätergruppe Hamburg c/o BUU, Hohenesch 63, 2000 Hamburg 50 (unregelmäßig)

Unzertrennlich — Autonomes Blatt c/o Lateinamerikazentrum, Crelle Str. 72, 1000 Berlin 62 (unregelmäßig)

Verfassungsschutzberichte des Bundes und der Länder beim Bundesinnenministerium bzw. den jeweiligen Landesinnenministerien kostenlos anfordern (jährlich).

vorgänge — Zeitschrift für Bürgerrechte und Gesellschaftspolitik, An der Gasse 1, 6121 Sensbachtal (2monatlich). Gemeinsames Publikationsorgan der Humanistischen Union, des Komitees für Grundrechte und Demokratie und der Gustav-Heinemann-Initiative.

Weg mit den Berufsverboten — Rundbrief der gleichnamigen Initiative, Postfach 323 316, 2000 Hamburg 76 (2monatlich)

Ziviler Ungehorsam, Rundbrief, St.-Pauli-Str. 10/12, 2800 Bremen 1

2) Film-/Video-Verleih (Auswahl)

atlas film & av, Ludgeristr. 14—16, 4100 Duisburg 1 (u. a. Medienpakete: Videofilm & Begleitmaterial)

B.O.A.-Video-Kooperative, Gabelsbergerstr. 17, 8000 München 2: Kooperativer Zusammenschluß von Künstlern, Filmemachern, Fotografen und Journalisten. Video-Verleih-Kataloge und (kostenpflichtige) Computerausdrucke anfordern zu den Themenbereichen:

— »Die BRD auf dem Weg in den totalen Überwachungsstaat«: Ausspähen, Datensammeln, Identifizieren, Aussondern (Datenschutz, Volkszählung, maschinenlesbarer Personalausweis, Computertechnologie, BTX, Neue Medien, Personalinformationssysteme, Polizei, Geheimdienste)

— Schwerpunkt »Staatsgewalt und Bürgerwiderstand« (Politische Justiz in Sachen Mutlangen, Wackersdorf, Atomstaat, politisch-soziale Verfolgung, Gewaltdebatte, Gewaltfreier Widerstand, Demonstrationsfreiheit, Polizeieinsätze, Berufsverbote, Haftbedingungen, Stammheim, Menschenrechtsverletzungen in der BRD, Privatpolizei, Sicherheitsgesetze)

Kaos Film- und Video-Team, Genter Str. 6, 5000 Köln

Medienladen, Rostocker Str. 25, 2000 Hamburg 1

Medienwerkstatt, Konradstr. 20, 7800 Freiburg (Verleihkatalog anfordern, der neben eigenen Filmen auch Produktionen des Medienpolitischen Zentrums Hamburg, der Medienwerkstatt Franken und des Videoladens Zürich beschreibt.)

Network Medien Service, Hallgartenstr. 69, 6000 Frankfurt 60 (Medien-Pakete: Toncassette mit Begleitheft)

Unidoc-Film GmbH, Braunschweiger Str. 20, 4600 Dortmund 1

zentral film verleih, Friedensallee 14—16, 2000 Hamburg 50 (16-mm-Filmkatalog anfordern mit Angabe der gewünschten Themenbereiche)

Anmerkungen

I: 2 Sicherheitsrisiko Mensch

1 Bereits seit den fünfziger Jahren kümmerte sich der Bundesverband der Deutschen Industrie (BDI) in Zusammenarbeit mit den »Verfassungsschutz«-Behörden um Sicherheitsfragen, mal in Form eines vertraulichen Warndienstes, der Kommunisten und Sozialisten in »Schwarzen Listen« erfaßte, mal in institutioneller Form als »Landesstellen für innerbetriebliche Sicherheit«, die in der »Koordinierungsstelle für Sicherheitsfragen der gewerblichen Wirtschaft« zusammengefaßt sind.

2 Mit Bezugnahme auf die Sicherheitsgrundsätze der NATO: »Die Sicherheitsüberprüfungen sind damit auch Ausdruck einer Militarisierung der Gesellschaft . . .« (Claus Skrobanek-Leutner, in: *Demokratie und Recht* 2/1987, S. 126)

3 Die Sicherheitsüberprüfung der Beschäftigten in der Privatwirtschaft, die »geheimhaltungsbedürftige« öffentliche Aufträge erfüllen, ist im »Handbuch für den Geheimschutz in der Wirtschaft« geregelt. Zuständig ist der Bundeswirtschaftsminister; die Überprüfung selbst wird vom »Verfassungsschutz« durchgeführt nach § 3 Abs. 2 Ziff. 2 Bundesverfassungsschutzgesetz (»vorbeugender personeller Sabotageschutz«). Siehe dazu Roewer, Nachrichtendienst der Bundesrepublik Deutschland, Rdnr. 113.

4 S. u. a. *Metall* Nr. 10 vom 15. 5. 1987, die *Tageszeitung (taz)* vom 16. 5. 1987, 19. 8. 1987, *Frankfurter Rundschau* vom 7. 7. 1987, *Süddeutsche Zeitung* vom 19. 8. 1987, 19. 1. 1988. Kleine Anfrage der Fraktion »Die Grünen«, Bundestagsdrucksache 11/381 sowie Antwort der Bundesregierung, BT-Drucks. 11/504. Der Betriebsrat des Münchner Siemens-Werkes Hofmannstraße hat wegen der Sicherheitsüberprüfung gegen die Firma beim Arbeitsgericht München geklagt und obsiegt, *Süddeutsche Zeitung* vom 5./6. 9. 1987, *taz* vom 23. 12. 1987.

5 S. dazu auch Bundestagsdrucksache 11/504, S. 2, in der der Bundesminister für das Post- und Fernmeldewesen auf eine Kleine Anfrage der Fraktion »Die Grünen« eine »Veranlassung« der Sicherheitsüberprüfung leugnet.

6 Monitor-Sendung vom 5. 4. 1988 (ARD), *Frankfurter Rundschau* 7. 4. 1988, *taz* 7. 4. 1988, *Der Spiegel* Nr. 15/1988, S. 112f.

7 S. dazu z. B. 10. Tätigkeitsbericht des Bundesdatenschutzbeauftragten vom 1. 1. 1988, S. 81.

8 *Der Spiegel* Nr. 15/1988, S. 112

9 »Richtlinien für die Sicherheitsüberprüfung von Personen im Rahmen des Geheimschutzes — Sicherheitsrichtlinien/SiR —«, Beschluß der Bundesregierung vom 11. November 1987, in Kraft seit 1. Mai 1988; abgedruckt in: GMBl 1988 Nr. 2, S. 30ff.; dokumentiert in: *Bürgerrechte & Polizei (cilip)* 1/1988, S. 125ff. mit Anmerkungen.

10 Was »sicherheitsempfindlich« ist, wird in § 3 Abs. 2 SiR nur sehr vage definiert.

11 Damit setzt sich die Bundesregierung über die vom Bundesverfassungsgericht in seinem »Volkszählungsurteil« (1983) festgestellte Pflicht zu einer bereichsspezifischen gesetzlichen Regelung von Daten-Eingriffen in Grundrechte der BürgerInnen dreist hinweg.

12 vgl. *Bürgerrechte & Polizei (cilip)* 1/1988, S. 131

13 bzw. Sicherheitsbeauftragten

14 Nach dem Entwurf eines neuen Bundesverfassungsschutzgesetzes vom 19. 11. 1987 soll etwa die Verwendung von Tarnnamen, Tarnpapieren und -kennzeichen auch bei Sicherheitsüberprüfungen gesetzlich ermöglicht werden (s. Amtl. Begründung zu § 6)

15 Diese Überwachung von Personen, die im Inneren der Betriebe beschäftigt sind oder werden sollen, wird ergänzt durch die permanente Überwachung risikohafter gesellschaftlicher Gruppen außerhalb der sicherheitsempfindlichen Betriebe: Das Ziel, »riskante« Gruppen, potentielle Tätergruppen frühzeitig zu erkennen und Kenntnis etwa von Anschlägen bereits im Planungsstadium zu gewinnen, erfordert praktisch eine permanente, umfassende und tiefgreifende Aufklärungsarbeit: Basisaufklärung über alle Personen und Gruppen, die möglicherweise Aktionen beabsichtigen, Ausforschung ihrer Infra- und Kommunikationsstrukturen, Infiltration aller potentiell gefährlichen Gruppen, Verunsicherung und Isolierung Verdächtigter und ihres sozialen bzw. politischen Umfeldes usw. (wobei die Infiltration als erfolgversprechendste Methode der Aufklärung gilt; s. International Task Force on Prevention of Nuclear Terrorisme, Report, 25, in: Leventhal/Alexander (Eds.), Preventing Nuclear Terrorisme, Lexington 1987, S. 7 ff.).

16 s. dazu u. a. Däubler, Der »lichtgeschwinde Zugriff« auf Arbeitnehmerdaten, in: *Frankfurter Rundschau* vom 8. 2. 1988, S. 10; Klotz u. a. (Hrg.), Personalinformationssysteme. Auf dem Weg zum arbeitsplatzgerechten Menschen, Reinbek 1984

17 s. insbesondere das Gutachten von Steinmüller/Rieß, Die Verwendung der Versicherungsnummer in den Gesetzentwürfen zur Strukturreform im Gesundheitswesen, hrg. von »die Grünen im Bundestag«, Bonn im April 1988

18 Im Falle einer Anhörung, die nach dem Richtlinien-Wortlaut die Regel sein muß, ist auf Antrag der betroffenen Person ein Rechtsanwalt hinzuzuziehen, dessen »Mitwirkung auf die Beratung . . . und auf Verfahrensfragen zu beschränken« ist (§ 15 Abs. 3 SiR).

19 s. zum Bereich Berufsverbotepolitik die im Literaturverzeichnis aufgeführten Publikationen

20 s. 10. Tätigkeitsbericht des Bundesdatenschutzbeauftragten vom 1. 1. 1988, S. 81

21 § 12 Abs. 3 und § 20 Abs. 1 letzter Satz SiR. Siehe dazu auch das Kapitel »Risikoprofile«.

22 10. Tätigkeitsbericht des Bundesdatenschutzbeauftragten vom 1. 1. 1988, S. 81

23 s. zum praktischen Vorgehen die Rechts- und Verhaltenstips im 3. Teil dieses Buches

24 s. dazu u. a. Skrobanek-Leutner, Sicherheitsüberprüfungen, in: *Demokratie und Recht* 2/1987, S. 123 ff.

25 s. dazu Winfried Kretschmer, Modellfall Wackersdorf — Protest, Kontrolle und Eskalation, in: *Forschungsjournal Neue Soziale Bewegungen* 2/1988, S. 23 ff. (24)

26 s. dazu etwa *Der Spiegel* Nr. 28 vom 11. Juli 1988, S. 30 ff. sowie diverse Ausgaben der Alternativ-Zeitschrift *RadiAktiv*

27 s. z. B. Siegler, Wackersdorf — Ein Landkreis im Ausnahmezustand, in: Ehmke (Hrg.), Zwischenschritte. Die Anti-Atomkraft-Bewegung zwischen Gorleben und Wackersdorf, Köln 1987

28 Gemeinsames Ministerialblatt Nr. 18 vom 30. 6. 1987, S. 342 ff.

29 Dürfte für mehrere Hunderttausend Beschäftigte in der Atomindustrie gelten.

30 Roßnagel, Die unfriedliche Nutzung der Kernenergie, Hamburg 1987, S. 143

31 s. Roßnagel, Die unfriedliche Nutzung der Kernenergie, Hamburg 1987, S. 135 (zit. nach *Frankfurter Rundschau* vom 15. 5. 1987)

32 Ergebnisse und Empfehlungen zum Objektschutz der Kernforschungsanlage Jülich GmbH, von Prof. Dr. Hans-Christian Röglin, Institut für angewandte Sozialpsychologie, Düsseldorf, März 1983

33 s. dazu: die *Tageszeitung* vom 17. 11. 1987, S. 10
34 Roßnagel, Die unfriedliche Nutzung der Kernenergie, Hamburg 1987, S. 139, 142
35 Dokumentation in: die *Tageszeitung* vom 26. 4. 1988
36 Der Bundesdatenschutzbeauftragte (BfD) berichtet von sich häufenden Eingaben Wehrpflichtiger, die »Sorge haben, daß diese Daten auch anderweitig verwendet werden«, was nach Auskunft des BfD durchaus möglich ist; s. 8. Tätigkeitsbericht des BfD vom 1. 1. 1986.

3 Risikoprofile

1 Bölsche, Der Weg in den Überwachungsstaat, Reinbek 1979, S. 39
2 dazu ausführlicher: Bull, Datenschutz oder Die /Angst vor dem Computer, München 1984, S. 261 ff.; Schraut, Anmerkungen zur Geheimdienstdatei NADIS, in: Verfassungsschutz und Demokratie — vereinbar? Dokumentation der AL-Berlin 1987, S. 28 ff.; *Bürgerrechte & Polizei* 2/87, S. 10
3 Gusy, Das nachrichtendienstliche Informationssystem, in: *Datenverarbeitung im Recht*, Heft 4/1982, S. 251 ff. (252)
4 vollständige Auswertung in: Gössner/Herzog, Im Schatten des Rechts — Methoden einer neuen Geheim-Polizei, Köln 1984, S. 208 ff. sowie dies., Verschlußsache: Bürgerdaten. Der geheime Computer der politischen Polizei und wer darin gespeichert wird, in: Appel/Hummel (Hg.), Vorsicht: Volkszählung! Köln 1987³, S. 136 ff.
5 s. 9. Tätigkeitsbericht des BfD vom 1. 1. 1987, S. 67; 10. TB BfD vom 1. 1. 1988, S. 77; s. dazu auch Gössner, Sicherheitspolitische »Wiedervereinigung«, in: *cilip (Bürgerrechte & Polizei)* 2/1987, S. 38 ff. und *Geheim* 3/87 und 1/88
6 Bull, a. a. O. (Anm. 2), S. 263
7 vgl. dazu *Der Spiegel* Nr. 25/1985, S. 22
8 6. Tätigkeitsbericht des BfD v. 1. 1. 1984, S. 49 (20.1.4)
9 8. Tätigkeitsbericht des BfD v. 1. 1. 1986, S. 48

4 Im Schleppnetz des Sicherheitsstaates

1 Hervorstechendes Merkmal des »fälschungssicheren« Personalausweises (sowie Passes) ist, wie sich herausstellte, nicht seine »Fälschungssicherheit«, sondern daß er über mobile, elektronische Lesegeräte abgetastet und unmittelbar mit dem bereits sehr weit verzweigten Computernetz der Polizei in elektronischen Austausch treten kann. In Sekundenschnelle können die Daten des Ausweises mit denen im Datenbestand der Polizeicomputer abgeglichen werden. S. dazu auch: Steinmüller/Peschek, Der Schlüssel zum Computerstaat, in: Gössner u. a. (Hg.) Restrisiko Mensch, Bremen 1987, S. 12 ff.
2 Anzuordnen vom Richter; bei »Gefahr im Verzug« auch von der Staatsanwaltschaft und der Polizei (§ 163 d Abs. 2 StPO)
3 s. dazu Polizeidienst-Verordnung PDV 384.2; Rogall, Frontalangriff auf die Bürgerrechte oder notwendige Strafverfolgungsmaßnahme? in: *Neue Zeitschrift für Strafrecht* 9/1986, S. 385 ff., 390
4 vgl. dazu: Tolmein, Rasterfahndung ist wieder im Kommen, in: die *Tageszeitung* v. 4. 11. 1986
5 Ausführlich dazu: Tanneberger, ZEVIS — Das Adreßbuch des Großen Bruders, in: Gössner u. a. (Hg.), Restrisiko Mensch (Anm. 1), S. 17 ff.
6 s. zu den geheimpolizeilichen Mitteln und Methoden u. a. Gössner/Herzog, Im Schatten des Rechts — Methoden einer neuen Geheim-Polizei, Köln 1984

7 s. dazu ausführlich: Gössner, Die polizeiliche Einkreisung der Demonstrationsfreiheit, in: ders., Restrisiko Mensch (Anm. 1), S. 71 ff.

8 Dieser Textabschnitt basiert auf einem Vortrag des Verfassers aus dem Jahre 1983 (Erstfassung) und einer erweiterten Ausarbeitung in Zusammenarbeit mit dem Rechtsinformatiker Prof. Dr. Wilhelm Steinmüller (Universität Bremen), die erstmals in *chips & kabel — Medienrundbrief* (Westberlin) 3/4 1984, S. 5 ff. erschienen ist.

9 s. dazu: Brokdorf/Kleve/Hamburg. Dokumentation, Hamburg 1986 (BUU, Weidenstieg 17, 2000 Hamburg 20), S. 33 ff.

10 s. *Frankfurter Rundschau* 19. 9. 1986, 25. 9. 1986, 27. 9. 1986

11 Dokumentation »Göttinger Kessel/JuZi-Räumungen/Spudok«, Göttingen 1987 (Bezug: Die Werkstatt, Lotzestr. 24a, 3400 Göttingen)

12 oder den seit 1988 ebenfalls computerlesbaren Paß

13 dok. in: *cilip* 1/1988, S. 36 ff.; zu diesem Problem s. auch: Gössner, Sicherheitspolitische Wiedervereinigung, in: *cilip* 2/1987, S. 38 ff.

II: 1 Im Antikommunismus vereint

1 zit. nach Pfannenschwarz/Schneider, Das System der strafrechtlichen Gesinnungsverfolgung in Westdeutschland, Berlin/DDR 1965[2], S. 9

2 Hannover, Zeit zum Widerstand, in: Hannover/Wallraff, Die unheimliche Republik, Hamburg 1982, S. 127

3 zit. nach Anti-faschistische Russell-Reihe 1: Dokumentation, Hamburg 1978, S. 31

4 s. dazu Werkentin, Restauration der Polizei. Innere Rüstung von 1945 bis zur Notstandsgesetzgebung, Frankfurt/New York 1984 sowie Busch u. a., Die Polizei in der Bundesrepublik, Frankfurt/New York 1985

5 s. Horowitz, Kalter Krieg. Hintergründe der US-Außenpolitik von Jalta bis Vietnam (Bd. 1), Berlin 1969 sowie Hofmann, Stalinismus und Antikommunismus. Zur Soziologie des Ost-West-Konflikts, Frankfurt 1967

6 mit maßgeblicher Unterstützung der USA (Marshall-Plan); s. dazu Schmidt/Fichter, Der erzwungene Kapitalismus, Berlin 1971

7 Beschluß der Bundesregierung vom 19. September 1950, wonach Unterstützer oder Mitglieder bestimmter Organisationen (z. B. Kommunistische Partei, Sozialdemokratische Aktion, Freie Deutsche Jugend, Vereinigung der Verfolgten des Naziregimes) nicht im öffentlichen Dienst beschäftigt werden/sein dürfen (Vorläufer der heute noch praktizierten Berufsverbote aufgrund des sog. Extremistenbeschlusses von 1972).

8 1. Strafrechtsänderungsgesetz vom 30. August 1951, BGBl. I S. 739

9 s. u. a. Nedelmann, Die Gewalt des politischen Staatsschutzes und ihre Instanzen, in: Schäfer/Nedelmann, Der CDU-Staat I, Frankfurt 1969, S. 174 — 210

10 Fassung des 3. Strafrechtsänderungsgesetzes vom 4. 8. 1953, BGBl. I S. 735

11 von Brünneck, Politische Justiz gegen Kommunisten in der Bundesrepublik Deutschland 1949—1968, Frankfurt 1978, S. 80

12 von Brünneck, a. a. O., S. 21 f.

13 s. Ridder, Zur Ideologie der »Streitbaren Demokratie«, Berlin 1979

14 zit. nach von Brünneck, a. a. O., S. 80

15 KPD-Verbotsurteil vom 17. August 1956; s. dazu von Brünneck, a. a. O., S. 117 ff.

16 s. dazu insbes. von Brünneck, a. a. O., S. 236 ff.

17 Maihofer in der Fernsehsendung »Panorama« vom 4. 1. 1964, zit. nach Lehmann, Legal & opportun, Berlin 1966, S. 108. Maihofer, später in den sozialliberalen 70er Jahren FDP-Bundesinnenminister, mußte wegen der von ihm politisch zu verantwortenden Abhöraffäre Traube zurücktreten.

18 Hannover (Anm. 2), S. 127 f.

19 ebda.

20 von Brünneck, a. a. O., S. 310
21 s. dazu etwa Autorenkollektiv, Staat ohne Recht, Berlin/DDR 1959, S. 123 ff.
22 s. von Brünneck, a. a. O., S. 311 f.
23 Damals sollte ein ehemaliges Mitglied der SS und NSDAP als Richter des Bundesverwaltungsgerichts über die Verfassungsmäßigkeit der VVN, einer Organisation von Widerstandskämpfern, befinden (auf Antrag der Bundesregierung). Diese historisch-makabere Konstellation führte auf Betreiben der VVN zu internationalen Protesten. Schließlich sah das Bundesverwaltungsgericht die rechtlichen Voraussetzungen für ein Verbot zwar als gegeben an (wegen Betätigung im Rahmen »kommunistischer« Politik), besann sich aber auf den Sühnegrundsatz: Die Pflicht, das im Faschismus begangene Unrecht wiedergutzumachen, »verlangt eine Abwägung, ob gegen eine Organisation von Verfolgten ein Verbot mit der damit untrennbar verbundenen Strafsanktion erlassen werden darf« (zit. nach von Brünneck, a. a. O., S. 112).
24 von Brünneck, a. a. O., S. 312
25 Statistisches Jahrbuch 1954, S. 109
26 von Brünneck, a. a. O., S. 313
27 s. dazu die ausführliche Analyse von Treulieb, Der Landesverratsprozeß gegen Viktor Agartz. Verlauf und Bedeutung in der innenpolitischen Situation der Bundesrepublik auf dem Höhepunkt des Kalten Krieges, Teil I und Teil II (Presse-Dokumentation), Münster 1982
28 Aus Helmut Gollwitzers Vorwort zu Treulieb, a. a. O., S. VI, VII
29 s. dazu Preuß, in: Schauer (Hrg.), Prima Klima, Hamburg 1987, S. 126 ff.; Brüggemann/Preuß u. a., Über den Mangel an politischer Kultur in Deutschland, Berlin 1978
30 vgl. von Brünneck, a. a. O., S. 317 ff.
31 Der Spiegel Nr. 28/1961, S. 20 ff.
32 s. auch Lehmanns wichtige Publikation »Legal & opportun. Politische Justiz in der Bundesrepublik«, Berlin 1966
33 Beschlagnahmeaktion gegen das Nachrichtenmagazin und Verhaftung mehrerer Redakteure wegen Kritik und Dokumentation des Verteidigungskonzepts der Bundesregierung. Offizieller Vorwurf des damaligen Verteidigungsministers Strauß: »Landesverrat« und »aktive Bestechung« (Adenauer: »Ein Abgrund von Landesverrat«). Breite öffentliche Proteste gegen diese Staatsaktion.
34 von Brünneck, a. a. O., S. 319
35 s. Frankfurter Rundschau vom 17.10.1966, S. 2
36 von Brünneck, a. a. O., S. 314
37 Bis etwa Mitte der 60er Jahre erhielten die Strafverteidiger kaum Unterstützung von Rechtswissenschaftlern, die sich mit der juristischen Fachkritik vornehm zurückhielten bzw. in Bezug auf das System der Politischen Justiz apologetisch verhielten.
38 von Brünneck, a. a. O., S. 315
39 von Brünneck, a. a. O., S. 320
40 Verhandlungen des Deutschen Bundestages, 2. Wahlperiode, Drucksache 2793
41 Stenographische Berichte des Deutschen Bundestages, S. 11608
42 S. dazu von Brünneck, a. a. O., S. 324 mit Verweis auf eine Zusammenstellung von Ammann, wonach es 1967 nur noch zu 15 Verurteilungen kam.
43 s. dazu Abendroth/Ridder/Schönfeldt, KPD-Verbot oder Mit Kommunisten leben? Reinbek 1968 mit Konferenz-Referaten und -Beiträgen
44 BGBl. I, S. 741, in Kraft getreten am 1. August 1968
45 Noch im Februar 1968 wurde eine Pressekonferenz zur Wiederzulassung der KPD in Frankfurt polizeilich aufgelöst, zwei KPD-Funktionäre wurden festgenommen.

46 Verhandlungen des Deutschen Bundestages, 5. Wahlperiode, Stenographischer Bericht, S. 9995 f.; Gesetz über Straffreiheit vom 9. Juli 1968, BGBl. I, S. 773
47 Stenographischer Bericht, S. 9995 (Abg. Müller-Emmert)
48 vgl. Scheerer, Zur Amnestiefrage, in: *Widersprüche* 19/1986, S. 136

2 Verfassungsstreit oder Klassenkampf?

1   s. dazu und zur Aufhebung des »Unvereinbarkeitsbeschlusses« im Jahre 1988: *Frankfurter Rundschau* vom 3. 6. 1988 sowie Seifert, SPD/SDS: Ausschluß symbolisch korrigiert, in: *Vorwärts* Nr. 23 vom 4. 6. 1988, S. 14
2   Aus seiner Rede während des Kongresses »Notstand der Demokratie« in Frankfurt 1966, in: Notstand der Demokratie, Frankfurt 1967
3   Werkentin, Die Restauration der deutschen Polizei, Frankfurt/New York 1984, S. 171
4   ebda.; zur »doppelten perspektivischen Täuschung der Notstandsgegner«: ebda., S. 182 ff.
5   Vgl. dazu Seifert, Von den Notstandsgesetzen zum vorverlegten Notstand, in: *Kursbuch* 48 (Juni 1977), S. 45 ff.
6   s. dazu u. a. Teil I dieses Buches sowie Schiller, Von der Notstandsbewegung zum Bürgerrechtsprotest, in: Appel/Hummel/Hippe (Hrg.), Die neue Sicherheit, Köln 1988, S. 39 ff.
7   Schiller, a. a. O., S. 44
8   Meinhof, Notstand — Klassenkampf, in: *konkret* Nr. 6/1968; Nachdruck in: Meinhof, Die Würde des Menschen ist antastbar, Berlin 1980, S. 143, 145
9   S. dazu Grosser/Seifert, Die Staatsmacht und ihre Kontrolle, Olten/Freiburg 1966
10 So etwa die »Kampagne für Abrüstung«, s. dazu u. a. Haasken/Wigbers, Protest in der Klemme, Frankfurt 1986, S. 45 f.; Krohn, Die gesellschaftlichen Auseinandersetzungen um die Notstandsgesetze, Köln 1981, S. 183 ff.
11 Belege hierfür s. Seifert, Gefahr im Verzuge, Frankfurt 1965[3], S. 33 f.
12 Schäfer, Die Probleme der inneren Sicherheit, Referat auf der 5. Arbeitstagung »Woche der Polizei« der ÖTV, Mai 1963, in: Hauptvorstand der ÖTV (Hrg.), Die Polizei — Rechtsstellung und Aufgaben im Alltag und in Krisenzeiten, Stuttgart o. J., S. 47
13 z. B. von dem IG-Bau-Vorsitzenden Georg Leber
14 Hochschullehrer für Wissenschaftliche Politik an der Universität Marburg; »Partisanenprofessor im Lande der Mitläufer« (Habermas).
15 Zur Begründung der neun Kritikpunkte s. Seifert, Die Notstandsgesetze schaffen die Gefahr eines Staatsstreiches von oben, in: *Frankfurter Rundschau* vom 26. 4. 1965.
16 Von der Bundesregierung außerhalb der Legalität vorbereitete geheime Gesetzes-Entwürfe, die im Falle eines »Notstands« (Katastrophen-, Verteidigungs-, Spannungsfall) erlassen werden können und dann den Behörden unumschränkte, diktatorische Vollmachten geben; s. dazu Hannover, Klassenherrschaft und Politische Justiz, Hamburg 1978, S. 214 ff. Der damalige Bundesinnenminister Lücke mußte zugeben, daß diejenigen, die diese »Schubladengesetze« gelesen haben, »bleich« geworden seien.
17 s. dazu: Notstand der Demokratie, Frankfurt 1967 (Red. Helmut Schauer) mit Referaten, Diskussionsbeiträgen und Materialien von diesem Kongreß
18 Fernsehrede im Hessischen Rundfunk, Mai 1968, in: Negt, Politik als Protest, Frankfurt 1971, S. 43 ff. (46). Negt sei inzwischen allerdings, so Seifert, von dieser Rede abgerückt.

19 Ulrike Meinhof, a. a. O., S. 144
20 BGBl. I S. 709
21 Meinhof, a. a. O., S. 142, 145
22 Schiller, a. a. O., S. 45 f.

4 Opposition gegen den Sicherheits- und Überwachungsstaat

1 s. dazu Gössner, Verfassungsbruch als Gesetz. Die Legalisierung der Geheim-Polizei, in: ders., Restrisiko Mensch, Bremen 1987, S. 29 ff. (»Bürger kontrollieren die Polizei«, Charlottenstr. 3)
2 Gössner/Herzog, Der Apparat — Ermittlungen in Sachen Polizei, Köln 1982, aktualisierte Neuauflage 1984. Der polizeikritische Informationsdienst »Bürgerrechte & Polizei« (cilip 13/1982) über die Reaktionen auf dieses Buch: »Selten löst ein Buch so heftige öffentliche Kontroversen aus wie der jüngst erschienen Band ›Der Apparat‹. . . Das Buch ist zum Politikum geworden, zum Objekt Kleiner Anfragen im Parlament und von halboffiziellen Stellungnahmen in der Polizeipresse.«
3 Inzwischen haben einige der Initiativen allerdings ihre Arbeit wieder eingestellt.
4 z. B. in Bremen 1981, s. Gössner/Herzog, Im Schatten des Rechts, Köln 1984, S. 168 ff.
5 Beim ersten Anlauf 1983 konnte die Volkszählung in ihrer alten Version aufgrund des massenhaften und breiten Protestes gerichtlich vom Bundesverfassungsgericht wegen teilweiser Verfassungswidrigkeit gestoppt werden. Danach ist die VoBo-Bewegung zunächst einmal zusammengebrochen. Beim zweiten, nachgebesserten Anlauf kam die Opposition nur schwer wieder in Gang, und der Protest verlief, argumentativ, um einiges schwieriger. Trotzdem war die Mobilisierung beeindruckend.
6 s. dazu u. a. Gössner, Auf der Suche nach den verlorenen Maßstäben. Zur Rolle der Politischen Justiz im »Anti-Terror-Kampf«, in: Demokratie und Recht 2/1987, S. 142 ff. Zum Fall Strobl/Penselin, s. Teil I sowie die dort angeführte Literatur.
7 s. u. a. Bakker Schut u. a. (Hrg.), Todesschüsse, Isolationshaft, Eingriffe ins Verteidigungsrecht, 2. Auflage 1985
8 s. dazu u. a. Scheerer, Eingeständnis von Herrschaft und Verzicht auf Ausweglosigkeit. Zur Amnestiefrage, in: Widersprüche 19/1986, S. 127 ff.

4.1 Die Bürgerrechtsproblematik in der Anti-AKW-Bewegung

1 BVerfG, NJW 1985, 2395
2 zitiert nach der Dokumentation »Bayern im Herbst«, S. 21
3 zitiert nach »Klamm, Heimlich & Freunde — Die siebziger Jahre«, Elefantenpress, Berlin 1987, S. 158
4 BVerfG, NJW 1985, 2398
5 taz 30. 6. 1988
6 Die Reden von Rolf Gössner (»Terrorismus als Kampfbegriff der Herrschenden«) und von Robert Jungk (»Fort mit den Tyrannen«) sind dokumentiert (u. a.) in: atom, April/Mai 1987

5.2 Widerstandsrecht, Ziviler Ungehorsam und staatliches Gewaltmonopol

1 E. Noelle-Neumann, Die Volkszählung als Probe auf die Regierbarkeit, in *FAZ* v. 13. 5. 1987

2 Einen entscheidenden Schlag gegen jeden Anspruch auf Widerstandsrecht will die Bundesregierung mit den Ergebnissen der »Unabhängigen Regierungskommission zur Verhinderung und Bekämpfung von Gewalt« (Gewaltkommission) führen, die sich — entgegen früheren Hoffnungen einiger FDPler — praktisch nur noch mit der »politisch motivierten Gewalt« (natürlich der von unten) befaßt und überwiegend aus Polizeioffizieren und reaktionären Professoren zusammengesetzt ist, vgl. die Dokumentation in der *taz* vom 11. 6. 1988 zur Sitzung der Arbeitsgemeinschaft II der Gewaltkommission am 15. 3. 1988 auf dem Frankfurter Flughafen; weiteres Projekt zur endgültigen Kriminalisierung auch von Aktionen des Zivilen Ungehorsams ist der Referentenentwurf des Bundesministers der Justiz vom 8. 4. 1988 für die Neufassung des Nötigungsstraftatbestands § 240 StGB

3 vgl. amerikanische Unabhängigkeitserklärung von 1776 — noch heute gültig; Art. 25, 26, 28, 33, 34, 35 der Französischen Verfassung von 1793, beide wiedergegeben in: G. Franz, Staatsverfassungen, München 1964, S. 3 ff. bzw. S. 373 ff.

4 zitiert nach G. Franz, a. a. O., S. 379 (mit französischem Originaltext)

5 vgl. z. B. Art. 2 der Grundrechts-Zusatzartikel zur heute noch gültigen US-Verfassung von 1787, bei G. Franz, a. a. O., S. 37; vgl. auch die Relikte eines solchen Volksmilizsystems z. B. in der Schweiz

6 vgl. Abschnitt 13 der Grundrechte von Virginia von 1776, s. G. Franz, a. a. O., S. 7

7 vgl. amerikanische Unabhängigkeitserklärung von 1776; Art. 28 der Franz. Verfassung von 1793, a. a. O.; näher dazu: E. Küchenhoff, Allgemeine Staatslehre, 8. Aufl. Stuttgart 1977, S. 283

8 Stein in Luchterhand Alternativ-Kommentar zum GG, Neuwied/Darmstadt 1984, zu Art. 20 Abs. 1 — 3 II, Rn. 53

9 vgl. schon in der Urfassung des GG Art. 9 Abs. 2, 18, 20, 21 Abs. 2, 81 GG; s. näher Herzog in Maunz, Dürig, Herzog, Scholz, GG-Kommentar, München 1987, Herzog zu Art. 20 GG, Rn. 29 f.

10 vgl. Dürig in Maunz, Dürig, Herzog, Scholz, a. a. O., zu Art. 18, Rn. 48

11 Dieser Gedanke der Verwirkung der politischen Grundrechte ist in Art. 18 GG ausdrücklich geregelt.

12 vgl. Herzog, a. a. O., zu Art. 115a GG, Rn. 1 ff.

13 vgl. Art. 5 der Weimarer Verfassung für Reichs- und Landesangelegenheiten

14 Stein, a. a. O., zu Art. 20 Abs. 1 — 3, II, Rn. 14

15 so Kriele in Handbuch des Verfassungsrechts, Berlin 1984, S. 135 ff.

III: 4 Rechtshilfe und Verhaltenstips
Im Umgang mit den Staatsgewalten

1 Eschen, Plogstedt, Sami, Serge, Wie man gegen Polizei und Justiz die Nerven behält, Berlin 1978 (aktualisie Neuauflage), S. 6. In diesem Buch wird auf die angesprochenen Mechanismen der Manipulation näher eingegangen.

2 Wir haben uns im folgenden teilweise auf Erfahrungen und Merkblätter von Gruppen (insbesondere: »Bürger beobachten die Polizei« Berlin, »Ermittlungsausschuß« Hamburg, »Bunte Hilfe« Frankfurt/M.) sowie von Anwaltsvereinigungen (insbesondere »Republikanischer Anwaltsverein e.V.«, gestützt.

3 Ergänzte Fassung einer Zusammenstellung von »Bürger beobachten die Polizei« (Berlin)

4 Formuliert vom »Republikanischen Anwaltsverein e.V.« (Hannover)

5 s. dazu auch *Bürgerrechte & Polizei* (cilip) 14 (1)/1983, S. 85ff.

6 Ursula Nelles, Wie fest sind die persönlichen Rechte? Das Beispiel Hausdurchsuchungen, in: *Bürgerrechte und Polizei* 16/1983, S. 20ff. Die Autorin weist nach, daß zwischen 70 und über 90 Prozent der von ihr untersuchten Hausdurchsuchungsfälle durch Polizeibeamte bzw. Staatsanwälte wegen »Gefahr im Verzug« angeordnet und durchgeführt wurden. Sie kommt zu dem Schluß: »Man muß daher zusammenfassend feststellen, daß nicht nur die anordnenden Beamten die gesetzlichen Grenzen (Gefahr im Verzug) mißachten, sondern auch daß die Richter die Kontrolle darüber, ob ihre (verfassungs-)rechtlichen Kontrollbefugnisse und -pflichten respektiert werden, selbst aus der Hand gegeben haben.«

7 Grund: »Die Polizei kennt praktisch nur ein Ziel: die Überführung des Verdächtigen, möglichst durch Ablegung eines Geständnisses. Dies begründet den persönlichen Erfolg des einzelnen Polizeibeamten und die Institution, die jedes ihrer Mitglieder unter strukturellen Druck setzt, solche Erfolge zu erzielen. Zur Erreichung ihres Ziels ist der Polizei fast jedes Mittel recht. (. . .) Für den Verdächtigen bleibt nur eine Konsequenz: Er muß jede Kooperation mit der Polizei verweigern.«
(Brühl, Die Rechte der Verdächtigten und Angeklagten, S. 28f.)

8 BGH-Urteil aus dem Jahre 1979 (unveröffentlicht)

9 s. amtliche Begründung zum »Arbeitsentwurf eines Gesetzes zur Regelung der rechtlichen Grundlagen für Fahndungsmaßnahmen, Fahndungsmittel und für die Akteneinsicht« vom 31. 7. 1986, dokumentiert in: *Bürgerrechte & Polizei* (cilip) 29 (1)/1988, S. 77ff.

10 dokumentiert in: *Bürgerrechte & Polizei* (cilip) 29 (1)/1988, S. 134ff.

11 zit. nach Zusammenfassung in: *Die Polizei* 2/1977, S. 49ff.

12 s. dazu insbesondere den Entwurf zum BDSG vom 5. 11. 1987, dokumentiert mit Stellungnahme in: *Bürgerrechte & Polizei* (cilip) 29 (1)/1988, S. 107ff.

13 s. dazu ausführlicher u. a. Thomas Blanke. Der Auskunftsanspruch gegenüber VfS-Behörden und Polizei, in: *Bürgerrechte & Polizei* (cilip) 28 (3)/1987, S. 84ff.

14 VGH München, Beschluß vom 28. 2. 1985, in: *NVwZ* 1985, S. 663f.; OVG Berlin, Urteil vom 31. 7. 1985, in: *NJW* 1986, S. 2004f.; OVG Berlin, Urteil vom 16. 12. 1986, in: *DVBl.* 1987, S. 700f.

15 Az. 3 A 1/85; unveröffentlicht; s. VG Schleswig, in: *Demokratie und Recht* 4/86, S. 422

16 VG und OVG Bremen, Urteil vom 24. 2. 1981, in: Simitis u. a., BDSG-Dokumentation, § 13 Abs. 2 E 2; Urteil vom 26. 10. 1982, in: *NVwZ* 1983, S. 358; OVG Hamburg, Urteil vom 26. 8. 1982, in: Simitis u. a., a. a. O., E 3; VG Köln, Urteil vom 5. 5. 1982, in: Simitis u. a., ebda, E 5; OVG Münster, Urteil vom 10. 10. 1983, in DVR Bd. 14 (1985), S. 145f.

17 Az. OVG 1 BA 50/86; unveröffentlicht.

18 VG Stade — Kammer Lüneburg, Az. 2 VG A 317/86; unveröffentlicht.

19 DVR Bd. 14 (1985), S. 147ff.

20 VG Frankfurt, Urteil vom 17. 7. 1984, in: *Kritische Justiz* 1985, S. 70ff.

21 VG Hannover, Beschluß vom 8. 6. 1984, in: *Kritische Justiz* 1984, S. 338ff.; Urteil vom 1. 12. 1986, in: *Computer und Recht* 1987, S. 250ff. mit Anm. von Taeger; Urteil vom 20. 2. 1987, Az. 10 VG A 186/84 — unveröffentl.

22 s. *Der Spiegel* vom 3. 12. 1984, S. 90f.

23 s. zu dieser Problematik: Schwan, Gehorsam gegenüber dem Bundesverfassungsgericht? in: DVR Bd. 14 (1985), S. 255ff.

24 dokumentiert mit Stellungnahme in: *Bürgerrechte & Polizei* (cilip) 29 (1)/1988, S. 107ff.

Literatur

I: Sicherheitsextremismus

Appel/Hummel/Hippe (Hrg.), Vorsicht Volkszählung! Erfaßt, Vernetzt und Ausgezählt, Köln 1987[3]

Brand, Staatsgewalt. Politische Unterdrückung und Innere Sicherheit, Göttingen 1988

Bürgerrechte & Polizei (cilip) Nr. 2/85, 3/85, 1/86, und insbes. 1/88 (Bezug: Kirschkern Buchversand, Hohenzollerndamm 199, 1000 Berlin 31)

Bull, Sicherheit durch Gesetze? Baden-Baden 1987

Die neue Sicherheit. Artikelgesetz zur inneren Sicherheit mit Stellungnahmen, Rechtspolitische Materialien 1, Köln 1988 (ergänzbare Loseblattsammlung)

GAL/Grüne (Hrg.), Mit Sicherheit gegen uns. Dokumentation, Hamburg 1988 (Red. Bartelsstr. 30, 2000 Hamburg 6)

Gössner u. a. (Hrg.), Restrisiko Mensch — Volkserfassung. Staatsterrorgesetze. Widerstandsbekämpfung, Bremen 1987[2] und Die unheimliche Sicherheit. Neue Staatsschutzgesetze für Geheimdienste und Polizei, Bremen 1986[4] (beide Broschüren: »Bürger kontrollieren die Polizei«, Charlottenstr. 3, 2800 Bremen 1)

Kutscha/Paech (Hrg.), Totalerfassung. »Sicherheitsgesetze«, Volkszählung, Neuer Personalausweis. Möglichkeiten der Gegenwehr, Köln 1986, 1987[2]

Seifert/Vultejus, Die Sicherheitsgesetze. Texte und Bilder gegen die Überwachungsgesetze, Hamburg 1986

Strafverteidigervereinigungen (Hrg.), Artikelgesetz, Köln 1988 (Bezug: RA-Organisationsbüro Lunnebach u. a., Siemensstr. 15, 5000 Köln 30).

1 Der unheimliche Aufstieg des präventiven Sicherheitsstaates

Agnoli/Brückner, Die Transformation der Demokratie, Frankfurt 1968, Neuauflage 1978

Appel/Hummel/Hippe (Hrg.), Die neue Sicherheit, Köln 1988

Beck, Risikogesellschaft. Auf dem Weg in eine andere Moderne, Frankfurt/M. 1986

Brand, Staatsgewalt. Politische Unterdrückung und Innere Sicherheit, Göttingen 1988

Busch/Funk/Kauß/Narr/Werkentin, Die Polizei in der Bundesrepublik, Frankfurt/New York 1985

Cobler, Die Gefahr geht von den Menschen aus. Der vorverlegte Staatsschutz, Berlin-W 1976/1978[2]

Denninger, Der Präventions-Staat, in: *Kritische Justiz* 1/1988, S. 1 ff.

Gössner u. a. (Hrg.), Restrisiko Mensch, Bremen 1987[2] (»Bürger kontrollieren die Polizei«, 28 Bremen 1, Charlottenstr. 3)

Gössner/Herzog, Der Apparat. Ermittlungen in Sachen Polizei, Köln 1982, aktualisierte Auflage 1984

dies., Im Schatten des Rechts. Methoden einer neuen Geheim-Polizei, Köln 1984

Hirsch, Der Sicherheitsstaat. Das »Modell Deutschland«, seine Krise und die neuen sozialen Bewegungen, Frankfurt/M. 1980/1986[2]

Preuß, Das ambivalente Grundrecht auf Sicherheit, in: Die unheimliche Sicherheit. Neue Staatsschutzgesetze für Geheimdienste und Polizei, hrg. von »Bürger kontrollieren die Polizei« Bremen 1986[4]

ders., Die Veränderung der Schmerzgrenzen. Notizen zu den Sicherheitsgeset-

zen, in: Gössner u. a. (Hrg.), Restrisiko Mensch, Bremen 1987, S. 42 ff.
(»Bürger kontrollieren die Polizei«)
Roßnagel, Der alltägliche Notstand, in: *Kritische Justiz* 3/1977, S. 257 ff.
ders., Bedroht die Kernenergie unsere Freiheit. Das künftige Sicherungssy-
stem kerntechnischer Anlagen, München 1983[2]
ders., Radioaktiver Zerfall der Grundrechte. Zur Verfassungsverträglichkeit
der Kernenergie, München 1984
Roth, Die »andere« Arbeiterbewegung, München 1976
Schwind/Berckhauer/Steinhilper (Hrg.), Präventive Kriminalpolitik, Heidel-
berg 1980
Sack/Steinert, Protest und Reaktion, Analysen zum Terrorismus Bd. 4/2,
hrg. v. BMI, Opladen 1984
Werkentin, Restauration der Polizei. Innere Rüstung von 1945 bis zur Notstandsgesetzgebung, Frankfurt/New York 1984

2 Sicherheitsrisiko Mensch

1) Zu »Sicherheitsüberprüfung«

Bürgerrechte & Polizei (cilip) 1/1988, S. 125 ff. (zu Sicherheitsrichtlinien)
Bundesdatenschutzbeauftragter, Tätigkeitsberichte, Stichwort: Sicherheitsüberprüfung
Diedrichs/Schraut, Die grauen Männer und der graue Alltag. Im Sicherheitsbereich, in der Privatwirtschaft und im öffentlichen Dienst wird vom Verfassungsschutz geschnüffelt, in: die *Tageszeitung* vom 20. 2. 1988
Hüsemann, Sicherheitsüberprüfung: Politischer Ariernachweis als Regelanfrage gegen Jedermann, in: *Bürgerrechte & Polizei* (cilip) 2/1987, S.
79—91
Jungk, Der Atom-Staat. Vom Fortschritt in die Unmenschlichkeit, Reinbek
1979
Röglin, Zum Objektschutz der Kernforschungsanlage Jülich GmbH, Ergebnisse und Empfehlungen, Düsseldorf 1983 (als Manuskript)
Roßnagel, Bedroht die Kernenergie unsere Freiheit. Das künftige Sicherungs-
system kerntechnischer Anlagen, München 1983[2]
Roßnagel, Radioaktiver Zerfall der Grundrechte? Zur Verfassungsverträglich-
keit der Kernenergie, München 1984
Roßnagel, Die unfriedliche Nutzung der Kernenergie. Gefahren der Pluto-
niumwirtschaft, Hamburg 1987
Skrobanek-Leutner, Sicherheitsüberprüfungen. Von der Regelanfrage zur
Regelbefragung, in: *Demokratie und Recht* 2/1987, S. 123 ff.
Verfassungsschutz: Größte Sauereien, in: *Der Spiegel* Nr. 15/1988
Wambach (Hrg.), Der Mensch als Risiko. Zur Logik von Prävention und
Früherkennung, Frankfurt 1983

2) Berufsverbotepolitik

Dammann/Siemantel (Hrg.), Berufsverbote und Menschenrechte in der
Bundesrepublik, Köln 1987
Dammann, Das/the/le/il Berufsverbot, in: *Konkret* 3/1988, S. 34 ff.
Grolle, Berufsverbote und kein Ende? In: *Kritische Justiz* 1/1988, S. 91 ff.
ILO-Bericht über die Berufsverbote in der BRD. Hrg. Arbeitsausschuß der
Initiative »Weg mit den Berufsverboten«, Hamburg o. J.
Nehrkorn, Der Widerstand gegen die Berufsverbote, in: *Geheim* 3/1986,
S. 19 ff. und *Geheim* 1/1987, S. 26 ff.
Ohne Zweifel für den Staat. Die Praxis zehn Jahre nach dem Radikalenerlaß,
hrg. vom Komitee für Grundrechte und Demokratie, Reinbek 1982

3 Risikoprofile

AL (Hrg.), Verfassungsschutz und Demokratie — vereinbar? Dokumentation, Berlin 1987

Bölsche, Der Weg in den Überwachungsstaat, Reinbek 1979

Brand, Staatsgewalt, Göttingen 1988

Bürgerrechte & Polizei (cilip) 2 + 3/1987. Schwerpunktthema: »Verfassungsschutz«

Bull, Datenschutz oder Die Angst vor dem Computer, München 1984

Busch u. a., Die Polizei in der Bundesrepublik, Frankfurt/New York 1985

Datenschutzberichte des Bundes und der Länder

Denninger, Das Recht auf informationelle Selbstbestimmung, in: Hohmann (Hrg.), s. dort.

Gössner u. a. (Hrg.), Restrisiko Mensch, Bremen 1987 (»Bürger kontrollieren die Polizei«, 28 Bremen, Charlottenstr. 3)

Gössner/Herzog, Verschlußsache: Bürgerdaten. Der geheime Computer der politischen Polizei und wer darin gespeichert wird, in: Appel/Hummel (Hrg.), Vorsicht Volkszählung, Köln 1987, S. 136 ff.

dies., »Der Apparat« und »Im Schatten des Rechts«, Köln 1982 und 1984 (jeweils die Kapitel über Datenerfassung)

Hohmann (Hrg.), Freiheitssicherung durch Datenschutz, Frankfurt 1987

Informationsgesellschaft oder Überwachungsstaat. Strategien zur Wahrung der Freiheitsrechte im Computerzeitalter, Gutachten und Protokoll eines Symposiums der Hessischen Landesregierung, Wiesbaden 1984/1985

Kutscha/Paech (Hrg.), Im Staat der »Inneren Sicherheit«. Polizei, Verfassungsschutz, Geheimdienste, Datenkontrolle im Betrieb, Frankfurt 1981

Myrell (Hrg.), Daten-Schatten. Wie die Computer dein Leben kontrollieren, Reinbek 1984

Pötzl, Total unter Kontrolle, Reinbek 1985

Schulz, Die geheime Internationale. Spitzel, Terror und Computer, Frankfurt 1982

Steinmüller (Hrg.), Verdatet und vernetzt. Sozialökologische Handlungsspielräume in der Informationsgesellschaft, Frankfurt 1988

4 Im Schleppnetz des Sicherheitsstaates

Appel/Hummel, Vorsicht Volkszählung, Köln 1987

Busch u. a., Die Polizei in der Bundesrepublik, Frankfurt/New York 1985

Die unheimliche Sicherheit. Neue Staatsschutzgesetze für Geheimdienste und Polizei, hrg. von »Bürger kontrollieren die Polizei«, Bremen 1986[4]

Gössner u. a. (Hrg.), Restrisiko Mensch — Volkserfassung. Staatsterrorgesetze. Widerstandsbekämpfung, hrg. von »Bürger kontrollieren die Polizei«, Bremen 1987 (Charlottenstr. 3)

Kutscha/Paech (Hrg.), Totalerfassung, Köln 1987[2]

Taeger (Hrg.), Der neue Personalausweis, Reinbek 1984

5 Demonstrationsfreiheit unter Mordverdacht

atom, Sonderausgabe Nr. 18/19, Januar 1988 »Startbahn-Schüsse«

Brand, Staatsgewalt, Göttingen 1988

Cobler/Geulen/Narr (Hrg.), Das Demonstrationsrecht, Reinbek 1983

Demonstrationsrecht und gewaltfreier Widerstand, hrg. vom Komitee für Grundrechte und Demokratie, Sensbachtal 1983

Fassanbass/KB, Der Rechtsstaat fordert heraus. Die neuen Sicherheitsgesetze setzen Versammlungsrecht außer Kraft, in: *Arbeiterkampf* vom 30. 5. 1988

Giordano, Der Polizistenmord. Zu einem Wort des Bundesinnenministers, in: *Tageszeitung* vom 14. 11. 1987, S. 18

Gössner, Die polizeiliche Einkreisung der Demonstrationsfreiheit, oder: Die polizeistrategische »Lösung« politisch-sozialer Konflikte, in: Gössner u.a. (Hrg.), Restrisiko Mensch, Bremen 1987 (»Bürger kontrollieren die Polizei«, Charlottenstr. 3)

Hamm, Vermummung als Strafgegenstand? In: *Strafverteidiger* 1/1988, S. 40ff.

ID, 2. 11. 1987 . . . Dokumentation: Berichte, Stellungnahmen, Diskussionen zu den Schüssen an der Startbahn, Amsterdam 1988 (Bezug: AuroA, Knobeldorffstr. 8, 1000 Berlin 19

Kniesburges/Meyer, *taz*-Serie zu den Ermittlungen in Sachen Startbahn-Schüsse, in: *Tageszeitung* März und April 1988

Kutscha (Hrg.), Demonstrationsfreiheit. Kampf um ein Bürgerrecht, Köln 1986

Mit aller Gewalt. Die Einschränkung des Demonstrationsrechts, Hamburg 1983

Ruhe oder Chaos. Technologie politischer Unterdrückung, hrg. vom Gesundheitsladen, Hamburg 1982

Tolmein, Die Demontage der Versammlungsfreiheit, in: *Tageszeitung* vom 16. 12. 1987

ders., Ein Grundrecht im Kessel, in: *konkret* 2/1988, S. 10ff.

Tolmein/zum Winkel, Runter kommen sie immer (zu den Startbahn-Ermittlungen), in: *konkret* 7/1988, S. 13ff.

6 Der Terror, der Staat und das Recht

Angriff auf das Herz des Staates. Soziale Entwicklung und Terrorismus, Frankfurt 1988

Anschlag auf die Schere am Gen und die Schere im Kopf. Dokumentation der Ereignisse und »anschlagrelevanten« Themen. Ausgesucht von Ulla Penselin und Ingrid Strobl, Hamburg 1988 (Bezug: Konkret Literatur Verlag, Osterstr. 124, 2000 Hamburg 20)

Bakker Schut, Stammheim. Die notwendige Korrektur der herrschenden Meinung, Kiel 1986

Bakker Schut u. a. (Hrg.), Todesschüsse, Isolationshaft, Eingriffe ins Verteidigungsrecht, 1985²

Bundesrepublik (BRD)/Rote Armee Fraktion (RAF). Ausgewählte Dokumente, GNN, 5000 Köln 1987 (Postfach 260226)

Dencker, Kronzeuge, terroristische Vereinigung und rechtsstaatliche Strafgesetzgebung, in: *Kritische Justiz* 1/1987, S. 36ff.

Dokumentation 2. 11. 1987 . . . Berichte. Stellungnahmen. Diskussion zu den Schüssen an der Startbahn, Hrg. von ID-Archiv, Amsterdam 1988 (AuroA Verlagsauslieferung, Knobeldorffstr. 8, 1000 Berlin 19)

Gössner u. a. (Hrg.), Restrisiko Mensch. Volkserfassung. Staatsterrorgesetze. Widerstandsbekämpfung, Bremen 1987 (»Bürger kontrollieren die Polizei«, Charlottenstr. 3)

Gössner, Auf der Suche nach den verlorenen Maßstäben. Zur Rolle der Politischen Justiz im »Anti-Terror-Kampf«. Eine statistisch-vergleichende Bestandsaufnahme der sogenannten Terrorismusverfahren, in: *Demokratie und Recht* 2/1987, S. 142ff.

Gössner, Sonderrechtssystem »Anti-Terror-Kampf«. § 129a als Ausforschungsnorm und Kristallisationskern eines komplexen Systems staatlicher Sonderbefugnisse zur Widerstandsbekämpfung, in: 11. Strafverteidigertag 1987, Schriftenreihe der Strafverteidiger-Vereinigungen, Osnabrück/Landsberg 1988

Janssen, »Terrorismus« — Zur Entstehung und Expansion einer Kriminalisierungsformel gegen politisches Handeln, in: 11. Strafverteidigertag 1987, Schriftenreihe der Strafverteidiger-Vereinigungen, Osnabrück/Landsberg 1988, S. 262ff.

Sack/Steinert, Protest und Reaktion. Analysen zum Terrorismus, Bd. 4/2, hrg. vom Bundesinnenministerium, Opladen 1984

Schubert, Strukturveränderungen in den § 129a StGB-Verfahren in den achtziger Jahren, in: 11. Strafverteidigertag 1987, Schriftenreihe der Strafverteidiger-Vereinigungen, Osnabrück/Landsberg 1988, S. 247 ff.

Tolmein, Beugehaft und Kontaktschuld, in: *konkret* 3/1988

Tolmein, Fabrikation eines Verdachts, in: *konkret* 6/1988

II: 1 Im Antikommunismus vereint

Abendroth/Ridder u. a. (Hrg.), KPD-Verbot oder Mit Kommunisten leben? Reinbek 1968

Autorenkollektiv, Staat ohne Recht, Berlin/DDR 1959

Brünneck, Politische Justiz gegen Kommunisten in der Bundesrepublik Deutschland 1949—1968, Frankfurt 1978

Hannover, Klassenherrschaft und Politische Justiz, Hamburg 1978

Hannover/Wallraff, Die unheimliche Republik. Politische Verfolgung in der Bundesrepublik, Hamburg 1982

Lehmann, Legal & opportun. Politische Justiz in der Bundesrepublik, Berlin 1966

Nedelmann, Die Gewalt des politischen Staatsschutzes und ihre Instanzen, in: Schäfer/Nedelmann (Hrg.), Der CDU-Staat 1, s. dort

Pfannenschwarz, Politische Strafprozesse in der Bundesrepublik Deutschland gegen Vertreter der Friedensbewegung in den 50er und 60er Jahren, in: Materialien zum 9. Strafverteidigertag 1985, S. 32 ff.

Pfannenschwarz/Schneider, Das System der strafrechtlichen Gesinnungsverfolgung in Westdeutschland, Berlin/DDR 1965

Schäfer/Nedelmann (Hrg.), Der CDU-Staat, 1. Analysen zur Verfassungswirklichkeit der Bundesrepublik, Frankfurt 1969

Scheerer, Zur Amnestiefrage, in: *Widersprüche,* August 1986, S. 134 ff.

Treulieb, Der Landesverratsprozeß gegen Viktor Agartz. Verlauf und Bedeutung in der innenpolitischen Situation der Bundesrepublik auf dem Höhepunkt des Kalten Krieges, I. und II. Teil (Pressedokumentation), Münster 1982

2 Verfassungsstreit oder Klassenkampf?

Abendroth, Arbeiterklasse, Staat und Verfassung, Köln/Frankfurt 1975

Deutsche Friedens-Union (Hrg.), 20 Jahre Notstandsgesetze. Sonderinfo demokratie, Köln 1988

Deutscher Gewerkschaftsbund (Hrg.), Der DGB zur Notstandsgesetzgebung, Düsseldorf 1966

Haasken/Wigbers, Protest in der Klemme. Soziale Bewegungen in der Bundesrepublik, Frankfurt/M. 1986

Hannover, Klassenherrschaft und Politische Justiz, Hamburg 1978

Hofmann/Maus (Hrg.), Notstandsordnung und Gesellschaft in der Bundesrepublik, Reinbek 1967

IG-Metall, IG Chemie (Hrg.), Notstandsgesetze — Notstand der Demokratie, Frankfurt/M. 1966 (darin: Die Haltung der Gewerkschaften)

Krohn, Die gesellschaftlichen Auseinandersetzungen um die Notstandsgesetze, Köln 1981

Küsel (Hrg.), APO und Gewerkschaften. Von der Kooperation zum Bruch, Berlin-West 1978

Mayer/Stuby (Hrg.), Das lädierte Grundgesetz, Köln 1977

Otto, Vom Ostermarsch zur APO. Geschichte der außerparlamentarischen Opposition in der Bundesrepublik 1960—1970, Frankfurt/New York 1977, 1982

Schauer (Hrg.), Notstand der Demokratie. Referate, Diskussionsbeiträge und Materialien vom Kongreß am 30. 10. 1966 in Frankfurt/M., Frankfurt/M. 1967

Schiller, Von der Notstandsbewegung zum Bürgerrechtsprotest, in: Appel/Hummel/Hippe, Die neue Sicherheit, Köln 1988, S. 39 ff.

Schneider, Demokratie in Gefahr? Der Konflikt um die Notstandsgesetze, Bonn 1986

Seifert, Gefahr im Verzuge — Zur Problematik der Notstandsgesetzgebung, Frankfurt 1965

Seifert (Hrg.), Das Grundgesetz und seine Veränderungen, Neuwied-Darmstadt 1983

ders., Kampf um Verfassungspositionen, Köln/Frankfurt 1974

ders., Linke in der SPD (1945—1968), in: Die Linke im Rechtsstaat, Bd. 1: Bedingungen sozialistischer Politik 1945—1965, Berlin 1976

Sterzel (Hrg.), Kritik der Notstandsgesetze, Frankfurt 1968

Vorbereitung auf den Notstand? 10 Antworten auf eine aktuelle Frage, Frankfurt/M. 1967

Waldman, Notstand und Demokratie, Boppard 1968

Werkentin, Die Restauration der deutschen Polizei. Innere Rüstung von 1945 bis zur Notstandsgesetzgebung, Frankfurt/New York 1984

3 Wider das »Modell Deutschland im Herbst«

3. Internationales Russell-Tribunal. Zur Situation der Menschenrechte in der Bundesrepublik Deutschland, Band 1—4 (Dokumente, Verhandlungen, Gutachten, Ergebnisse), Berlin 1978 und 1979

Internationales Russell-Tribunal, Berichte, Berlin 1977 ff.

Angriff auf das Herz des Staates. 1. Band (darin u. a. Scheerer, Deutschland: Die ausgebürgerte Linke), Frankfurt/M. 1988

Bickerich, Die 13 Jahre — Bilanz der sozialliberalen Koalition, Reinbek 1982

Der blinde Fleck. Die Linke, die RAF und der Staat, Frankfurt/M. 1987 (darin u. a. K. H. Roth, Zehn Jahre später; S. Cobler, Menschenrechte für politische Gefangene)

Die Linke im Rechtsstaat. Band 2: Bedingungen und Perspektiven sozialistischer Politik von 1965 bis heute, Berlin 1979

Duve/Böll/Staeck (Hrg.), Briefe zur Verteidigung der Republik, Reinbek 1977. Briefe zur Verteidigung der bürgerlichen Freiheit. Nachträge 1978, Reinbek 1978

Duve/Narr (Hrg.), Russell-Tribunal — pro und contra. Dokumente zu einer gefährlichen Kontroverse, Reinbek 1978

Internationale Untersuchungskommission, Der Tod Ulrike Meinhofs, Tübingen 1979[2]

KB, Rotbuch zu den Gewerkschaftsausschlüssen, mit Gutachten zum Russell-Tribunal, Hamburg 1978

KB, Antirepressions-Infos Nr. 1—4

KB, *Arbeiterkampf* 1976—1979

Linke Liste (Hrg.), Die Mythen knacken. Materialien wider ein Tabu. Neue Linke, RAF, Deutscher Herbst, Amnestie, Frankfurt/M. 1987

Links — Sozialistische Zeitung, Offenbach 1977, 1978

Scheerer, Zur Amnestiefrage, in: *Widersprüche,* August, 1986

Tolmein/zum Winkel, Nix gerafft. 10 Jahre Deutscher Herbst und der Konservatismus der Linken, Hamburg 1987

Weidenhammer, Selbstmord oder Mord. Das Todesermittlungsverfahren: Baader, Ensslin, Raspe; Kiel 1988

4 Opposition gegen den Sicherheits- und Überwachungsstaat

1) Allgemein

BI, Nur wer sich bewegt, spürt seine Fesseln. Erfahrungen aus der Bewegung gegen die Startbahn-West, Offenbach 1982

Brand, Staatsgewalt. Politische Unterdrückung und Innere Sicherheit in der Bundesrepublik, Göttingen 1988

Bunte Hilfe, Alle Gewalt geht vom Staate aus. Widerstand gegen den Bau der Startbahn 18 West, Frankfurt/M. 1982

Forschungsjournal Neue Soziale Bewegungen (Thema: Soziale Kontrolle) 2/1988 (c/o Leif, Taunusstr. 66, 6200 Wiesbaden)

Gössner/BüPo (Hrg.), Restrisiko Mensch, Bremen 1987[2] (»Bürger kontrollieren die Polizei«, Charlottenstr. 3, 2800 Bremen 1)

Glotz (Hrg.), Ziviler Ungehorsam im Rechtsstaat, Frankfurt 1983

Haasken/Wigbers, Protest in der Klemme. Soziale Bewegungen in der Bundesrepublik, Frankfurt/M. 1986

ID, 2. 11. 1987 . . . Dokumentation: Berichte. Stellungnahmen. Diskussionen zu den Schüssen an der Startbahn, Amsterdam 1988 (Bezug: AuroA, Knobeldorffstr. 8, 1000 Berlin 19)

Kraushaar, Autoritärer Staat und Antiautoritäre Bewegung, in: *1999 — Zeitschrift für Sozialgeschichte des 20. und 21. Jahrhunderts*, Nr. 2/1987, S. 76—104

Mit aller Gewalt. Die Einschränkung des Demonstrationsrechts, Hamburg 1983 (BUU, Bartelsstr. 26, 2000 Hamburg 6)

Präventive Konterrevolution — Polizeipsychologen in der BRD, Hamburg 1988 (Hamburger Satz- und Verlagskooperative, Lindenallee 4, 2000 Hamburg 20)

Roth/Rucht (Hrg.), Neue soziale Bewegungen in der Bundesrepublik Deutschland, Frankfurt/New York 1987

Ruhe oder Chaos. Technologie politischer Unterdrückung, Hamburg 1982 (BUU, Bartelsstr. 26, 2000 Hamburg 6)

Schubert, Herrschaftssicherung im »Vorfeld des Krieges«, in: Gössner u. a. (Hrg.), Restrisiko Mensch (»Bürger kontrollieren die Polizei«, Charlottenstr. 3) 1987, S. 97 ff.

2) Anti-AKW-Bewegung

Atom (Hrg.), Generaldirektion Innere Sicherheit, Göttingen 1987 (AK gegen Atomenergie, Postfach 1945, 3400 Göttingen)

Bayern im Herbst, hrg. vom Trägerkreis der Herbstaktionen 1987 gegen die WAA (Anti-WAA-Büro, Postfach 1145, 8460 Schwandorf

Brokdorf — ein Exempel, Hamburg (Reents-Verlag; vergriffen)

BUU, Bilanz und Perspektiven zum Widerstand gegen Atomanlagen, 1978

Ehmke (Hrg.), Zwischenschritte. Die Anti-Atomkraft-Bewegung zwischen Gorleben und Wackersdorf, Köln 1987

Kalkar am 24. 9., Hamburg (Reents-Verlag; vergriffen)

33 Tage Besetzung auf 1004, Hamburg (BUU, Bartelsstr. 26, 2000 Hamburg 6)

Strafverteidigertag (11.), Referate zum Thema Massenstrafverfahren in der Oberpfalz, Landsberg 1988 (mi-Verlagsauslieferung, 8910 Landsberg, Justus-Liebig-Str. 1)

Zeitschriften, s. Teil III.

3) Friedensbewegung

Bühler-Stysch/Menzel (Hrg.), Im Namen des Volkes? FriedenstäterInnen im Gefängnis, Kassel 1988

Butterwegge/Docke/Hachmeister (Hrg.), Kriminalisierung der Friedensbewegung. Abschreckung nach innen? Köln 1985

KB, Staat contra Friedensbewegung: Abrüstung der Friedensbewegung, in:

Arbeiterkampf Nr. 246 und 247; Teil-Nachdruck in: Mit Sicherheit gegen uns. Dokumentation der GAL, Hamburg 1988, S. 38 ff. (Bartelsstr. 30, 2000 Hamburg 6)

Komitee für Grundrechte und Demokratie, 100 Thesen zu Frieden und Menschenrechten, Sensbachtal 1984

—, Friedensbewegung zwischen Gewalt und Gewaltfreiheit

—, Ziviler Ungehorsam, Jahrbuch 1987

Kramer, 62:20 — Zum Stand der Blockaderechtssprechung, in: *Kritische Justiz* 2/1988, S. 201 ff.

Loccum, 23. 9. 1983. Dokumentation zu den »Deeskalationsgesprächen«, hrg. vom KB, AK gegen Atomenergie u. a. (Pf. 1945, 3400 Göttingen)

Offene Antwort auf offenen Brief. Antwort der Föderation Gewaltfreier Aktionsgruppen an Gert Bastian (Bezug: FöGA, Graswurzelwerkstatt, Scharnhorststr. 6, 5000 Köln 60)

Tatz (Hrg.), Gewaltfreier Widerstand gegen Massenvernichtungsmittel. Die Friedensbewegung entscheidet sich, Freiburg 1984

Übersicht über die wissenschaftliche Literatur (170 Titel) zu Sitzdemonstrationen und zu Fragen des Zivilen Ungehorsams (mit Anhang »Rechtsprechung in Blockadeverfahren seit Anfang 1988«) sowie Reader zum Blockade-Thema, 1987 (Bezug: H. Kramer, Herrenbreite 18a, 3340 Wolfenbüttel, gegen 5 bzw. 4 DM in Briefmarken)

»Vertrauen schaffen!« Innere Sicherheit und Friedensbewegung, hrsg. von Atomexpress, KB, Straßenmedizin, Hamburg 1984

Ziviler Ungehorsam, Koord.stelle, St.-Pauli-Str. 10/12, 2800 Bremen

4) VoBo-Bewegung

Appel/Hummel/Hippe (Hrg.), Die neue Sicherheit, Köln 1988

dies., Über den Bogen hinausdenken — vom Volkszählungsboykott zur Bürgerrechtsbewegung? In: *Demokratie und Recht* 4/1987, S. 363 ff.

dies., »Modellfall Volkszählung«: ein Beispiel zum Umgang staatlicher Institutionen mit einer außerparlamentarischen Bewegung, in: *Forschungsjournal Neue Soziale Bewegungen* 2/1988, S. 34 ff. (c/o Leif, Taunusstr. 66, 6200 Wiesbaden)

Dähne/Holländer/Kutscha, Volkszählung '87 — Kritik — Möglichkeiten des Widerstands, in: Kutscha/Paech (Hrg.), Totalerfassung, Köln 1987[2], S. 235 ff.

Gössner u. a. (Hrg.), Restrisiko Mensch (Volkszählungsboykott-Teil), Bremen (BüPo, Charlottenstr. 3) 1987[2]

Kauß, Volkszählung '87, die letzte, in: *Vorgänge* 1/1988, S. 102 ff.

Kritische Justiz 2/1988, darin: Dokumentation »Die Volkszählung auf dem Rechtsweg«, S. 206 ff.

Schubert, Volkszählung und »innere Sicherheit«, in: *vorgänge* 1/1988, S. 91 ff.

Steinmüller, Volkszählung — Erfolg oder Mißerfolg? Eine Zwischenbilanz, in: *Kritische Justiz* 2/1988, S. 230 ff.

Tanneberger, Standortbestimmung des Volkszählungsboykotts, in: *Geheim* 2/1987, S. 3 ff.

vorgänge — Zeitschrift für Bürgerrechte und Gesellschaftspolitik, Schwerpunktthema: »Volkszählung«, Heft 1/1988

Ziegler/Hummel, Ausgezählt? In: *Kritische Justiz* 2/1988. S. 223 ff.

5 Alternative Bürgerrechtspolitik

2) Widerstandsrecht, ziviler Ungehorsam und staatliches Gewaltmonopol

Abrüstung von unten? Diskussion zwischen Alexander Schubart, Thomas Ebermann, Michael Stamm, Hermann L. Gremliza und zwei Autonomen, in *Konkret* 1/1988. S. 35 ff.

Anders, Gewalt ja oder nein. Eine notwendige Diskussion, München 1987 Günther Anders antwortet. Interviews & Erklärungen, Berlin 1987

Demonstrationsrecht und gewaltfreier Widerstand. Argumente zur aktuellen Diskussion, hrg. vom Komitee für Grundrechte und Demokratie, Sensbachtal 1983

Die alte Straßenverkehrsordnung. Dokumente der RAF, Berlin 1986

Faszination der Gewalt, Hessische Stiftung Friedens- und Konfliktforschung, Frankfurt/M. 1983

F.D.P., Gewalt in der Gesellschaft, Dokumentation der Anhörung des Bundesfachausschusses Innen und Recht am 22. 6. 1987, Bonn 1987

Freibeuter 28/1986, Thema: Gewalt (Preuß, Schily, Hartung u. a.)

Glotz (Hrg.), Ziviler Ungehorsam im Rechtsstaat, Frankfurt/M. 1983

Jochheim, Die Gewaltfreie Aktion, Hamburg 1984

Kaufmann (Hrg.), Widerstandsrecht, Darmstadt 1972

Kleinert (Hrg.), Gewaltfrei widerstehen, Reinbek 1981

Linke Liste (Hrg.), Die Mythen knacken. Materialien wider ein Tabu. Neue Linke, RAF, Deutscher Herbst, Amnestie, Frankfurt/M. 1981

Matz/Schmidtchen, Gewalt und Legitimität, Analysen zum Terrorismus, hrg. vom BMI, Bonn/Opladen 1983

Meyer, Sonderrichter für sozialschädliches Verhalten. Die geheim tagende Gewaltkommission der Bundesregierung . . ., in: *tageszeitung* vom 11. 6. 1988, S. 3

Papcke, Progressive Gewalt. Studien zum sozialen Widerstandsrecht, Frankfurt/M. 1973

Preuß, Politische Verantwortung und Bürgerloyalität. Von den Grenzen der Verfassung und des Gehorsams in der Demokratie, Frankfurt/M. 1984

Tatz (Hrg.), Gewaltfreier Widerstand gegen Massenvernichtungsmittel, Freiburg 1984

vorgänge 85, Thema: Phänomen Gewalt

Wege des Ungehorsams. Jahrbuch für gewaltfreie & libertäre Aktion, Politik & Kultur, Kassel (Steinbruchweg 14)

III: Was tun? Ratschläge zur Gegenwehr

Appel/Hummel/Hippe (Hrg.), Die neue Sicherheit, Köln 1988

Das Medien-Dschungel-Buch. Gebrauchsanleitung für den richtigen Umgang mit Presse, Funk, Fernsehen, Berlin 1986

»Bürger beobachten die Polizei« — Eine neue Protestbewegung breitet sich aus, in: *Der Spiegel* Nr. 24/1983, S. 63 ff.

cilip, »Die Politik des ›Weg mit‹ ist mit einer konkreten Politik nicht mehr zu vereinbaren«, Gespräch mit Dieter Kunzelmann, in: *Bürgerrechte & Polizei* 3/1984, S. 45 ff.

cilip/*Bürgerrechte und Polizei* 13/1982: Die hilflose Polizeikritik, Berlin 1982

cilip, Kontrolle der Polizei, 2/1983

cilip, Polizei — Schutzmacht im Alltag? Linke Polizeikritik und Polizeialltag — oder: Im Notfall doch die Polizei? 3/1984

cilip, Alternativen zur Polizei? Eine »alternative« Polizei? 3/1986, S. 5 ff.

cilip, Grüne Wahlaussagen zum Thema »Polizei«, 3/86, S. 51 ff.

Gössner/Herzog, Im Schatten des Rechts — Methoden einer neuen Geheim-Polizei, Köln 1984 (darin: Ratschläge zur Gegenwehr/Zu »Bürger kontrollieren die Polizei«)

Hirsch, Die Abstraktheit der Macht, in: *links* 193/1986
Hummel/Pollähne u. a. (Hrg.), Kein Staat mit diesem Staat? Freiheitssuche, Repression und staatliche Hilfe in der Demokratie, Bielefeld 1986
Jochheim, Die gewaltfreie Aktion, Hamburg 1984
Jungk, Projekt Ermutigung. Streitschrift wider die Resignation, Berlin 1988
Marcuse, Das Problem der Gewalt in der Opposition, in: Linke Liste (Hrg.), Die Mythen knacken, Frankfurt 1987, S. 128 ff.
Mathiesen, Macht und Gegenmacht. Überlegungen zu wirkungsvollem Widerstand, München 1986
Narr, Der Staat als Appellationsinstanz? Bürgerrechtsorganisationen und ihr Selbstverständnis, in: *vorgänge* 77/1985
Narr/Roth/Vack, Menschenrechte als politisches Konzept, in: Jahrbuch '86 des Komitees für Grundrechte und Demokratie, Sensbachtal 1987
Preuß, Grundrechte in der Demokratie, in: *Freiheit + Gleichheit* 3/1981, S. 37 ff.
Preuß, Die Demokratie lebt vom Streit und auch von der Ungewißheit, in: *Frankfurter Rundschau* vom 28. 10. 1987, S. 14
Scheerer, Neue soziale Bewegungen und Strafrecht, in: *Kritische Justiz* 3/1985
Schmid (Hrg.), Entstaatlichung. Neue Perspektiven auf das Gemeinwesen, Berlin 1988
Schwan, Amtsgeheimnis oder Aktenöffentlichkeit. Datenverarbeitung im Recht, Beiheft 15, München 1984
Seifert, Bürgerrechte, Bürgerrechtsaktionen und Bürgerrechtsorganisationen, in: *vorgänge* 62/63, 1983, S. 22 ff.
Seifert, Den Staat zurückdrängen, in: *Graswurzelrevolution* Nr. 103, April 1986
Seifert, Vom autoritären Verwaltungsstaat zurück zum Verfassungsstaat. »Zukunft der Aufklärung«, in: *Frankfurter Rundschau* vom 21. Dezember 1987, S. 10
vorgänge, Bürgerrechte und Bürgerrechtsbewegung (62/63, 1983) und Bürgerrechte in der Krise (69/1984)
Wahsner/Bayh, ». . . Widerstand bis hin zum Generalstreik . . .«, Marburg 1983

Rechtshilfe-Literatur

Allgemein

Brießmann, Strafrecht und Strafprozeß von A—Z, Beck-Rechtsberater im dtv, München 1982
Brühl, Die Rechte der Verdächtigten und Angeklagten. Ein Handbuch mit Verhaltenshinweisen für Betroffene und ihre Interessenvertreter, Weinheim 1981
ders., Die Rechte der Verurteilten und Strafgefangenen, Weinheim 1981
Endriß/Haas-Tröber, Achtung, Polizei! Ein Rechtsratgeber für Begegnungen mit der Staatsgewalt, Freiburg 1984
Erwe, Uhlenberg, Vietor, Rechtshilfe für Bürgerinitiativen. Ein Handbuch, Reinbek 1982
Eschen, Plogstedt, Sami, Serge, Wie man gegen Polizei und Justiz die Nerven behält, Berlin 1978 (Neuaufl.)
Friedrich, Erwachsene und Jugendliche vor Polizei und Gericht, Beck-Rechtsberater im dtv, München 1980
Messmer, Meine Rechte gegenüber Polizei und Staatsanwaltschaft, München 1979
Ratgeber für Gefangene mit medizinischen und juristischen Hinweisen, Verlag Schwarze Seele, Berlin 1987[3] (Loseblatt-Sammlung). Bestelladresse für Gefangene (zum Preis von 5 DM): Verein zur Förderung von Kultur und Information für Gefangene e.V., Gneisenaustr. 2a, 1000 Berlin 61.

Rechtsfibel für den richtigen Umgang mit der Polizei und anderen Amts-
personen sowie Institutionen. Mit Zeichnungen von Claus Voß, Frank-
furt/M. 1982
Rechtshilfebroschüre. Hrg. Ermittlungsausschuß der Bürgerinitiative Umweltschutz Unterelbe Hamburg-autonom (BUU, Hohenesch 63, 2000
Hamburg 50
Roth (Hrg.), Alternative Rechtsfibel, ein Ratgeber für Ratlose. Frankfurt/M.
1982
Schmidt-Bleibtreu, Fiedler, Rechtsschutz gegen den Staat, dtv-Rechtsinforma-
tion, München 1978
Schumann, Schwarzbuch: Die Polizei, Dortmund 1982 (S. 111—119)
Zechlin, Streikrecht, Strafrecht, Polizei. Juristischer Leitfaden für Konflikte
mit der Staatsgewalt, Köln 1986

Demonstrations-Rechtshilfe

Cobler, Geulen, Narr, Das Demonstrationsrecht, Reinbek 1983
Mit aller Gewalt. Die Einschränkung des Demonstrationsrechts, Hamburg
1983 (über BUU, s. o. Rechtshilfebrosch.)
Rechtsratgeber für Demonstranten, Frankfurt/M. 1984
außerdem: Endriß u. a., Erwe u. a., Eschen u. a. Rechtsfibel, Rechtshilfebro-
schüre, Roth, Schumann, Zechlin, Streikrecht . . . (s. o.)
Selbstschutz und Erste Hilfe bei Demonstrationen und Blockaden. Mit
Rechtshilfetips. Hrg. Sanitätergruppen, 8. vollst. überarb. Auflage 1988
(Bezug: BUU, s. o.)

Datenschutz

Appel/Hummel (Hrsg.), Vorsicht Volkszählung, Köln 1987
Bürgerfibel Datenschutz. Eine Information zum Bundesdatenschutzgesetz,
hrg. vom Bundesbeauftragten, Bonn (neueste Aufl.)
Datengeier unter uns. Ein Rezeptbuch. Mit Postkarten zum Datenstopp,
Stade 1984
Der Bürger und seine Daten. Eine Information zum Datenschutz. Hrg. Bun-
desdatenschutzbeauftragter, Bonn (neueste Aufl.)
Docke, Sesam öffne Dich! Bürger verlangen Auskunft aus den Dateien der
»Sicherheitsbehörden«, in: Kutscha/Paech (Hg.), Totalerfassung, Köln
1987[2], S. 223 ff.
Kempas, Im Computer der Sicherheitsbehörden. Auskunftsansprüche gegen-
über Polizei und Verfassungsschutz, in: Gössner u. a. (Hg.), Restrisiko
Mensch, »Bürger kontrollieren die Polizei«, Bremen 1987[2], Charlottenstr. 3)
Koch, Bürgerhandbuch Datenschutz. Wer sammelt die Daten, wie schützt
sich der Bürger, Reinbek 1981

AutorInnen:

Roland Appel, geb. 1954, wissenschaftlicher Mitarbeiter der Grünen im Bundestag, studierte Politologie in Bonn und war Mitglied im Bundesvorstand der Deutschen Jungdemokraten. Zahlreiche Veröffentlichungen, u. a. »Vorsicht Volkszählung«, Köln 1987 und »Die neue Sicherheit« (1988).

Rolf Gössner, geb. 1948, lebt als Rechtsanwalt und Publizist in Bremen. Redaktionsmitglied der Zeitschrift *Geheim* (Köln). Von 1985 bis 1988 Wissenschaftlicher Mitarbeiter des Hamburger Instituts für Sozialforschung (Projekt »Politische Justiz am Beispiel der sogenannten Terrorismusverfahren«). Mitautor des Bestsellers »Der Apparat — Ermittlungen in Sachen Polizei« (Köln 1982, 1984) und von »Im Schatten des Rechts — Methoden einer neuen Geheim-Polizei« (Köln 1984), beide zusammen mit Uwe Herzog. Mitherausgeber von »Restrisiko Mensch« (Bremen 1987) u. a. Mitinitiator der Bürgerinitiativen »Bürger kontrollieren die Polizei« in verschiedenen Städten. Sachverständiger in Gesetzgebungsverfahren vor Rechts- und Innenausschüssen (Bundestag, Landtag).

Dieter Hummel, geb. 1955, Studium der Sozialpädagogik und Rechtswissenschaften, zur Zeit Rechtsreferendar. Sprecher der Bundesarbeitsgemeinschaft »Demokratie und Recht« der Grünen. Mitherausgeber von »Vorsicht Volkszählung« (1987) und »Die neue Sicherheit« (1988).

Andrea Lederer, Rechtsreferendarin in Nürnberg. 1981 bis 1983 Mitarbeit im Nürnberger Ermittlungsausschuß und der »BI 5. März«, die anläßlich der Nürnberger Massenverhaftung im März 1981 gegründet wurde. Seit 1985 Mitarbeit beim bayerischen Anti-Atom-Magazin *RadiAktiv.*

Dieter Schöffmann, Mitarbeiter in der »Koordinationsstelle Ziviler Ungehorsam« in Bremen.

Michael Schubert, Rechtsanwalt in Freiburg. Verteidiger in politischen Strafverfahren. Zahlreiche Veröffentlichungen.

Jürgen Seifert, geb. 1928, Professor für Politische Wissenschaften an der Universität Hannover. Maßgeblich beteiligt an der inhaltlichen Fundierung und Organisation der Opposition gegen die Notstandsgesetze in den 60er Jahren. Zahlreiche Veröffentlichungen zu diesem Thema sowie zu den neuen »Sicherheitsgesetzen«. Langjähriger Bundesvorsitzender der Humanistischen Union.

Hans-Christian Ströbele, geb. 1939, Rechtsanwalt in Berlin, Verteidiger in politischen Strafverfahren. Mitglied der »Alternativen Liste Berlin«. 1985 bis 1987 Mitglied des Deutschen Bundestages, für die Grünen im Innenausschuß tätig.

Oliver Tolmein, arbeitet seit 1981 als Journalist u. a. für den Deutschlandfunk, den WDR und für die Zeitschrift *konkret.* Seit 1986 ist er Redakteur der *Tageszeitung (taz),* z. Z. in Bonn. Buchveröffentlichungen: »nix gerafft. 10 Jahre Deutscher Herbst und der Konservativismus der Linken«, Hamburg 1987, sowie »tazsachen. Krallen zeigen — Pfötchen geben«, Hamburg 1988 (beide zusammen mit Detlef zum Winkel).